哲學門

第二十一卷（2020年）第二冊

总第四十二辑 Vol.21 No 2, 2020
Beida Journal of Philosophy

CSSCI 来源期刊（集刊类）

北京大学出版社
PEKING UNIVERSITY PRESS

图书在版编目(CIP)数据

哲学门. 总第四十二辑 / 仰海峰主编. —北京：北京大学出版社，2022.8
ISBN 978-7-301-33227-6

Ⅰ. ①哲… Ⅱ. ①仰… Ⅲ. ①哲学—文集 Ⅳ. ①B-53

中国版本图书馆 CIP 数据核字(2022)第 142314 号

书　　　名	哲学门（总第四十二辑）
	ZHEXUE MEN（ZONG DI-SISHIER JI）
著作责任者	仰海峰　主编
责 任 编 辑	吴　敏
标 准 书 号	ISBN 978-7-301-33227-6
出 版 发 行	北京大学出版社
地　　　址	北京市海淀区成府路 205 号　100871
网　　　址	http://www.pup.cn　新浪微博：@ 北京大学出版社
电 子 信 箱	pkuwsz@126.com
电　　　话	邮购部 010-62752015　发行部 010-62750672　编辑部 010-62757065
印 刷 者	天津中印联印务有限公司
经 销 者	新华书店
	787 毫米×1092 毫米　16 开本　23.25 印张　403 千字
	2022 年 8 月第 1 版　2022 年 8 月第 1 次印刷
定　　　价	79.00 元

未经许可，不得以任何方式复制或抄袭本书之部分或全部内容。
版权所有，侵权必究
举报电话：010-62752024　电子信箱：fd@pup.pku.edu.cn
图书如有印装质量问题，请与出版部联系，电话：010-62756370

目 录

论坛：柏拉图的伦理思想

"生育"还是"观看"？
　　——柏拉图《会饮》中的爱欲与不朽 …………………… 陈斯一/1
《斐德若》前两篇演说词中的理性与欲望 ………………… 樊　黎/24
正义与数
　　——重思《理想国》中克法洛斯父子的正义观 ………… 盛传捷/46
理解柏拉图"日喻"的"三重障碍" ………………………… 苏　峻/63
盘诘、真理与真诚
　　——重审弗拉斯托的苏格拉底"标准盘诘"解释 ……… 吴鸿兆/76

论文

始终与中和
　　——周敦颐哲学"二分"结构背后的哲学精神 ………… 王子剑/98
虚气一体
　　——张载哲学的现象学新释 …………………………… 李腾飞/113
朱子"诚意"话语在清初理学中的展开
　　——论吕留良对朱子诚意思想的诠释 ………………… 王凯立/130
实现活动与亚里士多德《形而上学》Θ卷的整体结构 …… 苏　杭/152
康德感性学的体系
　　——以判断力为中心的初步探讨 ……………………… 陈永庆/174

自由游戏或共通感？
　　——论康德美学非自然化解读的可能性 ·················· 贺　磊/201
马克思与黑格尔的论辩中的辩证法
　　难题 ················ 安德烈亚斯·阿恩特　著，李靖新弘　译/221
非突显的突显性
　　——海德格尔的自身世界概念 ························· 刘珂舟/247

当代易学专栏

论朱伯崑先生对张载气论的易学哲学阐释 ········ 乔清举、魏云涛/265
余敦康先生易学研究述评 ······························· 王　鑫/283
兼综儒道，融贯古今
　　——余敦康易学研究述评 ························· 白辉洪/293
正本清源，钩深致远
　　——郑万耕先生与当代易学研究 ················· 张丰乾/309
继往开来的当代易学
　　——从郑万耕先生以朱子易学的探讨说起 ············ 吕　欣/321

书评

重建实践哲学的统一性
　　——评刘玮《公益与私利：亚里士多德实践哲学研究》······ 陈　玮/336
人伦之理的退却与重建
　　——《彝伦攸斁——中西古今张力中的儒家思想》读后 ···· 宫志翀/342
系统研究朱子礼学的力作
　　——殷慧教授《礼理双彰：朱熹礼学思想探微》述评 ········ 张子峻/356

书讯

高攀龙、徐必达撰，邱忠堂点校：《正蒙释　正蒙辑释》················ 23
陆陇其撰，张天杰主编：《陆陇其全集》······························· 45
惠栋撰，谷继明点校：《易汉学新校注（附易例）》····················· 62
柯劭忞撰，张鸿鸣点校：《春秋穀梁传注》····························· 75

[日]浅野裕一著,吴昊阳译:《古代中国的宇宙论》 …………………… 97

[法]伊夫-夏尔·扎卡著,董皓、谢清露、王茜茜译:
《霍布斯的形而上学决断:政治学的条件》………………… 112

[美]亚瑟·梅尔泽著,任崇彬译:
《人的自然善好:论卢梭思想的体系》………………………… 129

[英]斯蒂芬·霍尔盖特著,刘一译:
《黑格尔〈逻辑学〉开篇:从存在到无限性》 ………………… 151

[加]巴弗莱·贝斯特著,张晶译:
《马克思与资本形成的动力学——政治经济学的美学》 …………… 173

Contents

Forum: Plato's Ethical Thought

Begetting or Beholding? Eros and Immortality in Plato's *Symposium* ······ Chen Siyi/1

Reason and Desire in the First Two Speeches of the *Phaedrus* ········· Fan Li/24

Justice and Number: *Republic* 328c-336a ····················· Sheng Chuanjie/46

Understanding the "Triple Obstacles" of Plato's "Analogy of the Sun" ·· Su Jun/63

Elenchus, Truth, and Sincerity: Rethinking Gregory Vlastos' interpretation of the "Standard Elenchus" of Socrates ······················ Wu Hongzhao/76

Articles

Dichotomy, Beginning-end and Neutralization: The Structural Features of Zhou Dunyi's Philosophy ································ Wang Zijian/98

Oneness of "Xu" and "Qi"——A New Phenomenological Interpretation of Zhang Zai's Philosophy ································ Li Tengfei/113

The Development of *Cheng-Yi* (Making Thoughts Sincere) Discourse of Zhu Xi's Philosophy in the Early Qing Dynasty: On Lü Liuliang's Interpretation of Zhu Xi's Conception of *Cheng-Yi* ········· Wang Kaili/130

Senses of ἐνέργεια and the Structure of Aristotle's Metaphysics Θ ·· Su Hang/152

The System of Kant's Aesthetics: A Preliminary Discussion Centered on the Power of Judgment ···························· Chen Yongqing/174

Free Play or Common Sense? —On the Possibility of a Non-naturalistic Interpretation of Kant's Aesthetics ································ He Lei/201

The Problem of Dialectics in Marx's Argument with Hegel ························· Andreas Arndt, trans. by Li Jingxinhong/221

Inconspicuous Conspicuousness: Heidegger's Concept of
　　Self-world ··· Liu Kezhou/247

Commentaries

On Zhu Bokun's Yi-logical Philosophy Interpretation
　　of Zhang Zai's Theory of Qi ················· Qiao Qingju, Wei Yuntao/265
A Review of Yu Dunkang's Approach to Yi Studies ··············· Wang Xin/283
Uniting Confucianism and Daoism, Combining Ancient and Modern:
　　Yu Dunkang's Research of Yi-logy ······················· Bai Huihong/293
Zheng Wangeng and Contemporary Yi-logy ················· Zhang Fengqian/309
Contemporary Yi-logy for Carring On the Past Heritage and Opening Up
the Future——Relating and Analyzing From Zheng Wangeng's
Discussions of Zhu Xi's Yi-logy ································ Lü Xin/321

Book Reviews

Liu Wei, *Common Good and Private Good——A Study of Aristotle's
　　Practical Philosophy* ······································ Chen Wei/336
Tang Wenming, *The Collapse of Human Relations Ethics* ······ Gong Zhichong/342
Yin Hui, *The Research on Zhu Xi's Thoughts of Ritual
　　Study* ··· Zhang Zijun/356

Book Information

Gao Panlong, Xu Bida, *Commentary of Zheng Meng, Zheng Meng
　　Series Annotations* ··· 23
Lu Longqi, *The Complete Works of Lu Longqi* ························· 45
Hui Dong, *New Annotations of Yi-Han-ology* ·························· 62
Ke Shaomin, *Annotations on Gu Liang's Commentary on the Spring
　　and Autumn Annals* ··· 75
Asano Yuichi, *The Cosmology of Ancient China* ······················· 97

Yves-Charles Zarka, *La Décision Métaphysique de Hobbes: Conditions de la Politique* 112

Arthur Melzer, *The Natural Goodness of Man: On the System of Rousseau's Thought* 129

Stephen Houlgate, *The Opening of Hegel's* Logic: *From Being to Infinity* 151

Beverley Best, *Marx and the Dynamic of the Capital Formation: An Aesthetics of Political Economy* 173

"生育"还是"观看"？
——柏拉图《会饮》中的爱欲与不朽[*]

陈斯一[**]

提　要：在柏拉图《会饮》著名的"爱之阶梯"段落的末尾，蒂欧提玛说哲学家通过"观看"美本身而"生育"真正的德性，从而实现人性所能达到的最高不朽，这是整部对话的最高潮。关于这种不朽的性质，研究界存有争议，它究竟是像生育子女和传承德性那样，是在时间中延续的"必死的不朽"，还是等同于《斐多》论证的"灵魂不死"？通过对蒂欧提玛爱欲讲辞的深入分析，本文将论证，《会饮》中"爱之阶梯"顶端的不朽既不是"必死的不朽"，也不是"不死的不朽"，而是居于二者之间的不朽，唯有这种不朽才符合爱欲的居间性本质；同时，也唯有这种不朽才能实现哲学爱欲与哲学教育的平衡。

关键词：柏拉图　会饮　爱欲　哲学　不朽

引　言

在柏拉图的《会饮》中，苏格拉底转述的女祭司蒂欧提玛关于爱欲的教导是整部对话的高潮，而高潮中的高潮无疑是她传授给苏格拉底的"爱之阶梯"。蒂欧提玛说，爱者应该从身体之美上升到灵魂之美，从灵魂之美上升到

---

[*] 本研究获得北京市社会科学基金项目（名称：古希腊思想的自然和习俗问题，编号：17ZXC010）的资助。

[**] 陈斯一，1986年生，北京大学外国哲学研究所研究员，北京大学哲学系助理教授。

知识之美,最终从知识之美上升到一种独特的知识,即关于"美本身"的知识。当爱者爬升到爱之阶梯的顶端,"只有在这里,当他用所该用的理智看到那种美的时候,他所生育的才不是德性的影像,而是真正的德性,因为他抓住的不是影像,而是真理。唯有当他生育并且养育了真正的德性,他才会变得为神所爱,并且成为不朽,如果任何人能够不朽的话"。①

许多学者都观察到,在蒂欧提玛关于爱欲所实现的至高不朽的论述中,存在一个模糊:爱者通过"观看"美本身而"生育"真正的德性,从而获得至高的不朽,那么到底是"观看"实现了不朽,还是"生育"实现了不朽?对于这个问题的回答直接关系到如何理解哲学家实现的至高不朽,这种不朽在性质上是否仍然是蒂欧提玛先前阐述的那种不朽,即通过宗族传承和德性传授所实现的延续性不朽,还是完全超越了这种不朽而实现了苏格拉底在《斐多》论证的灵魂不死?

在现代研究界,哈克福斯(R. Hackforth)和诺伊曼(Harry Neumann)认为爱之阶梯的至高不朽与蒂欧提玛阐述的前两种不朽在种类上完全相同,都是"生育的不朽",三种不朽的地位高低仅仅取决于"生育"对象的高低。② 拉马斯库斯(Lorelle D. Lamascus)则提出相反的解读,他认为蒂欧提玛阐述的最高不朽是"观看的不朽",这种不朽"更加类似于神圣的不朽,而非时间性的或必死的不朽……当他观看理念并与它们同在时,他分享了属于它们的那种不朽,也就是永远保持同一"。③ 拉马斯库斯进一步指出,在净化灵魂、实现灵魂不朽的意义上,《会饮》和《斐多》的主旨是完全一致的。④

在《会饮》的文本中,"生育的不朽"与"观看的不朽"之分,就是蒂欧提玛提出的"必死的不朽"和"不死的不朽"之分:"所有的必死者都是以这种方式得以保存的,不是像神圣者那样永远地保持完全的自我同一,而是留下新的、

---

① 柏拉图:《会饮》,212a2-7。本文对于柏拉图文本的引用均由笔者自古希腊文译为中文,参考英译本 Plato, *Plato: Complete Works*, eds. John M. Cooper and D. S. Hutchinson, Indianapolis: Hackett Publishing Company, 1997。文本出处均采用标准的斯特方码(Stephanus numbers)。

② R. Hackforth, Immortality in Plato's Symposium, *The Classical Review*, Sep., 1950, Vol. 64, No. 2, pp. 43-45; Harry Neumann, Diotima's Concept of Love, *The American Journal of Philology*, Jan., 1965, Vol. 86, No. 1, pp. 33-59.

③ Lorelle D. Lamascus, *The Poverty of Eros in Plato's Symposium*, Bloomsbury Academic, 2016, p. 122.

④ Lamascus, *The Poverty of Eros in Plato's Symposium*, p. 123 ff.

类似自己的事物,取代消逝和衰败的事物。"① 在爱之阶梯的教导之前,蒂欧提玛已经开始探讨爱欲的"活动",即"爱欲满足人类的何种需求"。② 她提出,人类最根本的渴望是不朽,而爱欲实现不朽的方式是"在美中生育,既在身体方面,也在灵魂方面"。③ 虽然个体必死,但是经由身体的生育,宗族和血脉能够永存;经由灵魂的生育,名声、德性、政治功业能够永存。显然,这两种生育所实现的不朽都属于"必死的不朽"。在充分阐述了这两种生育之后,蒂欧提玛才开始向苏格拉底传授爱之阶梯的"奥秘"。问题就在于:爱之阶梯最终实现的不朽,究竟还是不是一种通过类似这样的"生育"而实现的"必死的不朽"?

哈克福斯和诺伊曼认为答案是肯定的,笔者反对他们的解读。这种解读(尤其是诺伊曼的解读)是基于对蒂欧提玛的严重误解,它没有看到爱之阶梯的教导与之前的教导具有不同的性质,具体而言,它没有注意到蒂欧提玛对于"生育"这一解释范式的运用在三种不朽的递进中不断发生着的变化。进一步讲,这种解读歪曲了蒂欧提玛的教导。诺伊曼就从他的解读出发提出,蒂欧提玛是一个彻头彻尾的智者,她讲的"灵魂生育"其实是一种"教条灌输"的精神僭政,而苏格拉底(和柏拉图)根本就不同意蒂欧提玛的观点。本文的主要任务是反驳诺伊曼的错误解读,笔者认为:蒂欧提玛采用"灵魂生育"的范式解释德性的传授,所要强调的恰恰是"共同生育和养育",其前提是受教者的主动参与,而这种共同参与在爱之阶梯的教导中体现得最为明显。实际上,正因为真正的德性(即关于美本身的知识)是无法用言辞传授,而只能由每个人自己领悟的,爱之阶梯的最高不朽才完全超越了父子或师生代际传承意义上的不朽,而是属于每个哲学家自身的"观看的不朽"。另一方面,笔者也不同意拉马斯库斯将"观看的不朽"等同于"神圣的不朽",并将《会饮》与《斐多》关于不朽的思想完全等同起来的观点,因为这种解读忽视了蒂欧提玛对爱欲本质的阐发:爱欲是居于美善与丑恶、知识与无知,尤其是必死性与不死性之间的存在,这种居间性决定了爱欲所能实现的不朽不可能是"不死的不朽",而仍然只能是某种替代的不朽。本文认为,爱之阶梯的至高不朽仍然符

---

① 柏拉图:《会饮》,208a7-b2。
② 柏拉图:《会饮》,204c8。此处苏格拉底询问"爱欲满足人类的何种需求",他问的其实就是爱欲具有何种"活动"或"功能"(ἔργα)。
③ 柏拉图:《会饮》,206b7-8。

合爱欲的居间性本质,它是一种介于"必死"与"不死"之间的不朽。

为了反驳诺伊曼的错误解读,纠正拉马斯库斯的过强解读,从而还原蒂欧提玛关于爱欲和不朽的教导,并澄清这一教导在何种程度上反映了柏拉图的思想,让我们回到《会饮》的文本,仔细分析蒂欧提玛的爱欲讲辞。苏格拉底在一开始就说,蒂欧提玛关于爱欲的教导分为两个步骤,首先讲爱欲"是什么以及是什么样的",然后讲爱欲的"活动"①,这两个步骤的内容分别是"爱欲的居间性本质"和"爱欲实现不朽的三种方式",其中,第三种不朽和前两种不朽有着质的不同,蒂欧提玛用爱之阶梯的教导单独论述之,因此,整个教导可以分为三个部分:爱欲的本质、爱欲的活动、爱之阶梯。在本文的正文部分,笔者将围绕爱欲和不朽的关系,依次分析这三个部分的重点文本。

一、爱欲的本质:在必死与不朽之间

蒂欧提玛的教导始于她与苏格拉底的对话,这一段对话实际上复制了苏格拉底与阿伽通的对话,其用意在于反驳阿伽通讲辞的核心观点,即"爱若斯是至善至美的"。② 在蒂欧提玛迫使苏格拉底承认爱若斯既不美也不善之后,与毫无招架之力的阿伽通不同的是,年轻的苏格拉底敏锐地反问道:难道爱若斯是又丑又恶的吗?蒂欧提玛对这个问题的回答就是她对爱若斯的初步界定:爱若斯既不是美的、善的,也不是丑的、恶的,而是介于二者之间,正如正确的意见介于知识和无知之间一样。③ 拥有正确意见的人不是完全无知的,因为他的意见毕竟是正确的;但是他也并不拥有知识,因为他无法说明他的意见何以是正确的。与此类似,爱若斯既不是美的、善的,因为他并不拥有美和善,也不是丑的、恶的,因为他毕竟追求美和善。蒂欧提玛接着说,既然爱若斯不拥有美和善,那么他就一定不是神,这个判断引出了她对于爱若斯的最终界定:爱若斯既非不朽之神,也非必死之人,而是居于二者之间的"精灵"($\delta\alpha\acute{\iota}\mu\omega\nu$)。④ 总而言之,爱欲是一种"居间性"(intermediacy)的存在,蒂

---

① 柏拉图:《会饮》,201e1-2。
② 在原文中,"爱若斯"和"爱欲"是同一个词:ἔρως,但根据语境可以分辨不同的用法,指一种人类欲望的时候,我们译作"爱欲";指爱神的时候,我们译作"爱若斯"。
③ 柏拉图:《会饮》,201e-202b。
④ 柏拉图:《会饮》,202b-e。

欧提玛提到三种居间性：美善与丑恶之间、知识与无知之间、不朽与必死之间。这三种居间性从不同的方面刻画了爱欲的本质，尤其重要的是知识与无知之间的居间性，因为以这种居间性为前提的爱欲正是苏格拉底身上最强烈的爱欲："爱智慧"的哲学爱欲。

在蒂欧提玛的初步教导中，介于知识与无知之间的并非哲学，而是正确意见。虽然哲学和正确意见拥有类似的居间性，但是一方面，并非只有哲学家才具备正确的意见；另一方面，具备正确意见的人也不见得会爱智慧。哲学家拥有的是一种独特的正确意见，这种正确意见能够激发对于智慧的爱欲。首先，正确意见介于知识和无知之间，但并不一定是关于知识或智慧的。如果某人只具备关于某件事的正确意见，却以为自己拥有关于这件事的知识，那么他就并不具备关于他自己的正确意见，也就是说，他对自身的认知水平缺乏自知之明，这种自知之明就是"无知之知"。在《申辩》中，苏格拉底解释了何谓"无知之知"。① 德尔菲神谕宣称没有人比苏格拉底更有智慧，这让苏格拉底感到非常困惑，因为他清楚地知道自己并没有智慧。为了验证这个神谕，苏格拉底开始与各种各样的人物对话，试图找到比自己更有智慧的人，结果却发现，这些人要么事实上无知却以为自己有知，要么只拥有某个领域的知识却以为自己无所不知，与他们相比，他虽然无知，但至少知道自己是无知的。苏格拉底于是懂得了德尔菲神谕的含义：他之所以是最有智慧的人，因为他比其他所有人都更加清楚地知道自己是没有智慧的。苏格拉底的"智慧"是"无知之知"，这是一种关于自己在何种意义上拥有或缺乏智慧的正确意见。然而，虽然"无知之知"已经离哲学很近了，但是它仍然只是哲学的前提，因为一个明知自己缺乏智慧的人并不一定会欲求智慧，除非他感受到智慧的吸引力，否则他只会清醒地漠视智慧。苏格拉底这样总结他对神谕的理解："神是真正有智慧的，通过这一则神谕，神告诉我们，人类智慧的价值很低，甚至毫无价值。"②这份总结以看似谦卑的姿态暗示着某种极为高迈的追求：虽然人类的智慧一文不值，在智慧方面有自知之明者也甚是可贵，但是哲学家不应该满足于"无知之知"，而应该追求神所拥有的智慧。由此可见，智慧对哲学家的吸引力是神性对人性的吸引力，哲学家对智慧的爱欲归根结底

---

① 参阅柏拉图：《申辩》，21a 以下。
② 柏拉图：《申辩》，23a5—6。

是必死者对不朽的爱欲。正是因为智慧与不朽密切相关,"爱智慧"的生活才是爱欲的最高表达。在其教导的第一步,蒂欧提玛就已经暗示了哲学与不朽的关系,在她提出的三种居间性(美善与丑恶之间、知识与无知之间、不朽与必死之间)之中,第二种居间性是哲学爱欲的前提,而从正确意见到哲学,中间需要的桥梁首先是"无知之知",其次是不朽智慧对于必死之人的吸引力。在这个意义上,第三种居间性才是爱欲最深刻的表达:爱若斯居于必死之人和不朽之神之间,"填满二者的裂隙,使得整全与自身统合在一起"。①

在初步探讨了爱若斯的居间性之后,苏格拉底问蒂欧提玛:爱若斯的父母是谁?蒂欧提玛用一个神话回答了这个问题。她说,在阿芙洛狄忒的生日宴会上,"贫乏之神"(Penia)趁着"丰裕之神"(Poros)酒醉熟睡之际,与他交合,生育一子,就是爱若斯。由此可见,爱若斯的身世决定了他的居间性:他的母亲是贫乏之神,所以他总是穷困,外表粗糙坚硬,光着脚,居无定所,总之,"他有着他母亲的自然,总是与缺乏为伴";同时,他也像他的父亲那样勇敢、聪明、果断,总是设法获得美好的事物,"终其一生热爱智慧"。总而言之,"爱若斯的自然既不是不朽的,也不是必死的……爱若斯既不贫乏,也不丰裕,他总是居于二者之间,正如他居于智慧和无知之间"。这个关于爱若斯身世的神话显然是在用神话的语言进一步刻画爱欲的本质。在对爱若斯的种种刻画中,蒂欧提玛特别强调他"终其一生热爱智慧",而在神话的末尾,她更是从爱若斯的居间性过渡到哲学的居间性:"没有神爱智慧或欲求变得有智慧,因为神已经有智慧了,而凡是已经有智慧的就不会爱智慧;但是无知者也不会爱智慧或者欲求变得有智慧,因为无知的问题就在于,无知者虽然既不美好也没有智慧,却对自己非常满意。凡是不觉得自己有所缺乏的人,都不会欲求自己所缺乏的。"②既然有智慧的神和无知的人都不爱智慧,那么就只有居于二者之间的爱若斯才会爱智慧,因此"爱若斯必定是一个哲学家,哲学家居于智慧和无知之间,原因就在于他的身世,他的父亲是有智慧的、丰裕的,母亲则是无智慧的、贫乏的"。③ 蒂欧提玛明确将爱若斯和哲学家等同起来,她的最后一句话更是用"哲学家"替换了"爱若斯",这似乎意味着,哲学

---

① 柏拉图:《会饮》,202e6—7。
② 柏拉图:《会饮》,204a1—7。
③ 柏拉图:《会饮》,204b4—7。

家虽然是必死的人,但是这种人身上具有某种神性。对智慧的爱欲展现了人性中的神性,拥有这种爱欲的哲学家是一种精灵般的居间性存在。我们会发现,这一点对于理解爱之阶梯所实现的不朽来说是至关重要的,这种不朽既不是"必死的不朽",也不是"不死的不朽",而是居于二者之间的一种不朽。不过,在分析爱之阶梯的至高不朽之前,让我们按照顺序,首先考察蒂欧提玛的第二步教导:爱欲的活动如何通过身体和灵魂的生育实现"必死的不朽"。

二、爱欲的活动:宗族不朽和政治不朽

在蒂欧提玛充分阐述了爱欲的居间性从而揭示出爱欲的本质之后,苏格拉底接着问道:"这样的爱若斯满足人类的什么需求?"①蒂欧提玛回答这个问题的方式就是阐述爱欲的活动。她首先提出,苏格拉底的问题其实是在问"当爱者爱美的事物的时候,他爱的是什么"。② 通过置换苏格拉底的问题,蒂欧提玛暗示,美(καλόν)虽然是爱欲最自然的出发点,但并非其最终的归宿。如果不存在比美更深层次的爱欲对象,她的问题——"当我们爱美时,我们爱的究竟是什么?"就是不合法的,因为我们爱的不是他物,就是美。蒂欧提玛认为我们虽然爱美,但是我们对美的爱欲所满足的并非我们对美的需求;我们真正需求的东西要比美更加深沉,对于这种需求的满足才是爱欲的活动。那么,在我们对美的爱欲背后,究竟存在什么样的需求?爱欲又如何满足这种需求?为了理解柏拉图对这些问题的回答,我们必须仔细考察蒂欧提玛和苏格拉底接下来的对话。

> 蒂欧提玛:"当爱者爱美的事物的时候,他爱的是什么?"
> 苏格拉底:"是它们成为他自己的。"
> 蒂欧提玛:"但是美的事物成为他自己的,又能让他得到什么呢?"
> 苏格拉底无法回答这个问题。蒂欧提玛换了一个问法,把"美"换成"好":"当爱者爱好的事物的时候,他爱的是什么?"
> 苏格拉底:"是它们成为他自己的。"
> 蒂欧提玛:"那么好的事物成为他自己的,又能让他得到什么呢?"

---

① 柏拉图:《会饮》,204c8。
② 柏拉图:《会饮》,204d5-6。

苏格拉底:"幸福。"

蒂欧提玛:"是的。幸福的人是通过获取好的事物而变得幸福的。没有必要再问人为什么想要幸福了,这便是最终的(τέλος)答案。"①

苏格拉底对蒂欧提玛的第一个问题的回答是:对于美的爱欲是想要占有美,让美"成为属于自己的"。显然,这并不是一个不言自明的答案,因为"占有"并不能穷尽我们对于美的态度,例如,我们还可以远远地"观看"美,不带有占有欲。苏格拉底无视这种可能性的原因或许是"爱欲"这个词内在包含"占有"的意味,一种不带有占有欲的纯粹欣赏或者爱慕不能被称作"爱欲"。在《形而上学》的开篇,亚里士多德选择了另一个表达欲望的词来描述人对于知识的欲望,并将这种欲望与观看类比,以便说明它没有外在于自身的目的:"所有人就自然而言都想要(ὀρέγονται)获得知识……即便不考虑诸感官的用处,我们也喜爱它们本身,这又尤其以视觉感官为甚。"②虽然这里没有提到"美",但对于美丽事物的观看显然是我们"不考虑其用处也喜欢视觉感官"的原因。正是通过"观看"与"沉思"共通的目的内在性③,亚里士多德得以论证指向沉思的求知与对于美的观看是同样自然的,从而论证哲学生活是自然的。相比之下,苏格拉底对蒂欧提玛的回答意味着,人类对于美的爱欲并非无功利性的"审美",而是有外在于美的目的,那就是对于美的占有。这意味着苏格拉底为哲学辩护的方式必然与亚里士多德不同。在爱之阶梯的教导中,蒂欧提玛确实会频繁提到对于美的观看,但是我们会发现,这些观看都并非以自身为目的,而是为了"在美中生育从而实现不朽"。

虽然苏格拉底很好地回答了蒂欧提玛的第一个问题,他却无法回答第二个问题:占有美能够让爱者得到什么?之所以如此,根本原因就在于,在苏格拉底看来,美并不是爱欲的终极对象,不能满足爱者的真正需求。一个人爱欲美,获得并占有了美,那又如何呢?在蒂欧提玛把"美"换成"善"之后,苏格拉底才回答道:一个人爱欲善,获得并占有了善,最终是为了幸福。这个回答表明,在苏格拉底看来,人类的终极需求是对于幸福的需求,要想从根本上

---

① 柏拉图:《会饮》,204d5—205a3。
② 亚里士多德:《形而上学》,980a21—24;参考陈斯一:《从政治到哲学的运动:〈尼各马可伦理学〉解读》,北京:生活·读书·新知三联书店,2019年,第27—32页。
③ 在古希腊语中,特别是在亚里士多德的用语中,"沉思"与"观看"是同一个词:θεωρία。

解释爱欲的活动，就必须说明它如何满足人对于幸福的需求。蒂欧提玛再次通过置换问题向苏格拉底指出，人是通过拥有善，而非通过拥有美，来获得幸福的。因此，不是对美的爱欲，而是对善的爱欲，才能满足人最根本的需求。对善的占有，即幸福，才是爱欲的本质对象。

蒂欧提玛接着说，既然爱欲的本质对象是幸福，那么它就应该是属于所有人的，因为所有人都追求幸福，但是我们却并不认为所有人都是爱者，而只把其中的一类人称作"爱者"（ἐραστής）。什么样的人才是严格意义上的爱者呢？对这一问题的回答，也是以辩证的方式完成的：

> 蒂欧提玛："我们可不可以不加限定地说，人们爱欲的是善？"
> 苏格拉底："可以。"
> 蒂欧提玛："我们是不是还应该加上，人们所爱的，是善成为他们的？"
> 苏格拉底："是的。"
> 蒂欧提玛："不仅如此，而且是永远（ἀεί）成为他们的？"
> 苏格拉底："也应该加上这一点。"
> 蒂欧提玛："那么总而言之，爱欲所爱的就是善永远（ἀεί）属于自己。"
> 苏格拉底："千真万确。"①

严格意义上的爱欲只比宽泛意义上的爱欲多出一个限定：永远。② 在宽泛的意义上，爱欲的对象是善，爱者欲求的是占有善；而在严格的意义上，爱欲要实现的是永远占有善，只有那些渴望永远占有善的人才是真正的爱者。换言之，严格意义上的爱者所爱的是一种独特的善：不朽。从占有善到永远占有善，这个推进看似突兀，实则早有预备：在与阿伽通的对话中，苏格拉底已经指出，爱欲与缺乏有着必然的联系，有时候人们看似欲求他们已经拥有的东西，这时候他们实际上欲求的是未来一直拥有这些东西，而这是他们现在所缺乏的。生存于时间中的人无法占有未来，因此，对于善的未来占有是

---

① 柏拉图：《会饮》，206a3–13。
② 在《会饮》205a6–7，蒂欧提玛说"所有人总是（ἀεί）希望占有所有的善"，而在206a12，她说"爱欲所爱的就是善永远（ἀεί）属于自己"。通过改变ἀεί的语法位置，蒂欧提玛实现了从广义爱欲到狭义爱欲的转变。

人必然缺乏的,而在这种缺乏的背后,藏着一个更加根源性的缺乏:人是必死的存在,因此,对于善的永远占有是人必然缺乏的。在蒂欧提玛的第一步教导中,爱若斯之所以最终被定义为一个介于必死和不朽之间的精灵,就是因为不朽是必死者最根本的缺乏,而她的第二步教导指明,严格意义上的爱欲追求的正是不朽,因为不朽是必死者最深刻的需求。然而,爱欲追求不朽,这就意味着人最根本的缺乏是无法弥补的,人最根本的需求是不可能满足的。爱欲内在包含着一种悲剧性的悖谬。对于蒂欧提玛和苏格拉底来说,人类所能实现的至高之善并非真正的不朽,即神圣的绝对不死性,而只是不朽的替代品。对于这些替代品的获取和占有就是爱欲满足人性根本需求的方式,也就是爱欲的活动。

经过如此多的准备,蒂欧提玛终于正式开始了她关于爱欲之活动的教导:"在美中生育(τόκος ἐν καλῷ),既在身体方面,也在灵魂方面。"① 蒂欧提玛说,当人到一定年龄,"他的自然(φύσις)就渴望生育,但是在丑中不可能生育,只有在美中才能生育"。② 在身体方面,"对于必死的生命而言,孕育和生成实现不朽,它不可能发生于不和谐的因素。丑和神性是不和谐的,美和神性才是和谐的"。③ 蒂欧提玛认为生育是男女情欲的目的,而不朽又是生育的目的。身体的爱欲之所以追求美,也就是说,男人之所以爱欲美貌的女子、女人之所以爱欲英俊的男子④,从表面看是因为情欲的吸引力,从更深的角度看实际上是为了满足生育的自然需要。换言之,人之所以有对身体之美的情欲,是因为身体之美通过促成生育并实现物种繁衍的宗族不朽,而与不朽的神性相和谐。

接下来,蒂欧提玛转向灵魂的生育,她说,人们对于灵魂不朽的欲望往往要比他们对于身体不朽的欲望还要强烈,这体现为人们捍卫自己的荣誉甚于保护自己的后代:"我认为,所有人做所有事情都是为了不朽的德性和这种好的名声,越优秀的人就越是如此,因为他们爱欲的是不朽。"⑤然而,既然蒂欧

---

① 柏拉图:《会饮》,206b7-8。
② 柏拉图:《会饮》,206c1-5。
③ 柏拉图:《会饮》,206c7-d2。
④ 在身体爱欲这方面,蒂欧提玛只关心自然的爱欲,即对于身体之美的爱欲。相比之下,为了美之外的其他原因(例如对方有钱或者有德性)而"爱"一个人,这种爱并非自然的爱欲。
⑤ 柏拉图:《会饮》,208d7-e1。

提玛阐述不朽的出发点是生育，"既在身体方面，也在灵魂方面"，这就意味着个人对于荣誉的追求，就其自身而言，还称不上真正的灵魂不朽，因为它还不是"灵魂的生育"，也就是德性和政治事业的传承。蒂欧提玛说，灵魂的"子嗣"是明智与德性，"而最伟大、最高贵的明智，就是家庭与城邦的良好秩序，我们称之为节制和正义"。① 为了说明灵魂如何生育德性、传承政治事业，蒂欧提玛从负责身体生育的异性恋转向负责灵魂生育的同性恋，从而以自己的方式回应了贯穿整部《会饮》的男童恋问题。② 她这样描述男童恋者（爱者）对少年（被爱者）的追求："当一个人从年轻时起就在灵魂中孕育着这些德性，到了一定年龄，他就会渴望生育和生产，我相信，这时候他也会四处寻找美，以便在其中生育，因为他绝对无法在丑中生育。"③蒂欧提玛再次运用描述男女情欲的语言，但是紧接着补充，灵魂的生育不仅需要身体之美，而且更需要灵魂之美，即"良好的自然禀赋"（εὐφυεῖ）。④ 显然，蒂欧提玛所谓"怀孕的人"指的是爱者，而此人所追寻的拥有"灵魂之美"的人就是被爱者。当爱者遇到被爱者，前者就会对后者"滔滔不绝地谈论德性，谈论好人应该是什么样的，应该致力于何种事业，并试图教育他"。⑤ 虽然蒂欧提玛并没有否认爱者也寻找美丽的身体，并且对被爱者有着身体的情欲，但是，她对异性恋情欲的理解也适用于男童恋情欲，即，情欲的最终目的是生育。正如男人和女人的情欲服务于生儿育女（身体的生育），男人对少年的情欲也服务于德性的传授（灵魂的生育）。⑥ 蒂欧提玛最后说，教育产生的德性与政治事业，作为爱

---

① 柏拉图：《会饮》，209a3-8。
② 古希腊典型的男童恋关系指的是一个成年的"爱者"（ἐραστής）与一个未成年的"被爱者"（ἐρώμενος）达成的一种不对等的爱欲关系，《会饮》的所有角色在谈论爱欲的时候都预设了这样一种关系。关于男童恋的专题研究，参考 K. J. Dover, *Greek Homosexuality*, Harvard University Press, 1989; William Armstrong Percy, *Pederasty and Pedagogy in Archaic Greece*, University of Illinois Press, 1996。
③ 柏拉图：《会饮》，209b1-4。
④ 柏拉图：《会饮》，209b6。
⑤ 柏拉图：《会饮》，209b8-c2。
⑥ 彭德（E. E. Pender）指出，《会饮》209c 运用暗示性交的词汇（特别是 209c2 的ὁμιλῶν，这个词既可以指"交谈"，又可以暗示"性交"），将爱者对于被爱者的教育描述为一种"精神交合"（spiritual intercourse），参见 E. E. Pender, Spiritual Pregnancy in Plato's Symposium, *The Classical Quarterly*, Vol. 42, No. 1 (1992), pp. 78-79。但既然是一种交合，就需要双方的参与，否则就是强暴了。诺伊曼对蒂欧提玛的批评就忽视了这种精神交合的互动性。

者和被爱者共同的"孩子",要比男女生育的孩子"更美、更不朽"①,例如荷马和赫西俄德的诗歌、莱库古和梭伦分别留给斯巴达和雅典的法律,这些灵魂的"孩子"拥有"不朽的荣耀和记忆"。②

蒂欧提玛的例子是非常贴切的,在古希腊,诗歌和法律都带有强烈的教育性,诗人和立法者都是教育者。诺伊曼准确地指出,"这些伟大的教育者通过生育价值来复制自身,这些价值塑造了后人,是他们借以生死的标准",然而,他接着对蒂欧提玛提出如下批评:"为什么会有人允许自己被用作他人抱负的媒介呢?……蒂欧提玛的讲辞闭口不谈如何帮助美丽的被爱者生育他自己的美好观念……她关于灵魂生育的概念不过是教条灌输罢了。"③诺伊曼的批评明显带着现代观念的偏见。不光蒂欧提玛,也不光柏拉图,没有任何一个古代思想家相信人人都具有"生育美好观念"的能力。蒂欧提玛对灵魂生育的描述始于某人"从年轻时起就在灵魂中孕育着这些德性",她指的不是所有人。诺伊曼似乎忘了,整个关于生育的论证就是要从宽泛的爱欲推进到严格的爱欲,而严格的爱欲并不属于所有人,只属于真正可以被称作"爱者"的人。不过,即便抛开古今差异不谈,蒂欧提玛的论述也并没有忽视被爱者的生育,正如身体生育实现不朽的方式是生养出一代又一代的父母,灵魂生育实现不朽的方式也是教育出一代又一代的教育者。尽管灵魂生育的模式是爱者在被爱者的灵魂中生出前者孕育的善,但是这种善是双方共有的精神后代,蒂欧提玛明确说,爱者和被爱者"共同养育"(συνεκτρέφει)这些精神后代。④ 事实上,这些精神后代的重要意义之一就在于帮助被爱者也成为一个爱者,成为一个"从年轻时起就在灵魂中孕育着这些德性"的人。如果坚决不做"他人抱负的媒介",任何一个爱者自己是如何成为爱者的? 正如一个人要成长为身体上怀孕的爱者,就需要父母将其抚养成人,一个人要成长为灵魂上怀孕的爱者,也需要他的爱者对他"滔滔不绝地谈论德性""致力于他的教育",从而在他的灵魂中生育出"明智和其他德性"的萌芽。蒂欧提玛所描述的就是道德和政治教育的一般原理,只是她特别强调教育者要通过教育的

---

① 柏拉图:《会饮》,209c6-7。
② 柏拉图:《会饮》,209d3。
③ Neumann, Diotima's Concept of Love, pp. 40-41.
④ 柏拉图:《会饮》,209c4。

事业来实现灵魂的生育和不朽,这确实是一种利己的"抱负",而非完全利他的"奉献",而如果任何意义上的受教育都是"被用作他人抱负的媒介",那我们就只能认为,唯有彻底的"自学成才"才算诺伊曼认可的"非灌输"教育,才算尊重了被教育者的自主性和创造性。这当然不失为一种观点,但显然并非苏格拉底和柏拉图的观点。

当然,道德和政治教育完全不必带有男童恋色彩。从表面上看,蒂欧提玛对性取向的评价与会饮的大多数成员保持一致,她热情赞颂了男童恋的教育意义,并且认为男同性恋优于异性恋。但是实际上,她将所有类型的情欲都纳入生育的范畴之内,阐述情欲如何实现身体和灵魂的不朽。从根本上讲,严格意义上的生育是异性恋才能够实现的,而严格意义上的怀孕更是女人的特权。在这个意义上,蒂欧提玛选择的解释范式暗含对于此前所有发言者的批判。① 退一步讲,即便蒂欧提玛将身体的生育归于异性恋,灵魂的生育归于同性恋,但是由于她认为二者所要实现的是两种不同类型的不朽,因此,二者就是完全相容的,而不是非此即彼的,例如,一个男人当然可以既娶妻生子,又教育青年。归根结底地讲,这是因为蒂欧提玛已经尽可能将男童恋关系去情欲化了。实际上,苏格拉底就是这种去情欲化的男童恋者的典范,他孜孜不倦地教育青年,并不像包萨尼亚那样着眼于满足自己的情欲②,而是希望同青年们一起爱德性和智慧。事实上,蒂欧提玛对苏格拉底的教导本身就证明,辩证的哲学教育完全独立于男童恋习俗,也独立于任何情欲关系。苏格拉底说他关于爱欲的所有知识都是蒂欧提玛这个异邦女祭司传授的,其实这一点已经表明他对于此前所有发言者的批评以及他对于古希腊男童恋习俗的克服和超越。

三、爱之阶梯:哲学的不朽

在充分阐述了子女的生育和德性的生育、宗族的不朽和政治的不朽之

---

① 尼科尔斯(Mary Nichols)指出,柏拉图安排蒂欧提玛这位女性,从被先前的男同性恋发言者们贬低或忽视的生育现象出发理解爱欲的活动,在情节上是非常恰当的,参见 Mary Nichols, Socrates' Contest with the Poets in Plato's Symposium, *Political Theory* Vol. 32, No. 2 (Apr., 2004), pp. 198-199。

② Neumann, On the Sophistry of Plato's Pausanias, *Transactions and Proceedings of the American Philological Association*, Vol. 95 (1964), pp. 263-264.

后,蒂欧提玛告诉苏格拉底,相对于爱欲的至高奥秘而言,此前的所有教导都只是准备,接下来,她要向苏格拉底揭示爱欲的至高奥秘,这一长段最终的教导就是著名的爱之阶梯。①

蒂欧提玛首先说,想要以正确的方式从事爱欲之事,一个人必须从年轻时候起就关注美的身体,"第一步,如果领路人(ἡγούμενος)正确地指引他,那么他会爱上一个身体并立即生育出美的言辞"。② 在先前的教导中,爱者到了一定年龄自然会对身体之美产生兴趣,这种兴趣并非来自他人的指引,而是源自于爱者自己的"身孕"。在爱之阶梯的开端,蒂欧提玛提出新的教导:首先,爱者对身体之美的兴趣并非出于他想要生育的欲望,而是需要一个领路人的指引。③ 其次,爱者在领路人的指引下爱上某个身体之后就会"立即生育",但是他生育的既不是子女也不是德性,而是"美的言辞"。蒂欧提玛先前也提到过爱者的言辞,她说,在灵魂上怀孕的爱者向被爱者"滔滔不绝地谈论德性",从而在后者的灵魂中生育"明智与其他德性"。④ 两相比较,在先前的灵魂生育中,言辞是生育德性的手段,而在爱之阶梯的开端,言辞成了灵魂生育的对象;先前爱者用以生育的言辞是关于德性的,而现在,爱者生育的言辞是美的,但不一定是关于德性的;最后,先前爱者是在被爱者的灵魂中生育德性,而现在,爱者是自己生育言辞。以上种种差别是否意味着,即便在先前的教导中被爱者不仅仅是"被用作他人抱负的媒介",而是主动参与了德性与政治事业的传承所实现的灵魂不朽,但是在爱之阶梯的教导中,被爱者完全成了爱者爬升爱之阶梯的工具?

在本文引言提到的研究中,哈克福斯和诺伊曼的观点可以在一定程度上化解这个问题,因为他们认为最终的哲学不朽也是"生育的不朽",与前两种不朽的模式完全相同。这种解读虽然让被爱者参与了爱之阶梯的爬升,但是它误解了哲学不朽的本质,从而容易导向诺伊曼说的"教条灌输"的解释,即

---

① 柏拉图:《会饮》,210a。
② 柏拉图:《会饮》,210a6-8。
③ 关于"领路人"(ἡγούμενος),参见 R. G. Bury, *The "Symposium" of Plato*, W. Heffer and Sons, 1909, p. 125;比较 Lamascus, *The Poverty of Eros in Plato's Symposium*, pp. 117-118。拉马斯库斯认为领路人就是爱若斯,我们不同意这种解读。从爱之阶梯的戏剧场景来看,领路人就是正在引导苏格拉底的蒂欧提玛;ἡγούμενος 用阳性则是因为蒂欧提玛是在描述一般情况。参考 Stanley Rosen, *Plato's Symposium*, 2nd ed., Yale University Press, 1987, p. 269。
④ 柏拉图:《会饮》,209a-c。

哲学家向他的学生"灌输"美的理念,在后者的灵魂中生育"真正的德性",从而通过代际师生关系实现灵魂的不朽。与这种观点相反,拉马斯库斯认为爱之阶梯顶端的不朽是"神圣的不朽",完全排除了"生成"的色彩,这种解读虽然准确看到了哲学不朽对于前两种不朽的超越,但是它让爱之阶梯成了爱者的孤独旅程,而被爱者也就完全沦为了爱者的工具。

为了解决这个两难,让我们仔细分析爱之阶梯的开端。首先,我们认为,蒂欧提玛提到的领路人指的就是她自己,而爱之阶梯就是她要传授给苏格拉底这位年轻爱者的"秘教",相比之下,她关于前两种不朽的教导并不是在指引苏格拉底,而只是在向他解释一般人都具有的爱欲行为背后的深层本质。无须蒂欧提玛的教导,人们也会生儿育女、从事政治和教育,只是一般人不能清楚地认识到这些活动是都为了追求不朽,而是会误以为家庭生活是为了享受天伦之乐、政治生活是为了追逐权力和财富。相比之下,如果没有领路人的指引,那么没有人会自然而然地爬升爱之阶梯。"爱欲秘教"的初步传授已经表明,它是对于日常爱欲行为的改造:当爱者遇到一个美的身体,领路人会指引他克制"在美中生育"的欲望,不要把这种美当作通向不朽之善的途径,而要在美的身体面前生育出美的"言辞"。这意味着爱者要克制美所激发的"行动"(即前两种生育),从"行动"转向"言辞",通过生育越来越高的"言辞"而在美的领域上升,直至最终看到最高的美本身,才能回到"行动",为了实现最高的不朽而进行生育。换言之,为了实现最高的不朽,爱者不应该在低层次的美上面浪费自己的爱欲。其次,在先前的生育中,虽然爱欲的真正对象不是被爱者,而是不朽,但是被爱者至少是生育的载体,尤其在灵魂生育的情形中,爱者要在被爱者的灵魂中生育,然后双方要共同抚养他们的精神后代。在爱之阶梯的开端,被爱者不再是生育的载体,而只是以自己的身体之美激发爱者的生育;与此同时,蒂欧提玛也闭口不谈爱者和被爱者之间是否还拥有比家庭和夫妇之爱"更为紧密的共同体和更加牢固的友爱"。① 尽管如此,我们也已经看到,在爱之阶梯上,虽然爱者和被爱者的关系淡化了,但是另一种关系浮现出来,那就是领路人与学徒的关系。即便说爱者"涉嫌"把被爱者用作工具,那么领路人是出于何种动机把爱之阶梯的奥秘传授给学徒呢?我们会发现,这种传授关系会变得越来越重要,以至于最终吸收和转

---

① 柏拉图:《会饮》,209c5—6。

化了爱者和被爱者的关系。

接下来,领路人指引爱者从个别的身体之美扩展到普遍的身体之美,上升到爱之阶梯的第二层:"接着,他自己会意识到,任何一个身体的美和任何其他身体的美是相互亲缘的,如果应该在理念上追求美,那么若不认为所有身体的美都是完全一致的,就是极不明智的。"①在先前的教导中,尽管蒂欧提玛区分了身体的生育和灵魂的生育,但是二者并不是相互排斥的,同一个人完全可以兼备这两种生育,但是现在她却提出,爱者要实现上升,就必须抛弃个别的身体之美,转向普遍的身体之美。这一点成为许多现代研究者批评蒂欧提玛和柏拉图的主要根据,但我们认为,这些批评都是不公正的。

多弗(K. J. Dover)提出,根据爱之阶梯的逻辑,既然身体之美是通向美本身的"工具",那么假设和 X 相比,Y"明显是更好的工具",那么爱者就有义务去爱 Y 而非 X;即便 X 是爱者原本的爱人,爱者也有义务把 X 换成 Y。②这是对爱之阶梯的严重误解。蒂欧提玛并未要求爱者把一个被爱者换成另一个更好的被爱者,而是要求爱者从个别上升到普遍,这种上升其实并不需要更换被爱者,因为爱者显然不可能把 X 的身体换成"普遍的身体"。多弗没有意识到,从苏格拉底与阿伽通的辩证开始,"被爱者"和"爱欲对象"就已经被区分开来了,前者是某个人,后者是抽象的美和善、幸福和不朽。在关于爱之阶梯的教导中,蒂欧提玛的重心根本不在于爱者对于被爱者的挑选,而在于爱欲对象的秩序和层次。多弗实际上受了弗拉斯托斯(Gregory Vlastos)的影响,后者批评柏拉图在《会饮》中忽视了对于个体作为他/她自身的爱:"作为一种关于对人格的爱(love of persons)的理论,它的关键在于,我们应该爱的是理念在人格中的影像……带着他或她的独特而完整的个体性的个体,永远不会成为我们爱的对象。在我看来,这是柏拉图理论的主要缺陷。"③弗拉斯托斯的批评是不成立的。首先,蒂欧提玛教导的不是"对人格的爱",而是"爱欲",她区分了被爱者(某人)和爱欲对象(理念及其影像),整个教导的重心都放在爱欲对象,而非被爱者的人格;其次,蒂欧提玛并不是柏拉图的代言人,在《会饮》中,喜剧诗人阿里斯托芬的讲辞也传达了柏拉图爱欲观的一

---

① 柏拉图:《会饮》,210a8-b3。
② Dover, *Greek Homosexuality*, p. 161.
③ Gregory Vlastos, The Individual as Object of Love in Plato, in *Platonic Studies*, Princeton University Press, 1981, p. 31.

个方面,他讲的"属己之爱"更接近弗拉斯托斯说的个体之爱。不过,二者仍然有重要的差异:"属己之爱"所爱的也并非"独特而完整的个体性",而是与爱者具有自然亲缘的"另一半",这种亲缘关系虽然不是用美、善、德性来衡量,但仍然是某种品质,我们姑且称之为"属己性"。① 弗拉斯托斯似乎认为,唯有完全不考虑任何美、善、德性或亲缘性和属己性,也就是说,唯有完全不考虑一个人身上任何具有吸引力的品质而爱他/她,才算是把这个人当作"独特而完整的个体"来爱,我们不禁要问,这个毫无吸引力的个体究竟如何催生我们的爱欲?事实上,除了《新约》讲的耶稣对每个世人的"圣爱",现实中不存在弗拉斯托斯讲的纯粹个体之爱。②

爱之阶梯的下一层是从普遍的身体之美上升到普遍的灵魂之美:"在此之后,他会意识到灵魂中的美要比身体中的美更值得尊崇。"③由于这句话中的"灵魂"是复数,我们认为,蒂欧提玛指的是普遍的灵魂之美,而非属于个别灵魂的美。蒂欧提玛接着说,这个层次的爱者关注被爱者的灵魂甚于关注他的身体,这样的爱者一旦遇到拥有美好灵魂的年轻人,就会"爱他、关心他,生育或寻找那种能够让年轻人变得更好的言辞"。④ 这句话中的"年轻人"同样是复数,而且,这里谈到的生育也是爱者自己生育出能够教育年轻一代的言辞,而非在他遇见的那个年轻人的灵魂中生育德性。虽然这里回到了道德和政治教育的话题,但是蒂欧提玛并未用生育的范式来解释教育,而是说爱者"生育或寻找"言辞,再用言辞教育年轻人,生育和教育是两个不同的环节;不仅如此,她还添加了"寻找"言辞的选项,爱者不必进行任何生育也能实现对年轻人的教育,因为他可以运用现有的言辞(例如荷马史诗,或者梭伦的法律),而不必自己创作言辞。这个选项的存在,让爬升到爱之阶梯第三层的爱者不必自己成为诗人或者立法者,毕竟,他的真正目标是成为哲学家。蒂欧提玛接着说:"他会被迫(ἀναγκασθῇ)观看实践和法律中的美,并看到它自身作为一个整体是同出一源的。"⑤爱者要运用关于实践和法律的言辞来教育

---

① 关于"属己之爱",参考陈斯一:《柏拉图论爱欲与友爱:〈吕西斯〉释义》,《哲学与文化月刊》2019年第2期,第183—196页。
② 参见樊黎:《爱与幸福——再论柏拉图解释史上的一桩公案》,《现代哲学》2018年第3期,第70—76页。
③ 柏拉图:《会饮》,210b6-7。
④ 柏拉图:《会饮》,210c1-3。
⑤ 柏拉图:《会饮》,210c3-5。

年轻人，还要学会观看实践和法律的美，这种对美的观看才是爱之阶梯的真正线索；然而，由于实践和法律带着明确的功用目的，它们的美并不是特别适于观看的，因此，这个层次的爱者是"被迫"观看这种美的。①

要从"被迫"观看转变为"主动"观看，就需要进一步爬升爱之阶梯，寻找比实践和法律之美更纯粹的美。爱之阶梯的第四层是从实践和法律之美上升到知识之美。这一步爬升与从身体到灵魂的爬升是相似的，中间都需要从个别到普遍的爬升。灵魂是比身体更具普遍性的存在，知识也是比行动更具普遍性的存在；美的级别与普遍性的层次息息相关，从普遍的知识之美到最普遍的美本身只有一步之遥："在这些实践之后，爱者要带领（ἀγαγεῖν）被爱者走向各种知识，以便他可以看到知识之美；既然已经看见这种大美，他就不再像一个奴仆那样满足于喜爱某一个男孩、某一个人或某一种实践的美，不再因为这种奴役而变得低贱和小气算计，而是会转向美的辽阔海洋，通过观看它，在毫不吝啬的哲学中生育许多大气的美丽言辞和思想，直到他在这个领域变得更强大、更充沛，他就会看到某种独特的知识，它是关于这样的一种美……"②这句话最后提到的"这样一种美"，就是美本身，蒂欧提玛即将带领苏格拉底爬到爱之阶梯的顶端。

让我们仔细分析这个关键的段落。首先，蒂欧提玛再次提到"带领"，这本是领路人的职责，但此处"带领"的主语已经由领路人变成爱者，宾语已经由爱者变成被爱者。③ 这意味着经历了爱之阶梯的前三层爬升之后，爱者已经足够成熟，无须他人的指引，而能够指引他人了。我们提到，在爱之阶梯的开端，爱者和被爱者的关系淡化了，领路人与学徒的关系变得更加重要，而现在，两种关系重叠了起来：爱者自己成了领路人，他的被爱者成了被他带领的学徒，而学徒就是新的爱者，他要学会爱一个美的身体、所有美的身体、美的实践和法律等。最终，爱者带领被爱者"走向各种知识"，在这个过程中领略知识的"大美"，从而自身也变得"大气"，这种"大气"是对于个别性的超越，

---

① 蒂欧提玛唯独在此处提到"被迫"，这无疑与"实践和法律之美"强烈的政治色彩有关。爱之阶梯是通往美本身和哲学不朽的，爱者的爬升动力是哲学爱欲，而非政治爱欲，因此，他对"实践和法律之美"的观看是被迫的，这种被迫性与《理想国》中哲学家统治城邦的被迫性是相似的。

② 柏拉图：《会饮》，210c6-e1。

③ Bury, *The "Symposium" of Plato*, p. 126; Lamascus, *The Poverty of Eros in Plato's Symposium*, p. 120.

从而也是对于爱者与被爱者之间的私人爱欲关系的超越,如果说个别性要服从普遍性,那么爱者与被爱者的私人关系就要服从于双方共同向着普遍性的上升。最后,蒂欧提玛回到了"在美中生育"的模式,她说爱者通过观看知识之美,"在毫不吝啬的哲学中生育"出言辞和思想。思想是属于爱者自己的,言辞则是讲给被爱者听的,这种言辞同样是"能够让年轻人变得更好的言辞",只不过不是关于德性和实践的,而是关于知识和智慧的。尤其重要的是,与此前的灵魂生育相比,爱者现在不是在被爱者的灵魂中生育,而是"在哲学中"生育,再用生育出的言辞教育被爱者,这就既实现了哲学教育,又避免了在任何意义上将被爱者用作生育的载体,从而避免了把被爱者用作实现爱者灵魂不朽的工具——须知这里的生育仍然与不朽无关。① 爱之阶梯非但没有把被爱者"工具化",反而在尽可能地消除前两种生育的"利用"色彩。

当爱者从一般的知识之美上升到美本身,他就爬到了爱之阶梯的第五层,也就是最高层,此前的四层是:个别的身体之美、普遍的身体之美、灵魂之美(实践和法律之美)和一般的知识之美。蒂欧提玛总结道:"一个人在爱欲之事上面被教导至此,一直以正确的方式和次序观看(θεώμενος)美的事物,当他现在来到爱欲之事的终点(τέλος),他就会突然看到某种拥有奇异本性的美,苏格拉底,我们先前所有的劳作都是为了它。"②蒂欧提玛将整个通向美本身的教导概括为"以正确的方式和次序观看美的事物",这意味着爱之阶梯在实质上是"观看美"的阶梯,而非"在美中生育"的阶梯,爱者的上升是通过越来越高的观看,而非越来越高的生育。不过,这并不意味着对美的观看以其自身为目的,而是将所有的观看都视作手段。蒂欧提玛说,美本身是一种"拥有奇异本性的美",它是永恒的、绝对的,完全凭自身而与自身同在(αὐτὸ καθ᾽ αὑτὸ μεθ᾽ αὑτοῦ),其形式始终是单一而纯粹的(μονοειδές),其他所有美的事物都是因为分有(μετέχοντα)美本身才是美的,但是它

---

① 蒂欧提玛用以修饰哲学的形容词"ἀφθόνῳ"意思是"不吝啬的"或者"丰裕的",柏拉图在其他地方用它来形容土壤和果实(柏拉图:《智者》,222a10;《政治家》,272a3),可见,此处哲学被比作供爱播种的肥沃土地,这个比喻实际上回到了男女交合、生育子女的意象(Pender, Spiritual Pregnancy in Plato's Symposium, p. 81)。希腊语单词ἄφθονος是对于φθόνος的否定,后者的意思是"嫉妒、羡慕、恶意"。这里蒂欧提玛用ἄφθονος形容哲学,而稍后在《会饮》213d2,苏格拉底会用φθόνος形容阿尔西比亚德,这种对比或许是在暗示,虽然苏格拉底能够在哲学中生育,但是他不能在阿尔西比亚德身上生育,尽管哲学和阿尔西比亚德都是他的被爱者(《高尔吉亚》,481d)。
② 柏拉图:《会饮》,210e2-6。

们无不处在生灭流变之中。① 由此可见,从具体事物的美(包括一般的知识之美)到美本身的上升就是从生成到存在的上升,实现这一上升的爱者"终于认识到美本身是什么",而"观看美本身(αύτὸ τὸ καλόν)"就是人类最应该过的生活。② 蒂欧提玛最后说:"只有在这里,当他用所该用的理智看到那种美的时候,他所生育的才不是德性的影像,而是真正的德性,因为他抓住的不是影像而是真理。唯有当他生育并且养育了真正的德性,他才会变得为神所爱,并且成为不朽,如果任何人能够不朽的话。"③

用这样一句话,蒂欧提玛结束了她的全部教导,经由爱之阶梯对于各种美、直至美本身的观看,她最终回到了阐述爱欲活动的解释范式:生育与不朽。整个爱之阶梯总共提到四种生育,第一种是爱者面对美的身体生育"美的言辞",第二种是他面对美的灵魂生育"能够让年轻人变得更好的言辞",第三种是他面对美的知识"在哲学中"生育"大气的美丽言辞和思想"。我们已经指出,在谈到这些生育的时候,蒂欧提玛都没有提到不朽,她把不朽留给了最后一种生育,即爱者通过观看美本身而生育真正的德性。前两种生育都是爱者在被爱者之中进行生育,要么通过女人的身体生育子女,要么在少年或者广大年轻人的灵魂中生育道德和政治德性,即明智、节制、正义等"德性的影像"。在爱之阶梯的所有生育中,爱者都不是在他人之中生育,而是自己生育,只不过在知识的层面,蒂欧提玛采用了"在他者中生育"的语言:在一般知识层面,爱者"在哲学中"生育,而在美本身的层面,爱者"在美的理念中"生育。④ 哲学或美的理念并非异于爱者的他者,而是爱者自己的理智对象。蒂欧提玛的意思其实是:爱者通过观看美本身而在自己的理智中生育和养育真正的德性,也就是关于存在和理念的智慧。

如果爱者不是在他人之中,而是在自己的理智中生育真正的德性,并且

---

① 柏拉图:《会饮》,211a-b。
② 柏拉图:《会饮》,211c8-d3。
③ 柏拉图:《会饮》,212a2-7。此处212a3的ὁρῶντι ᾧ(以及212a1的ᾧ δεῖ)指的是νούς,参见Bury, The "Symposium" of Plato, p. 132。
④ 在《理想国》,490a-b,存在(τὸ ὄν)被比作一个女人,哲学家怀着爱欲与之交合(μιγείς)生育出"理智和真理"(νοῦν καὶ ἀλήθειαν)。彭德指出,这段文本与爱之阶梯最终的生育是一致的,都是用男女交合的语言描述哲学的活动与产物。尽管蒂欧提玛没有说爱者"在美本身中"生育,但是她使用暗示性交的语言来描述爱者与美本身的接触,例如212a2的"结合"(συνόντος)和212a4-5的"抓住"(ἐφαπτομένῳ),参考Pender, Spiritual Pregnancy in Plato's Symposium, pp. 82-83。

以此为途径实现哲学的不朽,那么哲学不朽与前两种不朽就有质的区别。宗族不朽和政治不朽都是通过留存某种存在(子女、名声、德性、政治事业)而在时间的延续中实现不朽,然而哲学不朽指的却是哲学家观看美本身时的灵魂状态。哲学家生育的智慧存在于他的灵魂内部,这种智慧是无法用言辞传达、无法直接教授给他人的,因此,哲学的不朽并不是通过留存、传承和延续来实现的。在最开始提出生育和不朽的关系时,蒂欧提玛就区分了"不死的不朽"和"必死的不朽",前者体现为绝对保持自我同一,后者体现为新旧替换与历史延续,换言之,前者是存在的不朽,后者是生成的不朽。① 宗族不朽和政治不朽属于"必死的不朽",只有永恒的理念才能在严格的意义上拥有"不死的不朽"。如此看来,哲学的不朽既不是"必死的不朽",也不是"不死的不朽",而是介于存在与生成之间,是生成中的必死者(哲学家)对于神圣的不朽存在(美本身)的接触。正是在这个意义上,哲学不朽在最高的程度上符合爱欲的居间性本质,是必死者所能实现的最高程度的不朽。②

那么,爱之阶梯是一个完全孤独的哲学之旅吗?答案是否定的。尽管爱之阶梯各层次的生育都是爱者自己完成的,但是在爬升的过程中,仍然存在爱者与被爱者的爱欲关系,至少存在领路人与学徒的师生关系,而且这两种关系最终合二为一。由于最高的智慧是无法用言辞传授的,因此,爱之阶梯的师徒关系最终要成就的不是人与人之间的爱,而是每个人对于智慧的爱。然而,虽然智慧本身是无法传授的,但是通往智慧之路是可以传授的,而这种传授不也正是出于领路人对学徒的爱吗?③ 在这个意义上,关于爱之阶梯的教导就是爱的教导,蒂欧提玛对苏格拉底的教导仍然体现了爱者与被爱者的关系,这种关系与情欲无关,也不带任何利用色彩,更不是教条灌输,而是"大

---

① 柏拉图:《会饮》,208b。
② 在爱之阶梯的顶端观看美本身并生育关于存在的智慧,这是否与苏格拉底的"无知之知"相矛盾?我们认为并不矛盾。一方面,蒂欧提玛从一开始就怀疑苏格拉底是否能够完全掌握爱欲的终极奥秘,她仅仅鼓励他尽可能跟上最终的教导。或许蒂欧提玛是智者,但苏格拉底是爱智者。另一方面,爱之阶梯的顶端并非对于智慧的"占有",而是在美本身的激发下产生最高程度的"爱智",在这个意义上,爱之阶梯的顶端其实是一种至高无上的"无知之知"。
③ 蒂欧提玛并未向苏格拉底传授关于美本身的知识,尽管她描述了美本身。正如罗森所言:"关于不可言说者的言说不等于不可言说者自身。"(Rosen, *Plato's Symposium*, p. 269)不过,虽然关于美本身的知识是无法传授的,但是通向美本身的道路——爱之阶梯是可以传授的,而且这种传授最终是通过成为领路人的爱者带领被爱者共同爬升爱之阶梯来实现的。在这种新的爱欲关系中,爱者与被爱者的爱趋于平等,最终汇聚为双方共有的对于智慧的爱。

气"且"毫不吝啬"的指引与分享。

通过《会饮》对这场教导的叙述,即,通过叙述苏格拉底转述蒂欧提玛对他的教导,柏拉图表达了他对于哲学爱欲和哲学教育的理解:真正的爱智者不仅要自己爬到爱之阶梯的顶端,而且,如果他不仅爱智慧,也爱他的被爱者,那么他就应该引领被爱者和他共同爬升爱之阶梯。借蒂欧提玛这位异邦女祭司之口,柏拉图告诉我们,这才是"正确的男童恋"。①

Begetting or Beholding? Eros and Immortality in Plato's *Symposium*

Chen Siyi

Abstract: At the ending of the famous "ladder of love" passage in the *Symposium*, which is the climax of the whole dialogue, Plato has Diotima say that the philosopher "begets" true virtue through "beholding" beauty itself, and in this way achieves the highest form of immortality possible for human. The nature of such immortality attracts scholarly debate: is it the same kind as the immortality acquired through begetting children and passing down moral virtue, or is it true immortality as demonstrated in the *Phaedo*? Based on detailed analyses of Diotima's speech, this article argues that the immortality achieved at the peak of the "ladder of love" is middle way between the above two forms of immortality in accordance with the intermediate nature of eros, and only this form of immortality is able to maintain the balance between philosophic eros and philosophic education.

Key words: Plato, *Symposium*, Eros, Philosophy, Immortality

---

① 柏拉图:《会饮》,211b5-6。

书讯

《正蒙释　正蒙辑释》
高攀龙、徐必达　撰，邱忠堂　点校
华希闵　撰，张瑞元　点校
北京：中华书局，2020年

《正蒙释》是明代学者高攀龙《正蒙集注》和其后学徐必达《正蒙发明》的合订本，二书相辅相成并互相补充、发明，较好地继承与发展了张载哲学思想。《正蒙释》并非二书的简单相加，徐必达在编订《正蒙释》时，把《正蒙发明》中与《正蒙集注》相同的注解删去，独有的注解保留，并把《正蒙发明》和《正蒙集注》中不同的但相比较不准确的注解删除，能够互补的保留。从思想内容上看，以程朱哲学思想解《正蒙》，确立气的形上本体意涵进而批评佛老、注重修养工夫，是《正蒙释》的重要特点。此书以国图藏明万历本为底本，以清初平江蔡方炳本为对校本，以清《性理四书注释》本为参校本。书后"附录"，包括高攀龙碑传资料九篇、徐必达传记五篇以及《正蒙释》提要一篇。

《正蒙辑释》为清代华希闵所撰，是研究张载《正蒙》及华希闵本人思想的重要著作。华希闵，字豫原，号剑光，又号芋园，江苏无锡人，著述有《性理注释》《易书诗春秋集说》《中庸賸语》《论语讲义》，《正蒙辑释》是华希闵在高攀龙《正蒙集注》、徐必达《正蒙发明》基础上，以朱子学为主要立场注释《正蒙》的著作。在清初尊朱熹黜王阳明的学术氛围中，华希闵的注释虽体现出强烈的程朱理学色彩，但他并没有完全否定王阳明及其学说，而是予以客观与实证化的评价。《正蒙辑释》以"闵按"的形式，阐释了《正蒙》每篇全旨及篇文段意，其中所论及的太虚本体论、心性论、工夫论等，都体现了华希闵的独到理解。本书以国图藏康熙刻本《性理四书注释》中的《正蒙辑释》为底本，以文渊阁《四库全书》本王植《正蒙初义》为参校本。（蔡天翊）

《斐德若》前两篇演说词中的理性与欲望

樊 黎[*]

提 要:《斐德若》前两篇演说词主张用理性统治欲望,推崇某种审慎之德。这一观点表面上同柏拉图在《理想国》等对话中的观点一致。因此有学者认为,这两篇演说词代表了柏拉图原先的观点,而之后的第三篇演说词则是对这一观点的修正。本文通过分析这两篇演说词,表明上述看法不能成立。在吕西阿斯的演说词中,审慎意味着通过计算实现快乐的最大化。同《理想国》的对照表明,这样一种审慎体现在克法洛斯这个人物身上,实质上是相互冲突的两种欲望之间的平衡。而在苏格拉底的第一篇演说词当中,审慎意味着一般而言依据思考而非冲动来行动。但这一思考是工具性的,也就是说,行动的目的没有经过理性的审视。这种审慎,在《理想国》中体现在荣誉政体式个人、寡头政体式个人和民主政体式个人身上。其本质是欲望的自我分裂和对抗,不同于《理想国》所推崇的那种理性统治。

关键词:《斐德若》 《理想国》 理性 欲望 审慎

纳斯鲍姆(M. Nussbaum)在她对古希腊伦理思想的经典研究《善的脆弱性》一书中提出了一个著名的论断:《斐德若》在伦理学的一个核心方面修改了在它之前的柏拉图"中期"对话(以《理想国》为代表)的观点;而《斐德若》当中的前两篇演说词——吕西阿斯演说词和苏格拉底第一篇演说词——在某种程度上是柏拉图旧观点的化身。纳斯鲍姆相信,这两篇演说词提出的观点同《斐多》《理想国》《会饮》等对话中苏格拉底所支持的观点高度一致:它

---

[*] 樊黎,1988年生,同济大学人文学院助理教授。

们都主张,对个别人的爱欲、感受、情绪这些所谓的"非理性因素"在美好生活中没有内在价值。纳斯鲍姆认为,在《斐德若》之前的对话中,柏拉图将疯狂看作完全负面的事物:疯狂被当作一种恶(《理想国》400b2;参382c8,《美诺》91c3),同欲望的过度满足或者放肆相关(《理想国》403a-e;《克拉底鲁》404a4);疯狂带来错觉、愚蠢(《理想国》539c6,537a-b;参382e2),造成灵魂内部的奴役(《理想国》329c,《会饮》215c-e)。这是因为疯狂是与审慎相反的一种灵魂状态:灵魂的非理性因素,即欲望与情绪,战胜了并统治着理智。而按照纳斯鲍姆的解释,在这些对话中,只有理智才能把握真正的、内在的价值,从而正确地引导灵魂;而灵魂的非理性因素则是盲目的,既不能理解,也不能发现真正的价值,只会妨碍理智思考、误导灵魂。因此,如果灵魂中非理性因素反过来统治理智,灵魂内部的自然秩序就发生了错乱。① 纳斯鲍姆相信,除了一些细节上的出入,②上述观点正是《斐德若》前两篇演说词所主张的观点。她的观点是否能够成立呢?我们将分析这两篇演说词,检验她的观点。

一

吕西阿斯(Lysias)的演说词不仅遭到了苏格拉底的批评,而且历来的注释者也大多认为这篇演说词乏善可陈:风格上乏味平庸,缺乏工整的结构。③不过这篇演说词的论点是明确的:作为被爱者的少年同没有爱欲的人在一

---

① 纳斯鲍姆概括为四个方面:(1)欲望不指向善;(2)欲望必定趋向过度;(3)欲望歪曲真理;(4)理性是真理的充分条件。理性越是能抵御非理性的影响,越能达到真理(M. Nussbaum, *The Fragility of Goodness*, Cambridge University Press, 2012, p.205)。费拉里已经对这一解读提出了批评;他认为《理想国》的主张实际上复杂得多(G. R. F. Ferrari, *Listening to the Cicadas: A Study of Plato's Phaedrus*, Cambridge University Press, 1987, p.253n.16)。
② 例如,吕西阿斯演说词劝说少年满足没有爱欲的追求者的性要求(M. Nussbaum, *The Fragility of Goodness*, p.206)。纳斯鲍姆的解释是,是否发生性行为不是重点;在《理想国》中,最好的城邦中为了延续,也必须有严格规划的性行为,而第八卷的讨论中也明确允许存在有益健康和美好生活的性行为。吕西阿斯演说词中推荐的那种性行为,恰好符合这一条件,因为按照演说词的说法,二人的性关系不会掺杂不可遏制的情欲和疯狂(M. Nussbaum, *op. cit.*, p.210)。
③ R. Hackforth, *Plato's Phaedrus*, Cambridge University Press, 1952, p.31; H. Yunis, *Plato: Phaedrus*, Cambridge University Press, 2011, p.97.

起,比同有爱欲的人在一起更好。这一观点显然出乎斐德若的意料(227c)。① 斐德若同众人一样,观察到一个朴素的事实:有爱欲的人会为了他的伴侣献殷勤,为了被爱者的好处而劳心劳力。《会饮》中斐德若的发言就展示了这种对爱欲的通常看法。他相信,爱欲是许多伟大、美好的事迹的原因(178d)。在极端的情况下,有爱欲的人甚至可以为了被爱者献出生命(179b ff.)。爱欲的这种力量让斐德若惊讶和赞美。按照这种看法,被爱者应当同爱者(有爱欲的人)在一起。吕西阿斯的演说词虽然要贬低爱欲,但并没有,实际上也无法否认爱者能够给被爱者带来的这些好处。他在这篇演说词的开头就承认了这一点:有爱欲的人能够给被爱者带来好处(231a)。爱者的问题在于他这么做的方式、原因、持续性等。正如费拉里(G. R. F. Ferrari)指出:"他(即吕西阿斯的非爱者)的主张并不是爱欲不能带来好处,而是它带来的好处仅仅是暂时的,而且会被之后带来的坏处抵销。"② 换句话说,吕西阿斯演说词的思路是:有爱欲的人能提供给被爱者的好处,没有爱欲的人也可以;而有爱欲的人给被爱者造成的麻烦,没有爱欲的人却不会造成。

文本清楚表明的是,斐德若对这篇演说词最大的印象,在于它的观点同通常观点的巨大反差(227c)。然而,吕西阿斯演说词之所以能够立刻令斐德若折服,恰恰是因为在它离经叛道的外表下面隐藏的其实是一种十分强有力的常识性看法。换句话说,符合常识的并不是同有爱欲的人结为伴侣这种通常的习俗;恰恰相反,符合常识的正是吕西阿斯演说词的观点,而关于爱欲关系的通常的习俗反而是一般常识的一种例外情况:是爱欲让人们容忍了在其他情况下都不会被容忍的行为。费拉里敏锐地指出,吕西阿斯演说词在常识上的吸引力,才是斐德若为之倾倒的原因。③ 我们有必要考察这种吸引斐德若的常识性看法究竟是什么。

按照吕西阿斯演说词中的看法,一个人必须全面考量他的处境,着眼于长远的利益:"首先,我同你交往,不会只盯住眼前的快乐,而是会顾及未来的

---

① 本文使用伯奈特(J. Burnet)校勘的柏拉图文本(*Platonis Opera*, 5 vols., Clarendon Press, 1899–1907)。其中《斐德若》文本参考了罗(C. J. Rowe)的译注本(*Plato Phaedrus*, Aris & Phillips, 1986)。《斐德若》中译文采用刘小枫译本(《柏拉图四书》,北京:生活·读书·新知三联书店,2015年),有改动。

② G. R. F. Ferrari, *Listening to the Cicadas*, p. 88; cf. p. 97.

③ G. R. F. Ferrari, *op. cit.*, pp. 89–90.

好处,因为我统治着我自己,不会被爱欲支配。"(233b6-c2)显然,屈服于一时的冲动,无能于审视长远利益,则被认为是灵魂的疾病——被爱欲支配而导致的疾病。没有爱欲的人的优势就在于此:他并非没有欲望,而是他能够控制欲望的冲动;从而能够冷静地,甚至在某种意义上理性地安排自己的生活。

显然,这不是什么标新立异的观点,而是绝大多数情况下通行的行为准则。大体上,如果一个人要在任何一个人生目标上取得成功,就必须克服一时的冲动,摆脱情绪的左右,谨慎地判别利害,以一种清醒、自主的心态投身到他所从事的事务上来。① 吕西阿斯演说词的教导让人惊讶的地方并不是其中具有普遍性的行为准则本身,而是将这一准则应用到一类通常被认为是不适用这一准则的事务上面:在爱欲关系中,一往无前的追求和全心全意的投入,比瞻前顾后的计算和三心二意的权衡更加受到认可甚至赞美。正如《会饮》中的一位发言者指出的,雅典的法律(习俗)在关于爱欲的事情和其他事情之间做出了区分:同样一些事情,由爱者做出来,和由其他人做出来,会得到截然相反的评价。法律允许甚至鼓励爱者毫无顾忌地追求男孩(182d-183b)。显然,同前述带有普遍性的行为准则相比,对待爱欲关系的一般态度倒是个例外。② 吕西阿斯的演说词则拒绝这个例外,教导男孩以普遍性的行为准则对待旁人的追求。

需要指出,这样一种教导,绝不仅仅是一种单纯功利性的、只是为了在现实生活中取得成功的操作手册。相反,演说词是将上述行为方式作为一种道

---

① 纳斯鲍姆设想了斐德若式的少年在雅典公共生活中的情形,并将其比作一位女性在一个男性主导的领域奋斗的情况。她认为,吕西阿斯演说词表达的观点,恰好适用于这样一种社会环境(M. Nussbaum, *The Fragility of Goodness*, pp. 208-209)。事实上,完全不需要对当事人所处的社会环境做出这样或那样的限制,吕西阿斯演说词的建议适用于绝大部分情形。

② Cf. K. J. Dover, *Greek Homosexuality*, Duckworth, 1989, pp. 81-91. 蒙陈斯一博士指出,这一"例外"并非爱欲关系的浪漫化,而是有着基于希腊文化的深刻理由。实际上,鼓励爱者大胆追求男孩,正是来自希腊文化崇尚竞争的基本态度。希腊的男童恋风俗,只有在竞争文化的基础上才能得到合理的解释:男孩不仅满足了成年男性的情欲,更重要的是满足了后者在竞争当中对胜利和荣誉的欲求(K. J. Dover, Eros and Nomos, *Bulletin of the Institute of Classical Studies* 11[1964], p. 38)。这种竞争文化正是希腊式德性的真正基础(尼采:《荷马的竞争》,载《荷马的竞争》,韩王韦译,上海:上海人民出版社,2018 年),因而男童恋风俗在雅典和斯巴达等城邦的政教体制中扮演了重要的角色(P. Ludwig, *Eros and Polis: Desire and Community in Greek Political Theory*, Cambridge University Press, 2002, pp. 30-32)。在接下来的第二篇演说词当中我们将看到,苏格拉底重新将男童恋风俗当中蕴含的政治维度带回了中心位置。

德要求来衡量有爱欲和没有爱欲的人的。这一点通常为注疏家所忽略。① 就《斐德若》中的吕西阿斯演说词而言,苏格拉底同吕西阿斯的分歧,并不在于后者的立场是自私自利的,只关注友爱的用处。事实上,柏拉图同样认为,幸福(εὐδαιμονία)是人生的最高目的。② 无论是友爱也好,正义也好,其价值的证成都必须回溯到它们对于人类生活最终目的(善)的"用处"上来。③ 吕西阿斯的审慎者从未试图掩盖他的自利(231a4-6),因为这种自利并不像一些注释者所理解的那样,是某种缺乏道德诉求的表现,而毋宁说是一种道德义务。这一点最明显地体现在吕西阿斯演说词的头两个论点上:爱者追悔他曾经为被爱者献殷勤;他不顾自身能力献殷勤的举动,让他蒙受了损失——疏忽了自身利益,最终会反映到被爱者的利益上来,因为爱者的损失会影响他与被爱者的友爱关系(231a-b)。④ 一言以蔽之,在吕西阿斯演说词中,无能于追求自身的善是一种道德缺陷。

这种道德缺陷,用古希腊人的道德语词来表达,就是缺乏审慎(σωφροσύνη)。演说词涉及的五个理由都以不同的方式、在不同程度上指向审慎这种德性。这一点在苏格拉底随后的演说词中将更为清晰地展现出来:没有爱欲的人同有爱欲的人之间的差别,被明确地认作审慎及其反面——放肆(ὕβρις)——的差别。这种德性同样是柏拉图其他一些对话推崇的,包括像《斐多》《理想国》这种核心性的伦理对话。本文开头提到的纳斯鲍姆的解

---

① 哈克福斯在他的评论将吕西阿斯演说词传达的审慎判定为冷漠自私,缺乏道德诉求,并引用泰勒(A. E. Taylor)的观点,认为吕西阿斯的演说词是"彻底诉诸最肮脏意义上的'用处'"(见 R. Hackforth, *Plato's Phaedrus*, p. 31),不过,哈克福斯也将审慎者为了长远的利益而限制"眼前的快乐"看作透露出一些模糊的(faint)道德意识。
② 柏拉图对这一问题的表述是:当我们问一个人他想要这个好的东西是为什么时,回答"为了幸福"就是最终的回答,不必再追问下去了。见《会饮》204e-205a. 参亚里士多德《尼各马可伦理学》1095a14-20。
③ 参弗拉斯托斯对柏拉图的友爱和爱欲的著名批评(G. Vlastos, The Individual as Object of Love in Pla, *Platonic Studies*, Princeton University Press, 1973)。弗拉斯托斯在这篇论文中通过考察《吕西斯》《理想国》和《会饮》,将柏拉图对话中关于爱的学说判定为"精神化的自我中心论",表现在爱的对象总是因为它对于爱者的用处而被爱的。对这篇论文及其后一系列争论的回顾和考察,见拙文《爱与幸福——再论柏拉图解释史上的一桩公案》,《现代哲学》2018 年第 3 期,第 70—76 页。
④ 朗指出,希腊伦理思想的一个隐含前提是:你不可能对你的共同体有益,除非你能够首先照料好自己,见 A. A. Long, Ancient Philosophy's Hardest Question: What to Make of Oneself? in *Representations* 74.1(2001)。

读,正是建立在这一观察之上。因此,为了检验这一解读,我们需要澄清这两篇演说词所推崇的审慎的实质意涵,并将其同《理想国》《斐多》等对话的相关论述进行对比。

那么,吕西阿斯演说词推崇的审慎的实质是什么呢?我们已经看到,吕西阿斯的非爱者所谴责的,是爱者只会被动地跟随"眼前的快乐"(παροῦσα ἡδονή);而非爱者的优势,则是能够保证"未来的好处"(μέλουσα ὠφελία),即长期的好处。显然,吕西阿斯的非爱者所说的"好处",不是别的,而是非爱者和男孩双方能够在一种持久而稳定的爱欲关系中享受持久而稳定的、不被爱欲的各种副作用所干扰的快乐。① 换句话说,非爱者的成功,不在于他能够提供不同于快乐、比快乐更好的东西;相反,非爱者同爱者一样,认为好处(ὠφελία)或者说善(ἀγαθόν)就是快乐;恶(κακόν)就是痛苦。但非爱者意识到,快乐和快乐之间会产生冲突。追求某些快乐意味着放弃另一些快乐。如果一种快乐带来更大的痛苦,从而剥夺了另一种更大的快乐,那么这种快乐就不应该被追求;而如果一种痛苦能带来更大的快乐,就理应被忍受。因此,非爱者同爱者的不同在于,他能够计算快乐,从而将长期的快乐最大化。而爱者所缺乏的那种审慎,实际上被理解为这种对快乐进行计算的技艺或知识。

这种计算快乐的技艺,正是苏格拉底在《普罗泰戈拉》当中详细说明的"衡量术"(μετρητική)。② 按照苏格拉底的说法,被"眼前的快乐"征服这件事——吕西阿斯演说词当中的爱者正是如此——是由于缺乏这种"衡量术"的缘故(357d)。这是因为,"眼前的快乐"会因为离得近而"显得更大",而未来的快乐则会因为离得远而"显得(更)小"。缺乏"衡量术"会让人过高估计

---

① G. R. F. Ferrari, *Listening to the Cicadas*, p. 96.
② 需要注意,苏格拉底推出这一技艺对生活有着极端重要的价值,建立在一个关键假定之上,即所谓的善就是快乐,所谓的恶就是痛苦;享受快乐是坏的,如果它剥夺了更大的快乐或引致了更大痛苦,而遭受痛苦是好的,如果它避免了更大的痛苦或带来了更大的快乐。苏格拉底明确表述并再三询问对话者是否同意这一假定,恰恰表明了苏格拉底完全意识到这一假定是可疑的(见《普罗泰戈拉》353c-354e;355a)。因此我们不能同意苏格拉底自己主张这种"衡量术"的看法。当然,我们的这一看法并未被所有研究者接受。相反的看法,即《普罗泰戈拉》当中提出的这种快乐主义就是对话中苏格拉底自己的立场,代表性的文献见 T. Irwin, *Plato's Moral Theory*, Clarendon Press, 1977, pp. 103-108。纳斯鲍姆也赞成这一观点,见 M. Nussbaum, *The Fragility of Goodness*, pp. 109-117。

眼前的快乐,从而做出错误的推算(356c-e)。吕西阿斯的非爱者正是凭借这种"衡量术"才得以摆脱"眼前的快乐"的支配性力量。这也正是非爱者引以为傲的"审慎"的真正意涵。

然而,柏拉图在《斐多》中从根本上怀疑了这种对审慎,乃至一般而言对德性的理解;德性绝不是用较大的快乐替换较小的快乐,或用较小的痛苦替换较大的痛苦的"交易",因为这样的人是由于放纵而审慎的,由于害怕而勇敢的,而这是毫无道理的(ἄλογόν)(68d2-69a9)。在这一段落中,苏格拉底明确将矛头指向了将审慎理解为快乐计算的看法:这只是一种"天真的审慎"(68e5);通过衡量快乐或痛苦的大小所获得的只是"德性的虚影画"(σκιαγραφία,69b6)。显然,《斐多》中的苏格拉底不会同意吕西阿斯的非爱者所鼓吹的那种审慎。

二

同吕西阿斯的演说词相比,苏格拉底的第一篇演说词结构工整得多。吕西阿斯的演说词是以没有爱欲的人的口吻劝说少年同自己在一起,而苏格拉底的第一篇演说词的劝说者则是一位有爱欲的人,但他伪装成没有爱欲的人劝说少年。劝说者首先提出并回答了爱欲是什么的问题。演说者声称,爱欲是一种特定的欲望,它缺乏道理,战胜关于是非的判断,它追求身体之美,为了在其中获得快乐(238b5-c4)。接下来,这位劝说者声称,如果被爱者同一位有爱欲的人在一起,会严重损害被爱者的灵魂、身体和财产(κτῆσις)——广义上的财产,大致相当于亚里士多德所谓的外在善(238e2-241c1)。演说词到这里戛然而止,没有继续赞美与爱者相对的非爱者。苏格拉底解释说,对非爱者的赞美实际上已经完成了,因为爱者的缺陷反过来就是非爱者的优点(241e1-242a1)。

这篇演说词观点的基础是一种解释人类行为机制的图式(237d6-238a2):

必须注意到,我们每个人身上都有两种统治和引导的东西(ἄρχοντε καὶ ἄγοντε),它们引领到哪儿我们就跟到哪儿。一个是天生的(ἔμφυτος)对诸快乐的欲望,另一个是习得的(ἐπίκτητος)、趋向最好的东西的意见。这两类东西在我们身上有时一心一意,有时又反目内讧;有时这个掌权,有时那个掌权。当趋向最好的东西的意见凭靠道理(λόγῳ)引领和掌权时,这种权力的名称就叫审慎。可是,若欲望不讲道理地(ἀλόγως)拖拽我们追求种种快乐,并在我们身上施行统治,这种统治就被叫作放肆。

看起来,苏格拉底的第一篇演说词严格区分了快乐与善,从而使这篇演说词的立场区别于吕西阿斯演说词:后者将好处(ὠφελία)即善理解为快乐的最大化。上述印象被这样一种论述加强了:我们注意到,苏格拉底让他的演说者将意见同道理(λόγος, 237e3)或理智(νοῦς, 241a3)相联系,欲望则同缺乏道理(ἄλογον, 238a1)和缺乏理智(ἀνόητον, 241a8, b1)相联系。①

我们将证明,上述印象只是一种假象。按照苏格拉底演说词的说法,以快乐为目的的原理——欲望——是天生的(ἔμφυτος),而以善为目的的原理——意见——则是后天习得的(ἐπίκτητος)。也就是说,在这篇演说词的视野中,所有人天生就关心快乐,没有人天生关心善。为了避免天生的对于快乐的追求导致恶,唯一办法是让指向善的意见对欲望进行审查,只有那些有益的快乐才能被允许。而进行审查的往往是社会习俗:饕餮和滥饮不好,因为它们违背习俗的常轨。在这里,善恶是由习俗指定的;而习俗是社会加诸个人的限制。这么看的话,欲望的内在性与意见的外在性之间的对立,指向自然(个人)与习俗(社会)之间的对立。

然而,并非所有限制欲望的善都是社会性的。难道我们不是每个人都想要健康吗? 健康是希腊人都承认的自然的善。如果一个人限制贪吃的欲望,是出于健康这一理由,这种意见还是外在的吗? 显然,我们无法以上面的方式将基于自然之善的意见归为外在的,即来自社会的。那么,当我们为了健康而放下酒杯的时候,这一行动的原理在什么意义上是外在的呢?

实际上,将欲求自然之善理解为某种外在的原理,同内在的欲望原理对立起来,只有以下面这种方式才能得到理解:尽管我们所有人,哪怕不受社会习俗的约束,也都寻求自然之善,但这一寻求并不立足于当下的感受,而是需要我们从感受后退一步,通过考虑和计算找到自然之善的实现方式。与之相

---

① G. R. F. Ferrari, *Listening to the Cicadas*, pp. 95–97; cf. R. Hackforth, *Plato's Phaedrus*, pp. 41–42, M. Nussbaum, *The Fragility of Goodness*, pp. 205–206.

对,在演说者看来,欲望忠于当下的感受,因而对快乐亦步亦趋,完全不加考虑和计算。按照这篇演说词的看法,人本性上不是理性的动物,而是按照感受($\kappa\alpha\tau\grave{\alpha}\ \pi\acute{\alpha}\theta o\varsigma$)生活的动物。所有的善都是计算($\lambda o\gamma\acute{\iota}\zeta\epsilon\sigma\theta\alpha\iota$)的结果,而实施这种计算是人本性之外的,换句话说,习得的($\epsilon\pi\acute{\iota}\kappa\tau\eta\tau o\varsigma$)。

显然,这样一种看法并不能和吕西阿斯演说词的看法区别开来。在吕西阿斯的非爱者那里,"未来的好处",即快乐的最大化,同样是计算的结果。诚然,苏格拉底的演说者并未将善等同于快乐的最大化,但他也绝不排除建立这种等同。对他来说,关键不在于善是否被等同于快乐,而在于我们是按照当下的感受生活,还是能够摆脱当下的感受的支配,通过计算找到实现善(无论如何理解它)的方式。苏格拉底的演说者丝毫不关心如何理解善。如果缺乏对属人之善的反思,那么计算的目标就成了任何一种被当作是善的东西,包括快乐。从演说者之后对爱者的谴责看来,他正是这样做的。①

因此,一方面,苏格拉底的第一篇演说词把吕西阿斯演说词的论题包括进自己的论题之中:旨在最大化欲望的计算仍然属于寻求善的计算,后者同"眼前的快乐"或当下的感受相对抗。但另一方面,吕西阿斯演说词将善还原为最大化的欲望,则在对善的理解问题上更具反思性。同苏格拉底的演说者相比,吕西阿斯的享乐主义代表了一种更加智术化的人生态度。非爱者会赞同《普罗泰戈拉》当中苏格拉底模拟的说法:(像苏格拉底的第一篇演说词那样)区分出善和快乐是荒谬的。在他看来,我们之所以追求健康或追求其他自然和习俗意义上的善,最终只不过是为了更大的快乐。

如果按照上面的人类行为图示,尤其结合演说者举出的例子,我们大概会以为,爱欲的问题像贪吃或者贪杯那样,在于损害欲望者自身的善——自然的或者习俗的善。但实际上,演说词对爱者的分析,并不是要表明欲望对爱者的支配让爱者的好处受到了损害,而是要表明,欲望支配下的爱者必将损害被爱者的好处。换句话说,苏格拉底第一篇演说词中的爱者被描绘成一个不正义的人。如果说吕西阿斯演说词可怜爱者所罹患的疾病的话

---

① 费拉里认为苏格拉底第一篇演说词同吕西阿斯演说词相比,有一种对快乐的敌意,他把这种倾向称为清教主义(puritanism),见 G. R. F. Ferrari, *Listening to the Cicadas*, pp. 96-97,99。我们认为,费拉里正确地观察到了苏格拉底第一篇演说词当中包含的义愤的情绪,但他错误地将这种义愤解释为对快乐的敌意。事实上,苏格拉底的演说词并没有将快乐本身当作善的对立面,否则他也不会将"令人不快"当作爱者的主要缺陷之一(240c-e)。

(233b5),苏格拉底第一篇演说词则对爱者表达了义愤——一种对不正义的反应。在这里,有爱欲的人之所以糟糕,不是因为他疏忽了自身的利益,从而影响到双方的友爱关系,而是因为爱者为了自己的满足主动地去损害被爱者的利益。从文本上来看,吕西阿斯演说词提到的头两个论点——爱者献殷勤导致自己利益受损,之后埋怨被爱者(231a-b)——在苏格拉底第一篇演说词中消失了。取而代之的,则是将爱者描绘成表面上对被爱者好,而真实意图却仅仅是寻求自身欲望的满足:有爱欲人对被爱者的爱,就像是狼对羊的喜爱(241c6-d1)。

因此,苏格拉底的第一篇演说词在下面这一点上修改了吕西阿斯的论点:爱者根本不会给被爱者带来任何好处,而且爱者存心如此。要做到这一点,演说者完全改变了他提出的人类行为图示的实质意涵。在原本的理解中,无论是身体自然产生的欲望(比如人体对水的自然需要),还是由于其他原因产生的欲望(例如酒瘾),都是通过生理性快感来满足。如果是这样的话,爱欲从根本上说是一种与他人无关的激情;爱者在意的只是自身欲望的满足所带来的生理快感。至于他人,爱者并不关心;他可能会因为追求生理性快感而去损害他人,但他并不意图去损害他人。换句话说,如果爱欲像苏格拉底提出爱欲与审慎的图示时所暗示的那样,追求的是生理性的快感,那么爱欲就是非社会性的。

但爱者的快乐,却不是(或不仅仅是)生理性快感(238e2-239a2):

> 受欲望统治的人给快乐当奴仆,必然会让这个被爱者尽可能令他快乐。可是,对这个正在害病的人来说,凡不反抗他的(ἀντιτεῖνον)就令他快乐,凡比他更强的(κρείττω)和与他一样的(ἰσούμενον)都遭恨。因此,有爱欲的不愿意忍受男孩比自己更强或与自己一样,总是做得来让他更弱(ἥττω),更有欠缺(ὑποδεέστερον)。

可以看到,爱者对被爱者的欲望,最初虽然指向生理性快感,但在两人交往过程中,爱者所欲望的那种快乐转化成了"不遭到反抗"的快乐,即支配被爱者的快乐。爱者对被爱者的支配诚然是为了保证爱者能够让被爱者满足自己的生理性欲望,但现在,爱者获得他的快乐,并不需要他直接获得生理快感,而只需要获得他能够支配被爱者的感觉。快乐就是支配别人的感觉;而支配别人需要力量;因此快乐也就是拥有力量的感觉。类似的,善也是通过力量的强弱来解释的:被爱者受到的损害,是变得更无知、更怯懦、更木讷、更迟钝、更虚弱、更穷困——所有这些之所以被认为是一种损害,恰恰是因为它们让人更弱、更缺乏力量(239a2-4)。演说者将爱欲(ἔρως)的词源追溯到力量(ῥώμη),恐怕不是一个巧合(238c3)。在演说者看来,这恰恰就是爱欲的本质:爱者因爱欲拥有了支配被爱者的力量。

善就是拥有力量,而快乐就是拥有力量的感觉。经过这样的重新解释,上述人类行为图示中灵魂内部的两种原则之间的对抗,被搬到了人与人之间的舞台上,转换为拥有不同力量的人之间的支配与反抗。如果说吕西阿斯演说词中爱者与被爱者构成一种商业伙伴关系的话,苏格拉底第一篇演说词中爱者与被爱者则构成一种政治关系。爱者的主要缺陷不是缺乏清醒的头脑保证自己和对方的利益,而是由于自身被欲望所支配,从而不正义地支配被爱者。爱者自身内部欲望对意见的奴役(238e3)以某种方式转化为了爱者对被爱者的奴役。

伴随着上述对爱者和被爱者关系的重新解释,苏格拉底的第一篇演说词呈现出完全不同于吕西阿斯演说词的语调。吕西阿斯演说词的语调是冷静的,它口中的爱者是一个反复无常但又软弱无力的麻烦;而苏格拉底的第一篇演说词的语调则是激愤的,它口中的爱者是一个拥有支配性力量的僭主式人物。同时,苏格拉底第一篇演说词中的审慎的实质意涵也得到了揭示。审慎意味着约束自己的欲望,但这并不意味着关注自身的善(不管我们如何理解这种善)。实际上,这篇演说词关注的根本不是欲望对欲望主体的影响。演说者深入人的内部找到两种原则的对抗,只是为了呈现人与人之间的对抗:欲望同非欲望原理(意见)的对抗,只是欲望主体(爱者)同非欲望主体(非爱者)之间对抗的内在投射。在这一对抗中,欲望被呈现为对力量和支配的欲望。约束自己的欲望实质上是不再寻求将自己的欲望强加于他人之上。从这种意义上说,这篇演说词所推崇的审慎就是正义。

可是,如果说欲望是对力量的欲望,那么约束欲望的审慎无非就是对力量和权力的放弃。审慎者用意见和道理战胜欲望,不恰恰是把自己放在了同被爱者一样的地位上——被他人的欲望所支配吗?我们注意到,爱者对被爱者造成的最大损害是让后者缺乏勇敢和智慧(239b-d)。演说者暗示了,爱者并不会让被爱者缺乏审慎和正义。这恰恰是因为,按照演说者的看法,审慎和正义实际上意味着软弱无力。因而审慎者是最顺从的奴隶。[1] 僭主式的爱者最喜爱的就是审慎的被爱者；他最恐惧的倒是充满爱欲的人，因为爱欲能够鼓舞起反抗僭政的勇气。雅典妇孺皆知的民主神话之一，就是一对怀有爱欲的情侣刺杀僭主的故事：庇西斯特拉图家族的僭主希帕库斯（Hipparchus）追求哈尔谟迪乌斯（Harmodius），被后者拒绝。僭主恼羞成怒羞辱了哈尔谟迪乌斯的家族。哈尔谟迪乌斯于是同自己的爱侣阿里斯托格通（Aristogeiton）密谋刺杀了僭主。[2] 当苏格拉底第一篇演说词谴责欲望主体对客体的奴役的时候，却暗示了审慎者的软弱。

只有看到了这一点，我们才能理解苏格拉底为他的第一篇演说词编写的情境：这篇演说词是一位爱者伪装成非爱者来引诱被爱者的（237b）。这是因为，他需要让被爱者相信审慎的好处，从而让被爱者更好地被他控制。赞美审慎，就是赞美无力反抗的羔羊。如果他公开自己的爱欲，就不适合谴责爱欲、赞美审慎了。由此，我们也就能够解释演说词为何进行到一半就结束了（241d）。假如演说词继续，接下来就必须赞美非爱者的审慎。但演说者无从赞美审慎，因为演说词完全是从反面理解审慎的。被正面地理解的是审慎的对立面——放肆（ὕβρις）：放肆就是用力量满足自己的欲望，尤其是强迫他人满足自己的欲望，也就是不正义。审慎只不过就是非—不正义。如果要从正面来理解审慎或者说非—不正义，演说词唯一的暗示就是将它理解为软弱无力。但这仍然是一个极为空洞的概念，更不用说在希腊文化中这不可能被赞美。演说词后半部分的缺失，正对应了审慎概念的空洞。这篇演说词中的审慎概念为何如此空洞？这一概念的空洞同演说词提出的行为图示有什么关系？我们将在下文中寻找答案。

三

让我们以《理想国》的复杂论述作为坐标，看看《斐德若》的前两篇演说词处在什么位置。吕西阿斯的审慎者的处事方式，是以"长远的利益"为目

---

[1] S. Benardete, *The Rhetoric of Morality and Philosophy: Plato's Gorgias and Phaedrus*, University of Chicago Press, 1991, pp. 124-125.
[2] 这个故事在《会饮》中被包萨尼亚（Pausanias）用来说明僭主对爱欲的防备（182c-d）。

的,而不屈服于"眼前的快乐"(233b6-c2)。然而他所谓的"长远的利益"来自更稳定、长久的爱欲伴侣关系。因而所谓"长远的利益"不是别的,其实是稳定、长久的快乐。吕西阿斯的审慎者能够通过理性计算,最大限度地达成他的目标。换句话说,他能够将欲望对象化,成为服从成本收益计算的商品。① 这显然是一种商人的世界观。我们不要忘了,吕西阿斯的父亲克法洛斯(Cephalus)是一位侨居雅典的富商。在《理想国》开头,克法洛斯也向苏格拉底吹嘘自己的审慎(329a-330a)。因此,一些研究者会倾向于认为,吕西阿斯演说词当中的商人世界观,来自他的父亲。② 吕西阿斯的审慎者身上,有他父亲的影子。

  克法洛斯引以为傲的审慎,从他对待金钱的态度上可见一斑。他父亲挥霍无度,而他的祖父则相反,贪鄙吝啬,只想着积攒财富(330b)。在这方面,克法洛斯处于祖父和父亲之间,既不挥霍,也不悭吝。柏拉图如何看待这种"审慎"呢? 在《理想国》第八卷,苏格拉底描述了灵魂类似于寡头式政体的个人(553a-555a)。这样一个人,被爱财的欲望支配,并且用这种欲望压抑了享乐的欲望,但绝不是由于相信享乐的欲望是不好的,也不是出于道理($λόγῳ$,554d)。我们能够辨认出,克法洛斯的祖父就是这种寡头式的个人。寡头式的父亲产生民主式的儿子(558c-562a)。克法洛斯的父亲就像民主式个人那样满足各种非必要的欲望(559c;561a-d)。而民主式个人产生的根本原因,就是在寡头式个人(父亲)那里表面上被压抑的那些欲望,实际上潜在地滋长,最终占据了一个人的灵魂(560a-b)。克法洛斯本人,则介于祖父和父亲之间,寡头式个人和民主式个人之间(572d)。在柏拉图看来,这样一种"审慎",同真正的审慎,也就是理性的统治毫无关系;它是一种欲望的统治(552d);只不过在克法洛斯这里,既不是较好的欲望(爱财)统治了更糟的欲望(享乐),也不是相反,而是二者达成某种妥协。如果说吕西阿斯演说词的非爱者对应了《理想国》当中的某种主张的话,那么这种立场绝不是苏格拉底的主张,而是克法洛斯,或介于寡头式个人和民主式个人之间的那种人的主张。

---

① S. Rosen, The Non-lover in Plato's *Phaedrus*, *Man and World* 2 (1969), p. 432.
② 罗森(S. Rosen)、费拉里和尤尼斯(H. Yunis)都指出了吕西阿斯和克法洛斯的关系。纳斯鲍姆甚至猜测演说词中的建议就是克法洛斯给吕西阿斯的建议,见 Nussbaum, *The Fragility of Goodness*, p. 208.

不过，我们也不能忘记，克法洛斯和吕西阿斯已经是两代人了。这不仅是指自然的代际，也是社会文化的代际。《理想国》第一卷生动地刻画了两代人之间的变迁。当苏格拉底一行人来到克法洛斯家的时候，这位老人刚刚向神做完献祭（328c）。对话从老年的话题开始。当苏格拉底问道，金钱给克法洛斯的老年生活带来的最大好处时，后者回答道，有钱的最大好处，就是不必被迫欺骗，也不用被迫欠负神和人的债务（331b）。克法洛斯把不亏欠神看得至少和不亏欠人一样重要，如果不是更加重要的话。在苏格拉底的追问下，克法洛斯很快退场，继续向神献祭去了（331d）。这位出场前和退场后都惦记着献祭的老人，他眼中的世界是一个包含了神和人的世界。神虽然不向众人显现，但却是人类生活的终极裁判，按照善恶分配奖惩。柏拉图暗示，神也是克法洛斯的德性的最终保证：生前不正义的行为要在冥府受到惩罚，是正义的最有力的理由（330d-331a）。① 在克法洛斯那里，神圣事物仍然建构了人类生活的秩序。但苏格拉底接下来的提问却引发了整个讨论的关键转向。苏格拉底问克法洛斯，正义是否就是你的论述中所暗示的那样，在于说真话和欠债还债（331c）。苏格拉底毫无预兆地将克法洛斯那番话中关于人神关系的部分排除在讨论之外。② 《理想国》讨论的真正开端的标志，不仅是克法洛斯在情节上退场了，而且是他所代表的老一代人的世界观被年轻一代的，更加"世俗"的世界观取代了。

《理想国》第一卷中两代人之间的差异，也反映在吕西阿斯演说词中自诩审慎的非爱者形象，同克法洛斯形象的差异当中。这一差异集中体现在非爱者对爱欲的态度。一般人对爱欲的经验中包含了某种不由自主的体验，仿佛与某种超出人类之上的力量相遇。爱欲因而被希腊人奉为神明。③ 正因如此，基于爱欲的关系赢得了一种特殊的地位，能够无视通常的行为准则，构成常识的某种例外。④ 然而，在吕西阿斯演说词当中，爱欲被彻底"除魔"了。我们已经看到，吕西阿斯式审慎的实质是对快乐的计算。而这种计算建立在一种还原论的人性观的基础上：人被还原为身体，人性论被还原为生理学，快

---

① Cf. J. Annas, *An Introduction to Plato's Republic*, Clarendon Press, 1981, p. 20.
② Cf. L. Strauss, *The City and Man*, Rand Mcnally, p. 67.
③ 赫西俄德《神谱》116-120。
④ G. R. F. Ferrari, *Listening to the Cicadas*, pp. 89-90；参《会饮》中包萨尼亚的发言，尤其是182d-183b；及本文第一节的相关论述。

乐或痛苦被还原为生理学—生物化学现象，从而成为能够被计算的对象。伴随着这一"理性化"过程的，是爱欲变得不可理解，只能被归为某种病态（νόσος）。如果按照吕西阿斯演说词的看法，爱者在欲望中感受到的那种令其不由自主的强力，实际上只是对欲望这种生理现象做出的不恰当的、迷信的解释。而非爱者拒绝这一解释。人类生活的秩序只能由人能够理解的方式建立。在这个意义上，非爱者引以为傲的自制（ἐμαυτοῦ κρατῶν），乃是人的自我立法（autonomy）。①

在这一点上，吕西阿斯演说词呼应了《理想国》中克法洛斯与下一代人之间的转换：在老一代人那里仍然建构着生活世界的秩序的诸神，在年轻一代这里黯然退场。在《斐德若》这里，吕西阿斯演说词意在劝说一位少年，而少年在爱欲—友爱关系中是被爱者，身上没有爱欲，无法感受到爱欲那让人不由自主的力量，因而更容易认同吕西阿斯演说词的世俗主义。在这篇对话的开头（229c），斐德若对神话的理性解释的偏爱显露无疑。② 我们看到，苏格拉底在他第二篇演说词当中，将人类灵魂的起源追溯到某种不处在这个世界中，而是与诸神相亲近的事物上面（246a-249d），试图重建人类生活秩序与神圣之物的关联。这篇演说词要纠正的，正是吕西阿斯演说词建立在还原论基础上的理性化方案。更一般地说，在所有对话中，柏拉图都不是一个还原论者；柏拉图坚持，在人性中包含某种神圣的东西；与这一神圣性的相遇是建构理性生活秩序的必由之路。可以说，吕西阿斯演说词中的非爱者就是一位不信神的克法洛斯。显然，苏格拉底在《理想国》或《斐多》中所推崇的审慎之德，既不是商人式的，也不是世俗主义或还原论的。

那么苏格拉底第一篇演说词呢？我们已经看到，虽然同样推崇审慎，这

---

① 罗森对吕西阿斯演说词中的非爱者形象进行了精彩的剖析。他将这一形象的意涵概括为人文主义者（即世俗主义者）、享乐主义者、功利主义者和技术主义者。后三个方面在某种程度上都依赖于非爱者的世俗主义：排除神圣事物之后，他对于人性的理解建立在生理性的基础上，善被理解为来自身体的快乐。他因而是一个享乐主义者。以来自身体的快乐为目的，人的行为或品质就能依照它们在达到目的过程中的用处而被赋予相应的工具性价值；吕西阿斯的演说词就是以这种功利主义的方式赞美没有爱欲的人的审慎。而被身体性快乐所定义的善，在原则上是可计算的；这也就意味着，在追求身体行快乐的过程中的一切问题，原则上都可以通过技术手段解决。因此，吕西阿斯的审慎者也是一个技术主义者。见 S. Rosen, The Non-lover in Plato's *Phaedrus*, pp. 433-434。
② 另参《普罗塔戈拉》315c。柏拉图笔下的斐德若有相当强的无神论倾向，这恐怕不是巧合。

篇演说词同吕西阿斯演说词对审慎的理解不尽相同。那么,这篇演说词所表达的立场,是否如纳斯鲍姆所言,同柏拉图在《理想国》和《斐多》中的主张在实质上相一致呢?纳斯鲍姆甚至建议我们,将上述对话中苏格拉底的理性主义主张理解为他对他所爱、所关心的对话者的演说,也就是说,当作《斐德若》那里苏格拉底第一篇演说词当中那位隐藏了自己爱意的爱者所做的事情。①

在某种程度上,苏格拉底第一篇演说词的论述,的确同《理想国》第四卷的灵魂论述较为接近。在第四卷中,苏格拉底建立起了最好的灵魂秩序,这一秩序的关键,是灵魂中负责思考的理性部分,即苏格拉底所说的推算部分(τὸ λογιστικόν),统治整个灵魂,而负责发怒的意气部分(τὸ θυμοειδές)和负责欲求的欲望部分(τὸ ἐπιθυμητικόν)则服从推算部分的统治(436a–444a)。苏格拉底描述了理性与意气或欲望的可能冲突(439a–d;441a–c)。后两者都表现出《斐德若》苏格拉底第一篇演说词当中欲望的特征:无论是口渴的欲望,还是奥德修斯的怒火,都要求立刻按照感受行动,而理性则出于善恶的判断遏制住它们的冲动。仅从这个意义上说,《斐德若》苏格拉底第一篇演说词的行为图示可以被看作《理想国》第四卷灵魂论述的一个简化版本。②

然而,《理想国》第四卷的灵魂论述并不完备。它遗留了一个重要问题:如果说理性的统治在于依据什么对整个灵魂最好的判断来决定行动和安排生活(442c),而不像其他两个部分那样屈服于感受和冲动,那么理性据以统治的这样一种善(灵魂整体之善)究竟是什么?在某些场合,这个善是显而易见的。例如苏格拉底的例子里面,不适合摄入饮料的病人的身体健康,和奥德修斯的复仇成功,在当时的语境下都是显而易见的善。然而,对行动来说是显而易见的,并不意味着对哲学反思来说是充分的。考察任何行动的目的——无论是身体健康,还是复仇成功——之所以被认为是善背后的根据,是完成《理想国》第四卷灵魂论述的内在要求(cf. 504c)。如果不对上述根本

---

① 纳斯鲍姆的建议实际上来自哈克福斯的解读,即将苏格拉底第一篇演说词中那个隐藏的爱者解释为苏格拉底本人,见 Hackforth, *Plato's Phaedrus*, p. 37。

② 哈克福斯认为苏格拉底演说词中的灵魂两分法同《理想国》的三分法难以协调一致(Hackforth, *Plato's Phaedrus*, pp. 41–42)。但罗指出这里的两分法同《理想国》第四卷的三分法没有什么实质性的差异(C. J. Rowe, *Plato Phaedrus*, pp. 153–154)。将柏拉图的灵魂三分法的实质理解为两分法的讨论,见 T. Penner, Thought and Desire in Plato, in *Plato: A Collection of Critical Essays. vol. 2. Ethics, Politics, and Philosophy of Art and Religion*, ed. By G. Vlastos, Anchor Books, 1977, pp. 96–118。

性的善有所理解,而只是将未经反思的关于善的种种意见当作准绳,那么所谓理性的统治只不过是在主张:不要用冲动代替思考。①

事实上,《理想国》的灵魂论述没有止步于第四卷。通过一条"更漫长、更完备的道路"(435d;504b),苏格拉底给上述理性统治的形式框架填充了实质性的价值内容。所谓理性统治的实质意涵,是依据对"善的样式"的思考安排生活。因此,这个灵魂中必须有一位能够思考善的样式的"哲学家":理性不仅仅是负责思考的推算部分(τὸ λογιστικόν),而且负责"哲学的"部分(τὸ φιλόσοφον,581b9)。这也就是说,理性不仅仅在一般意义上进行思考,而且能进行真正属于它的那种思考——对真实存在乃至对善的样式的思考。一方面,属于它自己的活动给理性部分带来属于它的快乐,即思考的快乐(581e;苏格拉底第一篇演说词的演说者将快乐和善、感受和思考对立起来,恰恰反映出他对思考的快乐一无所知);另一方面,正是通过这种思考,理性揭示出它的统治所致力的目标,即灵魂整体的善。

在这一新的视野中,无论是吕西阿斯式对快乐的计算,还是依据善的意见所进行的思考,都没有真正建立起理性的统治,哪怕灵魂的确是按照思考而非感受来行动的。这是因为这种思考归根结底只是思考实现灵魂其他部分所设立的目标的手段。真正统治灵魂的,不是在进行这种手段性思考的理性,而是那个设立目标的部分。因此,苏格拉底为他的演说者所设定的那个

---

① 第四卷的确对灵魂整体之善进行了初步的规定:灵魂整体之善在于理性协调三个部分各自的善,使灵魂成为一而不是多(443d-e)。在同政治统治进行的类比的意义上,这样一种说明是相当贴切的;尽管如此,它是结构性的。研究者普遍看到了第四卷关于灵魂整体之善的结构性说明,同第九卷的实质性说明之间的差别。我们意图反对的是这样一种看法:第四卷的结构性说明单独构成了柏拉图理解灵魂整体之善的一种思路,并且同第九卷所体现的更加实质性的思路对立,例如 T. Irwin, *Plato's Moral Theory*, pp. 226-248。纳斯鲍姆正确地指出了第四卷的形式性说明不足以表明柏拉图在这一问题上的立场;第九卷的实质性说明才是理解灵魂整体之善的关键,见 M. Nussbaum, *The Fragility of Goodness*, pp. 138-142。有趣的是,纳斯鲍姆本人在解读《斐德若》时却没有意识到《理想国》第四卷这个形式性说明同《斐德若》前两篇演说词之间显而易见的联系,反而将这两篇演说词同《理想国》最终达到的那种实质性观点等同起来。关于这两种论述之间关系,费拉里给出了一份精微的观察和解释,见 G. R. F. Ferrari, "The Three-Part Soul", in *Cambridge Companion to Plato's Republic*, ed. by G. R. F. Ferrari, Cambridge University Press, 2007。我们希望补充的一点是:按照第八、九两卷对五种灵魂类型(对应五种政体)的分析,只有最佳政体所对应的灵魂类型(灵魂中"哲学部分"的统治)才能够建立起内在的和谐;其后的三种灵魂类型都潜藏了内在的分裂,而这种分裂正是他们继续向下败坏的端倪。不可避免的败坏一直通向僭主政体式灵魂的完全无序状态。

身份——一位伪装成非爱者的爱者——实际上巧妙地揭示了这篇演说词所推崇的那种审慎的实质:用理性来最有效地满足欲望。

如果说吕西阿斯演说词中的非爱者对应《理想国》中的克法洛斯,或者介于寡头式和民主式之间的个人的话,那么苏格拉底演说词中那个隐藏的爱者则对应着除了最好和最差的个人之外,其余的三类个人:荣誉政体式个人、寡头政体式个人和民主政体式个人。根据《理想国》的描述,这三种类型的个人身上都包含了两种不同的力量的对抗;对抗的双方,一方是欲望,另一方是压抑这种欲望的意见。苏格拉底将这一处境生动地描述为一个人夹在父亲和教唆者之间,受到相反方向的拉扯。换句话说,除了僭主政体式个人完全将最低下的欲望不加节制地伸张,其他三种类型的败坏灵魂中都上演着《斐德若》苏格拉底第一篇演说词所描绘的那种斗争。正如我们的分析所揭示的,这些类型的灵魂中压抑欲望的意见,实际上来自与被压抑的欲望相冲突的另一种欲望:荣誉政体式灵魂用爱荣誉的欲望压抑爱钱的欲望(549b);寡头政体式灵魂用爱钱的欲望压抑不必要的欲望(554c-e;558c-559d;572c);民主政体式灵魂用合法的欲望压抑非法的欲望(571a-572b;572d-573c)。

在这些人的灵魂中,理性是受到奴役的。这并不是说灵魂中理性完全不起作用,而是说理性听命于灵魂中统治性的欲望。在寡头政体式灵魂中,苏格拉底说,欲望不允许理性去计算和思考如何增长财富之外的任何问题(553d)。因此,本该由理性占据的灵魂的"卫城"(ἀκρόπολις)现在"空空如也,其中既没有美好的学问和追求,也没有真实的道理,而后者,在所有被神钟爱的人的思想中是最好的守护和保卫者"(560b8-10)。① 我们在分析苏格拉底第一篇演说词的时候指出,这篇演说词对审慎概念缺乏正面阐述。审慎实际上被理解为不正义的反面。被这样理解的审慎概念无疑是空洞的。我们同时指出,这一空洞性对应着演说词后半部分的缺失。现在看来,这篇演说词的上述特征绝非偶然。对真正的道理缺乏理解的灵魂,旨在克制欲望的审慎都必定是空洞的,因为这种审慎所仰赖的思考,恰恰是欲望的工具。同隐藏的爱者一样,荣誉政体式灵魂、寡头政体式灵魂和民主政体式灵魂内部的冲突,只不过是同一个欲望的分裂和自我冲突。因此在这些灵魂里,审慎就是欲望的自我限制。而欲望之所以要自我限制,正是因为它没有能力无限

---

① 顾寿观译文,有改动。

地满足自身。对欲望来说,这种审慎的本质就是缺乏它梦想的那种无限地自我满足的力量。苏格拉底因此指出,在雄蜂式的欲望眼中,审慎就是缺乏男子气概(ἀνανδρεία, cf. 560d3)。这就解释了,苏格拉底第一篇演说词在谴责放肆者不正义的同时,暗示了审慎者或正义者的软弱。在上述灵魂类型中,任何对欲望的压抑,都是在暗中助长欲望(560a-b)。欲望必定在某些机缘下冲垮压抑它的灵魂防线(550b;553b-c;559d-560b)。①

由此看来,苏格拉底第一篇演说词当中的审慎,属于荣誉政体式灵魂、寡头政体式灵魂,以及民主政体式灵魂,但一方面不属于僭主政体式灵魂——因为他的灵魂被欲望完全支配,彻底失去了抗衡欲望的意见——,另一方面也不属于理性统治的灵魂。因为施行统治的并非真正的理性,即我们灵魂中负责思考的那一部分。在这篇演说词所推崇的审慎者身上,这一部分并没有真正活跃起来,它听从灵魂中其他部分,以它们所认定的善为目的,思考如何实现它。这样的思考只是辅佐那个真正统治灵魂的部分,为它的统治寻找最有效的手段。显然,这并非柏拉图在《理想国》当中推崇的那种理性统治;这种所谓的审慎也并非《理想国》推崇的那种审慎。按照《理想国》的论述,在真正由理性统治的灵魂中,理性的思考不是工具性的。正是理性通过思考为整个灵魂指明它的善(442c);同时,理性能够将整个灵魂整合为一,建立起和谐的秩序(442c-d),使之不但能够统治自己(ἄρξαντα αὐτοῦ, 443d4),而且与自己为友(φίλον γενόμενον ἑαυτῷ, 443d5)。在这样一个灵魂中,感受与思考、快乐与善之间不存在冲突:带给它快乐的,恰恰就是它的善。

结　论

尽管在《理想国》(或《斐多》)和《斐德若》的前两篇演说词中,苏格拉底都刻画了理性与欲望(或非理性)之间的对立和斗争,但它们的实质意涵大不

---

① 我们的解读受到费拉里的启发。他将苏格拉底的非爱者同《理想国》当中爱荣誉的人(类似荣誉政体的个人)进行了比较,发现二者不乏相似之处:苏格拉底的非爱者内心渴望被爱者,却不承认这种欲望,就如同爱荣誉的人表面上鄙薄钱财,但却暗中喜爱钱财(549b,参 550b);而非爱者对欲望的反对,就如同爱荣誉者一样,并不理解欲望,因而在公众面前故意表现出对欲望的敌意。由此,费拉里认为苏格拉底的非爱者其实是爱荣誉的人。如果联系苏格拉底著名的灵魂马车比喻,那么他的第一篇演说词,就是灵魂中白马的声音(253d)。见 G. R. F. Ferrari, *Listening to the Cicadas*, pp. 101-102。

相同。在吕西阿斯的演说词中,"理性"指的是对长期稳定的互惠关系所需手段的计算能力。这种理性的思考所要实现的目的,是快乐的最大化。同《理想国》的对照表明,这样一种审慎,体现在克法洛斯这个人物身上,实质上是相互冲突的两种欲望之间的平衡。而在苏格拉底的第一篇演说词当中,理性指的则是一般而言如何实现某一目的的思考能力,这一目的本身却并非理性的思考所设立的。因此,同吕西阿斯演说词的理性一样,这种理性是一种工具理性。这种理性与欲望之间的对抗,实质上也是不同欲望之间的对抗。《理想国》当中的荣誉政体式个人、寡头政体式个人和民主政体式个人身上都体现了上述对抗。苏格拉底用隐藏的爱者这一身份,巧妙地暗示出这些类型的人身上共同具有的那种内在分裂。因此,纳斯鲍姆的主张是不成立的:《斐德若》的前两篇演说词反映的并不是柏拉图自己在上一阶段的思想。我们也不应期待《斐德若》当中苏格拉底的第二篇演说词去"纠正"《理想国》《斐多》等对话中的立场。

Reason and Desire in the First Two Speeches of the *Phaedrus*

Fan Li

Abstract: The first two speeches of Plato's *Phaedrus* praise some sort of prudence, construed as the rule of reason over desire. This seems to resemble Plato's position in the dialogues such as the *Republic*. Some scholars are led to believe that the first two speeches represent Plato's previous view, and the third speech offers a revision. By analyzing the first two speeches, we come to the conclusion that the scholarly view is not right. In Lysias' speech, prudence is understood as the ability to maximize pleasure by means of reckoning. By comparison with the *Republic*, the prudence thus understood is embodied in the character Cephalus, as a compromise between two conflicting desires. In Socrates' first speech, prudence is understood as the ability in general to act in accordance with thinking rather than with impulse. The thinking in question, however, is instrumental, that is, the goals of action are not thought through. This sort of prudence is embodied in the timocratic man, the oligarchic man, and the democratic man in the *Republic*. Its essence is the self-alienation and self-conflict of desire; it is not the rule of reason in the best kind of man.

Key words: *Phaedrus*, *Republic*, Reason, Desire, Prudence

书讯

《陆陇其全集》

陆陇其 撰,张天杰 主编

北京:中华书局,2020年

陆陇其(1630—1693),字稼书,浙江平湖人,清初理学名臣,学术上宗朱子,力辟"王学",著有《三鱼堂文集》《松阳讲义》《四书讲义困勉录》《读朱随笔》《三鱼堂剩言》《问学录》《松阳抄存》等书。此次编校充分搜集整理《正谊堂全书》(清初张伯行编)、《陆子全书》(清末许仁沐编)、《四库全书》著录陆陇其著作以及历代陆陇其著作单行本,将《陆子全书》中属于陆陇其原著的著作全部点校整理出版,并替换《四书讲义》为《四库全书》收入的《四书讲义困勉录》,增补《陆陇其年谱》,附录《陆子全书》编者许仁沐的《景陆粹编》和《景陆粹编补遗》,同时参校康熙年间单行本恢复《三鱼堂文集》《松阳讲义》中多篇被禁毁的文章并校订多处后世错讹,合计120多卷,共420多万字,分15册布面精装。本书首次对陆陇其存世文献进行系统而全面地整理,对于推进陆陇其学术思想的研究以及清初朱子学思想的演进与发展具有重要意义。(蔡天翊)

正义与数

——重思《理想国》中克法洛斯父子的正义观*

盛传捷**

提　要：《理想国》中克法洛斯父子的正义观通常被认为是当时普通希腊人的流行观念。本文试图通过亚里士多德和亚历山大的证言来说明这样的解读是不完整的,其实克法洛斯父子的正义观反映了毕达戈拉斯学派的正义观。尽管两者的联系在《理想国》中并未被直接言及,但是它们的核心都是"对等回报"原则。柏拉图对毕达戈拉斯学派的正义观并不完全赞同,但在整个《理想国》中他都没有放弃"对等回报"这个原则,反而在许多重要议题上都坚持了这个原则。这也反映出毕达戈拉斯学派的正义观念对《理想国》中苏格拉底的正义观有深远的影响。

关键词：正义　《理想国》　毕达戈拉斯学派　对等回报

《理想国》328c-336a 的文本讲述了苏格拉底和克法洛斯、波勒马霍斯这对父子对什么是正义的讨论。这段文本并不受到柏拉图研究者们的重视。比如罗(Rowe)、库珀(Cooper)以及维斯(Weiss)在讨论《理想国》第一卷中正义理论时完全避开了这段文本,而从之后的色拉叙马霍斯对正义的讨论开始

---

* 本文受到教育部人文社会科学研究青年基金项目(19YJC720024)的资助。感谢樊黎、张波波对本文提出的建设性修改意见。此外感谢崔可愚、刘淼喜、陈东华、张校宁和马浩然等同学提出的修改建议。

** 盛传捷,1982 年生,吉林大学哲学社会学院讲师。

他们的阐述。① 格思里(Guthrie)则认为这段文本不过是"一些初步的讨论",所以他也是直接从色拉叙马霍斯的论点开始论述。② 考斯曼(Kosman)甚至认为,《理想国》"第一卷可以被想象为一篇有核心人物,并对正义进行探究的无解对话,其标题也许可以是《色拉叙马霍斯》,副标题则是《论正义》"。③

柏拉图的研究者们不重视这段文本,因为他们认定在其中给出的正义观念不过是当时希腊人对正义的寻常看法,并很快就被苏格拉底所驳斥。相比较后文中色拉叙马霍斯的正义理论,此段文本中克法洛斯和波勒马霍斯的正义观并不值得重视。比如罗森(Rosen)指出:"对于正义与死亡的关系,克法洛斯并未为我们提供最深刻的洞见。"④格思里认为,波勒马霍斯的正义观念只是反映了"普通正派公民的道德"。⑤ 谢普里斯(Sharples)在评论《美诺》中类似波勒马霍斯"益友伤敌"的看法时说:这样的正义观念只是"标准的希腊人的观点"(参见《美诺》71e4)。⑥ 阿纳斯(Annas)也认为:克法洛斯的观点描绘了"普通人的正义观",而"波勒马霍斯(的正义观)代表了常识对正义所能给出的最好说法"。⑦

本文试图颠覆对这段文本的流行解读。通过阐明克法洛斯和波勒马霍斯的正义观念并非只是当时希腊人的流行观念,而实际上反映了毕达戈拉斯学派的正义观,本文试图论证:尽管柏拉图并不完全赞同该学派的正义观,但是该学派的正义观在《理想国》后面的文本,比如"洞喻"中仍然被保留和坚持。更进一步,本文试图说明毕达戈拉斯学派的理论对《理想国》中的正义观有重大的影响。

---

① 见 C. J. Rowe, *Plato and the Art of Philosophical Writing*, Cambridge University Press, 2007, pp. 186-197; J. Cooper, Two Theories of Justice, in *Knowledge, Nature and the Good*, Princeton University Press, 2004, pp. 247-253 以及 R. Weiss, Wise Guys and Smart Alecks in Republic 1 and 2, in *The Cambridge Companion to Plato's Republic*, ed. by G. R. F. Ferrari, Cambridge University Press, 2007, pp. 90-115。
② 见 W. K. C. Guthrie, *A History of Greek Philosophy*, Cambridge University Press, 1969, p. 88。
③ 见 A. Kosman, Justice and Virtue: The Republic's inquiry into Proper Difference, in *The Cambridge Companion to Plato's Republic*, ed. by G. R. F. Ferrari, Cambridge University Press, 2007, p. 116。
④ 见罗森:《哲学进入城邦——柏拉图〈理想国〉研究》,朱学平译,上海:华东师范大学出版社,2016年,第28页。
⑤ 见 W. K. C. Guthrie, *A History of Greek Philosophy*, Cambridge University Press, 1975, p. 441。
⑥ 见 R. W. Sharples, *Plato: Meno*, Aris & Phillips, 1985, p. 126。
⑦ 见 J. Annas, *An Introduction to Plato's Republic*, Clarendon Press, 1981, pp. 21, 23, 34。

一、克法洛斯父子正义观念的理论背景

《理想国》的一开篇就讲到了苏格拉底来到克法洛斯的家中做客,和他谈论起了正义的话题。克法洛斯从如果做了不义的事,那么死后可能会得到报应说起,接着他认为富有可以让人免于欺骗,不欠对神的祭献,也可免于欠人债务,因而具有很大的价值(330d—331b)。这当然是假设了苏格拉底以及在场的人都明白正义的含义,而没有清楚地说明他所理解的正义到底是什么。然而,从克法洛斯的上述说辞中可以推断,他所说的正义就是不欺骗、不欠祭献以及不欠人钱财。总之,正义就是说真话或不欺骗以及欠债必还。苏格拉底也认识到了这一点。他总结了克法洛斯关于正义的说法而指出:"你说的正义,……就是诚实地说真话,以及,如果一个人从另一个人那里拿了某个东西就要归还……"(331c)苏格拉底对这样的正义观念不以为然,他用一个反例就反驳了它:如果你欠朋友一件武器,在他疯癫的时候归还给他,这么做并不正义(331c)。克法洛斯尚未来得及回应,他的儿子波勒马霍斯就加入了他们的讨论,苏格拉底说波勒马霍斯是克法洛斯的"接班人"(331d),于是克法洛斯就此离开,笑着去祭祀了(331d)。波勒马霍斯援引了西蒙尼德(Simonides)的看法,认为"把欠每个人的东西还给他就是正义"(331e)。他对正义的这种看法和克法洛斯的说法并无差别,也因此避免不了苏格拉底给出的"欠朋友武器"那个反例对它的反驳。波勒马霍斯认为西蒙尼德另有所指,"把欠每个人的东西还给他"实际上应该遵循"对朋友要报之以善,而不能报之以恶"的原则,于是如果归还欠朋友的东西会伤害朋友或自己,那么就不应该归还。至于欠敌人的东西要不要还的问题,波勒马霍斯认为我们只会欠敌人"伤害和恶",并应该欠债必还。苏格拉底总结说,西蒙尼德有关"正义就是还债"的说法其实是指"给每一个人以恰当的报答"就是正义(332c)。

从克法洛斯和波勒马霍斯对正义的说法可以看到,他们正义观念的核心是"对等回报"(proportionate reciprocity)。所谓的"对等回报"是指:获得别人的东西但报之以对等的东西作为交换。这当然和他们家族的商业背景有直接的关联。正因为正义呼唤"对等回报",于是对克法洛斯而言,不欺骗也就不用被人欺骗,不做不义的事情也就不用担心死后会遭到报应,欠债必还

就是有借有还。对于波勒马霍斯的正义观念而言,他提出的第一种有关正义的说法,即"欠别人的就要归还"继承自克法洛斯的思想,这体现了"报偿"的思想内容,但是依然不够准确,因为它似乎依然无法克服苏格拉底"借朋友武器"的反例。为了克服反例,波勒马霍斯修正了说法,把正义说成是"对朋友善,对敌人恶"("益友伤敌")以及"给每个人以恰当的报答",这就在克法洛斯正义观基础上进了一步,不仅保留了"报偿"的内容,而且"恰当的报偿"更加清楚准确地说明了他们父子所谓的正义就是"对等回报"。

从上面的分析可以了解为什么柏拉图的研究者们普遍地把克法洛斯和波勒马霍斯这对父子的正义观认定为当时普通希腊人流行的观念,这应该是考虑到了这对父子的商人身份,而商业道德所理解的正义就是对等回报。更进一步说,学者们可能也同时考虑到了当时流行的观念是通过史诗、悲剧和喜剧得以塑造的,而在史诗和悲喜剧中有大量的"报复""以牙还牙""报偿"的情节。

然而,需要指出的是,克法洛斯和波勒马霍斯的正义观并非只是当时流行观念的反映,而是有其理论背景的,虽然他们可能并不是通过直接学习某个学派的理论得到此观念的。这个理论背景就是毕达戈拉斯学派的正义观念。这个结论可以通过亚里士多德对毕达戈拉斯学派正义观念的阐述得到说明,尽管《理想国》第一卷中柏拉图在描述克法洛斯父子的正义观时并没有明确把这样的观念指向该学派。亚里士多德在《形而上学》第一卷第五节(985b25-986a19)中说道:

> 毕达戈拉斯学派的人认为,数学上的本原就是一切事物的本原……在数目中可以观察到比在火、土、水中与存在着和生成着东西更多的相似点。正义、灵魂和努斯等不过是数字的某种属性,机遇是另一种属性……这些人显然把数字看作存在着的事物的本原,看作事物的质料,或事物的属性,或事物的状况。

虽然亚里士多德在这段文本中谈及毕达戈拉斯学派的正义观念,但是一方面,他语焉不详,我们并不清楚在毕达戈拉斯学派那里正义和数字的具体关系以及正义如何是数字的一种属性。另一方面,这段文本和《理想国》在表面上并无关联,看不出亚里士多德有关毕达戈拉斯学派正义观念的报告对阐释《理想国》第一卷中克法洛斯父子正义观念有任何的影响。这就需要考察亚里士多德《尼各马可伦理学》中的一段文本以及亚历山大（Alexander of Aphrodisias）对《形而上学》985b25-986a19 这段文本的注释。

亚里士多德在《尼各马可伦理学》第五卷第五节（1132b21）中说：

> 一些人认为无限定的正义就是等价报偿（τὸ ἀντιπεπονθὸς）。这就是毕达戈拉斯学派的所说的，因为他们把无限定的正义定义为对别人要对等回报。

格思里、厄尔文（Irwin）以及马奇亚诺（Marciano）都特别提示说，在这里，"τὸ ἀντιπεπονθὸς"不能简单地理解为"回报"，而应理解为"对等回报"。①
这段文本阐明了《形而上学》中亚里士多德对毕达戈拉斯学派正义理论简短提及的具体含义，也同时展示了毕达戈拉斯学派的正义观念与《理想国》第一卷中克法洛斯父子正义观念之间的密切联系。波勒马霍斯正义观中体现的"对等回报"的思想反映了毕达戈拉斯学派的正义观念。当然，亚里士多德在《尼各马可伦理学》中是从商业视角来讨论"正义为什么是对等回报"的，但是正义与数在毕达戈拉斯学派学说中的联系并没有被触及，这就需要引述亚历山大对《形而上学》985b25-986a19 这段文本的注释。亚历山大对《形而上学》985b29 文本中提及的"正义"与毕达戈拉斯学派的"数本原"思想之间关联的解释是：

> 因为他们（毕达戈拉斯学派）假设，报偿或平等是正义的属性，并能够在数字之中被发现，他们因此说正义是第一个平方数；因为他们认为在每一类具有相同公式的事物中，最先的东西才被认为是最真实的东西。但是一些（毕达戈拉斯学派的）人说正义是数字四，因为作为第一个平方数，四可以被平等地分割，其自身是相等的（因为四是二的两倍），而另一些（毕达戈拉斯学派的）人则说正义是数字九，因为九是奇数三自身的相乘而产生的第一个平方数。② （*In Metaphysics* 38, 10-16）

---

① 见 W. K. C. Guthrie, *A History of Greek Philosophy*, Cambridge University Press, 1962, p. 303; T. Irwin, *Aristotle: Nicomachean Ethics*, Hackett Publishing Company, 1999, p. 232 以及 M. L. G. Marciano, The Pythagorean Way of Life and Pythagorean Ethics, in *A History of Pythagoreanism*, ed. by C. A. Huffman, Cambridge University Press, 2014, p. 143.
② 见 W. E. Dooley, *Alexander of Aphrodisias: On Aristotle's Metaphysics* 1, Cornell University Press, 1989, pp. 63-64.

通过亚历山大的解释,尽管在毕达戈拉斯学派内部对正义到底是四还是九有分歧,但是正如亚里士多德所报告的,等价报偿是正义的属性,这是确定的。此外,正义与数的联系可以通过数字得到解释:正义首先是两个数之间的关系,它或者是二的两倍,或者是三的三倍,同时正义要求发生关系的这两个数必须相等或对等,即它或者是二乘以二,或者是三乘以三。如果把亚里士多德的文本和亚历山大的注释结合起来考虑就可以得到如下结论:正义是相互的事情,一个人通过得到另一个人失去的东西但回报给他对等的东西而获得正义。这也同时就是克法洛斯和波勒马霍斯正义观念的核心。这说明克法洛斯父子的正义观反映了毕达戈拉斯学派的正义观。

如果试图用上述结论来重新诠释《理想国》第一卷中克法洛斯父子的正义观念,那么还需要说明为什么柏拉图没有在文本中提及毕达戈拉斯学派,反而将这样的观念归之于诗人西蒙尼德。同时,毕达戈拉斯学派一向以秘传或口传闻名,于是需要说明为什么毕达戈拉斯学派会有这么明确的思想流传出来,并且通过西蒙尼德的说法对波勒马霍斯父子产生影响。[1] 特别是考虑到毕达戈拉斯主义者麦特旁图的希波索斯(Hippasus of Metapontium)因为泄露了毕达戈拉斯学派数学的秘密而被处罚,更加重了对毕达戈拉斯学派的理论是否会泄露并广泛传播这种可能性的担心。[2] 以下几个理由可以说明上述担心并不必要,并回应为什么可以将毕达戈拉斯学派的正义观和波勒马霍斯的正义观联系起来。

首先,柏拉图熟悉毕达戈拉斯学派的理论。他在《理想国》中多次提及该学派的理论。比如在《理想国》第七卷中就两次谈及毕达戈拉斯学派的和谐理论(530d,531c)。在《理想国》第十卷中还谈及了"毕达戈拉斯式生活方式"(600b)。这说明柏拉图不仅对毕达戈拉斯学派的理论是熟悉的,而且连他们的生活方式都有了解。《斐多》更是具有浓厚的毕达戈拉斯学派背景,在其中,柏拉图也谈及了该派的和谐理论(86b),他还特别提及毕达戈拉斯主义者费洛劳斯(Philolaus)的名字(61d),他对毕达戈拉斯学派的理解可能是通过苏格拉底得到的,因为费洛劳斯和苏格拉底处于同时代,也可能是通过和

---

[1] 对毕达戈拉斯学派秘传的讨论,见 C. Kahn, *Pythagoras and Pythagoreans: A Brief History*, Hackett Publishing Company, 2001, p. 8。

[2] 此受罚事件有不同说法,本文引述的是由 Iamblichus 所报告的。见 A. Laks, *Early Greek Philosophy*, vol. Ⅳ, Harvard University Press, 2016, pp. 130–133。

毕达戈拉斯主义者费洛劳斯和阿尔库塔斯（Archytas of Tarentum）的交往。拉尔修（Diogenes Laertius）报告说，柏拉图曾从费洛劳斯那里购买过书籍（DK 44 A1）。① 柏拉图自己则在《第七封信》以及其他信件中多次谈及阿尔库塔斯。他是柏拉图的朋友，还救过柏拉图的命。卡恩（Kahn）甚至认为《蒂迈欧》的主讲人就是他。②

其次，克法洛斯父子与毕达戈拉斯学派关联在一起是柏拉图精心选择的结果。在上文引述的《尼各马可伦理学》第五卷第五节中，毕达戈拉斯学派的正义观与商业中的对等回报被放在一起论述。这就把毕达戈拉斯学派正义观与克法洛斯父子的商人身份联系起来了。前者在商业的对等回报原则中可以得到最好的表达。商人家族出身的克法洛斯和波勒马霍斯就是柏拉图最好的选择。此外，柏拉图在《理想国》第一卷中也试图通过细节描述而把克法洛斯父子和毕达戈拉斯学派联系起来。比如克法洛斯父子来自叙拉古（Syracuse），叙拉古地处西西里岛，属于南意大利，正处于毕达戈拉斯学派的影响范围内。商人出身的克法洛斯父子善于数字计算，以至于可以扩大他们的家族财富（330b），这也隐隐地指向了毕达戈拉斯学派重视"数"的学说。此外克法洛斯在交谈中强调"生活方式"（τρόπος）（329d）的重要作用，而到了《理想国》第十卷，柏拉图提及毕达戈拉斯因其生活方式而受到人们的尊崇并得到"毕达戈拉斯式的"生活方式之称（600b）。当克法洛斯结束和苏格拉底的谈话时，他"笑着去祭祀了"（331d），这就指向了杨布里柯（Iamblichus）所报告的毕达戈拉斯的名言："什么最正义？祭祀。"（DK58 C4）

最后，毕达戈拉斯学派的哲学内容并非完全都是秘传和口传的。从柏拉图和亚里士多德的著作可以看到，他们对毕达戈拉斯学派的部分思想是熟悉的。伯奈特（Burnet）早已经指出："当时流行的哲学，就是毕达戈拉斯学派的哲学"，虽然他言说的范围主要是指南意大利城邦，但是《斐多》中柏拉图就清楚地通过苏格拉底的对话者西米亚斯（Simmias）和克贝斯（Cebes）具有毕达戈拉斯学派背景而说明了该学派与外界进行交流的情形。③ 至于毕达戈拉

---

① 见基尔克等：《前苏格拉底哲学家》，聂敏里译，上海：华东师范大学出版社，2014年，第509页。
② Huffman反对这种观点，他认为是费洛劳斯。见 C. Kahn, *Pythagoras and Pythagoreans: A Brief History*, pp. 39-40 以及 C. Huffman, *Archytas of Tarentum: Pythagorean, Philosopher and Mathematician King*, Cambridge University Press, 2005, p. 584。
③ 见 J. Burnet, *Early Greek Philosophy*, A & C Black, 1920, pp. 134-135。

斯学派的正义观和西蒙尼德的正义观的关系是不清楚的。没有任何证据表明西蒙尼德属于毕达戈拉斯学派,也无法弄清楚西蒙尼德有没有意识到他的说法反映了毕达戈拉斯学派的正义观。然而,认定西蒙尼德的说法反映了当时普通希腊人流行的正义观是确定的,同时认定毕达戈拉斯学派给予当时流行的正义观以某种形而上学的理论背景也是确定的。至于是否毕达戈拉斯学派的正义观最终转变成了普通希腊人的正义观,或是相反,则又是不能确定的。

通过上文的分析可以看到,根据亚里士多德的报告,毕达戈拉斯学派主张正义是数字的属性,它或者是"四"或者是"九",无论如何,其正义的看法最终反映了"对等回报"的原则,而这样的正义观念最终成为《理想国》中克法洛斯父子正义观的理论背景,尽管柏拉图在文本中并没有谈及毕达戈拉斯学派,而是借用了西蒙尼德的说法来反映他们的正义观。

二、毕达戈拉斯学派对《理想国》中苏格拉底正义观的影响

在《理想国》中克法洛斯父子的正义观实质上表达了毕达戈拉斯学派的正义观,但是柏拉图并不是一位毕达戈拉斯主义者,这意味着他对该学派的正义观并不持完全赞同的态度。当然,通过克法洛斯父子的正义观确实可以看到毕达戈拉斯学派的思想对《理想国》中苏格拉底正义观有着深远的影响。这样的影响可以分为两个大的方面:一是毕达戈拉斯学派正义观的思想核心"对等回报"原则对《理想国》中苏格拉底正义观的影响;二是该学派其他学说对于《理想国》中苏格拉底正义观的重要影响。就前一个方面,即"对等回报"对《理想国》中苏格拉底正义观的影响来看,柏拉图在《理想国》中根本没有放弃克法洛斯父子正义观所体现的"对等回报"原则,这可以由以下几点进行说明:

第一,在《理想国》第二卷中,当面对格劳孔(Glaucon)所提出的"不正义要比正义好"的观点时,苏格拉底认为既有个人的正义,也有城邦的正义,而且城邦的正义要比个人正义更容易辨识,于是他提出在思想上建构一个正义的城邦,以此来考察城邦的正义为何(369a)。之所以会建立城邦,是因为每个人都不能达到自给自足,需要别人生产的产品,而且这样做是最有效率的

(369e-370a)。同时,这样的城邦也需要商人和其他城邦进行交易(370e-371b)。苏格拉底和其对话者阿德曼托斯(Adeimantus)都同意:"在城邦内部"是通过"买和卖"来"彼此交换各人所制作的东西"的,专门从事买和卖的就是商人,由此可以推想商人也是通过买和卖来达成各个城邦之间的物品交换的。这样的"买和卖"需要"对等回报"的原则,否则商人的生意无法达成。可见,在这样一个被格劳孔称之为"猪之邦"但在苏格拉底眼中却是"健康的"城邦中(372d-e),其建立的基础就体现出毕达戈拉斯学派的正义观念。如果没有对等回报,理想城邦是建立不起来的。

第二,在《理想国》第三卷中,在谈论完了"对神的态度"之后,苏格拉底又谈到了训练守卫者"不畏死亡",克服恐惧的教育内容(386a-b)。苏格拉底建议"必须要求诗人们停止对死后生活感到沮丧的现有解释,反而要称赞它,因为现有的解释既不是真的,同时对那些要战斗的人也没有帮助"(386b)。这就表达了如下的意思:在原来诗人对死后生活的现有解释中,勇于牺牲换来的死亡并不是对等回报,于是就会对激发守卫者的勇敢不利。如果苏格拉底的建议在理想城邦中得以贯彻执行,那么死亡变得不再是坏事,反而是好事,于是勇于牺牲对等回报来的死亡是值得的善好事物。① 这有利于培养城邦守卫者的勇敢品格。这样的想法再一次体现了毕达戈拉斯学派正义观念中"对等回报"的核心原则。

第三,在《理想国》第四卷中,苏格拉底主张正义就是"每个人在城邦中从事适合其本性的工作"(433a),即"拥有和做每一个人自己的事情就是我们都同意的正义"(433e-434a)。苏格拉底还以法官举例,认为法官"审理案件就是为了每个人都不拿别人的东西,也不被人剥夺属于自己的东西",而这就是"正义的目的"(433e)。同时他还指出:"当商人、辅助者和守卫者"互相不干涉而做自己的事情时,城邦就达成了正义的状态(434c)。同样的论证也可以运用在个人的灵魂层面。因为每个人的灵魂有理性、激情与欲望三部分(439d-440a)。因此,"我们每个人的每一部分做自己的工作"就是正义(441d-e)。表面上看,这与毕达戈拉斯学派的正义观并不直接关联,但是如

---

① 死亡对于特定的人(特别是哲学家)是一件好事,这样的说法在《申辩》的结尾和《斐多》神话中也得到了体现。参见盛传捷:《苏格拉底不敬神吗?》:〈申辩〉里的"ΔAIMONION"》,《世界哲学》2016 年第 2 期,第 83—90 页。以及盛传捷:《"为什么自杀是不被允许的?"〈斐多〉自杀疑难与神话》,《希腊罗马哲学研究》第一辑,2016 年,第 27—56 页。

果每个人得到自己应得的,而不去不正义地剥夺属于其他人的东西,这就从反面论证和坚持了"对等回报"的原则。①

第四,《理想国》第五卷中,当苏格拉底在谈论城邦中各阶层的财产时,"对等回报"的原则得到了进一步的扩展。城邦的守卫者并不直接从事生产活动,也因此没有物品参与对等回报,但是苏格拉底认为他们为整个城邦提供了守卫的服务,也因此"应该通过从其他人那里获得供养而得到报偿"(464c),尽管城邦守卫者不应该有自己私人的住所、土地和财产,但是毕竟"身体是归个人所有的"(464d)。这反映出即便在柏拉图所构想的原始的"共享主义"或"集体主义"的城邦之中,尽管一切都是共享的,但是"对等回报"的原则依然被坚持。该原则在之后苏格拉底谈及城邦的士兵勇敢作战应该受到嘉奖时也有所体现(468b,503a)。

第五,上述苏格拉底构想的理想城邦遇到的最大问题是:它到底能不能实现呢?(471e)苏格拉底给出的答案是只有哲学家成为城邦的统治者,理想城邦才能实现。在《理想国》第七卷中,苏格拉底通过"洞穴比喻"来对此进行某种说明。本文无须讨论洞喻的其他细节,只需要关注它与本文主题即毕达戈拉斯学派正义观念之间的联系即可。苏格拉底在述说洞喻时认为,那个已经离开洞穴,来到洞穴之外并见识到了真实世界的人,他再也不愿去过洞穴之中那种比较低级的生活,而更愿意留在洞穴之外过比较高级的生活(519d),然而城邦法律造就这个"洞外之人"或哲学家的目的是为了促进整个城邦的幸福。于是它会说服或强迫哲学家参与政治活动,因为在其他城邦中哲学家可以凭自愿而自主决定是否参与政治活动,因为他们不需要"偿还任何人对他的培养",但是在理想城邦中,城邦养育了哲学家,因此哲学家需要报偿这样的养育(520b),强迫哲学家"关心和对其他公民负责"是"正义的"(520a),"因为这是向正义之人提

---

① 弗拉斯托最早把《理想国》第四卷和西蒙尼德的正义观念联系起来,这个阐释也被厄尔文、Cooper、Lycos 以及张波波所继承,尽管他们都没有讨论西蒙尼德的观点与毕达戈拉斯学派正义观念之间的联系。见 G. Vlastos, Justice and Happiness in the *Republic*, in *Plato* Ⅱ, ed. by G. Vlastos, Garden City, N. Y., 1971, pp. 66-95; T. Irwin, *Plato's Ethics*, Oxford University Press, 1995, p. 174; T. Irwin, *The Development of Ethics*, vol. 1, Oxford University Press, 2007, p. 74; J. Cooper, The Psychology of Justice in Plato, *American Philosophical Quarterly* 1, 1977, pp. 151-153; K. Lycos, *Plato on Justice and Power: Reading Book* Ⅰ *of Plato's Republic*, SUNY Press, 1987, pp. 34-36 以及张波波:《柏拉图论正义与幸福——〈理想国〉第一卷研究》,北京:中国社会科学出版社,2020 年,第 186—187 页。

出正义的要求"(520e)。这就再一次重申了克法洛斯父子表达的毕达戈拉斯学派的正义观念,即"对等回报"的原则。①

通过以上分析,可以看到毕达戈拉斯学派正义观念的核心原则"对等回报"不仅没有被柏拉图抛弃,反而在《理想国》讨论的很多重要话题中都有所体现。可是,该学派的思想对《理想国》中苏格拉底正义观的影响不止于此。这可以通过该学派其他学说对于整个《理想国》的正义观产生的重要影响来加以说明。

首先,毕达戈拉斯学派的"和谐"思想对于《理想国》的正义观是有重要影响的。在讨论对守卫者进行音乐教育的时候,苏格拉底就指出,真正受过音乐教育的人在形体上也会有与其灵魂之美相称的美,从而达成某种和谐,而当此人遇到身心不和谐的人的时候,他会避之不及(402d)。但是对于同道中人,他会心生爱慕,"正确地爱"是对"美的、有秩序的事物有节制、和谐的爱"(403a),于是在理想城邦中,爱者可以出于正义的目的要求被爱者远离无教养、无品味的事物(403c)。这实际上是要求理想城邦之中的人首先是一个身心和谐的人。"人需要和谐"在《理想国》后文中也得到了进一步的说明,当灵魂三分得到阐释,正义的人被认为是内在和谐的,即灵魂的三个部分,理智、激情与欲望不可以互相干涉,而是相互协调,成为和谐的整体,所有符合和保持此种和谐的行为就是正义的行为(443d-e)。由于城邦和灵魂同构,于是城邦层面的正义要求各阶层不要相互干涉,而只做符合自己本性的事情,从而达到某种和谐的状态(433c)。

第二,理想城邦的现实性需要哲学家成为统治者来达成。只有在这种情况下,城邦才是正义的。同时城邦需要有意识地培养可以成为统治者的哲学家(520b),这就要求对潜在的哲学家进行教育。可以看到,在如何教育哲学家的问题上,毕达戈拉斯学派的"数本原"的思想起到了重要的作用。在《理想国》第六卷,苏格拉底在"线段比喻"中就把数学放在很高的位置上。他认为:从事几何和算术等学术研究的人"从假定上升到高于假定的原理"(510b-c),尽管他们仍然需要借助各种可见的图形,但其探讨的是"正方形本身、对角线本身",即那些"只有用思想才能看到的真实对象"(511a)。"线

---

① 见 T. Irwin, *Plato's Ethics*, p. 74 以及张波波:《柏拉图论正义与幸福——〈理想国〉第一卷研究》,第187页。

喻"表达的想法到了第七卷中讨论如何培养哲学家时又有了进一步的阐述。算术、几何和天文学被认为是培养哲学家必须学习的学科,尽管苏格拉底认为它们只是学习辩证法之前的"序言"或"预备性的科目"(531d,536d);"数字和计数"被说成是"一切技术、思想和科学的知识都会用到的""共同的东西",是"每个人首先必须学习的东西"(522c);几何的对象则被说成是"永恒事物","几何学则能把灵魂引向真理"(527b);而天文学则是研究"运动中的立体",本性上和几何学没有差别(528d,530c)。在讨论天文学时,苏格拉底还提及了毕达戈拉斯学派对声学的讨论。① 可以看到,无论是算术、几何还是天文学都和数字有密切的关联,想要培养哲学家必须首先学习这些学科,这不仅展示了毕达戈拉斯学派"数本原"思想对于《理想国》中哲学家乃至正义思想有直接影响,也同时澄清了为什么亚里士多德在《形而上学》中认定毕达戈拉斯学派是前苏格拉底自然哲学和苏格拉底—柏拉图哲学之间的联结点,同时又把柏拉图对理念的讨论放在毕达戈拉斯学派的思想传统中讨论的做法(987a29-31,987b10-14)。正如切尼斯(Cherniss)所评论的那样:"毕达戈拉斯学派,对于亚里士多德而言,展现为自然哲学家和追随苏格拉底的思想家的十字路口。因为尽管他们设定的原则是不可感觉的,也因此更为适合去解释存在(Being)的更高领域,但是他们只用这些原则去达到世界生成和解释物理现象的目的。"②

从以上分析可以看到,毕达戈拉斯学派正义观对于《理想国》中的正义观所施加的影响是全面的、深刻的。柏拉图在《理想国》中坚持了毕达戈拉斯学派正义观"对等回报"的核心原则,但这并不意味着他对该学派的正义观持完全赞同的态度。这又可以分为两大方面,一方面是他在《理想国》中对该学派思想提出了批评,另一方面是他笔下的苏格拉底对克法洛斯父子的正义观提出的批评。

就前一方面而言,首先,从正义与数的关系来看,毕达戈拉斯学派认为正义不是"四"就是"九",而柏拉图则会认为正义是"一",因为正义最终是理念,而理念只能是"一"。其次,从亚里士多德的报告来看,毕达戈拉斯学派会认为"正义是数字的属性",但是柏拉图会认为正义是某种和谐状态。再次,

---

① 卡恩详细地讨论了柏拉图对毕达戈拉斯学派声学研究的阐述。见 C. Kahn, *Pythagoras and Pythagoreans: A Brief History*, p. 45。
② 见 H. Cherniss, *Aristotle's Criticism of Presocratic Philosophy*, The Johns Hopkins Press, 1935, pp. 237-238。

具体到对学习"数学"的功能,亚里士多德在《尼各马可伦理学》中报告的毕达哥拉斯学派似乎只是把以"对等回报"为核心原则的正义与买和卖联系在一起,但是柏拉图则指出:"(爱智者)学习数学并不是要去做买卖。"(525c)最后,通过正义的例子可以看到,毕达哥拉斯学派更为关心正义是如何和数字关联在一起的,这实际上就窄化了正义实际能够运用的空间和层次。当他们在研究天文学和声学时,也犯了同样的错误,最终导致了柏拉图的批评(530a-531d)。在柏拉图看来,数学是从某种假定出发,从假定下降到结论,同时它还需要借助于影像,但是灵魂并不能"摆脱和超越"这些假设(510b-511a)。数学自身的这些限制加上毕达哥拉斯学派过于注重要求经验与其理论的匹配(《理想国》531a-b,《形而上学》986a10-15),最终是不能让柏拉图满意而全盘接受其正义观的。

就后一方面而言,在《理想国》中苏格拉底对于克法洛斯父子的正义观是拒斥。苏格拉底的反驳,可以分成如下六点:(1)"归还欠朋友武器"的反例:在朋友处于疯狂状况下,归还欠他的武器是不正义的。(2)所有的技艺,比如医术和烹调术都有具体的运用场景,正义的运用场所是战争,因为只有在战争中才能"益友伤敌"。于是在和平时期,正义就是无用的。(3)波勒马霍斯不能接受"正义无用"的说法。他认为正义在战争之外的场景中也有用武之地。他指出,在保管钱财的时候,正义是有用的。苏格拉底则指出,如果顺着波勒马霍斯的思路,那么正义仅对无用的东西才有用,因为保管起来的钱财是不用/无用的。(4)此外,如果正义只对保管钱财有用,而善于保管的人也善于偷窃,那么正义和偷窃这种不义的事情联系在了一起。尽管被反驳,波勒马霍斯依然坚持正义就是"益友伤敌"(334b)。(5)然而,敌友的标准和界限是模糊的。于是有时候会把朋友当作敌人,这样就迫使波勒马霍斯接受如下的修正:正义就是伤害不正义的人,帮助正义的人(334d)。不正义的也许是朋友,而敌人有时候也是正义,这样就与西蒙尼德的说法相反了。(6)苏格拉底认为在"益友伤敌"之外还要加上"朋友是真正的好人,敌人是真正的坏人"(335a)。他接着指出,当人受到伤害,这个人的"美德"($\mathrm{\dot{\alpha}\rho\epsilon\tau\dot{\eta}}$)就受到了伤害,因为他的功能受损。① 于是受到伤害就会让人变得不正义,因

---

① 柏拉图对美德的定义以及它和功能之间的关系,参见盛传捷:《柏拉图论美德》,《伦理学研究》2020年第2期,第85—93页。

为正义是美德的一种。然而,如果正义是"益友伤敌",那么正义会让人变得不正义,这是不能接受的。这实际上是要求正义的人不能伤害任何人。

可以把上述反驳大致分为三个类别。第一类包括了(1)的反例,反驳的核心是通过反例来说明克法洛斯父子正义说法的不正确。第二类则包括了(2)(3)和(4),苏格拉底试图通过把正义"技艺化"来论证"正义即益友伤敌"的错误。苏格拉底把正义和医术、厨艺、航海术、制鞋术等技艺做类比。第三类则包括了(5)和(6),这两点反驳是想说明正义要求不能伤害任何人,于是"伤敌"不能是正义的要求。实际上,第三类是和第二类关联在一起的,因为第三类是基于"正义是某种技艺"而进行的反驳。①

这里无须分析苏格拉底具体的反驳,但需要指出两点:一是就"归还欠朋友的武器"反例而言,需要分情况讨论。在正常情况下归还欠朋友的武器是正义的,这是一致得到承认的。不过苏格拉底提出了某种特殊情境,即债主处于疯狂状态,这意味着克法洛斯父子表达的毕达戈拉斯学派的"对等回报"原则需要进一步说明。因为在此情境中,"对等回报"原则能够继续坚持,取决于善和恶的分配,这实际上要求某种知道并执行善恶的知识和技艺。该反例在实际上指明了"对等回报"原则内在地要求某种知识和技艺。② 二是苏格拉底第二和第三类的反驳都以"正义是技艺"为基础进行反驳。这样的反驳显示出了柏拉图笔下的苏格拉底持有某种严苛的知识观。根据亚里士多德在《尼各马可伦理学》第五卷第五节中的说法,毕达戈拉斯学派所讲的正义是"无限定"的正义,而且亚里士多德接着就开始阐述商业中的对等回报,可见毕达戈拉斯学派只想给正义的现象以某种数学基础,以说明正义的现象可以通过数字而得到解释,并且它就是数字某种属性的反映。柏拉图对此是不满意的,因为正义最终需要涉及理念和知识。

结　语

尽管在《理想国》328c-336a 的文本中呈现的克法洛斯和波勒马霍斯父

---

① 安娜斯已经对苏格拉底的反驳给出了详尽的解释。见 J. Annas, *An Introduction to Plato's Republic*, pp. 18-34。
② 感谢樊黎在此问题上对我的启发。

子的正义观被学者们普遍认为只是反映了普通希腊人对正义的观念,但是如果考察亚里士多德对毕达戈拉斯学派的报告以及亚历山大对亚里士多德报告的补充就可以发现,这对父子所阐发的正义观念具有毕达戈拉斯学派的正义观的理论背景。该学派内部对正义到底是哪个数字还存在分歧,但是其正义观的核心"对等回报"原则是明确的,同时这也正是那对父子正义观念的核心原则。然而,克法洛斯父子的正义观和毕达戈拉斯学派正义观之间的关联毕竟在《理想国》的文本中没有得到直接的体现,所以本文试图从柏拉图对该学派学说的熟悉,柏拉图总是仔细选择其对话的场景与人物以及该学派学说的流行与对外交流等三方面作为对此关联的说明。

  柏拉图对毕达戈拉斯学派的正义观以及思想并不完全赞同,他也不是一位毕达戈拉斯主义者,然而如果把克法洛斯父子正义观与毕达戈拉斯学派正义观之间关联的分析运用到整个《理想国》,那么就可以进一步发现该学派的学说对《理想国》中苏格拉底的正义观有巨大而深远的影响。首先,在《理想国》诸多主题的讨论中,柏拉图并没有抛弃"对等回报"的原则,比如理想城邦的建立基础就是对等回报,比如在对守卫者的教育中需要运用对等回报,比如城邦的正义就是"每个人做适合自己本性的工作"与对等回报原则有紧密的联系,再比如洞喻中明确了哲学家需要返回"洞穴"是因为对等回报的原则等。其次,该学派的其他学说也对《理想国》中苏格拉底的正义观有巨大影响。比如苏格拉底提出正义是理想城邦各阶层的和谐就运用了该学派"和谐"的思想,再比如该学派"数本原"的思想对理想城邦如何培养哲学家起到了关键作用,而哲学家为王是城邦正义得以实现的前提。

Justice and Number: *Republic* 328c–336a

Sheng Chuanjie

Abstract: The concept of Justice of Cephalus and his son Polemarchus is generally considered as the popular notion of the ordinary Greeks on justice in ancient Greece. This paper attempts to illustrate such a reading is incomplete by citing testimonies from Aristotle and Alexander. The concept on justice of Cephalus and Polemarchus in fact mirrors the view on justice from Pythagoreanism, because the core principle of both is proportionate reciprocity, though the connection between the two is not directly addressed in the *Republic*. Plato does not abandon this core principle, but upholds it in many important issues throughout the whole *Republic*, even if he does not approve it completely. This fact also reflects that the Pythagoreans' concept on justice has a profound influence on the concept on justice of Socrates in the *Republic*.

Key Words: Justice, *Republic*, Pythagoreanism, Proportionate reciprocity

书讯

《易汉学新校注(附易例)》

惠栋　撰　谷继明　点校
北京:中国社会科学出版社,2020年

　　惠栋,字定宇,一字松崖,吴县人。清代前期,惠栋率先扬起了"汉学"的大旗,开创了新的、以汉学研究经典的学术风气;而在其中起到关键作用的即是《易汉学》一书。此书初名《汉易考》,是一部学案体著作,以搜集、排比汉代易学资料为主。不过,惠栋虽经过多年的研究推求,奈何汉代留下的易学材料实在太少,《易汉学》数易其稿,却仍显得粗略而缺乏系统。这些遗憾部分地在其晚年著作《易例》中得到了弥补。《易例》中,惠栋打散各家,以体例为纲进行纂辑。比之《易汉学》,惠栋在《易例》中也多下己意,鲜明地体现出其晚年的易学思想。故此次整理,点校者也将《易例》一书一并整理附于其后。

　　在版本上,此次整理特别关注了此前通行诸整理本忽视的复旦大学图书馆藏《汉易学》稿本,并以之为底本,与《文渊阁四库全书》本、《经训堂丛书》本、《续经解》本进行对校。由于复旦本反映了《易汉学》最初的样态,与惠栋后期的定本比较可以看到丰富的改订信息。故此次整理能让学者既看到其早期稿本的原貌,又能利用校记阅读所谓"定稿"的《易汉学》,从而对惠栋有一个更加生动的认识。此外,关于《易例》,点校者在以《贷园丛书》本为底本和《文渊阁四库全书》本对校的同时,也特别援引《经训堂丛书》本的《易汉学》以及《周易集解》进行了他校。此书的出版或将能再次吸引相关领域学者对惠栋易学的关注,推动相关研究。(郝董凡)

理解柏拉图"日喻"的"三重障碍"*

苏 峻**

提 要：本文旨在厘清理解柏拉图"日喻"的"三重障碍"。通过回溯学界以往的讨论，并结合细致的文本分析，本文试图揭示以下三个问题的内涵。首先，我们究竟是通过直观"看见"理念，还是通过"定义"把握理念？其次，究竟"至善"这一理念对于柏拉图来说，是"形而上学"的最高本原还是"认识论"的最高本原？最后，如果"至善"是形而上学的本原，那么其美学和实践哲学的维度由何而来？

关键词：柏拉图 日喻 至善 形而上学 认识论

在《理想国》中，柏拉图惟妙惟肖地为读者介绍了"日喻""线喻"和"洞喻"三个经典比喻。与"线喻"的思辨性和"洞喻"的生动性相比，"日喻"略显简陋。在柏拉图学界，人们也更愿意将笔墨花在"线喻"和"洞喻"上。尽管如此，本文将阐明，"日喻"对于我们理解柏拉图的"认识论"和"形而上学"，甚至其"实践哲学"，都有不可替代的地位。鉴于问题的复杂性，本文的主旨并非是对"日喻"作出"独家解读"，而是旨在"清理地基"，其目的是厘清未来所有成功之解释，所必须面对的"三重障碍"。伴随着我们的清理工作，对"日喻"本身的理解，以及未来可信解释之方向，会逐渐明朗。当然，本文也并非仅仅总结已有的学术观点。其创新之处在于揭示"日喻"中的"三角形结构"，并试图剖析其认识论内涵。其次，在本文的主干部分，即第二部分，笔者

---

* 本研究获得中国政法大学青年教师学术创新团队支持计划资助项目"中西伦理思想比较研究"（19CXTD06）的资助。
** 苏峻，1986年生，中国政法大学哲学系讲师。

会引入亚里士多德对柏拉图"至善"概念的解读,试图揭示这一为当今学界所忽视的解读,对我们理解"日喻"的重要意义。

在进入"清理地基"工作之前,有必要在此简要地复述"日喻"的两个要点。本文随后的所有论点,都将围绕这两个要点展开。首先,在"日喻"中,"至善"(τὸ ἀγαθόν)被描述为我们的认识能力和"理念"可知性的共同原因。在这一图景中,不仅有认识的主体、认识的客体,即"理念",还有"第三种"事物(γένος τρίτον, 507d),即"至善",来充当"轭"的角色(ζυγῷ, 508a1)。通过"轭"这一角色,"至善"沟通了认识的主体和"理念"的可知性。这便是笔者前面提到的"日喻"中的"三角形结构"。其次,"至善"不仅仅充当了"轭"的角色,其本身同时还是认识的"对象",甚至是"最高的认识对象"(μέγιστον μάθημα, 505a2)。这一点为理解"日喻"的"三角形结构"增添了更多的复杂性。关于"日喻"的以上两个要点,让我们读一段柏拉图的经典表述:

> "至善"是知识的原因:赋予真理以可知性和认知主体以认识能力的便是"至善"的理念。虽然它是知识和真理的原因(αἰτίαν δ᾽ ἐπιστήμης οὖσαν καὶ ἀληθείας),其本身也是知识的对象。知识和真理都是美的事物,但是"至善"和它们不同且更美。(《理想国》, 508e1-6)[①]

一、看见"至善"还是定义"至善"

首先,让我们处理理解"日喻"的第一重障碍,即认识"至善"是通过某种直接的"看见"还是通过"定义"?这一争论在学界由来已久。概言之,这涉及我们如何理解"理念"的可知性。毕竟,"至善"也被描述为是一种"理念"(例如《理想国》,508e3),虽然到底认识"至善"和其他"理念"的方式是否相同,还有待澄清。为了简便,我们暂且只讨论认识"理念"的途径。

关于"理念"可知性的争论,主要涉及如何理解柏拉图所说的"看见"理念。在《理想国》的很多段落中,他提到"理念"是通过一种独特的"视觉"而被认识。[②] 比如在 517b-c 这段文本中,他认为"在可知的领域里,'至善'的

---

① 本文采用的译文均来自笔者。
② 关于"看见理念",柏拉图在"日喻"中没有论述,我们只能借助别处的文本。

理念是最后才被看到的（ἐν τῷ γνωστῷ τελευταία ἡ τοῦ ἀγαθοῦ ἰδέα καὶ μόγις ὁρᾶσθαι）"；①在论述教育的本质时，他将之分类为使眼睛由黑暗处转向"最明亮的事物"（τὸ φανότατον），即"至善"（518b-d）；类似的说法，也出现在 526d-e、527d-e 等段落中。

如果我们认真对待这些说法，而非简单地将其归入柏拉图"比喻性"的说法，而因此不具有理论内涵，那么，就不得不面对如下两个难题：

难题1：众所周知，柏拉图的"理念"为不可感之物，不能通过"感觉"而只能通过"理性"被认识（ἰδέας νοεῖσθαι μέν, ὁρᾶσθαι δ´οὔ；《理想国》，507b10）。那么，在哪种意义上，"理念"可以被看到？

难题2：如果"理念"可以被"看到"，那么，这种认识"理念"的途径如何与通过"定义"的途径认识"理念"的方式相调和？具体来说，"看到"理念是一种直接的认知，并不诉诸"理性推理"，定义"理念"则是通过"理性推理"而得来。这两种方式似乎并不能调和。更进一步，"看见"这一认知活动并不是"命题性知识"（propositional knowledge），而由"理性推理"得来的"定义"却是"命题性知识"。这两种方式也不能调和。

我们先来对第一个难题稍作分析。在《斐多》99-101 这段经典文本中，柏拉图描述了苏格拉底的求知的"心路历程"。苏格拉底"认知方式的转变"恰恰就体现在他抛弃了对感官的信赖，"如果我通过眼睛观看事物，并且试图通过感觉把握它们，我担心我的灵魂会变盲。所以我逃到了理性中去探究万物的真理（εἰς τοὺς λόγους καταφυγόντα ἐν ἐκείνοις σκοπεῖν τῶν ὄντων τὴν ἀλήθειαν；99e2-6）"。在这段话中，柏拉图借苏格拉底之口，向我们明确地指明了他探究真理的方法，即运用理性，而非感觉。

进一步，柏拉图在多处明确表示（例如在《美诺》98a、《斐多》76b 等地方），对事物给出"说明"（λόγοι）是获得该事物知识的必要条件。在《理想国》中，他更是明确地将这一原则运用于"至善"本身。他写道：

> 你会把能够给出每个事物"说明"（τὸν λόγον ἑκάστου λαμβάνοντα τῆς οὐσίας）的人叫作懂辩证法的人（διαλεκτικὸν）吗？但是，仅就他不能向自己或他人给出对事物的"说明"，你不认为他没有丝毫理解该事物

---

① 柏拉图在这句话的上下文中也多次使用了"看到"一词，比如：517c1 和 517c5。

吗？……同理也适用于"至善"。除非有人能将"至善的理念"(τοῦ ἀγαθοῦ ἰδέαν)和别的事物在论述中(τῷ λόγῳ)区分开来，能面对所有的反驳就像经历一场战争，尽力不靠意见(μὴ κατὰ δόξαν)判断，而是依据"实在"(κατ᾽ οὐσίαν)，能经历这一切，而他给出的"说明"还能完好无损，你将会说他并不理解"至善"本身(αὐτὸ τὸ ἀγαθὸν)或者别的"善"(ἄλλο ἀγαθὸν)。(534b-c)

我们从这段文本可以得知，对一物的知识与对该物的"说明"是分不开的。那么，这不禁让我们再次产生疑问：在哪种意义上，我们能够通过一种独特的"视觉"获得对"理念"的知识呢？

其次，让我们来看第二个难题。这一争论，在柏拉图学界由来已久。康福德(Cornford)和卡恩(Kahn)的观点可谓经典。前者认为，理念通过"直接视觉"(intuitive vision)而被认识；①后者认为，"将'理念'(idea 和 eidos)一词与动词 idein(即，看见)作词源学上的关联，进而认为这对我们理解柏拉图的'理念学说'非常重要，是错误之举……'理念'从一开始就是以语言而非视觉为导向的(linguistic rather than visual in its orientation)"。②

克若斯(Cross)和布莱克(Bluck)之争可谓走得更远，前者认为"理念"本身并非一物，即并非"逻辑主语"(logical subjects)，而仅仅是"逻辑谓语"(logical predicates)；因此，他认为，"理念"并非通过"认知主体"和"认知对象"的直接接触而是通过"说明"(λόγοι)而被认识。③ 与之相对，布莱克在回应克若斯的文章时，主张"理念"是"物"，而非"逻辑谓语"；因此，理念只有通过"非命题的方式"(non-propositionally)才能被认识。④

---

① F. M. Cornford, Mathematics and Dialectic in the *Republic*, in *Studies in Plato's Metaphysics*, ed. by R. E. Allen, 1965, p. 94. 可参看 H. F. Cherniss, The Philosophical Economy of the Theory of Ideas, in *Studies in Plato's Metaphysics*, ed. by R. E. Allen, 1965。
② C. H. Kahn, *Plato and the Socratic Dialogue*: *The Philosophical Use of a Literary Form*, Cambridge University Press, 1996, pp. 354-355. 可参看 G. Fine, Knowledge and Belief in Republic V-Ⅶ, In *Plato on Knowledge and Forms*: *Selected Essays*, ed. by G. Fine, Oxford Clarendon Press, 2008。J. Gentzler, How to Know the Good: the Moral Epistemology of Plato's 'Republic', *The Philosophical Review*, Vol. 114, No. 4 (2005). R. Sorabji, Myths about Non-propositional Thought, in *Language & Logos*, ed. by M. Schofield and M. C. Nussbaum, Cambridge University Press, 1982.
③ R. C. Cross, Logos and Forms in Plato, in *Studies in Plato's Metaphysics*, ed. by R. E. Allen, 1965.
④ R. S. Bluck, Logos and Forms in Plato: A Reply to Professor Cross, in *Studies in Plato's Metaphysics*, ed. by R. E. Allen, 1965.

要克服理解"日喻"的第一重困难,除了以上难题,我们还需要解答如下两个疑点:首先,"视觉之知"是否适用于所有的理念?还是首要地适用于"至美"(τὸ καλόν)和"至善"等这样的理念?其次,通过"定义"和"视觉"认识"理念"是否构成了认识的前后两个阶段?如果不是,那么,它们之间的关系究竟如何?

我们先来阐述第一个疑点。在《会饮》的一段文本中,柏拉图借蒂欧提玛之口主张,在我们经历长久的训练之后,对于"至美"的理念有一种突然的"视觉之知"(πρὸς τέλος ἤδη ἰὼν τῶν ἐρωτικῶν ἐξαίφνης κατόψεταί τι θαυμαστὸν τὴν φύσιν καλόν,210e)。而对于"至美",我们既无"描述"也无"知识"(οὐδέ τις λόγος οὐδέ τις ἐπιστήμη,211a)。柏拉图对"至美"的论述,似乎在暗示我们,对其的知识不同于一般意义上的知识。或许柏拉图主张,"视觉之知"首要地适用于"至美"(τὸ καλόν)和"至善"等这样的理念。

这一问题也涉及笔者在引言中指出的"日喻"的第二个要点,即如果"至善"也是认识的对象,那么,究竟认识"至善"和认识其他"理念"的方式有何不同?依照"三角形"的认知结构,柏拉图似乎主张,认识"至善"的方式必然不同于认识其他"理念"的方式。因为"至善"恰恰就是其他"理念"得以被认识的前提。如果认识"至善"也采用相同的方式,那么就导致我们需要第二个"至善"来保证认识得以可能,从而落入类似"第三人论证"无限后退的陷阱。

关于第二个疑点,我们有必要介绍安娜斯(Annas)的观点,她认为:"哲学把握真理并非分两个步骤——首先通过辩证法,然后不可表述的'看到'实在"。她认为理性运作最后会到达"需要一定'视觉'的洞见",但是,"言语的和视觉的对知识的描述并不冲突"。① 换言之,在她看来,"理性运作"和"视觉洞见"之间并无冲突,更不会互斥。后者包含在前者的高级阶段之中。

这两个疑点的引入,更加剧了理解"日喻"的难度。困难之处在于,我们对基于"理性"的认识路径比较容易理解。但是,对于基于"视觉"的认识路径,我们尚没有充分的"哲学工具"(philosophical tools)去理解,遑论精确之分析。

---

① J. Annas, *An Introduction to Plato's Republic*, Oxford Clarendon Press, 1981, pp. 282-284.

二、"至善"在哪种意义上是知识的对象

在处理完理解"日喻"的第一重障碍之后,本节将阐述第二重障碍。这一重障碍,概而言之,可归结如下:"至善"究竟是"认识论的"还是"形而上学的"本原?

2.1 "至善""一"和"存在"三者之关系

在这一小节中,笔者将试图分析"至善"究竟在哪种意义上构成了知识的对象。鉴于柏拉图在论述这一主题时语焉不详,我们在此只能结合他最优秀的学生亚里士多德的解读。但是,笔者不得不在此着重指出,对亚里士多德的过度依赖可能会导致我们误解柏拉图,因为很多时候,前者是出于辩论和争论的需要对后者作出解读。不管这条进路是好是坏,在缺乏别的解释途径的前提下,我们暂且对亚里士多德抱有信心。在本小节结尾处,笔者也会指出亚里士多德的解读仍然面临的困难。

对于亚里士多德来说,柏拉图哲学中的"至善"(The Good)、"一"(The One)和"存在"(Being)这三个概念之间可以画上等号。换言之,这容许我们通过其他概念来理解"至善",从而为理解柏拉图的"至善"概念提供了别的思路。

大体上,亚里士多德对柏拉图"至善"概念的解读包括如下三个步骤。第一,他认为,柏拉图追寻的万物本原是"一"和"存在"。第二,亚里士多德认为"至善"和"一"相同,而且,"存在"和"一"也相同;由此我们可以推知,"至善""一"和"存在"这三个概念之间可以划上等号。第三,当亚里士多德分析"这一个"(τόδε τι)概念时,他认为柏拉图把"理念"当作 τόδε τι 的候选项(参看 Z14)。由以上三点,我们可以推知,寻找"统一性"(Unity)的事物是柏拉图和亚里士多德共同的目标,他们之间的分歧在于"统一性"着落在何处:对于亚里士多德来说,可感事物的"统一性"来自自身(参看 Z6);而在亚里士多德笔下的柏拉图认为,可感事物的"统一性"最终来自最高的本原,即"一"和"存在"自身。接下来,笔者通过文本分析,为以上三点观点作文本上的支持。

首先我们来看第一点,在柏拉图看来,理念(εἶδος)是其他事物

(τοῖς ἄλλοι)的原因(αἴτια),所以,理念的本原也就是万物(πάντων τῶν ὄντων)的本原;其中,"大"和"小"(τὸ μέγα καὶ τὸ μικρ)是作为质料(ὡς ὕλην)的本原,而"一"(τὸ ἕν)则是作为本质(ὡς οὐσίαν)而成为本原(987b18-22)。①

再来看第二点,柏拉图和亚里士多德都认为,"一"和"存在"这两个概念外延相同。在《形而上学》第四卷中,亚里士多德写道:"'存在'和'一'相等同且具有相同的本质(τὸ ὂν καὶ τὸ ἕν ταὐτὸν καὶ μία φύσις),这体现在它们彼此相随,就像'本原'和'原因'这两个概念一样。"(1003b22-24)在《巴门尼德》的第二组推论中,柏拉图也认为,"存在"的任一部分都有"一"相伴(144c)。其次,在亚里士多德笔下,柏拉图将"一"和"存在"这二者与"至善"(τὸ ἀγαθὸν αὐτό)等同(988b11-15,1091b13-15;cf. 988a8-17)。

最后来看第三点,对于亚里士多德来说,实体的必要条件(之一)就是成为 τόδε τι。这一点亚里士多德在《形而上学》第七卷第三节有清楚且明确的表述,而他对柏拉图的批评的重要一点也是指出,后者的与可感事物分离的"理念"并非"这一个",而是"这一类"(τοιόνδε)(参看 Zeta 8)。尽管柏拉图并没有使用和亚里士多德完全相同的术语,但是,通过文本分析,我们会发现,他的观点正好与亚里士多德相反,即是说,借用亚里士多德的术语,"理念"恰恰是具有确定性的"这一个",而可感事物并不具有本性,是不确定的"这一类"。关于这一点,我们可以参看《蒂迈欧》篇的49c7-e2。在这段文本中,柏拉图指出我们并不能用"这个"(τοῦτο)这样的指示代词来指称可感事物,因为它们不与自身同一(τῶν αὐτῶν ἑκάστων),不具有稳定性(βεβαιότητα);而"这个"这类具有确定性内涵的代词只能指称与自身同一的事物,即"理念"。借用柏拉图的例子,我们不能说经验中的这团火、这滴水是"这个",而只能说它们是"如此这般"(τὸ τοιοῦτον),而只有它们的"类概念",即"理念",可以被称之为"这个"。

通过以上的三点分析,我们可以得出:对于亚里士多德来说,可感事物具有确定性,其"统一性"来自自身;而对于柏拉图来说,可感事物不具有"稳定性",其"统一性"需要"理念"来奠基,而最终需要"一"和"存在"这样的最高本原来保证可感事物具有一定的"统一性"。换言之,亚里士多德笔下的柏拉

---

① 类似的文本还有:996a5-9, 988a10-11, 988b4-6;同时参看 1091b2-3; cf. 1092a6-7。

图认为"至善"是事物最终之所以具有"统一性"的来源。①

以上的分析虽然思路通畅,但也不无困难,其主要困难便是来自柏拉图对"至善"的一段困扰哲学家已久的描述。在《理想国》509b6—10 中,柏拉图认为"至善"不仅赋予了知识对象可知性($\tau\grave{o}$ γιγνώσκεσθαι),而且也赋予了它们存在($\tau\grave{o}$ εἶναί τε καὶ τὴν οὐσίαν),而"至善"本身并不是"存在"(οὐκ οὐσίας ὄντος),而是在"等级"和"能力"上(πρεσβείᾳ καὶ δυνάμει)都优于"存在"(τῆς οὐσίας)。而在亚里士多德的分析中,"至善"和"存在"可以交替使用,前者并不超越于后者。②

与这一个困难相关,"至善"的一些属性仍有待澄清。即,"至善"究竟是"一个事物"(a thing)还是"一个结构"(a structure)? 按照笔者在这一小节的分析,"至善"是事物"统一性"的最后根源,所以它应该最有资格被称为"一物",而非"一个结构"。③

2.2 "至善"是事物可理解性的前提

如前所述,"日喻"中的"三角形结构"有效地避免了认识上的无限后退。一个自然的问题便是,"理念"本身就是理解得以可能的前提,那么,在什么意义上"至善"又是其他理念得以理解的前提呢?

首先,我们需要澄清第一点,即"理念"本身是理解的前提。这一点可以通过《巴门尼德》和《蒂迈欧》中的两段文本而得到佐证。在《巴门尼德》135b—c 中,柏拉图认为,如果不设定理念的存在,那么我们便无法思考(οὐδὲ

---

① 参看 F. M. Cornford, *Plato's Theory of Knowledge*, The Bobbes-Merrill Company, Inc., 1957。康福德笔下的"一"和"存在"有更丰富的内涵(p. 270)。他认为,对于柏拉图来说,"一"和"存在"并非最贫乏的概念,而是最丰富的概念(richest concepts),它们"是一定的秩序包含所有实存的整体"(a whole containing all that is real in a single order)。与之相对,亚里士多德的"十范畴"却是远离"实存"(at the furthest remove from substantial reality),是"最贫乏的抽象之物"(the barest of abstractions)。

② 笔者也无力解答这一难题,在这里引述康福德的解读(F. M. Cornford, *Plato's Theory of Knowledge*, p. 132),供读者参考。他认为,"至善"超越于"存在"应该理解为:万物的存在都以"至善"为目的,而它的存在却不以任何他物为目的,在这个意义上,它超越于"存在"(ousia)。

③ 不同的解读,参看 G. Fine, Knowledge and Belief in Republic V—Ⅶ, p. 98。她认为,"至善"并不是"理念"更本源的基础(a more fundamental basis),毋宁说,"至善"就是"理念"自身所具有的"目的论结构"(teleological structure of Forms)。因此,"至善"并不在"其他理念"之外存在,它仅仅是从目的论的角度来看待这些"理念"。而这也解释了之所以"至善"是超越于"实在"的原因(ousia,《理想国》, 509b)。同时参看 S. C. Wheeler, Plato's Enlightenment: The Good as the Sun, in *History of Philosophy Quarterly*, Vol. 14, No. 2 (1997)。

ὅποι τρέψει τὴν διάνοιαν ἕξει),从而彻底摧毁了辩证法的能力(οὕτως τὴν το ῦ διαλέγεσθαι δύναμιν παντάπασι διαφθερεῖ),而这也就意味着摧毁了进行哲学思考的能力!进一步值得注意的是,当柏拉图论述这一点时,是在所有的对"理念论"的诘难之后。他开始论述的口吻表明:假使所有的诘难成立,那么我们仍有理由坚持主张"理念论",毕竟它是我们思考得以成立的前提。类似的文本,可以在《蒂迈欧》中找到,在51b-e中,柏拉图首先对"理念论"提出质疑,即质疑"理念"本身的存在,还是仅仅存在于我们的"谈话中"(τὸ δ ᾽ οὐδὲν ἄρ᾽ ἦν πλὴν λόγος)。最后,柏拉图认为,"理念"的存在基础在于为我们的"理解"奠基,是理解的对象(νοούμενα)。

进一步追问,理念究竟为何是理解的前提?在以上两段文本中,柏拉图提到"与自身同一"(τὴν αὐτὴν ἀεὶ εἶναι;《巴门尼德》,135c1)和"稳定性"(βεβαιότατα;《蒂迈欧》,51d7)等语词。这都表明,认识或者说理解的前提,是概念自身的"统一性"。事物成为"一"是事物得以被认识的前提。在《巴门尼德》第七组推论的165b4-6中,柏拉图形象地写道:任何在思想中(τῇ διανοίᾳ)把捉到的存在物(πᾶν τὸ ὄν)必须(ἀνάγκη)被"分散开、切成块"(Θρύπτεσθαι, κερματιζόμενο),因为如果没有这种"成为'一'(ἑνὸς)的性质",事物就只能被把捉为"一团混沌"(ὄγκος)(同时参看,135b-c)。可见,"理念"之所以是理解的前提,恰恰就在于"理念"自身的"统一性"和"稳定性"。

结合我们上一小节的结论,即,"一""存在"和"至善"是事物"统一性"(unity)的最终来源,我们可以推知,"至善"之所以是事物可理解性的前提,是因为它是事物最终"统一性"的来源。① 那么,或许有人会问,"至善"到底是"认识论的"本原还是"形而上学的"本原,抑或兼是?为了解答这一问题,我们有必要在此对柏拉图的论证策略作一扼要说明。我们知道,柏拉图常常是从逻辑过渡到形而上学。比如说在《理想国》第五卷的结尾处,他从认识的条件推论到设定"理念"的必要。这种策略让人觉察到有某种"唯心论"的色彩。所以,有必要在此处澄清这种"唯心论"的一个关键特征。

---

① 亚里士多德认为柏拉图的"一"和"存在"作为最高本原,能够谓述所有的事物(ταῦτα γὰρ κατὰ π άντων μάλιστα λέγεται τῶν ὄντων, 998b21; cf. 1014b6-9: πολλοῖς ὑπάρχει ἢ πᾶσιν ἢ ὅτι πλεί στοις)并且在我们认识过程中充当"理智的元素"(τῶν νοητῶν στοιχεῖ όν; 1070b7-8)。

博恩耶特（Burnyeat）在 1982 年发表的一篇广为流传的论文中,追问古代哲学中究竟有没有"唯心论"。他的答案是否定的。① 诚然,古代哲学中可能没有像贝克莱一样的所谓的"主观唯心论",但是这是否意味着古代哲学中也没有像康德一样的"先验唯心论"呢? 德国学者那托尔普上个世纪就著书论证,所谓柏拉图的"理念论"和康德哲学非常类似。其核心论点主要有二:首先,柏拉图的"理念"是"法则"（laws）,而非"事物"（things）;其次,柏拉图的"理念论"主要是关于"思想"何以可能的论述,特别是关于认知能力、解释性的"思想"何以可能的论述;只是作为该论述的结果,它才是关于"实在"的理论。②

笔者并不打算在此处深入分析那托尔普对柏拉图的解读,只想通过对"至善"这一概念的分析,来表明本文观点和那托尔普的同与异。在《纯粹理性批判中》,康德凝练地总结了自己的认识论思想:"经验可能性的条件同时也是经验对象自身可能性的条件。"（A158,B197）对于柏拉图来说,"理念"的可能性条件也是事物之所以成为事物的条件,但却是在一种非常不同,而且更深的意义上。在一定意义上,康德也认为"认识论"应该优先于"存在论"。但是,对于他来说,最重要的问题是考察我们的认识能力,由此划定可知与不可知的界限;但是,对于柏拉图来说,最重要的问题是追问事物最可知的特征,由此来解答"何谓存在"的难题。可以说,柏拉图是从"何物最可知"转换到"何物最实在",以此完成了从"逻辑"到"存在论"的过渡。换言之,柏拉图首先考察认识得以可能的条件,并且认为这同时也是"物之为物"的条件。结合本文的主题,可以说,在方法论上,通过对认识条件的考察,柏拉图需要设定"理念"的存在,因为理念是自身具有"统一性"的事物。沿此思路,最终需要设定"至善""一"和"存在"作为"统一性"的最终根基。

更一般地说,其实无论是"实在论"还是"非实在论"（例如康德的先验哲学）都可能无法把握柏拉图认识论的要义。因为,在前二者的解释图景中只存在认识的"对象"和"主体",但是,在柏拉图的"三角结构"中,存在的不仅有认识的"对象",认识的"主体",还有"第三者"（γένος τρίτον,507d）,即,用

---

① M. F. Burnyeat, Idealism and Greek Philosophy: What Descartes Saw and Berkeley Missed, in *Philosophical Review*, 91 (1982).
② 笔者对那托尔普观点的总结来自 V. Politis, Anti-Realist Interpretations of Plato: Paul Natorp, in *International Journal of Philosophical Studies*, Vol. 9(1) (2001).

来沟通(柏拉图使用了"轭"这一"意象",508a1)这两者的"至善"。①

三、"至善":"形而上学的"还是"美学和实践哲学的"本原

如果以上的分析成立,那么,要理解"至善",我们仍需面临最后一道"障碍",即,"至善"究竟是"形而上学的"还是"美学和实践哲学的"本原,抑或兼是?这一问题其实在本文第二节的分析中已经显现。依据亚里士多德的分析,"至善"是事物"统一性"的最终根源。换言之,"至善"是所谓"形而上学"的本原。但是,我们也不得不承认,"至善"首先是一个"目的论"概念。所以,有人可能会质疑,"统一性"本身何以是"目的论的"?

柏拉图在《理想国》第七卷中将"至善"描述为"万物之所以正确和美的原因"(εἶναι ὡς ἄρα πᾶσι πάντων αὕτη ὀρθῶν τε καὶ καλῶν αἰτία,517b)。而且,他还劝勉人们如果想要在私人或者公共事务(ἢ ἰδίᾳ ἢ δημοσίᾳ)中行为恰当(ἐμφρόνως),就"必须看到""至善"(517c)。可见,"至善"不仅仅是"形而上学"的本原,而且还是"美学和实践哲学(包括伦理学和政治哲学)"的本原。②

"至善"从"形而上学"到"实践哲学"的过渡确实令人费解。安娜斯曾指出柏拉图形而上学和伦理学之间的巨大鸿沟。她认为,在《理想国》中的"至善"远离人的需求,关于它的知识更多是理论的(theoretical),而非实践的(practical)。③

可以说,"至善"如何完成了从"形而上学的本原"到"实践哲学的本原"的过渡,是我们在理解"日喻"时一道更加难以逾越的"障碍"。

总　结

本文已经表明,要彻底理解柏拉图的"日喻",至少"三重障碍"仍有待清

---

① 结合第一节的分析,如果"至善"只是万物"统一性"的最终根源,我们仍需澄清,"至善"何以要通过"视觉"才能被认识?

② 关于"至善"的"伦理政治"维度的精辟论述,参看 S. P. Shorey, *Plato The Republic I*, Harvard University Press, 1937, [pp. xl-xli]。

③ J. Annas, *An Introduction to Plato's Republic*, Oxford Clarendon Press, 1981, [pp. 259-271]. 同时可参看 A. A. Long, Platonic Ethics, in *Oxford Studies in Ancient Philosophy*, 19(2000)。

理。首先，到底"至善"是通过哪种途径被认识？对于"至善"或者更广义的"理念"通过"定义"而被认知，这并不难理解。但是，如果主张"理念"是通过某种直接的"看见"而被认识，我们尚没有充足的哲学工具（philosophical tools）来准确地理解其内涵。其次，究竟"至善"在哪种意义上是可理解性的前提？本文借用亚里士多德的分析，认为"至善"是"物之为物"，即事物"统一性"（unity）的最后根源，在这层意义上，构成了事物可理解性的前提。但是，"至善"究竟是"认识论的本原"还是"形而上学的本原"仍有待澄清。而且，我们的解读依赖于亚里士多德的分析，其合法性也有待商榷。最后，如果"至善"主要是形而上学的本原，那么其美学和实践哲学的维度由何而来？或许也正是因为这些难题的存在，柏拉图笔下的苏格拉底也不得不承认"何谓至善"是太大的一个话题，从而在《理想国》中选择讨论较容易的"至善的子嗣"（ἔκγονός τοῦ ἀγαθοῦ, 506e3; cf. 507a2）而非"至善本身"。

Understanding the "Triple Obstacles" of Plato's "Analogy of the Sun"

Su Jun

Abstract: This article aims to clarify the "triple obstacles" in understanding Plato's "analogy of the sun". By tracing back to previous discussions and combining careful text analysis, this article attempts to address the following three questions. First of all, do we "see" the idea through intuition or grasp the idea through "definition"? Secondly, for Plato, is the concept of "the Good" the highest principle of metaphysics or the highest principle of epistemology? Finally, if "the Good" is the principle of metaphysics, where does its aesthetic and practical implications come from?

Key words: Plato, Analogy of the sun, The Good, Metaphysics, Epistemology

书讯

《春秋穀梁传注》

柯劭忞　撰　张鸿鸣　点校
北京：中华书局，2020年

柯劭忞（1848—1933），字凤孙，山东胶州人。光绪十二年进士，曾担任翰林院侍读，京师大学堂经科监督等职，其于经学特重《春秋》一经，且认为三《传》之中"《穀梁》义尤精深"。唐代之后，《春秋》三传中《左传》尤其得到重视，《公羊》《穀梁》始终不为显学。清代学者崇尚考证之学，同样重视《左传》，而相较于因常州学派在清中期流行了一阵的《公羊传》，《穀梁传》受到的关注极少，为《穀梁传》全书作注的，只有钟文烝的《春秋穀梁经传注疏》与廖平的《穀梁古义疏》。柯氏书虽成书于民国，但仍属于传统注疏之学，且属稿撰作始于清代，故可谓清儒治《穀梁》之学的殿军。

《春秋穀梁传注》有1927年初印本和1934年定本，定本对初印本作了大量的修改和增订。此次整理以定本为底本，通校初印本，增改之处均写为校勘记。北京大学图书馆藏初印本上，又发现有大量的柯氏批语和过录的柯氏批语，复作释读和通校。本次点校完整呈现了柯氏改定其著作的经过，清晰梳理出柯氏前后学说的变化。由于定本排印于柯氏身后，校雠不精，错讹颇多，整理者作了细致的核订，校改审慎，必明所据，并指出柯氏偶疏者，可谓柯氏之功臣。（郝董凡）

盘诘、真理与真诚
——重审弗拉斯托的苏格拉底"标准盘诘"解释[*]

吴鸿兆[**]

提　要：盘诘法是苏格拉底进行哲学探究的标志性方法。以弗拉斯托为代表的英美主流解释主张"标准"形式的盘诘法以证成道德真理为目标，并且认为盘诘法对对话双方的"真诚"提出了规则性的要求，以确保其结论能够实现这一目标。但由于预设了过于智识化和道德化的解释立场，标准解释混淆了苏格拉底在《高尔吉亚》和《美诺》等对话中明确区分的"实践成真"和"知识证成"这两个独立的盘诘目标，忽视了"知识"和"真诚"的德性维度以及它们同善意、羞耻等交互性、情感性因素的关联。恢复被标准解释掩盖的盘诘法的多元性将允许我们从一种更统一的德性论视角来理解柏拉图早中期对话中的思想方法。

关键词：苏格拉底　盘诘法　弗拉斯托　真理　真诚

一、"标准盘诘"及其"疑难"

我们今天习惯谈论的"苏格拉底式盘诘法"（the Socratic method of elenchus）是个现代学术造物。"方法"（method）的希腊词源 μέθοδος（字面意为"遵循道路"）直到通常认为的柏拉图"中期"对话才第一次出现（《斐多》79e3、97b6），但那时它显然尚没有系统的、形式性的探究程序之意。Ἔλεγχος

---

[*] 本文早期稿曾在德克萨斯大学奥斯丁分校 2019 年春季"苏格拉底"研讨班上报告，从 Paul Woodruff 教授、Matt Evans 教授等研讨班成员的书面和口头评论以及之后的一些匿名评论中获益良多，在此一并致谢。

[**] 吴鸿兆，1991 年生，中山大学博雅学院外国哲学专业博士研究生。

及其同根词在希腊文学传统中最初表示因在竞争中落败或未能尽到合作义务而招致的"羞耻"(shame)或"不体面"(disgrace),随后在5世纪法律诉讼等语境中衍生出"竞争"(contest)、"测试"(test)、"证明"(prove)、"反驳"(refutation)等含义。柏拉图和色诺芬虽然都频繁使用ἔλεγχος来指称苏格拉底那种一问一答的论辩方式,但它既非苏格拉底所独有,也不是他论辩方式的专称。① 一般认为最早把"盘诘"变成一个方法术语的是格罗特(G. Grote)。晚至上世纪四五十年代,罗宾逊(R. Robinson)、弗拉斯托(G. Vlastos)等分析派学者已经开始系统地整理盘诘法的逻辑形式等方法论要素。② 这些早期研究的一个共同点是将盘诘法理解为一种只能证否或者动摇成见的破坏性方法。不过在1983年,弗拉斯托发表了重磅论文《苏格拉底式盘诘》③,推翻了自己早前的观点,主张盘诘法虽然形式上是反驳性的,实质上却是一种探寻、发现并向对话者证成真理的方法。他将盘诘法的"标准"形式概括如下:④

---

① 关于ἔλεγχος的词义源流,可参D. L. Cairns, *Aidōs*: *The Psychology and Ethics of Honour and Shame in Ancient Greek Literature*, Clarendon Press, 1993, pp. 65-67;J. H. Lesher, Parmenidean Elenchos, in *Does Socrates Have a Method*: *Rethinking the Elenchus in Plato's Dialogues and Beyond*, ed. by G. A. Scott, Pennsylvania State University Press, 2002, pp. 19-35. 关于ἔλεγχος在柏拉图早期对话中的使用情况,可参H. Tarrant, Elenchos and Exetasis: Capturing the Purpose of Socratic Interrogation, in G. A. Scott, ed., op. cit, pp. 63-68。除ἔλεγχειν外,柏拉图还会用ἐξετάζειν("检视""省察")、βασανίζειν("盘问""测试")等词来称苏格拉底那种问答论辩方式。本文出于方便起见将沿用"盘诘"这一术语。

② R. Robinson, *Plato's Earlier Dialectic*, Cornell University Press, 1941; G. Vlastos, Introduction, in *Plato's Protagoras*, trans. by B. Jowett, ed. by G. Vlastos, Liberal Arts Press, 1956, pp. vii-lvi.

③ G. Vlastos, The Socratic Elenchus, in *Oxford Studies in Ancient Philosophy*, 1(1983), pp. 27-58; rpt. as The Socratic Elenchus: Method is all in G. Vlastos, in *Socratic Studies*, ed. by M. F. Burnyeat, Cambridge University Press, 1994, pp. 1-37.

④ 弗拉斯托划定的"早期"对话包括《申辩》(*Ap.*)、《卡尔米德》(*Chrm.*)、《克力同》(*Cr.*)、《游叙弗伦》(*Eu.*)、《高尔吉亚》(*G.*)、《小希庇阿斯》(*HMi.*)、《伊翁》(*Ion*)、《拉刻斯》(*La.*)、《普罗塔戈拉》(*Pr.*)、《理想国》卷一(*R.* I);早中期之间的"过渡性对话"包括《吕西斯》(*Ly.*)、《欧谛德谟》(*Eud.*)、《小希庇阿斯》(*HMi.*)、《美涅克塞努》(*Mx.*)和《美诺》(*M.*)(按英文标题字母表顺序排列,参G. Vlastos, *Socrates*: *Ironist and Moral Philosopher*, Cornell University Press, 1991, pp. 46-47;本文在标注柏拉图原文出处时将沿用以上简写;其余涉及的"中、晚期"对话简写包括《斐多》[*Phd.*]、《会饮》[*Smp.*]、《斐德若》[*Phdr.*]、《泰阿泰德》[*Tht.*]、《法篇》[*Lg.*])。弗氏在早期对话中不完全地列出了十例"标准盘诘":*Ion*; *Cr.* 47a-48a, 48b-49c; *Pr.* 329e-333b; *Eu.* 9d-11a; *R.* I 335; *R.* I 338c-347d; *G.* 460a-c, 494e-500a,加上 *G.* 461b-481b苏格拉底与波洛斯(Polus)关于正义与善的一系列盘诘。

1. 对话者断言一个初始命题 p；苏格拉底认定 p 为假并以驳倒 p 为目标展开辩驳；

2. 苏格拉底就一系列额外前提（设为 q），取得对话者的同意；这种同意是当即的：苏格拉底从 q 出发进行论证，但并不对它们进行论证；

3. 苏格拉底表明 q 蕴含 ¬ p；

4. 苏格拉底宣布已经证明了 ¬ p 为真，p 为假。

弗氏尤其强调第 4 步是不可或缺的，因为苏格拉底在早期对话中不时会用"显明"（ἐφάνη ἡμῖν, *Pr.* 353b3-4）、"得知"（ἴστε, *Eu.* 11a3）或"看到"（ὁρᾷς, *Pr.* 357e1）等证成性表述来断言盘诘结论 ¬ p 为真；尤其是在《高尔吉亚》中，他不但斩钉截铁地号称已经"证明"（ἀποδέδεικται）了 ¬ p 为真（*G.* 479e8；cf. 466e, 482a-b, 490e, 495d, 508e-509a），而且声称所有人，包括当下持相反立场的对话者本人，也都"相信"（ἡγεῖσθαι, cf. 474b4）¬ p 为真。盘诘法的"关键疑难"（*the* problem）恰恰在于，既然逻辑地看，盘诘论证只能够暴露 p 与 q 的不融贯，苏格拉底凭什么宣称他已经证明了 p 为假、¬ p 为真（或者说 q 何以比 p 的认识论地位更高，更能取信于对话者）？①

"疑难"一经提出便迅速占据了学界争议的核心。② 对弗氏来说，"疑难"源自这样的问题意识，即作为一位合格的"道德哲学家"，苏格拉底的真理/知识主张应该是有理有据的，其理据应有别于智者和修辞家之流所诉诸的享誉意见（ἔνδοξα）和自然哲人（以及中期柏拉图）所诉诸的确定自明的第一原理。他本人的解决方案诉诸了两条苏格拉底在早期对话中承诺但从未明确阐述的宏大假设：

（A）：任何持一条假道德信念 p 的人总是也同时持有蕴含该假信念的否定（¬ p）的一个真信念集合。

（B）：苏格拉底在任何时候所持的经过盘诘检验的道德信念集合（{q, ¬ p}）都是融贯的。

（A）（B）蕴含

---

① G. Vlastos, The Socratic Elenchus, p. 21.
② 对近年围绕"疑难"展开的方法论争议的综述，可参 D. Wolfsdorf, Socratic Philosophizing, in *The Bloomsbury Companion to Socrates*, eds. by J. Bussanich and N. D. Smith, Bloomsbury, 2013, pp. 34-67。这里不再赘述。

(C):苏格拉底所持的信念集合中唯独包含真信念。

弗氏提出,苏格拉底宣称拥有或证成的只是"可证成的真信念"(justifiable true belief)意义上的"诘知"(elenctic knowledge):它的证成不要求弗氏所谓的"知识确定性"(epistemic certainty),即基于自明的第一原理的、绝对不可错的演绎确定性,而只要求信念的融贯性加上他所谓的"道德确定性"(moral certainty),即足以支持某人承受一定的风险,在实践中秉持信念去行事的"信心"(confidence)。[1] 不妨把该方案概括为一种"信念融贯论"(belief coherentism):

(BC):¬p 对某人为真/构成知识,当且仅当他相信¬p,且¬p 与他的信念体系 P 融贯。

但(BC)只规定了¬p 对苏格拉底单方面成真的条件,何以它也必定能说服对方信以为真呢?仅仅证明对方所同意的 q 蕴含¬p 显然是不够的,因为首先苏格拉底并不能排除 p 和非¬p 分属不同的闭合信念体系的可能性;其次他也无法保证¬p 作为潜藏的(covert)承诺能够在显白的信念、性情和行动中有所体现。[2] 前一个问题或许可以凭借苏格拉底过往的盘诘经验来归纳地解决——毕竟早期对话中的对话者几乎都会同意苏格拉底的一些基本命题(如德性总是高贵的、好的、有利的)。后一个问题则要棘手得多:它要求解释者澄清盘诘法的心理说服和能动机制。

"真诚规则"正是针对第二个问题提出的:在早期对话中,苏格拉底不时要求对话者在盘诘过程中应"由衷发言",不应"违背所信"。[3] 弗氏指出,这不是一句套话,而是确保盘诘能够通向真理的一条方法论"要求"或者"规则"。它一方面保证了苏格拉底本人在认真地(seriously)进行论证时不会

---

[1] G. Vlastos, Socrates' Disavowal of Knowledge, in *Philosophical Quarterly*, 35 (1985), pp. 1-31; rev. and rpt. in G. Vlastos, *Socratic Studies*, pp. 39-66.

[2] G. Vlastos, *Socrates*, p. 113, n. 23, n. 27; 参 H. H. Benson, Socratic Method, in *The Cambridge Companion to Socrates*, ed. by D. R. Morrison, Cambridge University Press。

[3] "由衷发言"(λέγειν ἁ περ διανοῆ, *R*. 349a5);"违背所信"(παράδοξαν, *Cr*. 49d1, *R*. 346a3, 350e5; παρὰ τὰ δοκοῦντα, *G*. 495a9, 500b7,参 *R*. 337c, *Pr*. 359c-d)。违反此要求的情况包括认同假言前提(*Pr*. 331c)或者出于羞耻(*G*. 482c,参 463c-d, 474c, 489a, 492d, 494b-e, 508a-c)、为了避免自相矛盾(*G*. 495a)、为了取悦其他人(*G*. 501c)或者单纯为说而说(*Eud*. 286d)而同意某个前提。

"故意弄虚作假"(wilful untruth),为了说服对手而诉诸诡辩、欺骗、作弊等手段,另一方面"测试"(test)了对话者的诚实、认真和知行合一等品质。不妨将"真诚规则"概括如下:

(RS):在"标准盘诘"中,p、q有资格充当盘诘前提的充要条件是对话者真诚地相信p、q,苏格拉底真诚地相信q。

得益于弗拉斯托的阐明,(RS)如今俨然已成为"当代英美苏格拉底研究的正统教义之一"。① 但它也是一把双刃剑:它虽然为盘诘法的成真效力提供了规范性的支持,但也把遵守"规则"与否的权利和责任推脱给了对话者,将道德探究和教育变成了一种完全取决于对话者信与不信的私人事业。晚近虽然已有学者注意到了"真诚规则"在应用到具体文本解释时的龃龉,以及它原子化的信念观、仅"听其言"而不"观其行"的信念归赋方式等预设在哲学上的问题②,但却少有学者正面澄清过"真诚"等盘诘德性与盘诘结论的"真"的方法论关联。这正是本文将要做的工作。但首先,我们需要摸清"真诚"到底在盘诘法中扮演了怎样的角色,尤其是它是否构成一条强制性的"规则"。

二、真诚是一条"规则"吗

"真诚规则"在英美学界流行并非朝夕之功。在弗拉斯托之前,罗宾逊就已经注意到对话者在盘诘中被要求(1)必须相信自己的初始陈述;(2)必须相信论证的逻辑有效性;(3)必须真正接受所涉及的各个前提。他特别提到,这种真诚要求能得到"*G.* 471d 和其他许多段落"的佐证。③ 然而,这个泛泛的印象是经不起文本推敲的。事实上,苏格拉底在早期对话中仅对极少数几位对话者——克力同、普罗塔戈拉、忒拉绪马霍斯和卡里克勒斯——明确提出真诚发言的要求。其中,他只"认真"地要求过他的老友克力同遵守规则并成功获得对方配合(*Cr.* 49d-e);对于另外几位智者论敌,他却颇能宽容他们

---

① 参 J. Beverslius, *Cross-Examining Socrates: A Defense of the Interlocutors in Plato's Early Dialogues*, Cambridge University Press, 2000, pp. 37–88。晚近采纳"真诚规则"的学者清单可参 J. Beverslius, op. cit., p. 38, n. 2, n. 3; H. H. Benson, Socratic Method, p. 186, n. 24.

② 参 T. H. Irwin, Say What You Believe, in *Apeiron*, 26. 3/4 (1993), pp. 1–16; J. Beverslius, *Cross-Examining Socrates*, pp. 37–58.

③ R. Robinson, *Plato's Earlier Dialectics*, pp. 15–16.

违规抵赖的做法:例如在《理想国》卷一中,他两次向忒拉绪马霍斯让步,称后者怎么说或者怎么想对于讲理不对人的盘诘来说没区别(*R.* 340c1-2, 349a10);在《普罗塔戈拉》中,他两次允许把论题委托给假想的对话者("多数人"),声称由谁来回答没区别(*Pr.* 333b-c,352c-353a);而在《高尔吉亚》的尾声处,数次要求卡里克勒斯不要隐瞒真实想法(*G.* 495a-c,499b,501c, 505c)无果后,苏格拉底选择了独自继续完成辩驳(505c ff.)。弗拉斯托对这些例外情况的解释并不能令人满意:他将《普罗塔戈拉》和《理想国》的两处例外解释为苏格拉底的一种"权宜之计"(*pis aller*),目的是安抚那些担心陷入被驳倒的窘境的或者不配合的对话者,让论证得以继续;①对于《高尔吉亚》和之后的过渡期对话中类似的状况,他则采取了一种外在的发展论解释——真诚规则的"失效"(failure)表明作者柏拉图对苏格拉底盘诘法的信心发生了动摇。②且不论这些解释能否自圆其说③,一条允许过多"权宜"的规则还是"规则"吗?同样是违规的做法,一些被内在地解释成"权宜",另一些被外在地解释成作者思想的发展,这不是双重标准吗?

除了文本证据薄弱,这条规则诉诸的核心品质——"真诚"——在柏拉图那里也很难找到对应。弗氏大致将之对应于 παρρησία("坦率,直言",cf. *G.* 487a3, a8)一词。但在柏拉图对话中,παρρησία 几乎从不涉及某人对自

---

① G. Vlastos, The Socratic Elenchus; cf. *Socrates*, 113, n. 29.
② G. Vlastos, The Socratic Elenchus; cf. *Socrates*, pp. 44-46, 115, n.39.
③ 厄尔文(T. H. Irwin, Say What You Believe, pp. 4-10)认为弗氏为苏格拉底放宽真诚原则的两种理由,"缓解对话者的窘迫"和"迁就对话者的不配合",都是不成立的。例如普罗塔戈拉在 *Pr.* 333c 称他耻于同意 p:"行不义之人可能是节制的"就既不是因为预见了自己可能会被驳倒——因为苏格拉底根本就不反对他表面上承认的观点(=¬ p:"人们不可能节制地行不义")——也不是因为他不配合——当被要求放弃自己的观点去捍卫众人"更困难"(333d1-2)的相反观点,普罗塔戈拉也没有推辞。不过,厄尔文对第一种解释的批评显然过于粗浅了:他假定普罗塔戈拉真正相信的就是他表面上承认的¬ p,而弗氏所说的"窘困"就是¬ p 被驳倒(也确实很快就被驳倒了,333d-e)所造成的窘困。但从文本语境来看,普罗塔戈拉显然不会那么天真地相信¬ p 这个明显与他的德性殊异论矛盾的命题。毋宁说,他真正相信的其实就是 p,把 p 推脱给多数人只是出于他职业性的谨慎(cf. 316c-317c)以免他自己落入被驳倒的窘境——虽然到对话最后,¬ p(以及与¬ p 关联的德性统一论)仍然被表明比 p 更能支持他"德性可教"的主张。苏格拉底在这里同意把矛头转向"多数人"既可能像弗拉斯托认为那样是在暂时顾及普罗塔戈拉的面子以便展开后续对他的辩驳,也可能是苏格拉底确实根本不关心普罗塔戈拉这个人真不真诚,而只关心道理的完成。无论如何,弗氏的"缓解窘迫"解释仍然比厄尔文的看法更经得起推敲。

己深层信念的审查。① 与 παρρησία 相关另外一个词 σπουδάζειν("严肃,热切")倒确实被用来描述苏格拉底不惜一切代价坚持真理的态度(cf. *G.* 481b-c,495c1,508b5 等),但苏格拉底却从未拿它来要求对话者。

此外,我们也很难判断文本中实际出现的盘诘前提哪些是、哪些不是苏格拉底或对话者由衷相信的。弗氏所给出的评判苏格拉底"认真"与否的标准——"当他在探讨正确的生活方式等道德问题,并且他有理由认为这时的探讨是在服从神圣命令时"②——本来就牵涉到对苏格拉底哲学要义的独断解释(认定苏格拉底哲学的精义就是以《申辩》中的德尔斐神谕为枢纽的理性主义神学—道德哲学),因而并不客观。况且对话者的初始命题 p 经常是在苏格拉底的提问诱导和歪曲转述下提出的,好些对话者甚至明确对此表示过不解和抗议(*Eu.* 11b; *La.* 194b;*M.* 79e-80b),但苏格拉底却从不在这些时候提真诚规则,追问对方的真实想法,而是往往选择转移话题,开始新的盘诘。③

一些学者试图通过免除苏格拉底的真诚责任来避免诠释上的过分圆滑。如本森(H. H. Benson)就试图将"真诚规则"收窄为他所谓的"信念约束"(doxastic constraint):

(DC):p、q 能够充当盘诘前提的充要条件是对话者(不包括苏格拉

---

① 它往往指的是没有礼法等外在约束意义上的言论自由(如参 *R.* 557b5;*Lg.* 829d6)。它的心理动机被提到的有爱欲(*Phdr.* 240e6;*Smp.* 222c2)、醉酒(*Lg.* 649b3)、来自友善鼓励的信心和勇气(*Chrm.* 156a-b)或者单纯的朋友相熟(*Eud.* 275c-e)。作为一种言语行为,παρρησία 经常是某人猖狂、缺乏审慎的表现,例如在 *Smp.* 222c 的例子中,阿尔喀比亚德发自对苏格拉底的情欲的 παρρησία 引来了旁人的笑声。

② G. Vlastos, *Socrates*, p. 134.

③ 据沃尔福斯多夫(D. Wolfsdorf, *Trials of Reason:Plato and the Crafting of Philosophy*, Oxford University Press, 2008, p.149)的统计,早期定义性对话(他罗列了 *Chrm.*、*La.*、*Ly.*、*Eu.*、*HMa.*、*M.*、*R.* I 这几部)中有超过一半的待检验定义都不是由对话者本人提出的。苏格拉底歪曲对话者原命题的一个典型例子是 *Eu.* 9d-11b 这段弗氏明确承认的"标准盘诘":游叙弗伦的原虔敬定义 p:"被所有神喜爱的东西就是虔敬的,被所有神厌恶的东西就是不虔敬的"(9e1-3, cf. 10d1-3)被苏格拉底转述成了 p*:"被所有神喜爱与虔敬相同(ταὐτὸν)"(10e9-10),后者随即遭到了反驳,因为"被神喜爱"只是"虔敬"的属性(πάθος)而非本质(οὐσία),两者的内涵不同,无法在不同的因果性语境中保真地互换(10a-d; 10e-11b),尽管游叙弗伦一再表示不理解苏格拉底的问题和结论(10a4, 10e1)并且抱怨苏格拉底曲解了他的本意(11b6)——这种抱怨不是没道理的,因为 p 只陈述了"被神喜爱"与"虔敬"的同延关系,并不涉及两者的内涵或因果语境的保真互换性;游叙弗伦完全可以选择一种传统主义或者神学唯意志论的立场,否认自己需要苏格拉底那种本质性定义来为自己的告父之举作理性辩护。

底)真诚地相信它们。

由于 p 和蕴含¬ p 的 q 都只是对话者的真诚信念,其认识论地位没有任何差别,故盘诘法只能暴露 p、q 的不融贯,无法证成¬ p 为真。但本森为(DC)提出的三个论证并未能避免同弗氏一样的缺陷:

(1)苏格拉底的一些方法论评论表明只要对话者相信 p、q,苏格拉底就愿意采纳它们来继续论证;

(2)对话中实际出现的 p、q 唯一的共同特征就是对话者相信它们。"自明性""享誉性""为苏格拉底所信"等其他特征都可以举出"直接的反例";

(3)给定盘诘论证必须对所有(会讲希腊语的)对话者有效(*Ap.* 29e4-30a4, *Chrm.* 159a),"为对话者所信"正是 p、q "该有的那种"(just the right sort of)知识属性。①

(3)显然是个无效推理;(2)中"为苏格拉底所信"一项实际上并不存在"直接"(immediate)的反例,因为和判断苏格拉底"认不认真"一样,判断他"不信"什么势必也会带入我们的先入之见;(1)固然求证于苏格拉底自己的"方法论",但援引的却是那些苏格拉底为了不中断论证而把对话者假设为真诚的文本②——这种肤浅的"信念约束"固然更能维持盘诘法的普遍有效性,但却牺牲了"真诚规则"的"生存维度",不再能触及对话者的深层承诺。

三、盘诘法是一种智识主义的方法吗

鉴于上述种种困难,为什么弗拉斯托等人仍要坚持"真诚规则"呢?因为他们需要它来保证盘诘法对对话者的说服力甚至强制力。这点尤其体现在弗氏对下面这段文本的解读中:

【T1】但唯独我不同意你[波洛斯],因为你无法强迫(ἀναγκάζεις)我,却只能提供许多作伪证者反对我,企图把我逐出实在和真理。但我

---

① H. H. Benson, *Socratic Wisdom: The Model of Knowledge in Plato's Early Dialogues*, Oxford University Press, 2000, pp. 37-55;参 H. H. Benson, Socratic Method。
② 如 *G.* 495c1:"仿佛你[卡里克勒斯]是认真的。"(ὡς σού σπουδάζοντος)

自己若不能举出（παρέχειν）你本人这一个人作为证人，同意（ὁμολογοῦντα）我所说的东西，我认为，就道理之于我们所关乎的那些东西，我就没法讲出任何有价值的道理。(G. 472b3-8; cf. 475e-476a)①

弗氏抓住了"强迫"这个字眼，认为它表明苏格拉底有办法"强迫"波洛斯接受其观点，而在弗氏看来一个论证的强迫力只可能来自"逻辑"。② 但即便抛开"逻辑必然性"（或"不可错性"）这类表述③的年代错乱嫌疑，上述解释也包含一个错误的推论：T1 只说了波洛斯那种诉诸"众人的习性"（τὸ ἔθος τῶν ἀνθρώπων，482d2-3）的道理无法"强迫"苏格拉底，但这并不能推出苏格拉底反过来有办法"强迫"波洛斯。事实上，T1 中使用的庭辩隐喻很好地凸显出了盘诘法同波洛斯等智者那种修辞术之间的根本差异：通常意义上的庭辩修辞以驳倒对手，使其无法进一步反驳为目标，己方的证人证言总是被默认为"真"；盘诘的目标则是"举出"对话者作为己方的"证人"，以推进对悬而未决的"真"的共同"见证"。虽然苏格拉底紧接着就宣称"知道"（ἐπίσταμαι）如何举出波洛斯作为证人（474a6; cf. G. 508e6-509a2, 521d6-8），但这种"知"是否、在何种意义上蕴含"强迫力"仍然是不清楚的，因为苏格拉底往往又否认自己有知（cf. G. 506a3-4, 509a4-5; Ap. 21b-d 等）。

弗氏寻求通过辨析苏格拉底承认和否认的两种"知"的歧义（"诘知"与"确知"）来消解这一冲突。但由于预设了一种强智识主义的解释立场，他仍然把"诘知"的旨趣理解成了对所谓的"道德确定性"的追求，而"道德确定性"的实质仍然是一种通过反思性的命题证成获得的逻辑确定性——它同中期柏拉图追求的那种"知识确定性"除了证成门槛（前者可错，后者不可错）和基础（前者基于对话者的真诚信念加上某种实用性考量，后者基于自明的第一原理）不同以外并没有根本区别。这种严格的智识主义解释至少带来了

---

① 本文援引的柏拉图对话文本均由笔者译自伯奈特的校勘本（J. Burnet, *Platonis Opera*, 5 vols., Clarendon Press, 1899-1907），其中《高尔吉亚》的译文参考了李致远：《修辞与正义：〈高尔吉亚〉绎义》，中山大学博士论文，2009 年，有改动。
② G. Vlastos, The Socratic Elenchus, p. 20.
③ 弗氏大致将之对应于柏拉图的 ἀναμάρτητον 这个词（R. I. 339c1, 477e6 等）。另一些解释者也把不可错性当作苏格拉底"知识"概念的内涵之一，但只把它当成了一个"过分理想化"的假定（詹文杰：《柏拉图知识论研究》，北京大学出版社，2020 年，第 94 页）。但正如珀里提（V. Politis, *The Structure of Enquiry in Plato's Early Dialogues*, Cambridge University Press, 2015, p. 197）指出的，即便 ἀναμάρτητον 可以理解为逻辑意义上的不可错性，它在早期对话中也"完全不突出"。

两个问题:一是无法让盘诘法建构性的一面同非建构性的一面很好地兼容;①二是对"真诚"等盘诘德性的理解过于意志化:"诘知"的理论维度被分析为一系列规范性断言,其实践维度(或弗氏所谓的"生存维度")则被简化成了认知者的"意愿""动机"等命题态度。联结规范与事实两端的因素如今只剩下空洞的"信心",而认知者作为行动者非智识情感、能力和性情等的因素则被忽视了。②

当然,按照弗拉斯托等人深受亚里士多德影响的发展论—历史主义解释,这些问题恰恰应该归咎于历史上的苏格拉底,而柏拉图在《理想国》等中晚期对话中通过灵魂的理智和非理智部分的划分,以及着眼于信念、情感和习性熏陶的政教设计等一系列理论创新补救了这些问题。本文无法对这种发展论—历史主义解释作全面检讨,但希望指出,在早期对话中我们也能找到证据证明"标准盘诘"的智识化和道德化解释是片面的:苏格拉底明确阐述了某些非智识因素对于成功的盘诘的必要性,同时也暗示这些非智识因素本身也可以是盘诘法的目的,而不仅是检验"知识"或"真诚"的条件或手段。从盘诘法的条件和目的的多元性来看,苏格拉底不是个智识主义者。

四、盘诘法的多元性

盘诘法依赖独立于"真诚"的其他非智识因素最确凿的证据出现在《高尔吉亚》的一段"方法论"中:

---

① 本森和珀里提等学者已经针对这点提出了不少批评(参 H. H. Benson, *Socratic Wisdom*, pp. 15-95; V. Politis, *The Structure of Enquiry in Plato's Early Dialogues*, pp. 171-204),虽然这些批评大多仍囿于教义论—怀疑论对峙的诠释定式,未能充分展现盘诘法的德性论底色。

② 威廉斯在其名著《真与真诚》(B. Williams, *Truth and Truthfulness: An Essay in Genealogy*, Princeton University Press, 2002, pp. 63-122)中对这种过分依赖断言—信念和命题态度分析来理解作为一种性情或德性的真诚的做法——他称之为一种"对断言的崇拜"(fetishizing assertion, op. cit. p. 100)——提出了深入的批评。晚近,伍德拉夫(P. Woodruff, Socrates and the Irrational, in *Reason and Religion in Socratic Philosophy*, eds. by N. D. Smith and P. Woodruff, Oxford University Press, 2000, pp. 130-150.)与布里克豪斯和史密斯(T. C. Brickhouse and N. D. Smith, *Socratic Moral Psychology*, Cambridge University Press, 2010)等弗拉斯托的学生虽然仍然坚持道德知识在苏格拉底伦理学中的主权地位,但已经开始大力提倡恢复ἐπιστήμη概念的"技艺""能力"面向,同时强调"耻感"等非智识因素的不可或缺。相对于主流解释,他们的立场可以称为一种"弱智识主义"。遗憾的是他们并未能跳出"规范—事实"二分的分析框架,也未能提炼出一套能较好地统合智识与非智识因素的盘诘方法论。

【T2】我发现一个打算充分地测试（βασανιεῖ ν ἱκανῶς, a1）灵魂看它正确地生活与否的人，必定有你全都有的三样[品质]：**知识**（ἐπιστήμην）、**善意**（εὔνοιαν）和**坦率**（παρρησίαν）。（G. 487a1-3）

……如果你在论证中的某点上同意我，那么这就已经得到了你我充分的测试（βεβασανισμένον ἱκανῶς, e1-2），不再需要另作测试。……那样一来，我和你的共识就将终于成真（ὁμολογία τέλος ἤδη ἕξει τῆς ἀληθείας）。（G. 487e1-7）

乍看之下，T2 只描述了某种正面的、以成真为目的的"测试"（或"盘问"，βασανιεῖν），没有提到任何狭义的"反驳"（ἐλέγχειν）。但唯有与《美诺》开篇的另一段"方法论"对观，它才会为我们展现苏格拉底方法的全貌：

【T3】如果提问者是那些**智慧、诡辩且争胜**的人之一（τῶν σοφῶν τις … καὶ ἐριστικῶν τε καὶ ἀγωνιστικῶν），我会对他说："我已经回答了；如果我说得不正确，那提出论证来反驳（ἐλέγχειν）它就是你的事。"但如果，像我和你现在这样，我们是朋友，希望相互讨论（διαλέγεσθαι），我就得以某种更柔和且更辩证（διαλεκτικώτερον）的方式来回答。我觉得，更辩证的方式是不只回答真的东西（τἀληθῆ），而且还要通过被问者承认知道（δί ἐκείνων ὧν ἂν προσομολογῇ εἰδέναι ὁ ἐρωτώμενος）的东西来回答。（M. 75c8-e1）

T3 中的"智慧、诡辩且争胜"之人显然是 T2 中具备"知识、善意和坦率"之人的反面。它们相互印证并阐明了盘诘结论的"成真"（τέλος ἤδη ἕξει τῆς ἀληθείας）——不只作为命题被证明为真（proved true），也在实践中被付诸现实（realized）——与三种"盘诘德性"的关联。当对话者具备全部三项德性，并且就某一信念达成了同意，那么苏格拉底就会认为这一信念已经得到了"充分的测试"并且"终于成真"。这时，他可以中止盘诘，或者像 T3 中说的那样，以深化知识/理解的目的继续进行"更辩证"的探讨。如果盘诘双方不能取得共识，苏格拉底仍然会宣称结论已经被证成为真，但只会将这种成真宣言视为一种转移论证责任的修辞手段：这时盘诘就会是一种（狭义上的）"反驳"，它迫使对方同时反省自己信念是否融贯和盘诘德性是否齐备。

基于以上描述，我们可以概括出一套有别于"标准盘诘"的"多元盘诘"

框架：

1. 苏格拉底依据对话者的言行推定他持信念 p；苏格拉底不同意 p，但暂时假定对话者是本着知识、善意和坦率而相信 p 的，故愿意与对方一道探讨 p 的真理性；

2. 苏格拉底通过提问等方式使对方断言 p，并以推论出 ¬p 为目标展开盘诘；

3. 苏格拉底就额外前提 q 征求对话者的同意；这种同意是当即的：苏格拉底从 q 出发进行论证，但并不对它们进行论证；

4. 苏格拉底表明，q 蕴含 ¬p；

5. 如果对话者同意 ¬p，苏格拉底将宣称已经证明 ¬p 为真，p 为假；他可以中止盘诘，或继续进行"更辩证"的探讨；

6. 如果对话者不同意 ¬p，苏格拉底将推断，或者 q、¬p 中某个前提为假，或者对话双方(通常是对方)缺乏知识、善意和坦率中的一种或多种；这时苏格拉底将修辞地宣称已经证明 ¬p 为真，p 为假，以期"驳倒"对话者并转移论证责任，以期开启新的盘诘。

上述概括并不旨在提供一种准确、普适的对早期对话中实际盘诘案例的描述——这些案例是否遵循统一的模式是很成疑的——而只是提供一种比"标准盘诘"更贴合苏格拉底对盘诘法的自我理解的框架。"多元盘诘"与"标准盘诘"的最大区别是区分了"成真"和"知识证成"这两个相互独立的盘诘目标。"真"是个实在论和实践论概念：某个信念/命题为"真"，一方面意味着它与事物的实在(本质/所是)相符，另一方面意味着它具备实践效力，能够说服某人并影响其特定的判断、选择、行动，乃至变化其性情品质；"证成"则是个知识论概念，其核心是对信念/命题给出原因性、解释性的"道理"或"说明"(logos)。① 两者的相互独立性一般认为直到《美诺》97d 以下才第一次得到阐明——苏格拉底在那里提出，真信念与作为证成的真信念的知识在"引导实践事行"(ἡγουμένη τὸ ἔργον ἑκάστης τῆς πράξεως)上不相伯仲，而

---

① "证成"在广义上就是某人持某一信念的"理由"(reason)，大致对应于柏拉图的 logos/ logismos，经典出处见 M. 98a3-4："由对原因的推理束缚"(δήσῃ αἰτίας λογισμῷ)的真信念；Tht. 201c9-d1："伴随道理的真信念"(τὴν μετὰ λόγου ἀληθῆ δόξαν)。

只在证成程度上有别(*M.* 97d6-98b6)。① 但如果跳出发展论解释的框架,我们完全没有理由否认这一区分也适用于《高尔吉亚》和其他"早期"对话。事实上,苏格拉底在这些对话里只承诺过(a)完满知识对于实践成真的充分性,或者专家的实践权威性(*Eu.* 6d-e;*Cr.* 47a-d),也断言过(b)知识证成对于完满知识的必要性,②但从未断言过(c)完满知识对于实践成真的必要性。考虑到苏格拉底否认有死之人可能在现实中获得完满知识(cf. *Ap.* 23a-b),他反而很有理由拒斥(c)这种高蹈的观点,承认奠基在不完满的知识状态上的盘诘结论也可以是真的、有实践效力的,虽然这种实践效力在现实中还额外需要"善意"和"坦率"等非智识德性的支撑——而本文下一节将论证,这些非智识德性不能被化约为某种一己的"真诚"。

这里特地强调知识、善意和坦率的"德性"本质,是为了避免对它们的两种片面理解:一种是认为它们只是使得盘诘得以开展的某些"资质门槛"(qualification)或"前提条件"(condition),仿佛只要对话者具备了一定的认知

---

① 这里将忽略《美诺》与《理想国》等其他中晚期对话知识论的一致性问题。例如《理想国》卷五(474b-480a)中强调了知识和信念(以及无知)在认识对象(或者说认识内容)的真实程度上的差异——知识关乎"实在者/是者"(τὸ ὄν),无知关乎"不实在者/不是者"(τὸ μὴ ὄν)/无(οὐδέν)",信念则关乎"既实在又不实在者/既是又不是者"(εἶναί τε καὶ μὴ εἶναι)——而《美诺》似乎认为知识与信念可以同等为真。对本文来说重要的是,苏格拉底在《美诺》和其他"早期"对话中似乎很少会以一种允许程度差异的方式断言"真"。本文此前的一位匿名评审质疑本文犯了和弗拉斯托同样的毛病,即把苏格拉底的"辩证法"简单地视为"非真即假"的方法。对此本文的回应是,苏格拉底也许会同意盘诘法所涉及的任何前提,作为对话双方的信念/意见,不可能是全真或全假;但盘诘法恰恰是一种通过在我们看来过强的"非真即假"的信念/承诺来不断试错并逼近真知的方法。苏格拉底从不会模棱两可地回应对话者说,"你的原初命题 p 既不真也不假",而是会斩钉截铁地回应说,"p 为假"。

② (b)在早期对话中往往被表述为定义性知识对于高风险的实践判断或者教授知识的资格的必要性(cf. e. g. *HMa.* 286c3-d3, 304d5-e3;*Eu.* 15d4-e2;*La.* 190b7-c2),它最一般性的表述出现在 *M.* 71b3-4("一个不知道某个东西是什么[μὴ οἶδα τί ἐστιν]的人又如何知道它是什么样的[ἂν ὁποῖόν ... εἰδείην]?")。注意这并不蕴含所谓的苏格拉底的"定义优先性"(priority of definition, PD)原则,后者断言的是定义性知识对于一切知识的必要性。PD 如果成立将会坐实苏格拉底的智识主义倾向,但正如包括弗拉斯托自己在内的许多学者已经指出的,它至少在"早期"对话中并没有直接、充分的文本证据,参 G. Vlastos, Is the 'Socratic fallacy' Socratic? *Ancient Philosophy*, 10 (1990), pp. 1-16, rpt. in G. Vlastos, *Socratic Studies*, pp. 67-86; A. Nehamas, Socratic Intellectualism, in *Proceedings of the Boston Area Colloquium in Ancient Philosophy*, 2 (1986), pp. 275-316,本文也不能同意本森(H. H. Benson, The Priority of Definition, in *The Bloomsbury Companion to Socrates*, eds. by J. Bussanich and N. D. Smith, Bloomsbury, 2013, pp. 136-155)认为 PD 是对那些局部文本证据的"最佳解释"的观点。

能力,表达了一定的善意,口头承诺了不会言不由衷,苏格拉底就会直奔主题,专注于命题推理;另一种是认为它们只是盘诘结论的真理性或知识性的"基础"(ground)或"保证"(warrant),是苏格拉底在得出初步共识之后再返回来巩固共识的资源。① 之所以说这两种理解是片面的,是因为它们都预设了盘诘是个以发现和证成真知,从"非哲学"过渡到"哲学"的单向度过程;盘诘德性要么是这个过程的起始门槛,要么是它的事后评判,而从来不是苏格拉底在盘诘之中追究的东西,不构成盘诘的目的。然而,如果"多元盘诘"对 T2 和 T3 的理解是正确的,那么盘诘法就没有一个"标准"的目标和样式,而是一种"以德为本""因材施辩"的方法:盘诘双方的德性不但实质性地影响着他们对彼此所断言的"真"的评价和期待,而且构成了"反驳"这种特殊的盘诘样式的目的:苏格拉底在 T3 中并没有明说驳倒那些"智慧、诡辩且争胜"之人的目的/结果是什么,但我们不妨认为,"不同意"所暴露的任何不融贯,包括信念的矛盾、求知能力和求知欲的匮乏、争胜带来的善意的缺失、羞耻感导致的不坦率等,都可能成为它潜在的改进目标。以改进这些德性为目的进行盘诘与承认对话者初步具备这些德性并不矛盾,毕竟德性允许内涵和程度的差别。同样,对话者和苏格拉底都"具备"盘诘德性,并不意味着双方在这些德性上就没有高下之分。但回应"盘诘法疑难"的关键不是去辨析这些不同的德性状态——例如像弗拉斯托那样去辨析"知"的歧义——并寻找苏格拉底归赋德性的依据,而是去澄清苏格拉底是如何在不具备完满知识和专家权威的情况下通过德性和德性归赋去实际地触动、说服甚至"强迫"对话者的。

"多元盘诘"的第 6 步可能会引起疑虑,因为它允许苏格拉底为了推进盘诘进程而修辞地作真断言。但这岂不是在纵容苏格拉底违反"真诚规则"?岂不是在公然践踏哲学与修辞的界限,允许苏格拉底以驳倒对手为目的制造"虚假的说服"($πίστις\ ψευδής$, 454d4-7)?但我们无须有这种担忧。首先,上文第二部分已经反驳了"真诚规则"的普遍效力。其次,《高尔吉亚》对修辞术的批判是建立在"完满知识"与"确信"、"经验与常规"、"谄媚"等范畴

---

① 弗拉斯托把"真诚"视为"道德确定性"的"根据"(ground)、"原则"(principle),并形容其为"解决道德分歧的终审法庭(court of last appeal)",见 G. Vlastos, The Socratic Elenchus, p. 16。

的区分之上的①，但苏格拉底的盘诘法并不预设或承诺完满知识。最后，有不少证据表明苏格拉底的确会修辞地用真断言：早在《高尔吉亚》开头苏格拉底就指出，当着好胜之人的面指出他们讲得不正确（μὴ ὀρθῶς）或不清楚（μὴ σαφῶς），只会让他们恼怒忌恨，而不去探究言辞背后的道理（457c–458b）。而在对话开头就当着高尔吉亚这位"熟谙许多言辞"（ἔμπειρον πολλῶν λόγων,457c4）的老修辞家，这更加暗示苏格拉底后来在对波洛斯和卡里克勒斯做同样的事情——当面驳斥他们的信念/表意，作极强的成真宣言，乃至讲述作为"真理"的终末审判神话（523a–526d）——时不太可能把它们当作是"强制"波洛斯或者卡里克勒斯信服自己的可靠手段。当然，苏格拉底的真理—真诚修辞同智者的诡辩修辞仍然有根本的区别：前者依托并受限于对话双方的德性，而后者放任无条件的滥用。②

"多元盘诘"对于柏拉图对话诠释的意义在于允许我们悬置缺乏根据的教义发展论假说③，诉诸对话者品性的差异来解释早中期对话立场和方法的多样性：例如早期对话中那些被弗氏排除在"标准盘诘"之外的关于伦理定义的无解辩驳就可以被视为一种并非针对伦理定义本身，而是针对对话者在"强不知以为知"的意义上缺乏 ἐπιστήμη 之"德"的盘诘；又例如《理想国》卷

---

① 苏格拉底先后通过"知识/学识"与"确信"（454b–455a），"技艺"与"经验和常规"（448c–d，462c–463b）、"真正的技艺"与"虚假的技艺/谄媚"（463d–466a）的对比阐明了这种区分：前者有别于后者的标志是它（a）不可能为假（454e），（b）必定知晓并能教授好坏、美丑、正义不正义（459c–461b），（c）能够说明其施用对象的本性或原因（465a）。

② 苏格拉底修辞地自称"讲真话"（τἀληθῆ λέγειν）最有代表性的例子出现在《申辩》开场（17a1–18a6, esp. 17a3–b5, 17b8–c4, 18a1–6, 20d4–6）。包括弗拉斯托在内的一些注家虽早已注意到这段开场充斥着公元前4世纪雅典演说辞常见的修辞元素，但仍然想当然地认定苏格拉底的真诚剖白是个例外（cf. Vlastos, *Socratic Studies*, pp. 41–42；J. Burnet, *Plato's Euthyphro, Apology of Socrates and Crito*, Clarendon press, 1924, pp. 146–148）。直至最近，莱波维茨（D. M. Leibowitz, *The Ironic Defense of Socrates: Plato's Apology*, Cambridge University Press, 2010, pp. 8–21）才正确地指出这种区别对待是毫无根据的：苏格拉底固然承认"演说者的德性就是讲真话"，但那也是以听众具备相匹配的德性（不好辞藻，只关注言辞内容的正义性）为前提的（*Ap.* 18a1–6）。

③ 主流学界将《美诺》和更晚的对话中对知识证成的独立兴趣解释为柏拉图思想立场"成熟"或"转变"的结果。相应地，柏拉图也"发展"或"抛弃"了苏格拉底的盘诘法，转向了所谓的"悬设法"（method of hypothesis, cf. e. g. *M.* 86e–87b；*Phd.* 100a, 101d–e）和"辩证法"（dialectic, cf. e. g. *R.* 502c–541b），后两者提供了通往超验理念/形式的途径，使得知识的充分证成得以可能。弗拉斯托本人是"抛弃论"的代表（参 G. Vlastos, *Socrates*, pp. 123–124）；"发展论"代表则有法茵（cf. G. Fine, Inquiry in the *Meno*, in *The Cambridge Companion to Plato*, ed. by Richard Kraut, Cambridge University Press, 1992, rpt. in G. Fine, *Plato on Knowledge and Forms: Selected Essays*, Clarendon Press, 2003, pp. 44–65）等。

一与其余各卷在论辩风格上的差异就可以解释为一种"因人而异":反驳性的卷一针对的是"缺德"的智术师忒拉绪马霍斯,辩证性的卷二至十则是为苏格拉底欣赏有加(cf. *R.* II 367e-368c)的格劳孔和阿德曼托斯兄弟量身打造——无独有偶,《理想国》《斐多》等以辩证式盘诘为主的对话无一不是在苏格拉底同谦虚、友善且坦率的对话者间发生的。而关注对话者的德性品质势必要求诠释者对"学说"和"论证"以外的文学戏剧语境保持敏感。

五、知识、善意和坦率

也许有人会质疑,"多元盘诘"对"知识、善意和坦率"的检验和"标准盘诘"对"诚实、认真、知行合一"三位一体的"真诚"的测试并没有实质区别:例如既然善本身才是我们的"第一被爱者"(πρῶτον φίλον, *Ly.* 219d1;cf. *G.* 481d-e),那么"善意"归根结底不就是一种"认真"吗? 苏格拉底对自己不智慧的"自觉"(σύνοιδα ἐμαυτῷ, *Ap.* 21b4,22c9-d1)不就是一种内在的"良知"(conscience)吗? 他那种"担惊受怕,免得有时(φοβούμενος μήποτε)在不经意间以为自己知道些什么,[实际上]却不知道"(*Chrm.* 166d1-2)的状态不就是一种持续戒慎的性情吗? 综上,难道不能说苏格拉底提倡的就是一种"真诚"? 不过,即便抛开套用"真诚"等现代概念带来的年代错置的危险,弗氏仍然在一些关键点上曲解了苏格拉底的三种盘诘德性。本文前两节已经探讨了弗氏对"知识"的误解,这里我们着重来看"善意"和"坦率"。

对于苏格拉底的"善意",弗拉斯托最大的问题是先入为主地批评了它的抽象性和自我中心性。"善意"(εὔνοια)本指对他人尤其是朋友的好感和良好愿望,柏拉图也多次提到苏格拉底与对话者的关系应该是友好协作的,而不是竞争敌对的。[①] 不过在盘诘中,"善意"又总是通过双方对关乎各自之善的"道理"的共同关注来实现的:正是对一己之善的幸福论慎思为某人在盘诘中采取谦虚、"不争胜"姿态提供了理由(cf. *G.* 458a-b;515b6-8;*Pr.* 333c等)。然而,这种"先己后人""经由爱智来爱人"的特质给盘诘招来了"利己"和"虚伪"的批评:在罗宾逊等早期解释者看来,盘诘法"对事不对人"的特

---

① Cf. Wolfsdorf, *Trials of Reason*, pp. 150-153;林丽娟:《辩驳与羞耻》,《世界哲学》2017 年第 3 期,第 110-121 页。

征,连同苏格拉底的谦虚姿态,都是欺骗性的反讽,目的是引诱对话者接受诘问,好驳倒他们;虽然修正了这种"简单反讽"的解释,承认苏格拉底的谦虚并无欺骗意图,①出身左翼基督新教的弗氏仍然对这种以自我中心、以抽象的道理和善为对象的"善意"或"爱欲"深感不满:他批评它只关心对话者的贤能(merit)和它们对苏格拉底一己——至多惠及一己所处的共同体(cf. *Chrm.* 166d1-6; *G.* 505e2-506a7)——的助益,而丝毫不关心对话者(1)作为独特个体的个性和(2)作为他者的权利。这标志着苏格拉底作为一个道德哲人的"爱的失败"(failure of love)。②

必须承认,弗氏的批评有其中肯之处:苏格拉底的确对对话者的盘诘德性有基本的期待,做不到把照顾对话者的个性和弱点当作目的本身。但说苏格拉底(乃至整个希腊幸福主义伦理学)完全缺乏对个性的体察和对他者的关切却有失公允,毕竟他正是本着对人类卑微、脆弱的知识处境的体察才选择了"盘诘"这种独特的爱智方式(cf. *Ap.* 20c-23c);并且他坚持认为关于德性、善与幸福的"道理"不能只通过一己的沉思,而必须通过与他人的交谈才能充分完成:

【T4】既然是我自己在怀疑,我为什么要问你,而不自己说理(αὐτὸς λέγω)呢?不是为了你而是为了道理(οὐ σοῦ ἕνεκα ἀλλὰ τοῦ λόγου),好让它可以如此这般地推进,令正在谈论的东西尽可能向我们显明(ὡς μάλιστ᾽ ἂν ἡμῖν καταφανὲς)。(*G.* 453c1-4)

虽然盘诘法不以对话者个人("你")的改善,而是以"尽可能显明道理"为直接目的,但道理的"尽可能显明"除了意味着证成程度的加深,也意味着影响范围("我们")的扩大。因此,不断外求诸人、推己及人是"尽可能显明道理"的必由之途和必然后果。这也是为什么苏格拉底总是愿意先行肯定对话者的品质并授予他们参与盘诘的资格,哪怕对方的姿态并不友善。这种发乎道理本身的"善意"要求为苏格拉底的盘诘实践提供了一种有别于神义论

---

① 弗氏认为苏格拉底的自谦属于"复杂反讽"(complex irony),虽然别有深意(例如他自称无知其实是既承认在某种意义上有知["诘知"],又否认在另一种意义上有知["确知"]),但并无欺骗意图(cf. G. Vlastos, *Socrates*, pp. 21-44)。

② 参 G. Vlastos, The Paradox of Socrates, in *The Philosophy of Socrates*, ed. by G. Vlastos, Doubleday, 1971, pp. 1-21, at. 16; The Individual as an Object of Love in Plato, in *Platonic Studies*, Princeton University Press, 1973, pp. 3-42.

的幸福论证成。

这里有必要提到多伊尔(J. Doyle)晚近的一种观点:他批评弗拉斯托等主流盘诘法解释混淆了三种截然不同的哲学实践:(A)《申辩》中苏格拉底自称既出于神圣义务(Duty)也出于幸福论需求(Need)而从事的自省以及劝诫(exhort)甚至逼迫(coerce)他人自省;(B)《申辩》中苏格拉底期望其他人从事的,单纯出于幸福论需求的自省;(C)苏格拉底在《申辩》以外的其他对话中实际从事的省察。他尤其举了《高尔吉亚》的例子,认为其中的方法论与《申辩》是"明显不兼容"的,因为前者预设了对话双方的自由参与退出、对等需求和平等地位,这与后者中的"义务"维度抵触。基于这种观察,他反对弗氏把《高尔吉亚》和《申辩》视为"单一思想世界的不同窗口"的做法。① 多伊尔对三类哲学实践的区分有其中肯之处,但本文不能同意《高尔吉亚》和《申辩》方法论不兼容之说。他所指出的"不兼容"仍然是在"证成"或者他所谓的"必然性"——亦即苏格拉底辩护其盘诘实践的终极理由——的层面上说的。但这与苏格拉底实践的是同一套盘诘方法并不矛盾,也不说明不同的"必然性"在成真效力上有别。况且多伊尔总结的两种"必然性"也不全面,例如《克力同》末尾(49e-54e)借"法律"之口阐述的那种传统主义的"必然性"就完全被他忽略了。

这里举《克力同》为例并非偶然:它恰恰解释了"善意"何以构成一种不能被还原为"对至善的知识"的盘诘德性,何以能够提供一种独立于神圣义务的幸福论"必然性"。"法律"的道理可以概括为一种孝道支配下的互惠正义原则:它并不需要预设一个真诚无欺、全知全善的神(cf. e.g. *Ap.* 23a-b; *R.* 379b),而是完全奠基在人作为政治性的偶在对共同体与生俱来的亏欠之上。城邦先行给予了被抛入其中的邦民以生、养和教化,因此双方"在正义上并不平等"([οὐκ] ἐξ ἴσου εἶναι τὸ δίκαιον,50e5):作为回报,邦民有服从法律的绝对义务——他虽然有权合法地离开城邦或者在自认为受到不公正待遇时尝试说服法律,但绝对无权违法行事,因为那就相当于颠覆法律、伤害城邦。一再有学者否认"法律"的道理代表了苏格拉底的真实观点,因为它似乎与苏格拉底在其他地方的神义正义(*Ap.* 29d-e)或理性主义正义(*Cr.* 48b-49c)原则相冲突,并且它只辩护了苏格拉底守法赴死的政治选择,而未辩护其哲

---

① J. Doyle, Socratic Methods, in *Oxford Studies in Ancient Philosophy* 42 (2012), pp. 39-75.

学的生活方式。① 但如果本文的"多元盘诘"解释是正确的,那么苏格拉底就完全承认一套实践真理可以有多个效力同等的证成理据。并且,考虑到苏格拉底也把自己的盘诘实践理解为一种政治行为,一种造福母邦的方式(*Ap.* 30a-31a),那么"法律"的道理就同样可以为他的哲学提供辩护。在盘诘法中,"善意"也是通过交互正义原则来发挥其成真效力的:苏格拉底作为主持者在先的善意将对话者抛入了一个小型的盘诘共同体之中,对话者也因此负上了积极参与并配合盘诘的习俗道义——无独有偶,《克力同》也是唯一一部"真诚规则"得到对话者遵守的对话。

这也引出了弗拉斯托对"坦率"这第三种盘诘德性的误解:他割裂了"坦率"同"善意"和"羞耻"等交互性情感因素在盘诘语境中的必然关联,把前者理解成了一种纯内在的道德品质。② 乍看之下,坦率似乎就是不受任何耻感的妨碍——难道苏格拉底不是称赞卡里克勒斯能够"坦率直言且不会感到羞耻"(παρρησιάζεσθαι καὶ μὴ αἰσχύνεσθαι, *G.* 487d5)吗?但他的这个评价是对照高尔吉亚和波洛斯而言的,而后二者羞耻的表现是"比他们应该的更羞耻得多(αἰσχυντηροτέρω μᾶλλον τοῦ δέοντος)"(487b1-2)。这表明苏格拉底承认一种应有的、适宜的耻感,它是盘诘能够发挥心理和实践效力所不可或缺的。后来苏格拉底在为自己"真正的政治技艺"申辩时再次提到了这种耻感:

【T5】如果现在有人反驳(ἐξελέγχοι)我,说我没有能力用这种保护方式来保护我自己和他人,我会耻于在多数人或少数人中间[被驳倒],又或是单独被一个人(μόνος ὑπὸ μόνου)驳倒。(*G.* 522d3-6)

这里,苏格拉底虽然不再把一个实际在场的对话者视为引发这种耻感的

---

① 如参 L. Strauss, On Plato's Apology of Socrates and Crito, in *Studies in Platonic Political Philosophy*, ed. by Thomas L. Pangle, Chicago University Press, 1983; R. Weiss, *Socrates Dissatisfied: An Analysis of Plato's Crito*, Oxford University Press, 1998, pp. 85-91.
② 这部分归咎于弗氏对"羞耻"等情感的道德化偏见。例如针对卡恩(C. H. Kahn, Drama and Dialectic in Plato's Gorgias, in *Oxford Studies in Ancient Philosophy* 1 [1983], pp. 87-92)等学者认为苏格拉底仍然借助了习俗耻感来反驳卡里克勒斯的观点,他是这样反驳的:(1)不诉诸道理论证而是诉诸耻感来驳倒对话者就意味着"使诈"(cheat)、"愚弄"(fool)或"欺骗"(deceive),意味着对对方行不义;(2)使诈等行为与苏格拉底的个人品格(personality)——他最正义(*Phd.* 118b),并且在进行(标准)盘诘时是严肃认真的——不符;(3)不义且不严肃认真的个人品格无法激起卡里克勒斯的羞耻或敬畏感(cf. G. Vlastos, *Socrates*, pp. 147-148)。显然,弗氏这里把一种道德化和个体化的真诚当成了耻感的前提条件。

必要条件(注意虚拟语气),但依然保留了一种交互主体的、"一对一"的盘诘形式。他并没有像一些当代解释者认为的那样将这种羞耻明确界定为某种"内在的"(internal)羞耻①,没有说这里的"单独被一个人"(μόνος ὑπὸ μόνου)就是"自己自行"(αὐτὸ καθ' αὑτό)或者使用羞耻动词的反身形式(αἰσχύνεσθαι,αἰδεῖσθαι)。② 坚持一对一的盘诘形式和交互耻感,说明苏格拉底并没有像一些解释者认为的那样从卡里克勒斯拒绝配合起就已经放弃了人身性的辩驳,转而关注命题和理论本身的阐发。③ 面对那位已经不受习俗耻感束缚的自然正义拥趸,他的撒手锏是独自讲述一番灵魂死后在冥府赤裸继续接受审判/盘诘的言辞(523a-526d)。这番被他坚称为"道理"(λόγος)而非"神话"(μῦθος, cf. 523a1-2 等)的言辞的用意不是证明或灌输一套教条,而是要"激励"(ἀντι-παρακαλῶ)卡里克勒斯和所有人把盘诘进行下去,"走向这种生活和这场抵得上此世的一切竞赛的竞赛(ἀγῶνα ἀντὶ πάντων τῶν ἐνθάδε ἀγώνων)"(526e2-4)。苏格拉底也承认,这套在他眼中已经"证成"的道理仍然可能被卡里克勒斯斥为"老太婆的神话"(527a5);两人现在仍然处于一种不相信"关于相同者的相同[道理]"的"没教养"状态,这"实在可耻"(αἰσχρόν)(527d5 ff.)。换言之,《高尔吉亚》的结尾仍然处在开放的盘诘进程中。

结　语

前文对弗拉斯托"标准盘诘"解释的剖析暴露了主流盘诘法研究中存在的几个主要问题:(1)独断地将个别对话所呈现的盘诘样式标准化,忽略了盘诘在目标(成真 vs. 证成)和形式(反驳 vs. 辩证)上的多元性;(2)错误地把盘诘法理

---

① Cf. Woodruff, Socrates and the Irrational, p. 145; R. Jenks, The Power of Shame Considerations in Plato's Gorgias, in History of Philosophy Quarterly, 29 (2012), pp. 376-378;林丽娟:《辩驳与羞耻》,第117页。

② 类似地,当苏格拉底向卡里克勒斯扬言说如果后者不驳倒他的悖论性命题就会"一生都不和谐"时,他说的是"卡里克勒斯就不会同意你,卡里克勒斯啊"(G. 482b5-6),而不是"你不会同意你自己"——专门提起卡里克勒斯的名字,说明苏格拉底暗中诉诸的仍然是后者的公众声誉。而当苏格拉底自称宁愿违背众人的意见也不愿"我一个人不符合我自己"(ἕνα ὄντα ἐμὲ ἐμαυτῷ ἀσύμφωνον, G. 482c2-3)时,他反复强调他只是在听从他所爱欲的情伴——阿尔喀比亚德和哲学(481c-482a)。

③ 如参 H. Tarrant, Socratic Method and Socratic Truth, in A Companion to Socrates, eds. by S. Ahbel-Rappe and R. Kamtekar, Blackwell, 2006, pp. 260-268。

解成了一种智识主义方法,并且试图靠单一一种认知品质("真诚")来支撑盘诘结论的逻辑必然性;(3)对真诚的理解过于道德化,忽视了其与善意、耻感等交互性、情感性因素的关联。弗拉斯托对盘诘法作为一套隐含根本"疑难"甚至"失败"的道德教化方法的指控表面上源自他的智识主义成见,深层原因则在于他过于强调苏格拉底在希腊思想史上的进步性和革命性,忽视了其思想方法立足于德性和习俗传统的一面。而如果我们正视盘诘法在德性基础上的多元性,那么苏格拉底那套道理的"真",连同那种爱智且正义的生活方式的福报,也许就不只是一种逻辑融贯性的"强迫"和发乎个体真诚的"确信",更是一个受互惠正义的习俗伦理和羞耻等非理性情感约束的善意承诺。

Elenchus, Truth, and Sincerity: Rethinking Gregory Vlastos' interpretation of the "Standard Elenchus" of Socrates

Wu Hongzhao

Abstract: The elenchus is the hallmark method of Socrates' philosophical investigation. Mainstream Anglo-American interpretation, championed by Gregory Vlastos, holds that the "standard" form of elenchus aims at establishing moral truth, and that in order to secure this aim it sets rule-like requirements of sincerity for both participants. But due to its presupposition of an intellectualistic and moralized standpoint, the standard interpretation confuses two independent goals of the elenchus as distinguished by Socrates in the *Gorgias* and *Meno*, namely justification of knowledge and establishment of practical truth. Moreover, it neglects the virtue-dimension of "knowledge" and "sincerity" and their link with reciprocal and emotional factors such as goodwill and shame. Recovering the diversity of elenchus supressed by the standard interpretation allows us to understand the philosophical method in Plato's early and middle dialogues in a more unitarian, virtue-based framework.

Key words: Socrates, Elenchus, Vlastos, Truth, Sincerity

书讯

《古代中国的宇宙论》
[日]浅野裕一 著 吴昊阳 译
南京:江苏人民出版社,2020年

浅野裕一,1946年生于日本仙台市,文学博士,现任日本东北大学研究生院环境科学研究科教授;主要研究方向为中国哲学;曾著有《黄老道的成立与展开》(创文社,1992)、《孔子神话:儒教作为宗教之形成》(岩波书店,1997)、《古代中国的语言哲学》(岩波书店,2003)等。

近几十年来,大量战国、秦汉时期的出土文献陆续面世,如1972年的马王堆帛书《老子》、1973年的马王堆黄老思想文献《黄帝四经》、1993年的郭店楚简《老子》及《太一生水》、1994年的上博楚简《恒先》等。这些新材料,对研究中国古代的宇宙论大有助益。该书中,作者在充分利用这些出土文献提供线索的基础上,对早期中国古代的宇宙论展开了系统的研究。

在作者看来,所谓宇宙论,即人对宇宙生成和结构的思考。当人们形成了一定的宇宙论,并将之传承下去后,其思想便在意识深处受到其规制。因此,想要探索某个人类团体的思想特征,分析这个团体的宇宙论是个较为高效的方式。这也是作者尤为关注宇宙论的原因所在。在相关研究的基础上,作者最后还特别给出了自己对于中国文明没能创造出近代科学文明原因的思考。(郝董凡)

始终与中和
——周敦颐哲学"二分"结构背后的哲学精神

王子剑*

提　要：在《太极图说》与《通书》中，概念总是成对出现，一如其停当匀称的《太极图》。"二分"来自"太极动静生阴阳"之后"两仪立焉"的基本结构，也是周敦颐处置概念，有条理地分析表达其思想的最基础工具。在周敦颐哲学中成对出现的概念中又有大小、轻重、先后、始终、本末的差别。二分概念中最重要的便是"始终"与"中和"，前者关乎万物的生成，"性命"的确立；后者则是在实践意义上将二分（刚柔）的人性归于"中"，将"政刑""礼乐"达于"和"。如果说二分结构对于周敦颐来说是其展开与分析命题的方法，那么"中和"便是这一结构背后所趋向的基本哲学精神。所以，中和普遍贯穿于道德、人心、政治实践之中，比如周敦颐在道德层面上讲"仁义中正"，在变化气质之性时讲"自至其中"，在政治治理上追求"天下之心和""百姓大和""天地和"，即使主刑者的选择也要"中正明达"。

关键词：二分　始终　中和　周敦颐　礼乐

在周敦颐哲学中，概念总是成对出现，并呈现出一种"二分"的结构形态。这一结构形态是对"太极动静生阴阳"之后的"两仪立焉"的抽象与总结；而成对概念中所涵括的大小、轻重、先后、始终、本末的差别正是对阴阳关系的具体呈现。二分概念中最重要的便是"始终"与"中和"。

---

* 王子剑，1988年生，北京大学哲学系博士研究生。

一、"两仪立焉"

周敦颐在《太极图说》中描述天地之道时,所用的动静、刚柔、"无极之真"—"二五之精"、终始等成对概念,以及在《通书》中描述性命之道时所取之乾元—乾道、元亨—利贞、"诚之通"—"诚之复"等二分概念都是阴阳对待关系的具体展开。即使人身上之形神、秀灵,成圣成贤功夫上的静虚—动直,境界层面的寂—感、静无—动有等莫不如此。这些二分结构往往内含了对待、先后、体用等关系内容。

(一)先后

《太极图说》中"太极动而生阳,动极而静,静而生阴"说明了阴阳之间存在一种先后关系,周敦颐对礼乐的理解就体现了这种先后关系:

> 礼,理也;乐,和也;礼,阴也;乐,阳也。阴阳理而后和。君君臣臣,父父子子,兄兄弟弟,夫夫妇妇,各得其理然后和,故礼先而乐后。[①](《通书·礼乐第十三》)

"礼"的作用在于使人伦关系有条理可循,而"乐"则为人伦关系注入融洽与和谐,"条理"意味着差异。在社会伦理体系中,君臣、父子、兄弟、夫妇都以"阴阳"彰显其条理之不同,而不同人伦关系中"和"的状态又以此"条理"为前提,所以"礼先而乐后"。如果反过来是否可行呢?"礼先乐后"这则材料很明显出自《论语》的"礼之用,和为贵……小大由之,有所不行,知和而和,不以礼节之,亦不可行也"。虽然"礼"发生作用之后所趋向的最好的结果是"和",但是"礼"的基础性地位,即不论事情大小都必须以"礼"作为基本准绳则应该得到更多的重视。如果一味求"和",其结果往往是价值秩序崩坏,风教陵迟。周敦颐哲学中还有很多二分概念都处于一种时间性或是逻辑性的"先后"结构中,比如"诚之通"—"诚之复"、"元亨—利贞"、"寂然不动—感而遂通"、"无思—思通"、政刑、静虚—动直等。

(二)轻重

时间性上的"先后"也许并不意味着价值上的"轻重",比如"春秋""元

---

① 《周敦颐集》,北京:中华书局,1990年,第25页。

亨—利贞";但逻辑上的先后往往体现了价值或功夫层面上选择的倾向性,比如"礼乐"除了"先后",也包含了价值"轻重";"寂感"则意味着功夫上必须先求"寂然不动",然后才可能"感而遂通",其中最能体现二分概念之"轻重"特征的,莫如"名实""文道":

> 实胜,善也;名胜,耻也。故君子进德修业,孳孳不息,务实胜也;德业有未著,则恐恐然畏人知,远耻也。小人则伪而已。故君子日休,小人日忧。①(《通书·务实第十四》)

周敦颐认为在君子进德修业功夫上必须追求"实胜",即实在的德行功业,而非汲汲于虚名:一方面,他将"实胜"与"名胜"分别对应于"善"与"耻",以一个明确的价值判断将二者的大小轻重分殊出来;另一方面,在面对德业还没有彰显的时候,君子与小人的态度以及相应心理状态的差异也体现出了周敦颐在"名胜"与"实胜"上不同的价值判断。君子在"德业未著"的时候,是"恐恐然畏人知",小人则通过伪饰来获得名声。君子因为远离了耻辱境地而安闲自然,小人却常常要承担"名不副实"所带来的忧虑与困扰。"名实"是自古以来诸家所讨论的核心问题之一,其中儒家与名家主张"以名正实",道家则主张"处其厚不居其薄,处其实不居其华"。"以名正实"往往基于重建社会政治制度、价值体系的需要,所以对"实"的追求自然是儒家最重要的价值倾向。可以说,周敦颐在德业功夫层面上追求"实胜"是对传统思想价值的有力继承。

至于文道关系,我们已经耳熟能详。周敦颐认为"文辞"相对于"道德",应该处于宾位;它为后者提供修饰,使"道德"广传流布,却不应该陷于舍"道德"而务"技艺"的流弊固陋。在文道之间,周敦颐显然更倾向于价值,而非手段与工具。在"道充身安"与"轩冕金玉"的对比中,他仍然坚持"道德"更值得追求。一旦我们能够"见其大",就能道德充溢,身心安泰;一旦心中满足,便能"富贵贫贱处之一也",即摆脱贫富贵贱等物质条件、权位势力对自己快乐的限制和影响。在周敦颐看来,名实、文道等概念的二分结构无疑已经内含了轻重差别。

(三)本用

大小、轻重有时候是根据我们所期许的目标而分别出来的,二者的大小

---

① 《周敦颐集》,第25页。

轻重在一定的目标或语境之下有其应然性,却未必有其必然性。"文"可以载"道",但"载道"与否却并非是"文"之所以为"文"的根本标准;"道德"与"财富"之间也没有这样的必然性。但是不少二分概念不仅分先后轻重,且二者间充满了逻辑的必然性,它们往往被纳于"本用"(体用)框架之中,比如"无思—思通":

> 《洪范》曰:"思曰睿,睿作圣。"睿,通也。无思,本也;思通,用也。几动于彼,诚动于此。无思而无不通为圣人……不思则不能通微,不睿则不能无不通。是则无不通生于通微,通微生于思。……故思者,圣功之本,而吉凶之几也。①(《通书·思第九》)

周敦颐认为"思"是学为圣人的根本功夫,也是辨识吉凶枢机的能力。只有在"思"上下功夫,我们才有可能对事物精微处有所觉解;只有察识精微,才能达于"无不通"的圣人境界。这也是周敦颐对于《尚书·洪范》篇"思曰睿,睿作圣"中"思"与"睿","睿"与"圣"之间的逻辑环节所做的进一步补充。圣人之心平时处于"无思"的本然状态;一旦发用,又有"无不通"的效验结果。周敦颐以为,"无思"是"本","无不通"是"用",从逻辑上来说,"无思"是"无不通"的前提。周敦颐以"无思"为"本","无不通"为"用"已经呈现出清晰的"体用"框架,而且"无思"必然要发为"无不通","无不通"也必然以"无思"为发用本体。当然,从实践层面上来说,"无不通"是由"思"上功夫积累所致。在周敦颐哲学中这样的表述并不少见,比如"静虚动直""寂然不动"与"感而遂通""诚之通"与"诚之复"等都是如此。

虽然周敦颐哲学体系中的概念都以"二分"形式呈现出来,且其中还有先后、轻重、体用的分殊,但这些概念仍然在一个更高、更具概括力的概念上达成统一,比如"秀灵""形神"统一于"人","寂然不动"与"感而遂通"、"无思"与"无不通"统一于圣人之"心","静虚""动直"统一于"无欲","静无""动有"统一于"诚"等。概念的二分结构来自"太极动静生阴阳",是对阴阳两仪关系的具体化。但如果没有"阳动""阴静",那么"太极"之体将无以呈现;同样如果没有"静虚动直",我们便不能对圣人"无欲"心境有所体察;没有"秀灵""形神",人的特殊性亦不能彰显;没有"静无而动有","诚"的形态和作用

---

① 《周敦颐集》,第22页。

我们将无从捉摸。所以,周敦颐在把握无法言说的对象,分析哲学问题时所采用的概念框架是"一——二"。他认为更高的"一"具有分化为"二"的内在必然性,并且通过"二"将"一"的性质、作用呈现出来。

二、"原始反终"

"始终"作为周敦颐哲学中颇具时间性特征的二分概念内在地包含了"先后",但是"始终"却并非只用于描述具体事物的生成坏灭,也用于描述"太极"与"人极"的关系。从"太极"的角度来看,它必然要体现为阴阳、刚柔、仁义;或者说,形而上的"太极"必然要通过形而下的"阴阳动静"来彰显它的性质与作用,证明它的存在。所以在这个逻辑上,太极是"始",人极是"终"。另外,由于宇宙演化是"一动一静,互为其根"的,所以"始终"又可以被限定于具体事物的"生成"上。

(一) 从太极到人极

我们首先要确定"始终"的具体内涵与外延。虽然它只在《太极图说》中出现了一次,但却将太极、阴阳、天道、地道、人道都囊括进来:

> 故曰:"立天之道,曰阴与阳。立地之道,曰柔与刚。立人之道,曰仁与义。"又曰:"原始反终,故知死生之说。"①

这则材料中的三才之道来自《周易·说卦》:

> 昔者圣人之作《易》也,将以顺性命之理,是以立天之道,曰阴与阳;立地之道,曰柔与刚;立人之道,曰仁与义。②

在《周易正义》中,韩康伯认为三才之道并非并列存在的,而是在"天地生成万物"的序列中逐步展开的:

> 在天成象,在地成形。阴阳者,言其气;刚柔者,言其形,变化始于气象而后成形。万物资始乎天,成形乎地,故天曰阴阳,地曰柔刚也。或有在形而言阴阳者,本其始也;在气而言柔刚者,要其终也。③

---

① 《周敦颐集》,第 7 页。
② 王弼、韩康伯注,孔颖达疏:《周易注疏》,北京:中央编译出版社,2013 年,第 409 页。
③ 同上。

韩康伯以为阴阳二气变化才有刚柔之形,而且"始终"概念也被引入进来。从"形"的角度来说,阴阳(气)是"形"得以形成的开始;从"气"的角度上说,刚柔(形)则是气运动变化的终止。如果与周敦颐《太极图说》相对照,我们发现"阳变阴合而生水火木金土","惟人也得其秀而最灵,形既生矣,神发知矣"中的阴阳—五行(形)—形神(秀灵)的逻辑链条正与韩康伯的宇宙演化序列完全一致。有天地,然后才能有"人",但是天地与人如何贯通呢?孔颖达将《说卦》中的"圣人之作《易》,将以顺性命之理"这一精神强调出来:

> "将以顺性命之理者",本意将此易卦,以顺从天地生成万物性命之理也。其天地生成万物之理,须在阴阳必备,是以造化辟设之时,其立天之道有二种之气,曰成物之阴与施生之阳也。其立地之道,有二种之形,曰顺承之柔与持载之刚也。天地既立,人生其间。立人之道,有二种之性,曰爱惠之仁与断割之义也。①

孔颖达认为圣人作《易》,就是要将"天地生成万物性命之理"凸现出来,而这个"理"在阴阳之中具有必然性。此必然之"理"体现为具体造化时,就是阴阳二气的"生成"过程,是柔刚之形顺承持载的能力,也是爱惠之仁与断割之义。生成天地万物性命之理从何而来呢?按照孔颖达的理解,"性"来自天地,即"天道"。《太极图说》认为人内有"五性",而五性本于"五行"。而"五行各一其性"再向上追溯,则是"五行一阴阳也,阴阳一太极也,太极本无极也","太极"才是"性"的最终"起点"。相对于韩康伯将阴阳(气)为"始",以刚柔(形)为"终",周敦颐突破了从"气"到"形"的一贯链条,而与孔颖达一样将目光转向了"性"。如果将"立人之道"对应于"终",那么"立天之道"是"始"吗?我们可以看看朱子对此的解读:

> 阴阳成象,天道之所以立也;刚柔成质,地道之所以立也;仁义成德,人道之所以立也。道,一而已,随事著见,故有三才之别,而于其中又有体用之分焉,其实则一太极也。②

可见三才之道各有差别,但同本于"道,一而已",都是"道"的具体实现,所以,作为"立天之道"根据的"道"(太极本体)才是"始";经过"阴阳"(天道)

---

① 王弼、韩康伯注,孔颖达疏:《周易注疏》,第409—410页。
② 《周敦颐集》,第7页。

与"刚柔"(地道),最后落实的"仁义"(人道)才是"终"。质诸《通书》的"诚"(天道)——"各正性命"的生成序列,这一点也可得以印证。

(二)"生"与"成"

周敦颐引三才之道后,直接又引了"原始反终",可见这两句引文同是对《太极图说》前面所言内容的概括。"原始反终"在《周易正义》与《太极图说》中都与"知死生之说"联系在一起。这一点与上面我们以太极为"始",三才之道为"终"是不同的。可见,周敦颐不仅在"道"的逻辑上讲"终始",在具体事物的"生成"上也讲"始终"。"原始反终"出自《周易·系辞上》:

> 《易》与天地准,故能弥纶天地之道。仰以观于天文,俯以察于地理,是故知幽明之故。原始反终,故知死生之说。

韩康伯以为"《易》与天地准"是指"作《易》以准天地"[1],即以"易理"作为天地之道的根本准则。"幽明者,有形无形之象。"[2]人在天地之间,要仰观俯察才能发现事物或显或隐的道理;其中"幽"与"明"分别与"无形之象""有形之象"相对应。"死生者,终始之数也"[3],可见"死生"只是指具体事物的"生"与"成"。因为"易理"贯乎天地万物之道,"始终吉凶,皆悉包罗",所以孔颖达说,要想"原穷事物之初始,反复事物之终末"就必须求诸"易理"。所谓的"易理"具体体现为"阴阳""刚柔""仁义",那么"阴阳""刚柔""仁义"如何与"始终"相对应呢?朱子在《太极图说解》中给出了相应的解读:

> 阳也,刚也,仁也,物之始也;阴也,柔也,义也,物之终也。能原其始而知所以生,则反其终而知所以死矣。此天地之间,纲纪造化,流行古今,不言之妙。圣人作易,其意盖不出此,故引之以证其说。[4]

朱子以为"阳""刚""仁"是事物发展的起始,"阴""柔""义"是事物的终止。如果能够回到"阳""刚""仁",就能明白万物之所以生;能够追索到"阴""柔""义",就能明白万物之所以成。"阴阳""刚柔""仁义"就是天地造化流行不息的内在根据,圣人作《易》也正是要将此道理凸现出来。这一点在《太

---

[1] 王弼、韩康伯注,孔颖达疏:《周易注疏》,第345页。
[2] 同上。
[3] 同上。
[4] 参见《周敦颐集》,第8页。

极图说》中不能说没有证据,比如"太极"先是"动而生阳",然后才有"静而生阴";水、火、木、金、土等五行的生成也是"阳变阴合"的结果。当然《通书》中也有很多相通的论述,比如《诚上第一》讲到"诚"的流行变化就是以"元亨",即"大哉乾元,万物资始"为"始";以"利贞",即"乾道变化,各正性命"为"成"。再比如《顺化第十一》的"天以阳生万物,以阴成万物。生,仁也;成,义也。……故圣人在上,以仁育万物,以义正万民"①,这可当是朱子如此理解"原始反终"最直接的文本依据了。

所以,周敦颐的"原始反终"有两个层次:其一,"太极"是万物生成性命之理的起始,仁义是"终",这是周敦颐的天人一贯,天道具体下降为人道之思想的具体呈现②;其二,在具体事物层面,"阳""刚""仁"是事物生成之"始","阴""柔""义"是事物成长之终。朱子对此的理解可谓确当!

三、中 和

"中和"普遍地附着于成对出现的二分概念,贯穿于道德、人心、政治实践之中。正是这种附着关系使中和与二分结构不可简单割裂。二分结构对于周敦颐来说是其展开分析命题的方法,而中和则是这一结构背后所趋向的基本哲学精神。求诸《太极图说》与《通说》,我们会发现随处都有周敦颐对"中和"的强调,比如他在道德层面上讲"仁义中正",在变化气质之性时讲"自至其中",在政事治理上讲"天下之心和""百姓大和""天地和",即使主刑者的选择也要"中正明达"③。

(一)道德——仁义中正

"仁义中正"自朱子以降主要有两种理解。朱子在《太极图说解》中解释"圣人定之以中正仁义而主静"一条时指出,"是以其行之也中,其处之也正,

---

① 《周敦颐集》,第23页。
② 杨柱才教授也认为"'知死生之说'是'原始反终'的题中之义,即通晓天道、地道、人道本来一贯,'太极—诚'和人极亦是统一的,'人极'是宇宙论的'太极—诚'在意义世界的表现,是为人生社会确立道德行为的价值准则和依据。"但是杨柱才教授并未提及在经验世界里的具体事物的"始终""生成"这一层次。参见杨柱才:《道学宗主:周敦颐哲学思想研究》,北京:人民出版社,2004年,第267页。
③ 周敦颐哲学更强调中和的同一性,这与朱熹注解《中庸》时所持的理解并不相同。在注解《通书》的时候,朱熹也注意到了这一点,后面论述中会有所展开与澄清。

其发之也仁,其裁之也义,盖一动一静,莫不有以全夫太极之道,而无所亏焉"①。在《通书·道第六》中也延续了"仁义中正"为"仁义礼智"的主张,其中"中,即礼;正,即智"②。这一说法对后世很有影响③。第二种观点以杨柱才教授为代表,他认为"仁义中正"之"中"与周敦颐其他文本里的"中"并无差异,"正"则是"公正""公明""正当""公而无私""明而无疑"。"中正"与"和"有着密切的关系,都是对道德行为的具体发用状态的描述④。要想真正确定仁义中正的内涵,还是要回归《太极图说》的相关文本:

    圣人定之以中正仁义,而主静,立人极焉。⑤

我们发现"中正仁义"与"主静"都是"人极"的重要内容,而"人极"正是"人道"的集中体现。这一点我们可以从下文"立天之道,曰阴与阳;立地之道,曰柔与刚;立人之道,曰仁与义"(《太极图说》)中看出端倪,而"人道"最核心的内容是"仁义"。所以,我们可以勾画出这样的概念结构(如图1):

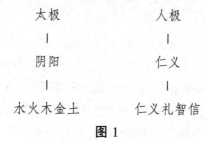

图 1

  我们可以肯定"人极"概念序列中的"仁义"正是"中正仁义"中的"仁义",那么"中正"的具体含义是什么呢?要想解决这个问题,就必须把动静

---

① 参见《周敦颐集》,第7页。
② 同上书,第19页。朱子之所以将"中正仁义"理解为"仁义礼智"既有义理层面的原因,也有迎合《太极图》的主观意图。朱子指出周敦颐之所以不用"礼智"而用中正,是因为"礼智说得犹宽,中正则切而实矣","中是礼之得宜处,正是智之正当处","中者礼之极,正者智之体"(《朱子语类》九十四卷)。另外,朱子以为将"中正"解释为"礼智"之后,"五常"就可以顺利地与"五行"建立起对应的关系。这也带来了两个问题:其一,如果"中正仁义"解释为"仁义礼智"是为了凑合《太极图》,那么"主静"则与"土"联系在一起,而索《通书》,"主静""无欲"都与寂然不动的"诚"有关系,而"诚"与"五常"并不在同一个结构层次上;其二,朱子非常敏锐地将"仁义中正"与"主静"说纳入动—静结构中。作为与"主静"相对的"仁义中正",如果被解释为"仁义礼智",那么其中"动"的因素该如何呈现呢?
③ 梁绍辉:《周敦颐评传》,南京:南京大学出版社,1994年,第209—210页。
④ 杨柱才:《道学宗主:周敦颐哲学思想研究》,第257—261页。
⑤ 《周敦颐集》,第6页。

问题引入进来。"太极"之下的"阴阳"与"动静"相即不离,阳"变"阴"合"而产生了五行;对应于"人极",仁义也不可能是虚悬之理,而是有其发用的内在必然性,如此"中正"便与"动静""变合"对应起来,指向对"仁义"发用状态的描述,于是上面的概念结构可以补充为:

图 2

在"人极"概念序列中,"中正"与"主静"并不能与阴阳二气的物理性意义上的"动静"简单同约,而是指向价值的展开与内向的去欲收敛功夫。如此一来,问题的关键便在于作为人道根本价值之"仁义"与周敦颐在《通书》中所谓之"五常"究竟是什么关系。这个问题的解决必须求助于周敦颐对"圣人之道"或"道德"的关注:

> 圣人之道,仁义中正而已矣。守之贵,行之利,廓之配天地。岂不易简?岂为难知?不守,不行,不廓耳

这则材料中最重要的一个问题就是《太极图说》中的"中正仁义"在这里为什么变成了"仁义中正"。如果将"中正仁义"解释为"仁义礼智",那么次序的变化并不是太大的问题。但是如果将"中正"解释为对"仁义"的发用,就必须面对这个问题。一个合理的解释是,在"中正仁义"中,圣人是行为主体,"中正"这一状态语词被当成动词使用了,即"仁义"的展开必须符合"中正";而"圣人之道"只是仁义自然展开之后的具体内容,"中正"只表示仁义的展开状态而已。如果求诸周敦颐的其他文本,有关"中正"与圣人之"道"关系的论述并不是孤例:

> 动而正曰道,用而和曰德。匪仁,匪义,匪礼,匪智,匪信,悉邪也!

---

① 《周敦颐集》,第 19 页。

邪动,辱也。甚焉,害也。故君子慎动。①(《通书·慎动第五》)

"正"在这则材料中就是道德行为发动的标准,"道"在"动而正"的过程中具体化为"五常";"和"就是内在德性发用而达到的和谐状态,"德"在"用而和"的过程中具体化为"爱曰仁,宜曰义,礼曰理,通曰智,守曰信"②;"正"与"邪"相对,"和"与"甚"相对,其中"甚"就是"过分",是对"中"的背离。在发用层面上讲"中和"时,周敦颐更是直接将"中"训为"和",是"天下之达道",比如《通书·师第七》中的"惟中也者,和也,中节也,天下之达道也,圣人之事也"。所以,我们可以大胆地说,"中正"就是"和正","仁义中正"就是指"仁义"的具体展开以及结果。"仁义"在周敦颐整个哲学概念体系中是最根本的概念对子之一,而"中和"或"中正"则是对仁义具体展开之后所达到的理想状态的描述。

(二)性——自至其中

周敦颐对"中和"的追求不仅体现在具体道德价值的展开过程中,还体现在变化"刚柔善恶"之性上。当然,对"中和"之"性"的强调仍然是建立在"刚柔""善恶"的二分概念结构之上。

> 或问曰:"曷为天下善?"曰:"师"。曰:"何谓也?"曰:"性者,刚柔善恶,中而已矣。"不达。曰:"刚,善:为义,为直,为断,为严毅,为干固;恶:为猛,为隘,为强梁。柔,善:为慈,为顺,为巽;恶:为懦弱,为无断,为邪佞。惟中也者,和也,中节也,天下之达道也,圣人之事也。故圣人立教,俾人自易其恶,自至其中而止矣。故先觉觉后觉,暗者求于明,而师道立矣。师道立,则善人多。善人多,则朝廷正,而天下治矣。"③(《通书·师第七》)

这一材料中包含了三个层次,其一,与《太极图说》中的"五性"相对,周敦颐所谓的"性"就是刚柔、善恶与"中"。但是刚柔与善恶到底是什么关系却并没有给予进一步的说明。其二,具体的善恶以"性"是根基,具体表现为刚善、刚恶、柔善、柔恶以及中节等内容。同时也说明了刚柔与善恶并非并列的"性"之特征或内涵,反而是内含了一种交错配合的关系。由于"性"作为先验的形而上者很难为语言直接描述或把握,所以"性"不能被直接赋予刚善、刚恶、柔善、柔

---

① 《周敦颐集》,第18页。
② 同上书,第16页。
③ 同上书,第20页。

恶的内容。周敦颐之所以说性是"刚柔善恶中",正是从外在的"刚善刚恶""柔善柔恶""中节"反向追溯的结果,并以此说明"性"作为先验的形而上者已经内含了善恶倾向。其三,圣人或者"师"作为洞察了内在之"性"与外在德行的本质关联的人,其使命便是通过教化摒弃外在的恶行,同时将善具体实现出来。每个人都有刚柔之性,而刚柔之性在与外物感动的时候则有或善或恶行为的可能,所以,所谓的"自易其恶"就是在圣人设教、确立师道之下,万民能够让自己的刚柔之性更多地倾向"善",杜绝"恶";所谓的"自至其中"只是让"义""直""严毅"等不同的刚善,"慈""顺""巽"等不同的柔善发而中节,在不同的情境下以相应的、恰当合理的方式发动出来而已。"刚柔""善恶"的二分结构非常清楚,而"中和"则是在二分的基础上追求善的、合理的发用。如果说"刚善刚恶""柔善柔恶"只是静态的价值判断,"中和"则是动态中弃恶向善,发而中节的主观努力。

(三)政——百姓大和

在道德仁义的层面上,"中和"指向"诚""仁义"的具体发用;在刚柔之性的层面上,"中和"则是指刚善柔善如何发而中节;而在政事治理层面上,"中和"又是对完善治世的和谐状态的描述,它包含着"心和""百姓大和""天地和"等不同的具体内容。

> 乐者,本乎政也。政善民安,则天下之心和。故圣人作乐,以宣畅其和心,达于天地,天地之气,感而大和焉。天地和则万物顺,故神祇格,鸟兽驯。①(《通书·乐中第十八》)

"政乐"有周敦颐概念体系中典型的二分结构特征,而且"政乐"之间也有轻重、先后之分,其中"乐"以好的政事治理为根本。正是在"政乐"二分结构基础上讨论"心和""百姓大和""天地和"才使"中和"具有了结构性意义。在这段材料中,虽然周敦颐只讲了"和",但是"中"也是暗含其中的,比如在《通书·乐上第十七》就有"优柔平中,德之盛也;天下化中,治之至也"②,"中"也是对盛德治世和谐状态之描述。周敦颐以为,完善的政事治理之下,百姓安居乐业,天下就能达到"心和"状态。圣人在"心和"的基础之上作乐,将万民心中的和乐通畅于外,与天地之气联系、交感在一起,进一步达到"天

---

① 《周敦颐集》,第30页。
② 同上书,第29页。

地和"的状态。一旦天地处于和谐状态,万物就自然顺从天地造化了,而后神祇降临,鸟兽归顺。"心和"就是指人心之内、人与人之间的和谐状态;"感而大和""天地和"则是天地之间的和谐,而"天地和"是以"心和"为前提的,我们可以在这样的描述中看到"天人感应"的旧痕迹。当然如果回到周敦颐的《太极图说》,我们发现"心和"之所以能够影响"天地和"很可能与人和万物在"无极之真""二气五行"上的同质贯通有关。

周敦颐所使用的"中和"似乎在具体含义上并非整齐划一,边界井然,但是其对贯穿于仁义展开、"自至其中"的发用、政治治理效果之中的"已发状态"的强调却是一致的。这也正是朱子在《通书解》中所指出的"以和为中,与《中庸》不合"①的问题。《通书》与《中庸》的继承关系毋庸置疑,但是周敦颐很明显地吸收改造《中庸》之"中和",扭转了"未发之中"的面向,而单纯指向"已发"②。

结　语

在周敦颐哲学中,成对概念所呈现出的"二分"结构是对"太极动静生阴阳"之后的"两仪立焉"的抽象与总结。这种二分结构并非简单的 A—B 或 A—非 A 的逻辑模型,也内含了各种阴阳关系,比如大小、轻重、先后、始终、本末的差别,其中"礼乐"便是对先后关系的说明,而"名实""文道"则是价值上的轻重本末关系的例证。阴阳关系有时候也呈现出一种体用(本用)结构,这种结构常被周敦颐用于人心灵状态的描述,而这种心灵状态又与为学者修养成德的具体功夫关联在一起,"无思"与"思通","寂然不动"与"感而遂通"都体现了这种体用结构。二分结构所概括的阴阳关系的确包含了丰富的内容,但其中最基本,也是最重要的哲学精神便是"始终",这一对概念不仅涉及形而上层面的太极与人极之关系,也是指形而下层面的万事万物的生成与毁灭。"中和"没有礼—乐、名—实等概念所具有的二分结构,不能简单对应于阴与阳,但它却普遍地附着于成对出现的概念。正是这种附着关系使中和与二分结构的关联不可简单切断。如果说二分结构对于周敦颐来说是其展

---

① 参见《周敦颐集》,第20页。
② 周敦颐并非简单舍弃了"未发之中",毕竟他对"诚"的"静无""寂然不动"状态强调已经暗合于"未发之中"了。

开与分析命题的方法,那么"中和"便是这一结构背后所趋向的基本哲学精神。所以,中和普遍贯穿于道德、人心、政治实践之中,比如周敦颐在道德层面上讲"仁义中正",在变化气质之性时讲"自至其中",在政事治理上追求"天下之心和""百姓大和""天地和",即使主刑者的选择也要"中正明达"。

Dichotomy, Beginning-end and Neutralization: The Structural Features of Zhou Dunyi's Philosophy

Wang Zijian

Abstract: In *Taiji Tushuo*(太极图说)and *Tongshu*(通书), concepts always appear in pairs, just like the well proportioned *Taiji Tu*(太极图). "Dichotomy"(erfen[二分]) comes from the basic structure of "Two Modes are thereby established"(liangyi liyan[两仪立焉]) after "Taiji movement and stillness generate Yin and Yang", and it is also the most basic tool for Zhou Dunyi(周敦颐)to deal with the concept and to analyze and express his thoughts in a systematic way. In Zhou Dunyi's philosophy, there are differences in the concepts of important-unimportant, first-second, beginning-end. In addition, the concept of pairing is ultimately integrated into a larger concept. The most important concept of dichotomy is "Beginning-end" (shizhong[始终]) and "Neutralization"(zhonghe[中和]). The former is related to the generation of everything and the establishment of "life and nature"(xingminng[性命]); the latter is to attribute the dichotomous (rigid[刚] and soft[柔]) human nature to "middle"(zhong[中]) in the practical sense, and to achieve "harmony"(he[和]) in "rites and music"(liyue[礼乐]). If we say that the dichotomy structure is a method for Zhou Dunyi to unfold and analyze propositions, then "Neutralization" is the basic philosophical spirit of this structure. Therefore, neutralization runs through morality, people's heart and political practice.

Key words: Dichotomy, Beginning-end, Neutralization, Zhou Dunyi, Rites and music

书讯

《霍布斯的形而上学决断:政治学的条件》
[法]伊夫-夏尔·扎卡 著,董皓、谢清露、王茜茜 译
北京:生活·读书·新知三联书店,2020年

  伊夫-夏尔·扎卡(Yves-Charles Zarka)是巴黎大学哲学荣休教授,当代法国著名政治哲学家,现代政治思想史领域的杰出学者,也是法文评注版《霍布斯全集》的主编,在法国国家科学研究院(CNRS)创立了托马斯·霍布斯中心。本书是他出版于1987年的博士论文,他还有《霍布斯与现代政治思想》(1995)、《古典时期的哲学与政治学》(1998)、《大地的不可占有:一种哲学重建的原则》(2013)、《重建世界主义》(2014)等著作。

  本书对霍布斯研究的贡献在于,证明了霍布斯不仅是一位政治哲学家,他的伦理—政治哲学实际上是统摄于一种"分离的形而上学"。霍布斯面对亚里士多德主义,给出了在表象原则下对真理以及人与世界关系的新定义,完成了从感觉理论到语言推理的通贯论述。扎卡通过对霍布斯《论世界》《论物体》《论人》等文本的细致阅读和重构,典范性地实现了一次对哲学史文本的哲学重构,把霍布斯重新写入了形而上学史,为我们思考现代政治的思想根基打开了新的视野。此外,本书译者具有良好的研究基础,译文值得信赖。(肖京)

虚气一体
——张载哲学的现象学新释

李腾飞[*]

摘　要：唐君毅认为，思考张载设立"太虚"的根据有助于理解其哲学的关键——虚气关系。通过"以象释气"的理论创新，张载实际上走上了一条观象见神的现象学道路，由此，唐君毅认为张载是依据"纯现象学的观法"直接建立其天道论。引入马里翁、亨利为代表的法国新现象学为参照，张载的"大心"工夫论可展现出现象学还原的色彩：化除成心后，"感"的"给出性"和"自身性"得以彰显。"虚""寂"不是抽象的本质而是"气""感"的"自身"。"虚气一体"的现象学解释可以克服传统宇宙论或本体论解释模型的缺陷。

关键词：以象释气　纯现象学观法　现象学还原　给出　自身性

不同于理学和心学，张载哲学常常被学界归为气学。横渠固然重气，但区别于一般的以可见之事物为真实存在的经验实在论，他也希求一不可见的太虚。太虚与气这一充满张力的两端构成了张载哲学的核心。然而，在虚气关系的问题上，目前已有的研究却难以达成共识。前辈学者或将张载哲学看作一种唯气论，将太虚理解为气的精微状态，太虚与气因而处于宇宙论的先后序列中[①]，或将太虚把握为区别于气的形而上的本体，气则为

---

[*] 李腾飞，1990年生，现为山东大学儒学高等研究院博士研究生，主要研究方向为儒家哲学，中西哲学比较研究。

[①] 这里列举几位代表性的研究：冯友兰：《中国哲学史新编》下册，北京：人民出版社，1999年；张岱年：《张载——十一世纪中国唯物主义哲学家》，《张岱年文集》第四卷，北京：清华大学出版社，1992年；陈来：《宋明理学》，沈阳：辽宁教育出版社，1991年。

现象①。然而,在处理关于虚气关系的文本前,一个更加重要的问题在这两种通行的诠释方案中却没有被提出,即张载设立太虚的根据何在?对于张载哲学的现代诠释来说,如果不能理清张载设立太虚的理论根据,不仅虚气关系很难求得善解,太虚也将沦为康德所说的先验幻相,受到以独断论为名的批评。那么,太虚是否可以通过某种方法获得证成(justification)?

在张载哲学的诠释史上,这个问题为唐君毅先生第一次提出,唐君毅在诠释横渠(濂溪)之学前反思到:对于二子之太极、太虚,如果"扣紧于吾人之道德生活、或心灵生活之性理呈现于心知之健行不息、真实无妄处去讲,此尚不难讲。此即程朱以后学者之所为。然克就濂溪、横渠之书言,乃直下说有此一'乾元'或'太极'、'诚'、'太和'为天道,则殊不易讲"②。程朱、陆王之学遵循道德实践的进路,其学扣紧性理心知,切实可言,张载之学则重《易》《庸》而轻《论》《孟》(牟宗三语),以客观天道论为主。然而,脱离性理心知,正如唐君毅所言,我们唯有"感觉所见之自然界之有形象之万物,可为把柄"③。作为受康德批判哲学洗礼过的现代学者,唐君毅所关心的不仅是内在于经典本身的文本诠释,而是如何赢获一种根本的经验,从而将张载之学所依赖的本源性体验再度当下化,避免独断论(康德)或者"妄执"(佛教)的指责。如果我们如唐君毅那样雅不欲以独断论的方式理解张载之学,那么问题的解决就在于如何以形象之域为把柄有根据地设立无形而不可见之太虚。

下面我们将以唐君毅的思考为契机,通过引入以马里翁(Jean-Luc Marion)与亨利(Michel Henry)为代表的法国现象学④为参照,显明张载的"大心"工夫论具有现象学还原的维度,其揭示了现象的绝对给出性(absolute giveness)⑤。太虚非它,即气之"自身"(self),由此虚气关系将获得一种现象学的诠释。

---

① 列举几种代表性的研究:牟宗三:《心体与性体·一》,《牟宗三先生全集》第五册,台北:联经出版事业有限公司,2003年;丁为祥:《虚气相即——张载哲学体系及其定位》,北京:人民出版社,2000年。
② 唐君毅:《中国哲学原论·原教篇》,北京:中国社会科学出版社,2006年,第30页。
③ 同上。
④ 从可见者(le visible)中看不可见者(l'invisible),正是近来法国现象学的发展路向。参见 Dan Zahavi, Michel Henry and the Phenomenology of the Invisible, in *Continental Philosophy Review*, 32 (1999)。
⑤ 这里我们依从杨大春先生的译法,将"giveness"(英)、"donation"(法)、"Gegebenheit"(德)翻译为"给出(性)"。因为"给出"强调的是"给"或"发生"本身,而"给予"或"给与"等译法则带来了给者(主体)、被给者(客体)和受者的区分。参见杨大春:《20世纪法国哲学的现象学之旅》,北京:社会科学文献出版社,2014年,第578页。

一、以象释气

作为气学宗师，张载对气有着明确的定义："凡可状，皆有也。凡有，皆象也。凡象，皆气也。"①可以言辞描述者即有，凡有皆象，象即气。"所谓气也者，非待其蒸郁凝聚，接于目而后知之。苟健顺、动止、浩然、湛然之得言，皆可名之象尔。然则象若非气，指何为象？"②不仅成形而可状之存在者为气，一物由湛然虚无到浩然发皇这一过程皆为象，这意味着在感官（耳目）可把握之物成形前就已经有浩然、湛然等象被给予③，而这样的象也是气。在张载哲学里，不可象者为"神"，神与气各有所指，如："散殊而可象者为气，清通而不可象者为神。"④不可象者（神）—象—形三者（或概说为无—有、虚—气）是张载哲学宇宙论发生的三（两）个层次。如果我们考虑到有形者皆可象，形无非是具有规定性因而被固定的象，那么可以说，象与气外延一致。实际上，仅就浩然、湛然等"纯象"而言，其区别于已成而感官可见的形，纯象居于有无之间，是一种"由无法察觉的微小变化引生的某种整体的变化趋势以及这种趋势在认知主体中产生出的无法归约为具体感知的意味"⑤。这种趋势指示的并非物之"什么"（Washeit, whatness），而是其生成变化所呈现的方式，即海德格尔所说的"如何"（Wie, how）。健顺、动止等象皆是这样的指示词，张载说：

> 有变则有象，如乾健坤顺，有此气则有此象可得而言；若无则直无而已，谓之何而可？是无可得名。故形而上者，得辞斯得象，但于不形中得以措辞者，已是得象可状也。今雷风有动之象，须天为健，虽未尝见，然

---

① 章锡琛校：《张载集》，北京：中华书局，1978年，第219页。
② 同上。
③ 有学者以"物象"和"心象"对张载所论之象进行区分，以不可感而可思的抽象概念或意义诠释健顺、动止、浩然、湛然，将其理解为意向性意识的意识内容（参见王汐朋：《张载思想的"象"概念探析》，《现代哲学》2010年第2期）。这种理解不仅将张载之"感"限定为感性经验，失去了其贯通有无两端，为性体本身活动方式的精义，又过于抬高了思维的作用。物象和心象的区分也将知识论语境中欧洲近代哲学里的主客二分结构引入了张载哲学，实际上，思维或者意向性意识对于张载来说是一种负面的需要工夫而化除的因素。参见本文第二节对张载"大心"工夫的论述。
④ 《张载集》，第7页。
⑤ 杨立华：《气本与神化——张载哲学述论》，北京：北京大学出版社，2008年，第34页。

而成象,故以天道言;及其法也则是效也,效著则是成形,成形则地道也。若以耳目所及求理,则安得尽! 如言寂然湛然亦须有此象。有气方有象,虽未形,不害象在其中。①

有变则有健顺(健顺即乾坤,一音之转)等象,后者超出了形的领域,是纯粹的生成之象。在物之始生的维度上,物虽未成形,但已得可状之象。作为太虚的天虽不可见,可一旦发生风雷,风雷之动象或生象本身就指示着天之乾(健)德,至于地道坤德则由风雷效著成形所展示。健、顺之象可状、可见但却不可以某种确定的形来框定。虽然张载说"有气方有象",似乎气超出了象之外,然而张载明言:"清通而不可象者为神",不可象之域归属于神。因此,我们可以将象与气画上等号,二者一体,气言其实在,象言其显现。张载的象观念继承自《周易·系辞上传》"见乃谓之象",这里"见"读作"现"(xiàn),指"出现"或显现②。显现即为象,这表明象之为象就在于其不是客观自在的实体而是本质上存在于主客相互关联(客观事物出现于主观视域当中)的维度,其必然向某个视角显示。象即气,气因此也不能理解为与人无关的自在之物。传统上气往往在宇宙论或自然哲学意义上被理解为构成宇宙万物的材质或基质,张载以象释气的理路则在更本源的层面将之理解为海德格尔所说的"自身显示者"(das Sichzeigende)③,由此"盈天地之间者唯万物"(《周易·序卦传》)在张载这里被置换为"盈天地之间者,法象而已"④。此外,正因为采取了关联主义⑤的立场,张载才可以说"由象识心"以及"知象者心",而不必区分所谓的心象与物象⑥。

针对当时佛道二教对显现之象的理解,张载不仅以"往而不返者"批评佛

---

① 《张载集》,第 231 页。
② 参见黄玉顺:《中国哲学的"现象"观念——〈周易〉"见象"与"观"之考察》,《河北学刊》2019 年第 5 期。
③ 依据海德格尔,"Phänomen"是希腊语动词"phainesthai"的名词化,后者意思是自身显现,因此,现象一词指的是公开者(das Offenbare),自身显示者。参见 M. Heidegger, *Sein und Zeit*. Tübingen: Niemeyer, 1967, S. 28。
④ 《张载集》,第 8 页。
⑤ 现象学的一大发现就是意识与事物源初的关联,即"意识总是关于某物的意识"。
⑥ 象本身就处于心—物之间,心象与物象的区分失之支离,陷入了表象主义的窠臼,于张载之义未安。关于张载之象并非表象主义,张再林先生论述甚精。参见张再林:《"死而不亡"如何成为可能?——张载"气化生死观"的现代解读》,《中州学刊》2012 年第 5 期。

学耽于空无,导致"物与虚不相资,形自形,性自性,形性、天人不相待而有,陷于浮屠以山河大地为见病之说"①。另一方面他又以"徇生执有者"(如道教魏伯阳之流)斥责执着现成之物为真实实在的观点。前者虽然没有落入后者的庸俗之见,而是坚持一种"心—法"一体呈现的相关主义,然而其认为"心生种种法生,心灭种种法灭",只是看到了"心—法"或"心—象"这一对子始终同起同灭,就妄图以"心法起灭天地",直证一离感之寂,离象之空,导致体用、性形相分,实则没有看到每一心—象就其产生或出现而言并不依赖于作为对子之一极的心,而是源自于不可象之神自身的体用变化。实际上,寂感、虚气是体用贯通的关系。张载说:

> 气聚,则离明得施而有形;不聚,则离明不得施而无形。②
> 显,其聚也;隐,其散也。显且隐,幽明所以存乎象;聚且散,推荡所以妙乎神。③

聚则显而明,散则隐而幽,这些皆属于气化运动显现的生成之象。作为不可象者,神则为象显隐聚散的"推荡者",用现象学的术语来说,即"使能者"(das Ermöglichende)。张载明确拒绝了将神、象(气)关系理解为有所分离的先后关系的观点,因为如果神与气为先后关系,将导致"虚无穷,气有限,体用殊绝,入老氏有生于无自然之论,不识所谓有无混一之常"④。正确的理解是认取有无混一,"不可象者,即在象中"⑤,二者不可分离,要以"兼体无累"的方式同时把握二者:"方其形也,有以知幽之因;方其不形也,有以知明之故。"⑥张载有言:"几者象见而未形者也,形则涉乎明,不待神而后知也。"⑦未形之象即健顺动止等生成之象,其与"几"联系在一起,而"知几其神乎",故观象可见神,对不可象之神的证知与对隐微之象的明察可以说是二而为一。不可见之神就作用于形象之物由无至有以及由有还无的"始生"或"终成"环节,而健顺等生成之象作为运动变化的"如何"本身也指示着虽不可象却使变

---

① 《张载集》,第8页。
② 同上。
③ 同上书,第54页。
④ 同上书,第9页。
⑤ 王夫之:《张子正蒙》,上海:上海古籍出版社,2000年,第86页。
⑥ 《张载集》,第8页。
⑦ 同上书,第221页。

化可能的维度。

依据亨利的经典论断,现象学并不以具体现象而是以现象得以显现的显现方式或现象性(phénoménalité)为研究对象①,那么聚焦于聚散、显隐、幽明等显现方式以及它们的"推荡者"为研究对象的张载气学就其实质而言采取的就是现象学的致思路向。正如丁耘先生所言:"儒家义理学则走着一条直面运动与事物本身,直接描述运动本身之呈现的'现象学道路'。"②唐君毅也认为,张载本体—宇宙论式的气学并非为独断论或抽象的概念形而上学,而是"依一纯现象学之观法,以言物之经由此寂无生而还归于此寂无。……此一观法,吾将谓其为人类之一原始的哲学宗教道德之智慧之所存,吾人之所以恒自然的说一切人物由天生、天降之理由之所在,亦周濂溪、张横渠之可直接由之以建立一天道论者"③。

二、纯现象学观法与"大心"工夫

如依唐君毅所言,张载的气学式现象学依赖于某种现象学的观法,那么作为诠释者,我们可以从张载的文本里重构出这种观法吗?这种观法实施的条件如何呢?本着这样的思考,唐君毅转向了张载工夫论之锁钥——《大心》篇,并与他事先所展示的现象学的看(观法)合论:

> 如以一叶缘芽生,花缘叶生之例而论。依常人之见,谓叶由芽出,花由叶出,固是妄执。此执,乃由常人之念先著于芽后,方见叶、见花而起。此执固当破。人再自反观芽中之无叶,叶中之无花,亦自能破此执。然吾人若自始不著念于先见之芽,以观叶,亦不著念于先见之叶,以观花;则可自始无此妄执,亦不待对此执更破。则吾人之见芽叶花之相继而现,亦未尝不可视此叶如天外飞来,以自降于芽之上;花如天外飞来,以自降于叶之上。循此以观自然宇宙间一切"云行雨施,品物流行"之事,无不可一一视为天外飞来,以一一相继自降于其前之事物之上、之后,而

---

① Cf. M. Henry, *Incarnation. Une philosophie de la chair*, Paris: Seuil, 2000, p. 7.
② 丁耘:《道体学引论》,上海:华东师范大学出版社,2019年,第46页。
③ 唐君毅:《中国哲学原论·原教篇》,第32页。

全部宇宙已成已有之事物之生,即皆初是由天外飞来,以为其始。①

芽、叶、花三者为形,即"什么",从中我们是否可发现不可象之神呢?唐君毅的回答是肯定的,只是需要主观上有正确的认知方式,即"对此所现见者'如何降于吾人之心灵生活之前'之一现观"②。现观不著念于先见之物,而是直面现象的源初显现,在看物之"什么"时,同时也关注其如何发生,关注其生成之象。在现观中,整个已成之世界(这里即为先见之芽)被划入括弧,叶之"出现"因而以最引人注目的方式呈现出来:"如天外飞来,以自降于芽之上。"物之发生之所以状若天外飞来是因为现观中全部的"先前之现见"被悬搁,存在者的关系链条骤然断裂,因果关系失去了成立的基础,宇宙万象之发生因而展现为没有任何先在依据地自在流行、自身显现,自身给出③。叶绝对给出的另一种表达就是其"来无来处","自先之寂然无形以始以生"④,"由天外飞来"。唐君毅提出的现观可谓是抓住了张载"方其形也,有以知幽之因"方法的精髓,即由物之生象来说神。无论是芽、叶还是花,其作为天外飞来之物既不是出自他物的中介,也不能去中介他物,而是无所依待的自生自化。我们不能将自生自化者纳入某种串系当中,否则它就成了一种他生之物,而是必须将其看作一因"无来处"之"来"(发生)或绝对的"来"而显现的所来者。这一绝对的"来"就是健、伸、动之象,叶形之升起而呈现即是寂然无形者阳动而呈象,叶之升起即芽形退隐,即其阴静而还归寂然无形。因此,凡象之此隐彼显,彼隐此显之处皆可见阳变阴化之理,知阴阳之理则知太极之神。对于张载,阴阳不是两种基础材质而是寂然无形之太虚的两种作用方式,正如唐君毅所言:"所谓气有阴阳者,即依事之隐显往来而说。故阴阳亦事相之上层概念,所以状事物之隐现者,亦非谓将事物之形象等抽取所余之阴气阳气也。"⑤区别于现观,常识以为彼象生此象,每一象(形)皆固定不化,然而这

---

① 唐君毅:《中国哲学原论·原教篇》,第32页。
② 同上书,第31页。
③ 唐君毅这里所说的"天外飞来之物"相当于马里翁所说的突然发生(不在因果性中)、全无依据地自身发生、自身给出的"事件"(événement)或者"降临"(avènement)。参见杨大春:《20世纪法国哲学的现象学之旅》,第600—602页。
④ 唐君毅:《中国哲学原论·原教篇》,第33页。
⑤ 唐君毅:《生命存在与心灵境界》,北京:中国社会科学出版社,2006年,第637页。丁耘先生亦云:"阴阳为变化之理、变化之状(变化自身),非变化之物。"(参见丁耘:《道体学引论》,第226页)

样的话则彼此俱显俱隐,不见事象隐显之几。唐君毅所说的"现观"则试图就象之此显彼隐而观,如此象出于寂然无形之虚,而非先前之象。寂然无形不是全然的虚无,而是现象所从出之本,是气之体,其就是现象显现前的"本来面目",换句话说就是其"自身"(self),而气非他物,就是虚自身的变化形态。

"纯现象学观法"虽然实现了观象见神的目标,然而它是否为张载哲学本有或暗含呢?张载虽无明言,但不无其思,这种观法实际上蕴含在张载的工夫论文本里——《大心》篇。对于《大心》一文,唐君毅没有简单地把它当作修养论来看,而是将其理解为张载如何获得最本源的观看事物视角("以道体物")的理论,换句话说就是把"大心"工夫看作"纯现象学观法"实施之前提。可以说,唐君毅暗中实行了一种大胆的理论类比:如果任何一种现象学的看都需要现象学还原(phänomenologische reduktion)为之先导,那么从形象之域出发证知张载所说的神化性命之理也需要一种还原为前提,即成心、人欲的克服①。常识处于成心和人欲之中,其以为由芽生叶,由叶生花,前者为后者之所从出,双方处于因果关系中。然而,以这种关系思维来看物必然会陷入如"罔两待景,景待形,形待造物者"(《庄子·齐物论》)这样无限的因果链条中,找不到一物发生的真正依据。正如唐君毅所指出,以物为"有待"的观点之所以形成,是因为常识所依据的目光有所著念,在看当下之象时往往连带已成之前者为背景,忽视了当下出现的现象的发生性,反而将其当作现成之物直接纳入某种关系。这种观点实际上遮蔽了概念化之前有无之间不可捉摸的"纯象"本身,没有现观现象由无至有之生象。对于这种心灵执着物象(确切地说是物形)而不舍的态度,张载也以"徇象丧心"破斥,并目之为"徇生执有者",他反问道:"存象之心,亦象而已,谓之心,可乎?"②有所著念的心灵状态并不是我们本有的"德性所知"而是"成心"。成心往往与人欲相提并论,后者对于张载也是负面的因素,他说:"穷人欲,如专顾影间,区区于一物之中尔。"③

在理学的诠释中人欲常常在心理学或伦理学的意义上被理解,但就其影响了我们的世界关联而言,它实际在普遍的意义上刻画了我们日常的生存模

---

① 见闻之知在解除成心的执着之后就是唐君毅所说的"现观"。
② 《张载集》,第24页。
③ 同上书,第25页。

态和存在理解,表达了生存论上物的桎梏(区区于一物之中),隐含了对对象物实在性的执着和信仰。在现象学传统里,胡塞尔的助手欧根·芬克(Eugen Fink)曾将此状态刻画为"世界桎梏"(Weltbefangenheit):"我们因而可以将在世界之内对物的朝向解释为物之麻痹,将'入-世-生活'(In-die-Welt-Hineinleben)解释为世界桎梏。我们以此意指不只发生在理论的世界关联(Weltbezug)中而且统治所有世界生活的生活结构。自然态度(natürliche Einstellung)本质上是一种桎梏。"①德文"befangen"作为形容词表达了陷落于某物、被物所羁绊因而被某物带入窘境的意思,从此又衍生出成心和偏见的含义。常人常常因"朝向"于物而遗忘自身,构造性的自我因此桎梏于世界中而处于匿名状态,此如王夫之所说:"此物大而我小,下愚之所以陷溺也。"②我陷溺于物,完全遗忘了我可以通过赋予世界意义而构造世界的主动性,因此,陷溺于物的"人欲"就其生存论实质而言与现象学所说的自然态度一致。

我们知道,胡塞尔现象学揭示了主体性相对于世内存在者的优先性,把物大我小翻转为我大物小。这种观点一定程度上也为张载所肯定,对此,王夫之注解甚精:"视听之明,可以摄物,心知之量,可以受物,于是而可以知物之不足而我之有余,则不徇物以自替其大矣。"③能所关系、主客关系以能、主为首。不过,张载并不以"我大"为至极,而是在此之上进一步追求"道大",即认识到物与我皆以道为体,王夫之在注解"体物体身,道之本也"一语时解释道:"万物之所自生,万事之所自立,耳目之有见闻,心思之能觉察,皆与道为体。"④道不是一种形而上学的抽象本质,而是事物之体,道让事物自生自立、耳目心思自能见闻觉察,可以说,道是一切现象自身显现的保证者。以道为大则物不大于我,我不大于物,物与我皆自生、自成,由此现象之自身性得以彰显。胡塞尔现象学告诉我们,意向性是一种构造世内存在者的运动,在意向性的明证中,存在者皆为主体性所构造。与之相反,张载通过批评佛家

---

① Eugen Fink, *Nähe und Distanz. Phänomenologische Vorträge und Aufsätze.* Herausgegeben von F. A. Schwarz, Freiburg：Alber, 1976, S. 104.
② 王夫之:《张子正蒙》,第147页。
③ 同上。
④ 同上书,第146页。

"以心法起灭天地,以小缘大,以末缘本"明确拒绝了这样的主体性思想①。对于具有类似构造作用的"成心"②,他以意必固我规定之:"意,有思也;必,有待也;固,不化也;我,有方也。四者有其一,则与天地为不相似。"③成心意味着我们的心灵被限定于特定的方向,有所不化(固)。之所以如此,是因为有思(意),而"思,盖未能有也"④,思代表欠缺,正如王夫之所言:"未能有诸己而思及之。"⑤正因不能有诸己,不能达到以万物为一体的大心,所以我与物因思和意相对待(必),而有对待之物必然被设定为实在,也就是说经历现象学所说的"存在设定"(Seinssetzung)。对于张载,以思、意与物打交道其实是"以我视物,则我大……大于我者,容不免狂而已"⑥。张载的这种观点超出了胡塞尔式的主体性现象学,而与以马里翁、亨利等为代表的法国新现象学的宗旨一致,后者追求一种非主体(a-subjective)的现象学,其"实质的必然性要求要跟随现象,在一种对于意向性意识意义赋予的对冲中,现象使其自身生效"⑦。主体的意义赋予不仅相对于现象本身不再是第一位的,反而带来了对现象自身显现的遮蔽。张载明确说道:"有思虑知识,则丧其天矣。君子所性,与天地同流异行而已焉。"⑧与天地同流需要扬弃思虑知识,这是因为主体的目光虽然承担了揭示事物的功能,其让事物向我们显现,成为现

---

① 匿名审稿人指出:这里"有把佛学与主体性哲学混为一谈的倾向。……心意固歧,但主要是阿赖耶识,不是一般意义的'我'或'主体'。是末那识执阿赖耶识为我。"审稿人正确地指出了佛学并非通常意义上的主体性思想,然而在张载《正蒙》的语境中,其所谓的变现天地之心法通常指前六识(六根之微)与第七识(我),而不是指阿赖耶识或者真常心。张载对赖耶、真常未有悟,此诚为对佛学之误解,但其批评佛学中六、七二识因计度妄执而产生实有境界的说法却恰好针对了后世西方的主体性哲学。因此,本文只是顺张载之言进一步发挥其意,没有检讨张载与佛学的关系。
② 成心的"执着"具有构造功能,牟宗三"两层存有论"中"执的存有论"即发挥此意。
③ 《张载集》,第28页。
④ 同上。
⑤ 王夫之:《张子正蒙》,第92页。
⑥ 《张载集》,第25页。在整个理学的传统里,任何形式的自我(ego)(无论是宋明理学传统中自躯壳起念的私欲习气还是现代新儒学所处理的康德式的先验主体性)都是对"以道体物"的干扰。这一点在现代新儒学那里由牟宗三的两层存有论以最鲜明的方式表达出来。牟宗三将康德式的先验统觉(transzendentale apperzeption)限定在经验现象(此非现象学中自身给出的现象)之构成维度,他将一切动手动脚的意识建构都划分给知识领域,从而以"物自身"为名保留了现象之自身显现的向度。
⑦ Hans-Dieter Gondek, László Tengelyi, in *Neue Phänomenologie im Frankreich*, Frankfurt am Main: Suhrkamp, 2011, S. 29.
⑧ 《张载集》,第23页。

象。这种观点相当于张载所批评的佛学"以六根之微因缘天地","心生种种法生",然而在这种情形下,事物不是由其自身而是由主体性带入可见之域,成为意向的客体,与我相互对待,如此何谈与天地同流?马里翁与亨利代表的法国现象学则坚持现象的绝对给出,坚持给出性相对于主体性目光或明证性的优先性,他们或者认为后者在自身中根本上是盲的,其虽"可以成为现象给出的场所,这不是指给出性的本源,因为,本源是现象的'自身'(Soi),除了自己之外,它不承认其他原则和其他本源"①,或者干脆否认意向性或思的自足性,认为:"思只有是一种在绝对生命自身给出中自在的被给出的思时才存在。"②也就是说,所有的看都预设了事物的自身显现,现象的绝对给出是最本源的,就连貌似自足的思就其存在而言也是现象自在给出过程中的被给出之物。

以法国现象学为参照,我们很容易发现张载类似的想法。在《大心》篇,张载通过设问"知心所从来",褒"天功"而贬"己力",显明了见闻之知和"我"绝对被给出的维度③。一般而言,闻见之知起于内外相合,即耳目之聪明与物相感,由之有可见之物象。张载虽然主张不应以"见闻梏其心",而是求一"不萌于见闻"的德性之知,不过这不意味着要舍弃见闻之知,因为"耳目虽为性累,然合内外之德,知其为启之之要也"④,因此问题的关键是如何理解见闻之知。流俗陷于见闻之域,"徇象丧心",见闻之知遂蕞然为小,自然不值一哂,佛家以心识变现天地的理论才是张载批判的矛头所指。正如伊川"圣人本天,释氏本心"⑤一语所言,张载自求超越于佛家的理论努力在于其揭示了较心识而言更深的一个维度——道(天)。以我视物者(佛家)因"视听之明,可以摄物,心知之量,可以受物"便以为象之为象依赖于我之视听与心思。在张载看来,象之源初显现并不源自于主体性,相反后者(己或我)根本上是后发的,他说:"成吾身者,天之神也。不知以性成身,而自谓因身发

---

① Cf. Jean-Luc Marion, *Étant donné. Essai d'une phénoménologie de la donation*, Paris :PUF, 2005, p. 32.
② Cf. M. Henry, *Incarnation*, p. 7.
③ 这一点为唐君毅先生首先揭橥:"知其知乃由天降,其心亦由天降也。"(参见氏著《中国哲学原论·原教篇》,第 54 页),并在其三向九境的心灵哲学中继承发挥。(参见氏著《生命存在与心灵境界》,第 507—510、524—542 页)
④ 《张载集》,第 25 页。
⑤ 程颢、程颐:《二程集》,北京:中华书局,2004 年,第 274 页。

智,贪天之功为己力。"①无可否认,我对自己的形色之身拥有权能,我可以主动思考并在一定程度上能令耳目感官之身如自己心意行动,依赖于这二者的见闻之知因此常常被视为属于我的经验。但这种权能不是创造性的,而是运用性的,因为考虑身之"在"这一事实,耳目之聪明并非由我所成,而是被给出之物(以性成身)。不仅如此,"思我"之"在"也是我不得不接受的事实。这种观点与西方近代以来重视思维和意识主体性的哲学截然不同,对于张载,那种自以为可自我奠基的"思我"就其存在而言也是"天之功",知与心皆由天降,就如王夫之所言:"我之心思耳目,何莫非道之所凝承,而为道效其用者乎?"②因此,主体性的"己力"相对于给出性的"天功"是后发的。我们之所以将见闻之知视为属我之物,乃是由于人心"自此身之躯壳起念,而形成之颠倒见"③。"颠倒见"意味着"我"作为后于现象自身显现的被给出者忽视了现象在先的绝对给出,而是通过主体性的占有和赋义,将其构造为客体性的存在者,从而将"天功"颠倒为"己力",由此绝对给出的见闻之知沦为属我之物。

总之,"无我然后得正己之尽"④,正己才可不掺杂己意如"天功"本身而观之,这意味着接受现象的绝对给出性。这一正己工夫在张载这里既针对溺物而丧己的"自然态度"——"人欲"也要求还原掉主体性的"我"与"思",由此达到让物自生自化的境界。从这一个方面来说,"大心"工夫具有着现象学还原的意味,其揭示了见闻之知作为"天降之知"的发生性,保证了现象的自足和自主。⑤

三、寂感一如或虚气一体

张载的"大心"工夫针对的是由成心、人欲所造就的见闻之知"梏"的性

---

① 《张载集》,第 23 页。
② 王夫之:《张子正蒙》,第 147 页。
③ 唐君毅:《中国哲学原论·原教篇》,第 53 页。
④ 王夫之:《张子正蒙》,第 147 页。
⑤ 马里翁认为现象学历史上存在两种还原,他则提出了强调现象自身性的第三种还原。"第一还原表明的是客体与先验意识的关系,第二还原是存在与此在的关系,它们不同程度上受制于自笛卡尔以来的我思自我或主体。也就是说,不管客体的给出还是存在的给出,都不可能完全是自己给出,主体的意义赋予扮演着主导的角色。第三还原意味着什么?由于强调绝对给出或纯粹给出,强调现象自己给出自己,主体明显体现出单纯的接受性,仅仅充当某种被动的功能。"(杨大春:《20 世纪法国哲学的现象学之旅》,第 596—597 页)"大心"工夫类似于第三还原。

格而不是其本身。既已为人,则闻见之知不可灭,要之"不专以闻见为心"①而已。实际上,德性之知虽不萌于见闻但也不离于见闻。虽然张载有言:"诚明所知,乃天德良知,非闻见小知而已。"②但他也说:"至静无感,性之渊源,有识有知,物交之客感尔。客感客形与无感无形,惟尽性者一之。"③还原掉成心人欲(尽性者),见闻之知本身即是一"天降"之感,一现成的"现观",它不再是常人七情交来,以感生感的状态,而是寂中之感,感中之寂,德性所知与见闻之知共属一体④。感不可无,是因为性为感之体,感为此体之神用,体用一如,不可分离。张载说:"感者性之神,性者感之体……故所以妙万物而谓之神,通万物而谓之道,体万物而谓之性。"⑤性为万物之体,此极易误解为西方哲学里"本质—现象"关系。在中文里,"性"这个字构成合成词具有指示一物之内在根据的功能,如人性即为使人为人之根据,然而这一"使"在中国哲学里主要不是指概念或本质能于观念上规定某物"为"(as)某物,而是一物如此这般的实在依据、真实本性。换句话说,就是其"自身"(self)。无论是"性者感之体"还是"体万物而谓之性",这一"体"表达的是本身或自身的含义。当张载说"太虚无形,气之本体,其聚其散,变化之客形尔"⑥时,"体"说的也是太虚为气之本身一义⑦。寂、虚为感、气之本来面目,气与感为虚与寂的变化形态,即"客感""客形"。明乎此,才能把握到张载以水之凝释来形容虚气关系的独到之见。无论为冰还是为浪,水依然为水,水为冰与浪之自身,冰与浪为水之客形。在自然界我们找不到脱离具体某种变化形态(即使无波澜也是其某种形态)的水,同样对于张载而言,"无所不感者,虚也"⑧,

---

① 《张载集》,第63页。
② 同上书,第20页。
③ 同上书,第7页。
④ 此天降之感即理学中所谈的"寂感真机":"吾意中国文字中之有此一合'生'与'心'所成之'性'之一字,即象征中国思想自始把稳一'即心灵与生命之一整体以言性'之一大方向;……'生'以创造不息、自无出有为义,心以虚灵不昧、恒寂恒感为义。……未感而寂天默地,已感而开天辟地。此一感知,即一生之跃起,心之跃起,亦天地之跃起。""生原是由无出有,心原是恒寂恒感。"(参见唐君毅:《中国哲学原论·原性篇》,北京:中国社会科学出版社,2014,第7—9页)
⑤ 《张载集》,第7页。
⑥ 同上。
⑦ 这一点由张岱年先生雄辩地指出:"本体犹言本来的实体"。参见张岱年:《张横渠的哲学》,《张岱年文集》第四卷,第81页。
⑧ 《张载集》,第63页。

"太虚不能无气",没有离感之寂,离气之虚。

关于虚气关系,目前学界主要有两种解释模型:如以聚散关系说虚气,那么太虚和气为同一实在的两种形态:聚则为气,散则为太虚,二者似乎可以理解为宇宙论的前后相继关系;如将聚散之事归于气,把太虚等同于"不可象之神"①,太虚又可理解为区别于气的本体(Noumenon)。这两种诠释各有缺点,对于前者,太虚与气檃为前后两端,陷入张载所批评的有生于无之论,不识有无混一之常;对于后者,太虚与气隔为两物,气被降格为区别于本体的现象,成为本体实现自身的中介,这样就忽视了张载以气之实对抗佛老虚无的意图,也与虚气为聚散关系的文本相冲突。有一些学者在诠释张载哲学时坚持二者并重②,然而,这种观点固然圆融,依然存在根本性的难题:虚如何既与气处于宇宙论的时间关系中,又能保持其本体论上的逻辑优先性?虚气关系无法以二者之一单一而论这一事实难道不是说明了宇宙论模型或本体论模型在诠释虚气关系上的圆枘方凿?依笔者所见,以上观点的缺陷在于没能正确把握"气"的含义。我们不能把气理解为一种其背后还有其他真实存在的中介之物,太虚并不是站立于背后的形而上本体,气就是真实存在。气有隐显、聚散、虚实两态,但这不意味着可以将"太虚不能无气""万物不能不散为太虚"理解为时间序列的前后变化,聚散隐显只是气的生成之象,并不适于描述不可象之太虚。张载有言:"气之为物,散入无形,适得吾体;聚为有象,不失吾常"③,也就是说,无论气之聚散,虚体为一,所谓气散而归于太虚只是说气散后太虚显示出来而已。我们不能采取一种"本体—现象"的诠释模式,将太虚理解为超越的本体。万物本虚,无非气散而虚可见,不散不可见而已,对此,丁耘先生所论甚精:"万物无常乃动,万物本虚故无常。故虚无乃流行之理也。非万物无时有虚无,万物有时无虚无也。万物其本为虚无,故万物有时亦有虚无,唯末生本隐,其虚不现耳。"④因此,把握张载气学有无混一的宗

---

① 如牟宗三认为:"'太虚'一词,是由'清通而不可象为神'而说者。吾人即可以'清通无象之神'来规定'太虚'"。(参见牟宗三:《心体与性体·一》,第 466 页)因此,我们不宜说是"神"而非"太虚"为真正的本体。(杨立华即持有这种观点,参见杨立华:《气本与神化——张载哲学述论》,第 40—45 页)
② 如林乐昌:《20 世纪张载哲学研究的主要趋向反思》(《哲学研究》2004 年 12 期)、李晓春:《张载哲学与中国古代思维方式研究》(北京:中华书局,2012 年)等。
③ 《张载集》,第 7 页。
④ 丁耘:《道体学引论》,第 226—227 页。

旨意味着将不可见之太虚理解为气之自身(体),气即太虚的变化形态(客形),体用圆融,虚气一体。

结　语

在目前学界,对心学的现象学研究已经蔚为大观,取得了众多成果,相反气学的现象学阐释则应者寥寥。就整个儒学史来看,气学可以说较心学而言占有着更多比重。然而,正如张再林先生所指出,"气"这一概念在中国哲学里处于被广泛应用,却极易产生歧解的状态①。如何在古今互融、中西交通的背景下理解"气"无疑是有待展开的研究任务。唐君毅对"横渠之正学"(王夫之语)的现象学阐发很好地解释了张载气学中亦虚亦实之气,突破了以往研究的盲点,将气提高到与理、心一样的形而上层面,正如他所说:"吾人应高看此气,而视之如孟子之浩然之气之类,以更视其义同于一形上之真实存在。"②现象学与儒家哲学的会通理应从心学拓展至气学以及理学。

Oneness of "Xu" and "Qi"
——A New Phenomenological Interpretation of Zhang Zai's Philosophy

Li Tengfei

Abstract: Tang Junyi believes that thinking about Zhang Zai's ground forestablishing "taixu"(太虚) helps to understand the key of his philosophy: the relationship between "xu"(虚) and "qi"(气). Through the theoretical innovation of "Explain qi with phenomenon", Zhang Zai actually embarked on a phenomenological path of seeing "shen"(神) through phenomenon. Tang Junyi therefore

---

① 参见张再林:《以"意"释"气"——中国古代"气"概念之新解》,《中州学刊》2015 年第 9 期。
② 唐君毅:《中国哲学原论·原教篇》,第 63 页。

believed that Zhang Zai directly established his theory of nature based on "pure phenomenological seeing". By introducing the new French phenomenology represented by Jean-Luc Marion and Michel Henry, Zhang Zai's theory of self-cultivation as "daxin" shows some similarities with phenomenological reduction: after removing the "chengxin" (成心), the giveness and selfness of "gan" (感) is manifested. "Xu" and "Ji" (寂) are not abstract essence, but the self of "qi" and "gan". The phenomenological interpretation of "Oneness of xu and qi" can overcome the shortcomings of traditional cosmological or ontological interpretation models.

Key Words: Explain qi with phenomenon, Pure phenomenological seeing, Phenomenological reduction, Giveness, Selfness

书讯

《人的自然善好：论卢梭思想的体系》
[美]亚瑟·梅尔泽 著，任崇彬 译
上海：上海人民出版社，2020年

亚瑟·梅尔泽（Arthur Melzer）是美国密歇根州立大学政府系教授，他题为《普通人的幸福：卢梭论德性与善好》的博士论文（1978）获得了哈佛大学政府系颁发的Toppan奖，以及美国政治科学协会颁发的施特劳斯奖，该书于1990年由芝加哥大学出版社出版以来，成为了卢梭研究的必读之作。梅尔泽还有《西方政治传统中的技术》（1993）、《历史与进步的观念》（1995）、《字里行间的哲学》（2014）等著作。

书中认为，"人的自然善好"是卢梭在理解人的境况时所坚持的根本原则。从这个原则出发，可以解决通常认为在卢梭的一系列著作中存在的种种矛盾。作者指出，卢梭为证明这个原则而给出了内省层面以及心理学层面的论证；为说明"恶是从何而来的"，卢梭给出了历史的论证；为说明"是社会使人变坏"，卢梭给出了社会层面的论证；而卢梭最后的解决方案则主要体现在《社会契约论》一书中，其中蕴含的所谓个人主义与集体主义的矛盾，可以从上述视角加以解决。此外，本书译者具有对卢梭的研究基础，译文可以信赖。

（肖京）

朱子"诚意"话语在清初理学中的展开[*]
——论吕留良对朱子诚意思想的诠释

王凯立[**]

提　要：吕留良对朱子诚意思想的诠释是朱子"诚意"话语在清初理学中的展开，实有他家所不及的精到之处。吕留良不仅深契于朱子晚年改注诚意章的问题意识，同时还在朱子本人的注解中为解决这些问题搭建了正确的框架。吕留良赋予"实用其力"一语以诚意工夫的纲领性意义，并由此融贯了"自欺""自慊""慎独"等重要范畴的诠释。在慎独工夫上，吕留良特别强调"独"是指心灵之"几"的状态，而非心学家所说的本体。因而慎独只是一种"审其几"的工夫，是诚意的紧要关头，而非诚意的全部。对于"诚意必先致知"，吕留良认为诚意工夫只辨实与不实，而不辨善恶，辨善恶乃是致知工夫，由此回应了朱子晚年所面临的诚意工夫在"致知"之后无法安顿的问题。总体而言，吕留良对朱子诚意思想的诠释具有反对空谈心性、重视实行与经世的倾向，其背后不仅透露出吕留良"尊朱辟王"的学术宗旨，同时还展现了清初理学发展的一般特征。

关键词：吕留良　朱子　诚意　实用其力　致知

吕留良（1629—1683），又名光轮，字庄生，一字用晦，号晚村，浙江崇德县（今浙江省桐乡市崇福镇）人。吕留良乃明末清初的遗民学者，在其遗民心态的影响下，吕留良深感功利世界对于夷夏之防的毒害，因而一生尊崇朱子学，

---

[*] 本文系国家社科基金青年项目"太仓朱子学研究"（21CZX062）的阶段性成果。
[**] 王凯立，1994年生，厦门大学哲学系助理教授。

以发明节义之道。吕留良诠释朱子学的代表作是《四书讲义》①，该书辑录了吕留良身前时文评选著作中的评语，由弟子陈铣于其去世后三年编集而成②。伦明在《四书讲义提要》中言："留良之意，以为欲明孔孟之道，必求朱子之书，故书中悉就朱注发挥。然体会有得，多有比朱注更精切者，时亦自出己意，不能尽合朱子。亦或过于回护朱子，不能尽衷于是。要之自成为吕氏之书，非一般遵朱不敢失尺寸者所以同语也。"③吕留良对朱子诚意思想的诠释从一个侧面印证了伦明的评价，但学界以往的研究却较少注意于此④。对吕留良而言，明朝灭亡的惨痛教训就是应当纠正阳明学的空疏之蔽，因而他的朱子学诠释实质上是在反思现实的同时对阳明学的严厉批判，而"诚意"则构成了吕留良"尊朱"与"辟王"活动相互交织的核心话语。一方面，就朱子学本身的研究而言，以往学者们更加关注《大学》"八条目"中的"格物致知"，但其实，"朱子对'诚意'学之重视与开拓，绝不亚于他的'格物'学"⑤，而吕留良对朱子诚意思想的诠释实有他家所不及的精到之处。另一方面，吕留良在批判功利世界时极力辨明朱子理学与心学、禅学等异端之别，而"诚意"作为心学工夫论的核心自然也成为吕留良批判的焦点。正是在这一"尊朱"与"辟王"相互交织的过程中，吕留良对朱子诚意思想的诠释构成了朱子《大学》工夫论的良好注脚。此外，在对吕留良遗民心态与身处时代背景之同情地了解中，吕留良的诠释活动赋予了了作为朱子心性工夫的"诚意"以特定的话语实践功能，并在一定程度上反映了清初理学发展的时代特征。

---

① 车鼎丰所编的《吕子评语》亦有较大的参考价值，其大部分内容与《四书讲义》重复。本文将以《四书讲义》为主要的文本依据，《吕子评语》详于《四书讲义》之处亦将参考之。
② 卞僧慧：《吕留良年谱长编》，北京：中华书局，2003年，第317—318页。
③ 伦明：《四书讲义提要》，载吕留良著，陈铣编，俞国林点校：《四书讲义》，北京：中华书局，2017年，第1060页，附录二。
④ 目前数量有限的研究可参见徐宇宏：《吕留良》，西安：陕西师范大学出版，2017年，第65—71页；陈群：《明清之际〈大学〉诠释研究》，北京：科学出版社，2017年，第199—201页；李珊珊：《吕留良的遗民认同及其理学思想研究》，浙江大学博士学位论文，2019年，第97—104页。相较而言，李珊珊的研究最为深入。然而，这些研究均存在一定的不足，尤其是未能结合朱子诚意思想的核心问题来展开分析，因而导致吕留良在此议题上的"述朱"价值未能得到充分揭示。
⑤ 许家星：《论朱子的"诚意"之学——以"诚意"章诠释修改为中心》，载陈来主编：《哲学与时代：朱子学国际学术研讨会论文集》，上海：华东师范大学出版社，2012年。

一、"诚意"只是实用其力

在《大学章句》中,朱子将"诚意"之"诚"解为"实"①,在对诚意章传文的注解中,朱子进一步将其解释为"实用其力":"言欲自修者知为善以去其恶,则当实用其力,而禁止其自欺。"②在注解"小人闲居为不善"一段时,朱子言:"此言小人阴为不善,而阳欲掩之,则是非不知善之当为与恶之当去也,但不能实用其力以至此耳。"③在最后总结诚意章时,朱子又结合经文之意说道:"盖心体之明有所未尽,则其所发必有不能实用其力,而苟焉以自欺者。"④由此可见,在朱子的诚意思想中,"实用其力"一语具有纲领性的意义。吕留良很敏锐地把握住了这一点,他认为"依经文本义说'诚'字,但当体会'实用其力'四字讲"⑤,在这个意义上,"'诚意'只是实用其力"⑥。吕留良对此进一步解释道:"经文所谓'诚意'者,每发一意,如好恶即是意,则必实用其好恶之力,务决去、求必得,乃谓之诚;若徒发好恶而不去做,或做而不尽,皆谓之不诚。"⑦诚意章传文有"如恶恶臭,如好好色"一语,在吕留良看来,"实用其力"就是要实用这个好恶之力。这一方面意味着不能不去做,即要将好善恶恶之"意"落实为行动;另一方面意味着不能做不尽,即好善恶恶之"意"在落实为行动的过程中无丝毫苟且,必真实无妄。在这个意义上,诚意工夫兼心重行,合内与外,而"实用其力"作为诚意工夫的纲领便融贯了诚意章传文的各核心范畴。

(一)自欺与实用其力

《大学》诚意章传文开篇言:"所谓诚其意者,毋自欺也。"在朱子的诠释脉络中,诚意工夫就是毋自欺。吕留良解释道:"'毋'字便实用其力"⑧,在这

---

① 朱熹:《四书章句集注》,载朱杰人等主编,《朱子全书》(第6册),上海:上海古籍出版社,合肥:安徽教育出版社,2002年,第17页。
② 朱熹:《四书章句集注》,第21页。
③ 同上。
④ 同上。
⑤ 吕留良著,陈鏦编,俞国林点校:《四书讲义》,北京:中华书局,2017年,第41页。
⑥ 吕留良:《四书讲义》,第39页。
⑦ 同上书,第41页。
⑧ 吕留良:《吕子评语》,载俞国林主编:《吕留良全集》(第7—10册),北京:中华书局,2015年,第130页。

里,吕留良并不是将"毋"字本身训释为"实用其力","实用其力"这一解释是针对毋自欺工夫整体而言的,意为毋自欺的工夫就是实用其力,而"毋"字作为一禁止之词①,更从语势上强调了"实用其力"的意思②。

将毋自欺的工夫诠释为"实用其力",这突出了"实用其力"在诚意工夫中的纲领性意义。这样一来,自欺作为诚意的反面事实上也就意味着用力不实,正如吕留良所指出的:"实好实恶,诚意已了。自欺只是不能实好实恶耳。"③朱子在《大学章句》中这样解释"自欺":"自欺云者,知为善以去恶,而心之所发有未实也。"④与朱子一样,吕留良对"自欺"的诠释亦突出了"不实"之意;但与朱子不同的是,相比于朱子从"意"⑤的角度来强调"不实",吕留良进一步将"不实"引向了"做"的方面。吕留良说:"自欺者,自己见得如此,却不如此实做耳"⑥,在吕留良这里,"实做"当包含了"实意"的意思,因为如果与一个道德行为相伴随的意念是不实的,那么我们很难承认该道德行为是实的。因而,吕留良有时也会从"意"与"做"两个角度来解释"自欺":"'自欺'只是发得不足、做得不尽处便是,不必说到后来掩覆也。"⑦将"实意"这一原本极具心性论色彩的含义引向"实做",这一话语转变的背后透露出吕留良朱子学诠释的经世化倾向。

(二)自慊与实用其力

在诚意章传文中,"自慊"与"自欺"是一对在实践上正相反对的范畴,"自欺"的某些含义亦需要通过对"自慊"的理解才能得以深化。吕留良说:

> "自欺"乃不实用其力之由,"自慊"乃实用其力处,似反正一例而实两层也。⑧

很显然,"实用其力"作为诚意工夫的纲领依然贯穿了对"自慊"的解释。雍

---

① 朱子说:"毋者,禁止之辞。"(朱熹:《朱子语类》,载《朱子全书》[第14—18册],朱杰人等主编,上海:上海古籍出版社,2010年,第527页。)
② 重视对原典用字的品评,这在吕留良的经典诠释中较为常见。参见王铁花:《吕留良〈孟子讲义〉研究》,陕西师范大学硕士学位论文,2014年,第21—22页。
③ 吕留良:《吕子评语》,第131页。
④ 朱熹:《四书章句集注》,第20—21页。
⑤ "意者,心之所发也。"见朱熹:《四书章句集注》,第17页。
⑥ 吕留良:《吕子评语》,第144页。
⑦ 吕留良:《四书讲义》,第39页。
⑧ 同上。

正九年(1731),因曾静案的影响,在翰林院编修顾成天的建议下,雍正命朱轼等人纂写《驳吕留良〈四书讲义〉》,是书选取了吕留良《四书讲义》中的代表性评语进行逐条批驳①。上述引文便被选编在内,并批驳道:

> 朱子《答孙敬甫》书曰:"如兄所论,则是不欺后方能自慊,恐非文意。盖自欺自慊两事相抵背。"按此则留良两层之说非也。盖本文于"毋自欺也""如恶恶臭,如好好色"之下便直接云"此之谓自慊",明是一串事也。若分作两层,则"此之谓"三字文义如何说得去耶?②

该批驳有一定的根据,朱子的《答孙敬甫》(所论才说存养即是动了)可见于《晦庵先生朱文公文集》卷六十三③。但细审之,这里的批驳却犯了胡楚生所言的"所驳以偏概全,而吕说别有宗主者"的错误④。吕留良"似反正一例而实两层"的意思是指:相对于"实用其力"而言,自欺是不实用其力的原因,所谓"所以用力不实者为自欺"⑤;而"自慊"乃是实用其力之处。一个是不着实下工夫的原因,一个是着实下工夫的结果,这是从概念的规定上来说"自欺"与"自慊"的"实两层"之意,其背后的深意就是教导学者从根源上克治自欺,着实下实用其力的工夫。与吕留良这里着眼于概念解析不同,朱子在《答孙敬甫》中是从工夫的现实践行上来说"自欺自慊两事相抵背"的,意思是"毋自欺"的工夫就是"自慊"的工夫,不是说有一工夫以实现不自欺后,又有另一工夫来实现自慊。对此,吕留良说:"毋自欺便自慊,便是诚意。"⑥显然,吕留良在这方面的理解与朱子是相同的。

---

① 关于《驳吕留良〈四书讲义〉》的价值,学界的评判稍有不同。容肇祖认为:"《驳吕留良四书讲义》一书,既全为应制而作,他的内容,当然是要不得的。朱轼、吴襄、方苞、吴龙应、顾天成等,都是媚上和苟取禄位之流,他们所摘驳,自然是断章取义,敷衍成书,毫无价值的了。"(容肇祖:《吕留良及其思想》,载《容肇祖集》,济南:齐鲁书社1989年,第583页)胡楚生与容肇祖的观点大体相同,但胡楚生认为《驳吕留良〈四书讲义〉》中亦有"所驳较有理致,而吕说未免失当者"。(胡楚生:《〈吕留良四书讲义〉与〈驳吕留良四书讲义〉》,载《清代学术史研究》,台北:学生书局,1988年,第79—98页)
② 朱轼:《驳吕留良四书讲义》,清雍正十一年刻本,第23页a。
③ 朱熹:《晦庵先生朱文公文集》,载朱杰人等主编:《朱子全书》(第20—25册),上海:上海古籍出版社,2010年,第3066—3067页。
④ 参见胡楚生:《〈吕留良四书讲义〉与〈驳吕留良四书讲义〉》,第94页。
⑤ 吕留良:《四书讲义》,第39页。
⑥ 吕留良:《吕子评语》,第130页。

(三)慎独与实用其力

朱子《答孙敬甫》书强调"自欺自慊两事相抵背",更为重要的用意是强调谨独(慎独)工夫乃是自欺与自慊的重要关口,以此避免对谨独工夫的支离化阐释。朱子在书中言:"所论谨独一节,亦似太说开了。须知即此念虑之间,便当审其自欺、自慊之向背,以存诚而去伪,不必待其作奸行诈,干名蹈利,然后谓之自欺也。"①而在这一点上,吕留良更是准确地把握住了朱子的意思。吕留良说:

> 好恶便是意,毋自欺而必自慊,便是诚,但欺慊分界处,其后相悬,其初甚微,他人所不见,未有自己不见者,故谓之独。②

"独"乃自欺与自慊的分界处,"慎独"是毋自欺而必自慊的要紧关头,故"慎独不是又一节工夫,慎独便是欺与慊分界处"③。由此可见,吕留良在工夫的现实践行上的确将自欺与自慊视为"相抵背"的两事,并将慎独视为二者的分界处。应该说,吕留良的解释是符合朱子原意的。吕留良还说:"末句紧承'自欺''自慊'说来,意发而实则自慊,不实则自欺,实与不实,惟自心发念时知之,此所谓独也。故此'独'字中只辨实不实,不辨善恶,辨善恶乃'致知'甲里事。"④根据《吕子评语》所录,此处的"末句"即指"慎独句"⑤,在吕留良看来,辨善恶乃是致知的工夫,慎独工夫只辨实与不实,这就将慎独工夫收摄于实用其力的纲领之中,从而使慎独成为实用其力的紧要之处。

综上,在吕留良对朱子诚意思想的诠释中,对诚意章传文各核心范畴的诠释融贯地结合在一起,并统一于对诚意工夫具有纲领性意义的"实用其力"一语中。应该看到,一方面,吕留良对诚意工夫的理解深契于朱子的晚年诠释。事实上,朱子对于诚意章传文各范畴的融贯诠释并不是一蹴而就的,而是经过数次改动后才形成的。一个明显的证据是,朱子在作于绍熙五年甲寅(1194)的《经筵讲义》中,将"所谓诚其意者,毋自欺也"与"如恶恶臭,如好好色,此之谓自慊,故君子必慎其独也"两句分开来注解,而今本《大学章句》则

---

① 朱熹:《晦庵先生朱文公文集》,第 3067 页。
② 吕留良:《四书讲义》,第 40 页。
③ 吕留良:《吕子评语》,第 132 页。
④ 吕留良:《四书讲义》,第 41 页。
⑤ 吕留良:《吕子评语》,第 134 页。

是将二者作为一整句话来注解的①。这意味着,如何将自欺、自慊、谨独三者在诚意工夫的诠释中融贯起来,是朱子晚年诚意章改注过程中所面对的一个重要问题。对此,吕留良显然领会了朱子的问题意识与解决方案,他将自欺、自慊、慎独统一于"实用其力"的融贯诠释,是朱子诚意思想的良好注脚。另一方面,吕留良在对朱子诚意思想的诠释中特别强调以"实用其力"作为诚意工夫的纲领,这不仅点出了朱子诚意章诠释中时常为人所忽略的核心话语,更为重要的是,以"实用其力"作为诚意工夫的纲领,使得吕留良在文义上能顺理成章地将诚意工夫引向"实做"的含义,从而实现诚意工夫从心性论传统向经世致用的话语转向。

二、慎独乃诚意之紧要关头

作为明朝的遗民学者,吕留良将明朝的灭亡归咎于心学,因而在学术上力求辨明朱子学之是与心学之非。"慎独"在心学工夫论体系中具有首要意义,王阳明与刘宗周等人都曾将"独"提升到本体的高度。《大学》诚意章是"慎独"话语的重要来源之一,因而吕留良在阐释《大学》诚意章时特别注重辨明心学家对"慎独"理解的弊端,以求还原朱子慎独工夫的真意。吕留良说:"若意之既发,其诚与不诚,又当于发动之几,自加省察,勿使虚伪间杂,乃所谓'慎独'。"②慎独工夫乃是对意念发动之几的谨觉省察,是"传者于诚意中提出紧要关头"③;由于慎独工夫只是在意念发端处下工夫,故吕留良一再强调"慎独"并非"诚意"。

(一)慎独审其几

朱子在《大学章句》中将"独"解释为"人所不知而己所独知之地也"④,而将"慎独"诠释为:"然其实与不实,盖有他人所不及知而己独知之者,故必谨之于此以审其几焉。"⑤在宋明理学中,"几"这个概念通常指人意念刚刚萌动时的状态。在朱子这里,"慎独"作为一种"审其几"的工夫,事实上就是要人

---

① 参见朱熹:《晦庵先生朱文公文集》,第710—711页;朱熹:《四书章句集注》,第20—21页。
② 吕留良:《四书讲义》,第12页。
③ 同上书,第41页。
④ 朱熹:《四书章句集注》,第21页。
⑤ 同上。

在意念萌动的发端处谨觉省察，以防止私意私欲等恶念的产生。吕留良对"慎独"的理解紧紧追随着朱子的脚步，他说："诚无为，几善恶，人生而静，但有至善感于物而动，然后善恶形焉。恶之生也，其在动之微乎，故君子慎独审其几也。"①分而言之，作为"人所不知而己所独知之地"的"独"，指的就是人意念刚刚萌发的状态，这种意念刚萌的状态不论在人前还是人后都会存在，因此"独"只与主体的心灵状态相关。吕留良说："慎独只在动静之交接处，又加谨耳，盖此是恶初生处，斩根须在此也。独只是己意已发，而人犹未见，故朱子谓'对众人时亦是独'。"②另外，"慎"就是自我的谨觉省察，尤其指向对自己隐微心灵状态的谨觉省察，因而"慎"具有"严"的特征。对此，吕留良说："指视之严，犹《中庸》'莫见'二句，论道理如此，非为怕指视而慎也。"③诚意章传文引用曾子"十目所视，十手所指"一语来形容"慎"之"严"，在吕留良看来，这并不是说"慎"是迫于某种外在的监督，而是如《中庸》首章"莫见乎隐，莫显乎微"一语所表达的，通过"视"与"指"来形容自我谨觉省察之严格精微。在这里，自我对自我谨觉省察的主体意识成了"慎独"的关键含义，因此吕留良说："视指之严与迫于人，迥然为己为人之别，岂可同语。"④在这种主体意识中，慎独工夫在道德哲学上具有自律道德的特征；而就"几善恶"这点而言，"慎独"之"严"意味着一种康德意义上的道德严格主义。

吕留良在诠释慎独工夫时，时刻注意辨明心学之非，他尤其反对心学家对"独"的本体化阐释。其实，心学家基本都认可朱子以"独知"释"独"，但他们不同意朱子对于"独知"本身的理解。在朱子看来，"独知"所指的是意念刚刚萌动之时，因而是心之已发时的动念状态；而心学家则放弃了朱子这种对"独知"的状态性阐释，而试图将"独知"视为一个兼贯动静的实体，从而使其本体化。如王阳明在悟入"致良知"之教后作诗言："无声无臭独知时，此是乾坤万有基"⑤，刘宗周更直接针对朱子以"独知"释"独"评论说："朱子于独字下补一知字，可为扩前圣所未发，然专以属之动念边事，何耶？岂静中无

---

① 吕留良：《四书讲义》，第 524 页。
② 同上。
③ 同上书，第 46 页。
④ 吕留良：《吕子评语》，第 144 页。
⑤ 王守仁著，王晓昕、赵平略点校：《王文成公全书》，北京：中华书局，2015 年，第 938 页。

知乎？使知有间于动静,则不得谓之知矣。"①对于心学家对"独知"的理解,吕留良分析并批判道:

> 凡意念初动,事为未著时,人所不见而自己独见,此时此处谓之独耳。《大学》注云"人所不知而己所独知之地","地"字最当玩。人每忽却"地"字,误认"知"字,遂将"独"字硬派入心体上说,将两节工夫混而为一,而于工夫次第亦先后倒乱。②

吕留良敏锐地指出,心学家虽注意到了朱子以"独知"释"独",但却忽略了"独知"后面的"地"字,由此造成了对"独知"进行本体化的错误阐释。在朱子对"独"的定义中,"地"字表明了"独知"是心灵的一个属性、一种状态,这种状态只是心灵思虑将萌之时的境况,而非实体。正如吕留良所言:"看注中下一'地'字,则'独'字指人所不见之时境言,即与下节闲居相照,非谓心有独体、知有知觉,复说到致知甲里去也。"③因此,"慎独"只是对心灵在思虑将萌时的自我省察,而非觉察本体、拓展本体的"逆觉体证"。所以,吕留良说:"'慎独'节,在交接头上用力,'独'就时地上看,非心中另有此件物事也。"④

心学家对"独知"的错误阐释所带来的另一个结果,就是"将两节工夫混而为一"。此处的"两节工夫"是指《中庸》首章的"戒慎恐惧"与"慎独",在朱子那里,二者是两个工夫。所谓"戒慎恐惧"是指:"是以君子之心常存敬畏,虽不见闻,亦不敢忽,所以存天理之本然,而不使离于须臾之顷也。"⑤朱子认为,"戒慎恐惧"乃是常存敬畏于人心灵之不睹不闻的思虑未萌之际,"戒慎恐惧"与"慎独"分属于未发工夫与已发工夫两节。当然,朱子还有另一种说法,即"'不睹不闻'是提其大纲说,'谨独'乃审其微细"⑥,在这个意义上,"戒惧慎独"是统说,是兼摄动静、兼摄未发与已发的工夫;而"慎独"则是在意念发动之"几"上谨觉省察,乃是"戒惧慎独"的细密之处。吕留良更为认同后面的说法,他说:"以慎独是零碎工夫,戒惧是统体工夫,其实戒惧包得

---

① 黄宗羲:《明儒学案》,沈芝盈点校,北京:中华书局,1985年,第1525页。
② 吕留良:《四书讲义》,第642页。
③ 同上书,第41页。
④ 同上书,第524页。
⑤ 朱熹:《四书章句集注》,第33页。
⑥ 朱熹:《朱子语类》,第2035页。

慎独,慎独只在界头更加谨耳,非谓先做慎独,后做戒惧也。"①不论如何,"戒慎恐惧"与"慎独"在朱子那里都不能打并为一,但王阳明却认为"戒慎恐惧"与"慎独"是一个工夫,他说:"今若又分戒惧为己所不知,即工夫便支离,亦有间断。既戒惧即是知,己若不知,是谁戒惧?"②王阳明将"戒慎恐惧"理解为"念",理解为"知",这样一来,"戒慎恐惧"就与"慎独"一样都是在"独知"上下工夫;在此基础上,通过"独知"的本体化阐释,"戒慎恐惧"就成为一种"本体之念"③。对王阳明而言,吕留良的批判是有道理的。王阳明将"戒慎恐惧"与"慎独"打并为一的关键就是对"独知"的本体化阐释,从而将人的一切内心活动都纳入"知"的范畴。但事实上,朱子的"独知"概念要朴素、狭窄得多,它仅仅指人思虑刚刚萌发时的心灵状态,并无任何本体意味。王阳明以后的心学家对朱子"独知"的阐释,的确造成后来很多人乃至当今的研究者们对朱子慎独工夫的误解。吕留良通过点出朱子定义中的"地"字,从而还原朱子慎独工夫的真意,这对朱子学的正本清源具有十分重要的意义。

(二)独非意也,慎非诚也

刘宗周曾言:"《大学》之道,诚意而已矣。诚意之功,慎独而已矣。意也者,至善归宿之地,其为物不二,故曰独。"④将"慎独"视为"诚意"的别名,是心学家较为普遍的观点。与之相对,吕留良在对朱子诚意思想的诠释中一再强调,慎独工夫只是诚意的紧要关头,而"慎独"本身并不等于"诚意"。他说:

> 依经文本义说"诚"字,但当体会"实用其力"四字讲,若慎独则又传者于诚意中提出紧要关头,谓意之所以不诚,皆在初发端时有所未尽,人未见处不实用力,此属于独,即易之所谓几,乃意之起头,非意之全体;意之全体,直彻事为之终始,独只是自静而动之交接关头,诚无为,几善恶,善恶之夹杂从几中生,即其有所未尽,不实用力,便是恶之萌蘖,此际更加省察,则恶端无从而入,此之谓慎。慎有严善恶意,诚则实行其善而已,两义不同。独非意也,慎非诚也。后儒不明经传之旨,于诚意外添出

---

① 吕留良:《四书讲义》,第643页。
② 王守仁:《王文成公全书》,第43页。
③ 参见王凯立:《心学功夫》,贵阳:贵州人民出版社,2017年,第103—105页。
④ 刘宗周:《刘宗周全集》(第4册),吴光主编,杭州:浙江古籍出版社,2007年,第417页。

慎独工夫固不是,误认慎独即诚意,亦不是。①

一方面,"诚"乃是"实用其力",而"慎"乃是在静动交接的思虑将萌之际加以省察,因为思虑将萌之际乃是善恶分判的开始,所以可以说"慎独"是"诚意"的紧要关头,但这绝不意味着作为"审其几"的慎独工夫就等于"实用其力"的诚意工夫。吕留良说:"诚意是用力,不是导机。诚意中亦无遏抑义,只尽其恶恶之量耳。"②另一方面,"独"只是"意"的发端,并非"意"的全部,"意"贯穿在行动的始终。在这个意义上,"慎独"仅是诚意工夫中去除自欺的方法,而非贯穿在行动始终的工夫,因此吕留良说:"去欺之法,在'慎独',非'慎独'即'诚意'也,人看'独'字蒙混,竟似诚其独者,则谬甚矣。"③

通过指出"慎独"并非"诚意",吕留良更多地突出了"诚意"背后经世致用的含义。他说:"'诚'字中有事为在,即至'平天下'之'民之所好好之,民之所恶恶之',亦只是诚意直贯到底,故'诚意'一传变文独释,正为此也。"④诚意章传文开篇言"所谓诚其意者",而不是如《大学》其余各章传文开头的体例言"所谓……在……者",在吕留良看来,这恰恰说明了诚意工夫是直贯到"平天下"的。因此,诚意工夫并非只是慎独的心性修为,它还有着更为广阔的经世意涵,这与吕留良将"实用其力"的诚意纲领引向"实做"之意乃至他整个朱子学阐释的经世致用倾向是相一致的。

三、诚意必先致知

在朱子的《大学》工夫论次序中,"致知"与"诚意"的关系问题一直是朱子晚年诚意章改注的重点。对此,吕留良首先肯定了致知当在诚意之先:"'致知'是平日间事,平日讲究得义理善恶分明,到发念时自然当理;若不曾致知,则好所不当好,恶所不当恶,初念便不是,虽诚亦错,故不可不先致也。"⑤在吕留良看来,作为"实用其力"的诚意工夫就是要对其所当好、所当

---

① 吕留良:《四书讲义》,第41—42页。
② 吕留良:《吕子评语》,第69页。
③ 吕留良:《四书讲义》,第39页。
④ 同上书,第41页。
⑤ 同上书,第12页。

恶者实用好恶之力,但辨明具有先在性的所当好与所当恶之事就需要格物致知的穷理工夫。因此,吕留良强调:"知之未至,则不当好而好,不当恶而恶,其意不可得而诚也,此是'知''意'相关之故。"①

在朱子那里,对致知在诚意之先的解释并无多大问题,真正困扰朱子的是,在"致知"后的诚意工夫如何安顿。朱子曾在相当长的一段时间里将诚意视为格物致知的工夫,在《答王子合》中,朱子明确指出:"意虽心之所发,然诚意工夫却只在致知上做来。若见得道理无纤毫不尽处,即意自无不诚矣。"②由是,诚意在《大学》的工夫次序中完全被并入格物致知,从而几乎成了赘语。事实上,朱子在晚年的改注历程中也曾注意到了这一问题,在《答汪长孺别纸》中,朱子在向汪长孺解释《大学》"知至而后意诚,意诚而后心正"的改注时说:"若如旧说,则物格之后更无下功夫处,向后许多经传皆为剩语矣,意恐不然,故改之耳。"③几经改动之后,朱子最终在致知之后安顿了诚意工夫,并且还建立了诚意章传文各范畴间的融贯诠释④。

吕留良对"诚意"的诠释有得于朱子的晚年定论,他说:

> 不是说待"致知""知至"了,方去做"诚意"工夫,知善知恶,自是"致知"传中事,此传不及耳。但就人所知善恶,如当下之当好当恶,是非未尝不明,就此明处发为好恶之意,便当尽其好恶之力,所谓"诚意"也。然人每不能尽好恶之力者,缘其闲居不肯认真用力,自以为人所不见处,可以放松,不知此处一松,无所不至,此放松处必有其端倪,即谓之"几",此是私欲插根处。盖人性本善,未尝有恶,恶由此生,故曰"诚无为,几善恶"。此时此地为人所不见而己独知者,故谓之独,诚意者于此时加省察,不使自欺之根于此滋长,则好恶之力,未有不尽而意自诚矣。书理大

---

① 吕留良:《四书讲义》,第 19 页。
② 朱熹:《晦庵先生朱文公文集》,第 2262 页。据陈来先生考证,封书信作于己酉(1189)。陈来:《朱子书信编年考证》,北京:生活·读书·新知三联书店,2011 年,第 298 页。
③ 朱熹:《晦庵先生朱文公文集》,第 2465 页。该封书信的写作时间当以辛亥(1191)为近,参见郑泽绵:《朱熹论自我修养及其心性论基础》,香港中文大学博士学位论文,2011 年,第 247 页注释 647。
④ 参见许家星:《"更是〈大学〉次序,诚意最要"——论朱子〈大学章句〉"诚意"章的诠释意义》,《南昌大学学报》2011 年第 1 期;许家星:《论朱子的"诚意"之学——以"诚意"章诠释修改为中心》。

段如此,后儒看"慎独"二字疆界不清,遂使全旨蒙障。①

"知善知恶"涉及是非、善恶的知性判断,这是致知之事;而"诚意"乃是在"知善知恶"的基础上实用对善恶所当好与所当恶之力。吕留良一再强调,"辨善恶"乃是致知工夫,而诚意工夫不辨善恶。《四书讲义》载:

> 有谓"诚"字中不可兼言善恶,只或有半善而非全善,或九分皆善而一分未尽善,亦是皆要致知,"致"字极重。先生曰:"诚有半善非全善,九分善而一分未尽善,此亦是致知甲里话,非诚字中话也。"或曰:十分九分之说本朱子。曰:"朱子是讲自欺,谓为善之意有不足,非指意之善恶也。"②

吕留良认为,诚意工夫不是使"意"由恶变善,而是使善意实化。使"意"由恶变善依然是致知的工夫,吕留良说:"'致知'是平日间事,平日讲究得义理善恶分明,到发念时自然当理。"③在吕留良看来,"意"的道德属性是完全可以由"知"来保障的,待"知至"以后,所发之"意"便是全善的,这种善的属性不仅是"质"上的"善",而且还是"量"上的"十分善"。因此,诚意工夫只讲"意"之实与不实,不辨善恶。吕留良将辨善恶从"质"上与"量"上都归属于格物致知,而认为诚意工夫只讲实与不实,这在"致知"与"诚意"之间划出了一条明确的界限,从而回应了朱子晚年诚意章改注时所面临的诚意工夫在"致知"之后无法安顿的问题,并且也肃清了心学家将"致知"与"诚意"混而为一的诠释路向。但是,吕留良将"意"之善在"量"上也完全归属于格物致知,这是存在理论问题的。因为诚意作为实用其力的工夫,这意味着"知至"之后"意"本身还是会存在不实而自欺的情况,认为存在不实而自欺的"意"在格物致知之后在"质"与"量"上都已达到了"全善",这在理论上是说不通的。况且,吕留良在论及"慎独"时,也认为思虑将萌之际是善恶分判的开始,若认为"诚意"不辨善恶,这显然与吕留良自己对"慎独"的解释难以一致。事实上,朱子本人也更多是从"量"上来论证诚意工夫在致知后的必要性,其"十分九分之说"可见于如下语录:

---

① 吕留良:《四书讲义》,第39页。
② 同上书,第11页。
③ 同上书,第12页。

"知至而后意诚",已有八分。恐有照管不到,故曰谨独。①

盖到物格、知至后,已是诚意八九分了。②

致知,则意已诚七八分了,只是犹恐隐微独处尚有些子未诚实处,故其要在谨独。③

凡恶恶之不实,为善之不勇,外然而中实不然,或有所为而为之,或始勤而终怠,或九分为善,尚有一分苟且之心,皆不实而自欺之患也。④

朱子说:"致知,知之始;诚意,行之始。"⑤"格物致知"是"知善"的工夫,而"诚意"是"为善"的工夫。虽然朱子在早些时候的确认为"为善"可完全由"知善"来保障,因此诚意工夫只是格物致知,但后来,朱子逐渐意识到虽然"为善"必须十分"知善",但十分"知善"只能保证七八分"为善",并不必然会带来十分"为善",因此"知至"后意已诚七八分,而另外两三分"为善"的缺乏正是诚意工夫所要解决的问题。所以,与其笼统地将"知至"之后的所发之"意"视为是"全善"的,吕留良一个更好的理论选择是:诚意工夫不涉及"知善"之事,甚至也不涉及"为善"在"质"上问题,从而将"为善"在"量"上的不足考虑为"意"之善恶分数上的问题,以此从理论上为诚意工夫划定精准的目标。从这个意义上说,《驳吕留良〈四书讲义〉》在这方面对吕留良的批评是有道理的:"朱子分数之说,明指意之善恶而言,即如留良言'朱子是讲自欺',谓为善之意有未足,为善之意未足是即不善也。留良乃云'非指意之善恶',然则意之善恶又于何而剖之耶?"⑥

在诠释"致知"与"诚意"的关系时,吕留良还时刻注意辨明"慎独"与"致知"的区别。他说:

诚意先致知,不是要知觉察意也。平日讲究得道理明白,则发念自然真实,真实来亦不错;若发意时加省察,此又是"慎独",不是"致知"条下事。今人皆为认差此义,故讲"慎独"又混入"致知",只坐将"致知"工

---

① 朱熹:《朱子语类》,第 522 页。
② 同上书,第 521 页。
③ 同上书,第 522 页。
④ 同上书,第 524—525 页。
⑤ 同上书,第 488 页。
⑥ 朱轼:《驳吕留良四书讲义》,第 7 页 a。

夫,误作发动时觉察观耳。①

"诚意先致知"并不是利用心的知觉功能来对所发之意进行监制,吕留良对此进一步解释道:"诚意必先致知,非谓发念之时要'知'去监制他,亦非谓初发之意必善,继起之意必不善,而以初念为知也。"②如前所述,吕留良认为"致知"是平日间将道理讲求明白的工夫,待"知至"之后,所发意念自然当理,在此基础上,"诚意"工夫才能在其所当好与所当恶上实用其力。因此,"致知"在"诚意"之先并不是以"知"去监管"意"。吕留良说:"诚意必先致知,即《中庸》所谓'不明乎善,不诚乎身''明则诚矣'之意。盖理明则发念皆正,而用力皆实,非谓赖知去觉察意之诚否也。"③在此过程中,"慎独"只是实用其力的紧要关头,如果将"诚意必先致知"理解为以"知"去监管"意",那么就很容易将"独"与"知"联系起来,从而像心学家那样将"独"与"知"本体化,进而在工夫次序上将"慎独"与"致知"打混。例如,王阳明就曾认为"慎独"就是"致良知":

> 致知者,致吾心之良知于事事物物也。致吾心之良知于事事物物,则事事物物皆得其理矣。独,即所谓良知也;慎独者,所以致其良知也;戒谨恐惧,所以慎其独也。《大学》《中庸》之旨,一也。④

对此,吕留良批判道:"人多误解致知是发意时返照之用,于是将诚意传中'慎独'打混,以独为本体,有谓即是致知者,有谓真知即诚意者,甚有谓意乃心之所存,即是独体者,其谬乱皆从此出"⑤,又说:"'独'字只对人而言,后来说入心体,便是援儒入墨家言,非圣贤之所谓独也"⑥。将"慎独"与"致知"打混不仅是"援儒入墨",同时还是儒学的禅学化:"觉察意是慎独事,不是致知事,此界不明,粗则支离纷扰,精则打入禅门,总与圣经没交涉。"⑦吕留良对禅学批判道:"禅学之'知',正要绝去'意'字,此与正学之'知'正相悖,所

---

① 吕留良:《四书讲义》,第12页。
② 同上。
③ 同上书,第13页。
④ 耿定向:《东廓邹先生传》,转引自耿加进:《邹东廓先生年谱》,载《阳明学刊》(第五辑),张新民主编,成都:巴蜀书社,2011年,第155—156页。
⑤ 吕留良:《四书讲义》,第12页。
⑥ 同上书,第44页。
⑦ 同上书,第13页。

谓'无生忍'也。"①

在吕留良看来，将"慎独"并入"致知"，这在文本诠释上存在着巨大的问题。他说："若以觉察为知，则知反在意后矣。"②觉察乃慎独之事，它是对"意"的觉察，这在次序上意味着先有"意"而后有对"意"的觉察，因而，如果将致知视为"知觉察意"，那么必然的逻辑结论就是先有"意"而后"知"。对此，吕留良指出："独即意之实境，慎即诚之紧严处，即在诚意中说，不涉致知甲里事。若混此处为'致知'，则知之功反在意后，且须于致知、诚意之间，增补慎独为一条目矣。"③先有"意"而后有对意的觉察，待"知觉察意"后"知"才得以"致"，由此，"知之功反在意后"，并且作为觉察工夫的慎独就成为了在"致知"与"诚意"之间的另一条目，这显然与《大学》原文的工夫次序相违背。吕留良认为，造成这种工夫次序混乱的原因还在于对"独"的本体化阐释，因此他说："独即自也，不曰自而曰独，指分界之时地而言，乃诚意之紧要处，非心意间别有一物名之曰独也。若心意间别有独体，则诚意之上，又增出一条目矣。"④

综上，在"致知"与"诚意"的关系上，吕留良肯定了"致知"在"诚意"之先，并认为"致知"是平日间辨得义理分明的工夫，待"知至"后，所发之意已自然当理，而诚意工夫就是在此基础上实用其所当好与所当恶之力。因此，辨善恶乃致知工夫，而诚意工夫不辨善恶。这一诠释虽然在理论上存在着一些问题，但吕留良显然领会了朱子晚年诚意章改注的问题意识，并给出了正确的解答方向。在吕留良的诠释中，另一个重要的问题意识就是辨明心学之非。通过指出"诚意必先致知"并非指以"知"监管"意"，吕留良强调了"独"并非实体，"慎独"并非"致知"，从而严守了朱子遵从《大学》工夫次序的理学立场。

四、余论：诚意话语的展开

在朱子晚年诚意章的改注历程中，由于朱子有相当长的一段时间认为

---

① 吕留良：《四书讲义》，第13页。
② 同上。
③ 同上书，第12页。
④ 同上书，第40页。

"自欺"产生的原因是"格物致知"工夫的不到位,由此在理论上导致了两个十分重要的问题:其一,如何在格物致知后安顿作为"毋自欺"的诚意工夫?其二,如何理解诚意章传文中的慎独工夫,并解释慎独工夫与自欺、自慊之间的关系?事实上,朱子晚年已经很好地解决了这两个问题,但遗憾的是,朱子晚年的诚意思想多为人所忽视①。在对朱子诚意思想的诠释中,吕留良展现出他家所不及的一面,他不仅在辨明心学之非中深契于朱子的问题意识,同时还在朱子本人的注解中为上述问题的解决搭建了正确的框架。吕留良首先在朱子的注解中点出"实用其力"一语,并将其强调为诚意工夫的纲领。在此基础上,吕留良指出诚意工夫是要实其好善恶恶之意,而作为在诚意之先的致知工夫则是在好恶之意前辨明善恶。因此,诚意工夫只辨实与不实,而不辨善恶,辨善恶乃是致知工夫。虽然,吕留良将"意"之善完全归因于致知工夫存在一定的理论问题,但他点出诚意工夫只辨实与不实,这显然为回答朱子上述所面临的第一个问题指明了正确的方向。"实用其力"只在诚意工夫中说,因此诚意工夫在格物致知后有其独立的地位。另外,"实用其力"作为诚意工夫的纲领融贯了"自欺""自慊""慎独"等范畴,其中"自欺"乃"不实用其力之由","自慊"乃"实用其力之处",而"慎独"作为谨觉省察于"自欺"与"自慊"分界处的意念刚萌时的工夫,便成为"实用其力的紧要之处"。这样一来,诚意章传文中各重要范畴的诠释便在"实用其力"的纲领下融贯起来,从而很好地回答了上述朱子所面临的第二个问题。由此可见,吕留良对诚意工夫的诠释乃是朱子诚意思想的良好注脚。

"诚意"是朱子学与心学的重要区别所在,在明末清初理学由"虚"返"实"的转型之际,吕留良对朱子诚意思想的诠释在"尊朱辟王"的理论旨趣中展现出了特定的话语实践功能②。在明末,阳明心学的发展已显露出空疏的弊端,而朱子理学因上升为官学后又逐渐沦为学者士人追名逐利的工具。对此,东林学派、刘宗周等人已有所反思,理学的发展显示出了"调和朱王"的理论趋向。然而,明亡的现实给了吕留良更为沉痛的打击,他不满于东林学

---

① 关于朱子晚年诚意思想的发展历程,我另有专文论述。参见王凯立:《"真知"与"自欺":论朱子诚意思想发展的三个阶段》,未刊稿。
② 话语作为一种社会实践深入在社会的各个层面,体现着权力与意识形态。话语分析方法注重揭示出话语在社会实践中隐藏的"微言大义",对中国哲学研究而言具有范式转化的意义。(朱人求:《话语分析与中国哲学研究范式转化》,《学术月刊》2016年第9期)

派、刘宗周等人对阳明心学的吸收,而坚决维护纯粹的朱子学立场。有学者曾将吕留良定义为一个经世型的儒者,并指出:"虽然稍涉猎过晚村的著述如《四书语录》《四书讲义》等,都不难找到他顺着四书的脉络也谈过天道理气心性。但这些宋明儒心性之学的精微义理实可谓未尝真正进入他的内心成为他一生学问的关注点。"①翻阅吕留良的日常书信可以发现,作为心性工夫的"诚意"并没有如在朱子那里一样,成为吕留良在哲学建构与政治实践中念兹在兹的话语。但有趣的是,吕留良在《四书讲义》中显得尤其重视"诚意",在《大学》"八条目"中,吕留良更加注重阐发诚意之旨,《四书讲义》所集关于诚意章的评论语录远多于格物致知章,且在诠释深度上也比格物致知更加精细。之所以如此,是因为吕留良对朱子"诚意"思想的诠释既不是意图重建具有形而上学色彩的心性论体系,也不是希望"得君行道"而以"诚意"格君心之非,而是要通过在时文评选中对"诚意"话语的大量辨析,矫正心学对社会文化的不良影响,从而将当时的学风、士风由崇尚空疏导向笃行实践。在这个意义上,"诚意"话语虽然没有真正进入吕留良的内心,但在其话语实践中却集中地反映出吕留良"尊朱辟王"的学术宗旨。正如钱穆先生指出:"人惟功名之是见,则夷夏之防终惰。人惟节义之是守,而夷夏之防可立。晚村所以深斥永嘉而敬推朱子者,其意在是。晚村所以深斥姚江而敬推朱子者,其意亦在是也。永嘉不讳言功利,姚江力排功利而言良知,然从事于功利者每借良知为借口。惟谨守朱子之所谓义理,则显与功利背驰。而言良知者,其根极归趣亦无以自外焉。"②正因如此,吕留良与张履祥志同道合,并深刻影响了清初理学名臣陆陇其,三者共同构成了清初"尊朱辟王"思潮中的一条主线③。

如何重新认识清初理学的复兴?这是一个亟待研究的思想史课题。面对一个崇尚空疏、士风虚浮的功利世界,借由传统思想资源所进行的时代反思,逼显出了清初学术的"实学"思潮。无论是颜李学派彻底反对宋明理学而主张回归先秦的孔孟之道,还是顾炎武、阎若璩等人以考据的方法处理理学

---

① 郑宗义:《明清儒学转型探析——从刘蕺山到戴东原》,香港:香港中文大学出版社,2009年,第139页。
② 钱穆:《中国近三百年学术史》(一),北京:九州出版社,2011年,第89页。
③ 张天杰、肖永明:《从张履祥、吕留良到陆陇其——清初"尊朱辟王"思潮中一条主线》,《中国哲学史》2010年第2期。

问题,抑或是黄宗羲、孙奇逢、毛奇龄、汤斌等人"调和朱王"的主张,理学在清初的发展普遍具有反对空谈心性、强调实行、强调经世致用的"实学"特征,这在治学方法上体现为经学或说汉学方法的复兴,在理论内容上体现为对宋明理学理、气、心、性等概念的去形而上学化的处理。对于同样置身于这一脉络中的吕留良、张履祥、陆陇其等人,其"述朱"工作亦未能例外。吕留良对朱子诚意思想诠释的一个重要面向是:以批判现实的功利世界为旨归,揭示心学之空疏,发扬朱子学的"实学"内涵以端正人心。正如其言:"自三代以后,习成一功利世界,己心民心,皆失其正,凡礼乐刑政、制度文为、理财用人之道,纯是私心做就,先儒所谓心如印板,板文错,则印出书文无不错者。三代之所好所恶,无论己心无有,即民心亦不望及矣,岂不可哀也哉。故程朱责难于君,必以正心诚意,非迂阔也。"①在对朱子诚意思想的诠释中,吕留良并未对理、气、心、性等形而上的理论面向作太多的阐释与发掘,这虽然在一定程度上有损朱子学的广大精微之境,但也正因此,吕留良将诚意工夫导向了实做与经世,从而展开了朱子诚意话语的"实学"面向。吕留良说:

> 一念之实,一事之成,皆为诚意。至念念如是,事事如是,横推开阔无穷;日日念念如是,事事如是,竖推久远无间。欲净理纯行,道实有诸己,乃所谓德也,不是诚意外别有个德,亦不是才诚意便是德,便能润身。有一分德自有一分润,自下学立心至成德有多少功候在。②

在此"实做"的基础上,吕留良进一步强调"意直到治平都是"③,并指出:"若论诚意功效,则直至平天下。"④在对治平章的评论中,吕留良也多言及诚意之旨:"自'诚意'章讲好恶起,修齐治平只此一线说去。"⑤他对诚意章传文"忠信"与"絜矩"两个重要范畴评论道:"'絜矩'即'诚意'章好恶推广言之,'忠信'即'诚意'章之自慊慎独也。"⑥在这些对"诚意"的"实学"化阐释中,吕留良在新的时代背景下重新激活了朱子学的"诚意"话语,"诚意"话语虽然没有成为吕留良在哲学建构与政治实践中的核心要素,但却因思想阐释的

---

① 吕留良:《四书讲义》,第67页。
② 同上书,第47页。
③ 同上书,第69页。
④ 同上书,第47页。
⑤ 同上书,第66页。
⑥ 同上书,第72页。

时代烙印反映出并建构着思想与历史互动交织的复杂现实。以对朱子诚意思想的诠释为参照,吕留良的"述朱"工作或许在理论上谈不上有多少创新,他所做的只是将朱子思想中原本隐而不彰或被人误解的部分在新的时代背景下重新明晰化。在这个意义上,以一种思想史线性发展的眼光过分期待或苛求清初理学的创新,这恐怕是成问题的。在我看来,任何在新时代背景下对旧思想的创新都要以激活旧思想为前提,因而吕留良作为在清初这一新的时代背景下"述朱"的先行者,其诠释朱子思想的价值并不在于做了多少理论创新,而在于成功激活了朱子学中的核心话语。这些话语在吕留良的阐释工作中回应着时代问题,建构着历史现实,再现了朱子学的批判力量。在新的时代背景下准确理解朱子,进而将朱子学的精神重新带入新时代风貌的塑造中,这才是吕留良的思想史贡献及其值得关注的原因所在。

The Development of *Cheng-Yi* (Making Thoughts Sincere) Discourse of Zhu Xi's Philosophy in the Early Qing Dynasty: On Lü Liuliang's Interpretation of Zhu Xi's Conception of *Cheng-Yi*

Wang Kaili

Abstract: Lü Liuliang's interpretation of Zhu Xi's conception of *cheng-yi* (making thoughts sincere) is the development of *cheng-yi* discourse of Zhu Xi's philosophy in the early Qing Dynasty. Lü Liuliang not only deeply realizes Zhu Xi's consciousness of problems which pushes Zhu Xi to change the annotation of *cheng-yi* in *Daxue Zhangju* (*Interpretation of The Great Learning*) in his old age, but also reconstructs a correct framework for solving these problems according to Zhu Xi's own annotations. In Lü Liuliang's opinion, the term of "making great efforts sincerely" has the programmatic significance of the effort of *cheng-yi*, and thus integrates with other important categories, such as *zi-qi* (self-deception), *zi-qie* (self-contentment) and *shen-du* (being cautious alone). Lü Liuliang especially emphasizes that *du* (aloneness) refers to the state of *ji* (the sprout of mental states) of the heart-mind, not the noumenon in heart-mind theories. Therefore, *shen-du* is only a moral effort to be cautious of the sprout of mental states, which means that *shen-du* is just the crux of *cheng-yi*, but not the whole of it. As for the proposition that *zhi-zhi* (extending knowledge) is antecedent to *cheng-yi*, Lü Liuliang believes that *cheng-yi* just concentrates on the sincerity of moral efforts, but not the good or evil which *zhi-zhi* concentrates on instead. This point responds to the problem faced by Zhu Xi in his old age that there is no need to make thoughts sincere after perfect efforts of *zhi-zhi*. In general, Lü Liuliang's interpretation of Zhu Xi's conception of *cheng-yi* has the tendency of opposing empty talks of human nature and heart-mind, and attaching importance to practice and humanistic pragmatism, which not only reveals Lü Liuliang's academic purpose of praising Zhu Xi but keeping away Wang Yangming, but also shows the general characteristics of the development of Neo-Confucianism in the early Qing Dynasty.

Key words: Lü Liuliang, Zhu Xi, *Cheng-Yi* (making thoughts sincere), Making great efforts sincerely, *Zhi-Zhi* (extending knowledge)

书讯

《黑格尔〈逻辑学〉开篇:从存在到无限性》

[英]斯蒂芬·霍尔盖特 著,刘一 译

北京:中国人民大学出版社,2021 年

斯蒂芬·霍尔盖特(Stephen Houlgate)是英国华威大学哲学教授,以研究黑格尔、海德格尔和德里达等人的思想闻名,对于亚里士多德、斯宾诺莎和康德的思想也有独到见解,善于用清通流畅的语言来讲述艰深晦涩的思想,他还著有《黑格尔、尼采和对形而上学的批判》(1986)、《黑格尔导论:自由、真理与历史》(2005)、《黑格尔〈逻辑学〉开篇:从存在到无限性》(2006)、《黑格尔的〈精神现象学〉:一部读者指南》(2013)等作。

该书对黑格尔《逻辑学》的解读旁征博引而又细致入微,堪称经典。为了让读者更好地进入极为困难的《逻辑学》,作者从近代康德哲学的问题焦点入手,采取开放的态度,对一个多世纪以来黑格尔研究,特别是《逻辑学》研究的各种进路和各家观点进行了彻底的批判,对《逻辑学》由以产生的各种语言的、历史的、宗教的"解释学前提"做了充分的说明,并且准确地定位了黑格尔的"逻辑学"和其"现象学"之间的关系。《逻辑学》接续了西方哲学传统本体论问题发展的广阔脉络,强调哲学思考的"无前提性",并由此揭示了思维之基本范畴和存在之根本结构的同一。

作者写作该书,意在引发对黑格尔《逻辑学》更广泛的关注和兴趣。为此,他对该书的开篇章节——从"存在"到"无限性"——做了典范性的文本评注和内容解读。(肖京)

实现活动与亚里士多德《形而上学》Θ卷的整体结构

苏 杭[*]

提 要：围绕亚里士多德《形而上学》Θ卷，学界历来多有争论，而争论的焦点是第六章。本文试图证明，就此章而言，过多关注 δύναμις 而忽略实现活动（ἐνέργεια）的做法是有偏颇的。这不仅体现在对Θ卷的整体理解上，而且会遮蔽Θ卷和Λ卷的密切关系。本文就此得出三个结论：其一，立足于以往的研究，本文试图从实现活动角度对Θ6的类比做新诠，指出这一类比不仅是 δύναμις 的扩展，更重要的是实现活动的扩展；其二，对实现活动做双重性区分。实现活动的第一义是功能或能力的发用，第二义是实体自身的持续存在。在此区分的基础上，我们可以梳理出一条实现活动的层级谱系：从目的在其自身之外的活动，进展到目的在自身之中的、具有"更高自主性"实体的实现活动。而最高的实现活动是神的活动；其三，尝试挑战博恩耶特对Θ6有争议段落的解释，这一段落放在Θ6此处是与上下文相吻合的，并且与Θ卷整体结构也并无矛盾。

关键词：亚里士多德　形而上学　实现活动　能力/潜在

一、问题的引出

围绕亚里士多德《形而上学》Θ卷，有两个论题是平行且交织在一起的。

---

[*] 苏杭，1994年生，北京大学哲学系博士生。

第一个论题是关于Θ卷在《形而上学》一书中的地位问题。考斯曼认为Θ卷的核心主题是处理Z和H卷中所遗留的实体统一性问题。通过显示质料在更深层次的意义上是潜能,形式是实现活动,解决从ZH开始的关于实体的疑难。考斯曼的这一论证依托于一个有关《形而上学》整体的经典看法:ZHΘ是一个整体,作为《形而上学》核心卷,处理的是所谓"可感实体的本体论"(ontology of sensible substance)问题[1]。但晚近的学者门恩则认为Θ卷与ZH是割裂的,Λ卷才是《形而上学》的最高巅峰,Θ卷的主要目的是为Λ卷讨论"第一本原"问题提供前提和概念性工具。门恩的观点是,Z卷所遗留的种种问题意味着从实体角度对"第一本原"的探讨已经宣告失败了。Θ卷是一个新的开始,亚里士多德要从"潜能—实现"出发重新讨论第一本原问题[2]。

第二个论题是有关Θ卷中δύναμις和实现活动何者占据中心地位的问题。此问题在近一二十年内才为学者所关注。从罗斯(Ross)开始,大多数注家往往认为δύναμις是此卷的重心,但因为Θ6中亚里士多德区分了运动与实现活动,所以对δύναμις的讨论往往会受到这一区分的支配或影响。晚近学者阿纳格诺斯托普洛斯(Anagnostopoulos)认为以往的研究都被这一区分蒙蔽了,根据博恩耶特在2008年的文章[3],对运动和实现活动的区分(下文统称为"有争议段落")是窜入的,并不应该出现在此处。所以他"激进"地把实现活动在此卷中的地位降到最低,并主张整个Θ卷就是在讨论两种"能力"(capacity)。有趣的是,博恩耶特的这篇文章本来意图并不是处理此问题。而是涉及另外几个经典论战:其一是赖尔(Ryle)和语言哲学引发的针对亚里士多德《形而上学》Θ卷第六章"有争议段落"的"时态"(tense)之争,这一讨

---

[1] L. A. Kosman, Substance, Being, and Energeia, in *Oxford Studies in Ancient Philosophy*, 2, 1984, pp. 121-149;这一说法的最早来源应为耶格尔:W. Jaeger, *Aristotle: Fundamentals of the History of His Development*(second edition), Translated with the author's corrections and additions by Richard Robinson, Clarendon Press, 1948;还应参见 Gill, Mary Louise, *Aristotle on Substance: The Paradox of Unity*, Princeton University Press, 1989, p. 171。

[2] Stephen Menn, *The Aim and the Argument of Aristotle's Metaphysics*, Unpublished Manuscript. https://www.philosophie.hu-berlin.de/de/lehrbereiche/antike/mitarbeiter/menn/contents. Last accessed August 22, 2016, IIIa1, pp. 1-2。

[3] Myles F. Burnyeat, Kinesis vs. Energeia: A Much-read Passage in (but not of) Aristotle's Metaphysics, in *Journal of Value Inquiry*, 2008, pp. 219-292.

论通过阿卡利尔对赖尔的引用和批评进一步深化①;其二,博恩耶特试图终结有争议段落如何与 Θ 卷整体结构相合的问题。因为如果能够证明这一段落是窜入的,那么考斯曼等人的讨论也就可以终止了②;其三,对博恩耶特自己来说,他借助这一分析主要是为了终结《论灵魂》中有关"感觉"的争论。舍拉布基(Sorabji)从物质论式的化约论立场出发,为亚里士多德的感觉理论提供了一个纯粹生理学式解释,以"红苹果"为例,眼球获取红苹果的红色性质后真的变成红色。所以他主张感觉活动应被归类为典型的性质变化(ἀλλοίωσις, alteration)。但博恩耶特不认为眼球会真的变成红色,这只是精神状态的改变③,而这一解释正是基于 Θ6 章的区分。

  本文的立足点主要是第二个论题,我们试图证明过多关注 δύναμις 而忽略实现活动的做法是有偏颇的。这一偏差不仅体现在对 Θ 卷的整体理解上,而且会遮蔽 Θ 卷和 Λ 卷的密切关系。在此基础上本文也会对第一个论题提出自己的看法。在具体论证中,我们主要探讨了三个细节问题,其一是对实现活动做双重性的区分。实现活动的第一义是功能或能力的发用,第二义是实体自身的持续存在。进而可以梳理出一条实现活动的层级谱系:从目的在其自身之外的活动,进展到目的在自身之中的、具有"更高自主性"实体的实现活动。而最高的实现活动是神的活动。其二,立足于阿纳格诺斯托普洛斯和弗雷德(Frede)的研究,本文还试图从实现活动角度对 Θ6 的类比做新诠,指出这一类比不仅是 δύναμις 的扩展,就 Θ6 来说,更重要的是指实现活动的扩展。其三,针对博恩耶特对 Θ6 有争议段落的解释,本文也提出了自己的理解。

---

① 参见 J. L. Ackrill, *Aristotle's Distinction between Energeia and Kinesis*, in *New Essays on Plato and Aristotle*, ed. R. Bambrough, Routledge and Kegan Paul, 1965, pp. 122, 127; 以及 Ronald Polansky, *Energeia in Aristotle's Metaphysics IX*, *Ancient Philosophy* 3, 1983, pp. 160-170。审稿人认为,这一论战的实质是语言哲学路径与形而上学路径对本章解释权之争,感谢审稿人指出这一论战的关键。
② Burnyeat, *Kinesis vs. Energeia*, p. 220.
③ Myles F. Burnyeat, *De Anima II 5*, in *Phronesis* 47, 2002, pp. 28-90.

二、基于 δύναμις 的 Θ 卷解释①

亚里士多德在 Θ1 开篇说,我们首先讲"最严格意义的 δύναμις"(1045b35-36)(most κυρίως, most literally or ordinarily),但这并不是对现在的目的最有用的(useful for the current purpose)(1046a1);而在 Θ6,亚里士多德开始正式讨论最有用的"δύναμις",在那里,他认为如果想真正讨论清楚 δύναμις 的这层意义,还需要讨论另一个说法——"实现活动"。

罗斯认为,Θ 卷 1—5 章讨论的是"能力"(power),6—9 章讨论的是"潜在性"(potentiality)②。具体来说 1—5 章处理主动者中的能力作用在受动者身上(或者主动者自己身上),从而产生一个外在的变化(比如一个医生使病人获得健康);而 6—9 章处理主体自身进入一个新的状态,这既包括主体自身的内在改变(比如从小孩生长为成年人),也包括主体的一些活动(比如"看""听"等)。而弗雷德③提出了与之迥异的解释路向,他首先也将前一种 δύναμις 界定为能力(capacity),后一种界定为潜在性(potentiality)。但在他看来,整个 Θ 卷所讨论的是两种存在样式:潜在存在和现实存在,这种解释的优点是与第一章开头有很好的呼应。亚里士多德在首章开头说讨论"存在"有两种方法,一种是根据范畴,一种就是根据 δύναμις、"完全实现"(ἐντελέχεια)和"功用"(ἔργον)。对这两种存在样式的不同类型,并没有一个统一的"定义"或"解释"④。弗雷德的这一思路

---

① 此处并不能给 δύναμις 一个准确的中文翻译,因为正如下文详述的,这个词一方面可以解释为"能力"(罗斯和比尔[Beere]翻译为 power;梅金[Makin]翻译为 capacity),一方面可以解释为"潜在(性)"(罗斯和梅金翻译为 potentiality;比尔翻译为 capacity)。简单来说,就第一层意思,"capacity"可能更为准确,因为"δυνατόν"不能翻译为"powerful",而应该翻译为"able or capable",中文翻译为"能力"较好;而后一层意思翻译为"potentiality",即"潜在性"是比较准确的。

② W. D. Ross, *Aristotle's Metaphysics: A Revised Text with Introduction and Commentary*, 2 vols, Clarendon Press, 1924.

③ M. Frede, Aristotle's Notion of Potentiality in Metaphysics Θ, In *Unity, Identity and Explanation in Aristotle's Metaphysics*, ed. by T. Scaltsas, D. Charles & M. L. Gill, Clarendon Press, 1994, pp. 173-193.

④ Ibid., p. 183 和 S. Makin, *Aristotle, Metaphysics Book Teta*, Clarendon Press, 2006, p. 132.

在学界得到了广泛的接受①。而新近学者阿纳格诺斯托普洛斯②则认为这种理解是错误的。

阿纳格诺斯托普洛斯首先总结了弗雷德和罗斯的思路。首先,在弗雷德那里,把 δύναμις 作为"潜在"是为了强调 δύναμις 作为一种"存在样式"(modes of being),即砖头不仅有能力(capacity)去变成房子,而且"潜在的"(potential)是房子;第二,罗斯的分析立足于所谓"dative δυνάμει"模式,只要称一个事物是"潜在存在"(potential being, δυνάμει ὄν)的,也即 δύναμις 是以"与格"的形式出现时,指的就是 δύναμις 第二层含义(即"潜在")。这种理解有一个重要依据:"与格"用法在前 5 章并未出现,但集中出现在第 6 章并且成了主导性用法。对于这两种思路,阿纳格诺斯托普洛斯一方面不否认亚里士多德把 δύναμις 作为一种"存在样式";另一方面也不否认罗斯根据"与格"所做的两重区分有其合理性。但他进一步认为,既然能够称相同的事情在两重含义上(潜在和能力)是"能的"(δυνατόν),那么为什么要再进行区分呢?不同"能的"的区分,所分出的不是能力和潜在,而应看作两种不同的能力。

在 2008 年的一篇文章中,博恩耶特论证了 Θ 卷第 6 章的"有争议段落"是窜入的(1048b18-35)。阿纳格诺斯托普洛斯接受了博恩耶特的这一解释,进一步认定运动与实现活动的区分是无意义的③,理解 Θ6 的关键是开篇的类比④。他对类比的讨论也并未延续考斯曼的分类("过程"与"产物"两

---

① 威特(Witt)、梅金以及比尔部分接受了这一观点。参见 S. Makin, *Aristotle, Metaphysics Book Teta*, Clarendon Press, 2006; C. Witt, *Ways of Being: Potentiality and Actuality in Aristotle's Metaphysics*, Cornell University Press, 2003; J. Beere, *Doing and Being*, Oxford University Press, 2009。梅金认为,两种 δύναμις 是难以区分的,比如建房子的例子,在他看来既是动变的例子,也是更一般的存在方式的例子。因为建造房屋一方面被视为由于技艺等外部原因而发生的变化;另一方面,也被认为是建筑者使用技艺的实现活动(ἐνέπγεια)(S. Makin, *Metaphysics Book Teta*, pp. 138-139);比尔同样持此思路,并进一步指出建造房屋的例子就足以证明并不存在两种 δύναμις(S. Makin, *Metaphysics Book Teta*, pp. 191-195)。
② Andreas. Anagnostopoulos, Senses of Dunamis and the Structure of Aristotle's Metaphysics Θ1, in *Phronesis* 56.4(2011): pp. 388-425.
③ 弗雷德和罗斯都认为"有争议段落"是亚里士多德所撰写,所以在讨论中仍坚持运动和实现活动的区分。
④ 阿纳格诺斯托普洛斯在这里所批评的是考斯曼和吉尔两人的观点。参见 L. A. Kosman, Substance, Being, and ἐνέργεια, in *Oxford Studies in Ancient Philosophy*, 2, 1984, pp. 121-149 和 M. L. Gill, in *Aristotle on Substance: The Paradox of Unity*, Princeton University Press, 1989。

类),而是按照亚里士多德自己在 1048b9 处做的区分:第二重意义的 δύναμις 涉及的是一种特定的产物——实体;而第一重意义的 δύναμις 涉及的是非实体(即作用和受作用)①。阿纳格诺斯托普洛斯虽然声称要探讨 Θ 的整体结构,但实际上仅仅涉及了 Θ 卷的前 6 章,而历来颇受重视的第 8 章完全没有涉及②。这与他更重视 δύναμις 密切相关,第 8 章强调的是实现活动相对于 δύναμις 的优先性,与阿纳格诺斯托普洛斯的整体讨论框架没有直接的联系。

总结一下以上思路,阿纳格诺斯托普洛斯与弗雷德都希望通过 δύναμις 勾连起 Θ 卷的两部分(1-5,6-9),只不过阿纳格诺斯托普洛斯是通过扩展"能力",而弗雷德、梅金和比尔是通过扩展"潜在"。

三、"实现活动"的初步解释:一件事的"显现"

这一节的任务是借助第 6 章开头段,对"实现活动"做一个初步界定。文本如下:

> 实现活动就是事物的"显现",不是在我们说"潜在地"那种意义上③。我们说"潜在地",例如赫尔墨斯的雕像在一块木头中,或一半在一整个中,因为它能被分离出来;我们甚至把并未学习的人叫作"学者",如果他能够学习的话。④ (1048a30-35)

此段的第一句某种意义上可以作为亚里士多德对实现活动所做的一个较为粗略的"定义"。这一句话的核心词汇是"πρᾶγμα"和"ὑπάρχειν"。"πρᾶγμα"一般被翻译为"a thing",即一件事,在亚里士多德语境内是"事物"的泛

---

① Anagnostopoulos, *Senses of Dunamis and the Structure of Aristotle's Metaphysics* Θ1, p. 411.
② 阿纳格诺斯托普洛斯的这一做法跟他对考斯曼的研究多有继承也有关,因为考斯曼在 Substance, Being, and Energeia 一文中也未涉及 Θ8。
③ ἔστι δὴ ἐνέργεια τὸ ὑπάρχειν τὸ πρᾶγμα μὴ οὕτως ὥσπερ λέγομεν δυνάμει. (Ross, *Aristotle's Metaphysics*, p. 5.1048a3-6.1048b22)
④ 文中所涉及的《形而上学》翻译,参考了如下书目:中文本参考亚里士多德著,李真译:《形而上学》,上海:上海人民出版社,2005 年;英文本主要参考:S. Makin, *Aristotle, Metaphysics Book Teta*, Clarendon Press, 2006;德语本参考 Aristoteles, *Metaphysik*, Neubearbeitung der Übesetzung von H. Bonitz, Felix Meiner Verlag, 1989;希腊文参考 W. D. Ross. *Aristotle's Metaphysics: A Revised Text with Introduction and Commentary.* 2 vols. Clarendon Press, 1924。

指①。它既可以指一个活动,也可以指某种状态。比如在 Θ 卷第 2 章中,πρᾶγμα 分别被用来指称"产生热的活动"(action)(1046b6)和"人健康的状态"(state)(1046a6-7)。

而"ὑπάρχειν"一般被翻为"实存"(existence)。比如罗斯译本和梅金译本,都译此句为:"实现是事物的实存"(the existence of a thing),吴寿彭也跟随英译将其译为"存在"。这一解释当然无错,但对于理解此句助益有限,甚至会引起误解。这一界定的后半句话是"不是在我们说'潜在地'那种意义上(not in the way which we call δυνάμει)"。门恩认为,这句话意味着不仅实现是事物的"ὑπάρχειν",潜在也是"ὑπάρχειν"之一义。进而既然"ὑπάρχειν"是"存在"的意思,因此潜在和实现就是存在的两种相反含义,这也就与 Δ 卷第七章是一致的(1017b7-9)②。

但细究《形而上学》其他文段,亚里士多德并未在"潜在"的意义上使用过"ὑπάρχειν"。此处略引两例。Δ 卷第 4 章有言:"……尽管它们自然地由之生成或存在的东西已经呈现……"(1015a4)中文译为"呈现",原文为 ὑπάρχοντος。此处德文译为"现成的"(vorhanden)③,英文译为"在场呈现"(present),都意味着"ὑπάρχειν"是"现实存在"的意思。Z 卷第 17 章云"……为什么这些质料是一所房子?因为呈现出来的是一所房子的本质。"(1041b5-6)"呈现"即"ὑπάρχειν"。此处德文译为"持存"(besteht)④,而英译仍为"在场呈现"(present)。第 16 章,"进而,一不能同时存在于多中,而普遍者则可同时呈现于多中。所以显然,没有普遍者在个别者之旁分离地呈现"(1040b26-27)。这一句中被翻译为"呈现"的都是"ὑπάρχειν"。而中、德、英译皆有所不同:前一中译作"出现",德译为"现成的"(vorhanden)⑤,英译为"在场呈现"(present);后一中译为"存在",德、英皆为"实存"(exists、existiert)。但不管翻译如何,在以上三句中,"ὑπάρχειν"都只能意谓"现实存在",与"潜在"是相对立的。所以门恩的解释恐怕是错误的,而错误的根源恰恰是把"ὑπάρχειν"仅解为"存在"。故此,我们应把"ὑπάρχειν"翻译成"现

---

① 感谢审稿人指明了这一点。
② Menn, *The Aim and the Argument of Aristotle's Metaphysics*, IIIa2, p. 19。
③ Aristoteles, *Metaphysik*, pp. 190-191.
④ Aristoteles, *Metaphysik*, pp. 74-77.
⑤ Aristoteles, *Metaphysik*, pp. 72-73.

实存在",或者更符合此句意境的说法是"呈现"或"显现":实现活动指的是一个事物的呈现①。

不过仅从这一个界定并不能得出更明确的对"实现活动"的理解,还需要结合第 6 章的一系列类比才能有进一步的揭示。

四、对 Θ6 类比的解释②

在对实现活动做了一个粗略界定后,亚里士多德引入了一系列类比。晚近对这些类比分析最细密的学者当属阿纳格诺斯托普洛斯。他认为亚里士多德面临一个在实体层面的困难:即应该如何理解和确认"潜在存在"(being δυνάμει,potential being 或 what is potentially)的概念和实体生成中的质料? 自然哲学家们即使不清楚什么是潜在存在,仍然可以理解什么是运动。但一旦将实体生成问题纳入讨论,为了避免"无中生有"的出现③,"潜在存在"这一概念就是必要的。这里阿纳格诺斯托普洛斯将这一讨论与 A 卷 983b6-12 "质料性本原"问题放到一起:质料性本原是不能处理实体问题的。进而,在 Θ6 章,通过提出"潜在存在和现实存在"这一对概念,阿纳格诺斯托普洛斯认为亚里士多德就可以讨论实体的生成问题了。进一步,阿纳格诺斯托普洛斯把 δύναμις 的第二义解释为"产生实体的能力"。这一解释是否恰当,需要对这八个类比先做一简要梳理:

1) 赫尔墨斯雕像在木头中④;

---

① 以上讨论参考了丁耘:《道体学引论》,上海:华东师范大学出版社,第 356—359 页。
② 关于亚里士多德在此处提出的这个类比的性质,学界有着种种迥异的看法。弗雷德和梅金都认为,既然亚里士多德明确说这些例子并不能以同样的方法讨论,那就意味着并没有一个统一的界定(1048b6)。罗斯还给出了之所以不能做统一界定的原因:定义是以属和类为特征的,而一些普遍性的术语,如现实性和潜能,却不包括在任何一个属中(Ross, *Aristotle's Metaphysics*, p. 251)。但实际上亚里士多德仍然给了一个统一的界定,只不过这个界定并不是通过"定义"达成的,而是通过"类比"。亚里士多德曾在《尼各马可伦理学》5.3 章讨论"分配正义"处仔细讨论过"类比"的基本意涵(1131a31-b8)。但梅金认为《尼各马可伦理学》的讨论并不能很好地运用到此处的讨论中(Makin, *Metaphysics Book Teta*, pp. 130-131)。
③ 这一点门恩也讲到了。参见 Stephen Menn, The Origins of Aristotle's Concept of Ἐνέργεια: Ἐνέργεια and Δύαμις. in *Ancient Philosophy* 14, 1994, pp. 73-114.
④ ἐν τῷ ξύλῳ Ἑρμῆν. (Ross, *Aristotle's Metaphysics*,p. 5.1048a3-6.1048b22,以下皆摘自此页)

2) 一半在整体中①;

3) 我们把并未沉思的人叫作学者,如果他能沉思的话②;

4) 实际的建筑相对于能建筑③;

5) 醒相对于熟睡④;

6) 看相对于闭着眼睛但有视力⑤;

7) 已由质料形成的不同东西相对于质料⑥;

8) 完成的加工产品相对于未完全处理的东西⑦;

阿纳格诺斯托普洛斯的解释是从考斯曼的思路延伸而来⑧。考斯曼把这八个类比分成两类:3—6 是"process cases"(过程事例),而 1、2、7、8 则是侧重生成的产物,也即所谓"product cases"(产物事例)。但阿纳格诺斯托普洛斯认为这一区分面临诸多挑战⑨,因而对此区分做了一个调整。其中"过程事例"得到了保留,不过他进一步将这四个类比解释为"非实体范畴"(non-substance categories)的能力(capacity),具体来说就是 Θ1 中讲的作用和受作用。但"产物事例"的区分不妥,一个重要原因是"过程事例"中同样有产物。但他发现这四个类比所产生的产物是特殊的,也即"实体"。所以第二类 δύ

---

① ἐν τῇ ὅλῃ τὴν ἡμίσειαν.
② ἐπιστήμονα καὶ τὸν μὴ θεωροῦντα.
③ τὸ οἰκοδομοῦν πρὸς τὸ οἰκοδομικόν.
④ τὸ ἐγρηγορὸς πρὸς τὸ καθεῦδον.
⑤ τὸ ὁρῶν πρὸς τὸ μῦον μὲν ὄψιν δὲ ἔχον.
⑥ τὸ ἀποκεκριμένον ἐκ τῆς ὕλης πρὸς τὴν ὕλην.
⑦ τὸ ἀπειργασμένον πρὸς τὸ ἀνέργαστον.
⑧ 这一区分模式来自考斯曼,但在个别具体事例上划分有所不同。
⑨ 考斯曼对类比的分疏如下:(1)木材中的赫尔墨斯像和整体中的半线是过程的例子,因为潜能将被实现所取代;(2)能够思考某事的人被解为实体的例子,因为潜能被保存下来并在实现活动中充分表现;(3)建造房屋、保持清醒和观看被说成是实体的例子,尤其最后两种是完全实现的活动;(4)完成的加工产品相对于未完全处理的东西是过程的例子,因为实现活动再次取代了一个相反的潜能(Kosman, *Substance, Being, and Energeia*, pp. 135-136)。但这一区分是成问题的,即使不考虑阿纳格诺斯托普洛斯列举的一些理由,依据《形而上学》Δ 7 的说法也可以对考斯曼的解释进行反驳:"因为我们既说某个东西潜在地看,也说某个东西现实地看,那它就是'看',那个能实现它的认识的东西和那正在实现它的认识的东西,就是它认识,而那个静止已经呈现的东西和那能够静止的东西,就是它静止。在实体的场合也与此相似,我们说赫尔墨斯是在那个石头之中,半线是在那条线之中,以及我们说那还未成熟的是谷物。当一个事物是潜在的和当它不是潜在的时候,必须在一切地方都加以解释。"(1017b6-8)与考斯曼的区分相反,赫尔墨斯和半线被清楚地解释为实体的例子,而观看、认识和静止则不是。

ναμις 被他称为"产生实体的能力"(capacity to generate substance)①。这一解释非常精彩,因为在 3-6 中的确找不到作为产物的"实体",而另外四个例子中分别有雕像、整体、已由质料形成的东西和完成的加工产品。而且阿纳格诺斯托普洛斯从"实体生成"的角度解释了为什么亚里士多德认为 Θ6 章是在讲更有用的能力。再加上他接受了博恩耶特的说明,认为 Θ 卷第 6 章的"有争议段落"是窜入的,这样他也就没有理论负担去解释为何此章后半段是在讲实现活动而不是实体的生成。

除了阿纳格诺斯托普洛斯的解释外,弗雷德的解释也颇具吸引力,他区分了能力和潜在存在。比如拥有砍的能力(capacity)而并未"用"(unexercised)这一能力的东西(比如斧头),就是一个潜在存在的东西(potential being)。潜在存在和能力的差别在于,"潜在存在"所涉及的是存在方式,在此范畴内与之相对应的是"现实存在"(being actual),而能力对应的是能力的发用。进一步,根据"有争议段落",宽泛而言的"现实存在"不仅仅是一种,而(至少)是两种②。所以实际上"潜在存在"也有两种,这样整个 Θ 的核心意涵就从一种原初的"潜在存在"的方式(即产生作用的能力),通过类比转变到一种新的情况。这也就是"潜在"可以涵盖"能力"的意思。弗雷德反复强调,潜在性并不是另一种不同种类的 δύναμις,而仅仅是 δύναμις 原初含义(即"能力")在意涵上的扩展:即赋予承载者某种程度的实在性(a certain degree of reality to their bearers)。借此扩展,亚里士多德进而讨论了两种实现活动——完备的与不完备的。弗雷德的这一界说虽然没有对类比的具体内容做细致分析,但也为此处讨论提供了一条线索。

两人都是围绕 δύναμις 立论,差别体现在阿纳格诺斯托普洛斯倾向于认为 δύναμις 的第二义是"生成实体的能力",而弗雷德则认为是潜在存在这一"存在样式"。但细究来看,这一差别并不明显③。实体的生成本就可界定为"从潜能到现实",而潜在存在和现实存在也即两种基本的存在样式。所以完全可以说"实体生成"是指存在方式两端之间的变化。不过,相较而言还是弗雷德的解释更为优胜。因为"实体生成"问题实际上是阿纳格诺斯托普洛斯

---

① Anagnostopoulos, *Senses of Dunamis and the Structure of Aristotle's Metaphysics Θ*1, p. 411.
② Frede, *Aristotle's Notion of Potentiality in Metaphysics Θ*, p. 183.
③ 感谢审稿人指出了这一点。

通过引用 A 卷文本构造出来的,没有证据证明在亚里士多德写此章时心中预设的是这一问题。在阿纳格诺斯托普洛斯的论证中,除 A3 外,他援引的文本是《论生存与毁灭》和《理想国》,但并未在 Θ 卷中找到证据支持这一思路。换言之,这一思路与 Θ 全卷的整体结构关系不大。但弗雷德"存在样式"则在 Θ 卷中确有所本,最直接的证据即 Θ1 开头,潜在存在和现实存在被看成是述说存在的一种方式,这同时是与 Δ 卷第 7 章是明确相关的。因此,后文在讨论相关问题时,会更多地采纳弗雷德的这一解释架构。

但"实体生成"也好,"存在样式"也好,其实是殊途同归的。弗雷德与阿纳格诺斯托普洛斯的共同问题在于:他们过分重视 δύναμις 在 Θ 卷后半部分的地位。δύναμις 的确在此卷中充当了论证的关键过渡概念,这在 Θ6 章的开头体现得非常清楚,但它恐怕不是 Θ6-9 章的核心概念[①]。若放在整个 Θ 卷中,前面几章亚里士多德的着力点是 δύναμις 的第一义,而从 Θ6 开始,实现活动开始扮演更为重要的角色。在下文会进一步指出,两人的这一解释路径不仅会产生对 Θ6 章的误读,而且可能会导致对《形而上学》整体理解上的偏差。

具体来说,就 Θ6 之前的文本而言,确实可以说亚里士多德的关注重心是能力或功能意义的 δύναμις,但从 Θ6 开始,实现活动是更具优先性的概念。这一结论的最终成立当然还要依托后文对 Θ6"有争议段落"和 Θ8 的论证,但此处可以稍作解释。"δύναμις"和"实现"的对立第一次出现是在 Θ3 亚里士多德批评墨加拉派处(1047a18-19)。在此段的论证中亚里士多德还是在讲典型的运动,比如一个人仅仅潜在地能走和一个人正在走。但在此章最后,亚里士多德开始对"运动"进行扩展:"现实这个词,我们把它与完全实现(ἐντελέχεια)相联系,主要地是从运动扩展至其他事物。"(1047a30-31)此处,亚里士多德就已经暗示出,除了 δύναμις,实现活动也要进行扩展,并且这一扩展就体现在 Θ6 中。而在 Θ6 一开篇,亚里士多德就说这一章让我们来谈论什么是"实现活动",并且正是在谈论这一问题的过程中"δύναμις"的其他意义也会变得更清楚(1048a25-30)。接着亚里士多德讲了三个例子和五个类比。虽然前文我们将这八个说法做一个整体来看,但实际上亚里士多德举例子的目的是为了解释什么是 δύναμις,而类比的目的是为了得出对不同

[①] 感谢审稿人指出了"关键过渡概念"和"核心概念"的不同。

类型的"δύναμις 和实现活动"的一个统一界定①。在这个界定基础上,亚里士多德在 Θ6b 开始专注于讨论何为"实现活动"。在这一章的最后,亚里士多德总结道:"什么是实现活动,以及它是一种什么事物,可以认为已由这一些以及相似的考察加以说明了。"(1048b36)罗斯认为这一句应该放在第 7 章开头,但无论此句位置为何,即使是博恩耶特也不认为它是窜入的②,这就暗示出亚里士多德在第 7 章之前的确是在讨论"实现活动"是什么的问题。而这一讨论的最终高潮在第 8 章。在那里亚里士多德一方面从三个角度(逻辑上的在先性,时间上的在先性和实体上的在先性)讲了实现活动对潜在的优先地位,另一方面第 8 章后半段已经直接与 Λ 卷挂钩,初步揭示了"第一本原或实体是实现活动而非潜在的"这一结论。

所以,在 δύναμις 之外,笔者倾向于梳理出一条以"实现活动"的扩展为中心的线索。Θ6 的类比除了可以从 δύναμις 的扩展入手讨论外,更应该从"实现活动"角度来阐发。类比 3—6 是就能力的发用与不发用来说,就此而言与阿纳格诺斯托普洛斯的说法是相近的,1/2/7/8 是就实体潜在存在和现实存在来说③。前者是在讨论实体的某一个具体能力或功能的问题,而后者

---

① 这里亚里士多德提醒我们,此处不宜用"定义",而只能依靠"类比"(1048a36-37)。
② Burnyeat, *Kinesis vs Energeia*, p. 219.
③ 考斯曼同样认为第二种 δύναμις 最有用之处在于其探究的是实体。在考斯曼看来,质料和形式的关系就是 δύναμις 和实现活动的关系,因而 Θ6 可以解决在 Z 和 H 中所遗留的实体统一性的问题。"(Kosman, *Substance, Being, and Energeia*, p. 122)具体来说,在过程(process)层面,当潜能实现的时候就意味着 δύναμις 的消亡(destroy)。但在实体层面,当潜能实现的时候质料仍然存在,甚至可以说,只有当潜能完全充分地实现时,质料才得到最充分的表现(Kosman, *Substance, Being, and Energeia*, p. 131)。形而上学 Θ 卷通过显示质料在更深层次的意义上是潜能,而形式是实现活动,从而解决了从 ZH 开始的关于实体的疑难。但考斯曼的这一解释受到了广泛讨论,一方面如前文注释中指出的,他对类比的具体分析与亚里士多德原文不符。

另一方面,门恩对考斯曼的思路做了整体性的批评,在他看来亚里士多德在 Θ 卷并没有打算解决"在一个复合的实体中如何实现质料和形式的统一"的问题(Menn, *The Aim and the Argument of Aristotle's Metaphysics*, IIIa2, pp. 34-37)。结合门恩的分析和上文的考察,我们可以总结出如下几条批评理由:其一,从 Θ 卷一开篇,亚里士多德就已经明确指出,这一卷是以"实体"之外的另一条道路讨论"存在"的,门恩分析了 Θ 卷的每一章后认为,此卷没有一章的核心议题是实体;其二,讨论"实体"的框架——"形式和质料",在此章中明确被潜在和现实所代替,这一点考斯曼也曾明言。但在门恩看来,这并不意味着"实体论"(ousiology)的完成,而实则是"本原论"(archeology)的开端。门恩的这一结论是否成立,并不是本文所能处理的;其三,考斯曼可能的反驳是,至少在 Θ6a 中的类比是涉及实体的,阿纳格诺斯托普洛斯和本文以上讨论都赞同这一观点,门恩也没有反对这一点。但门恩认为此处对实体的讨论只具有局部性意义,Θ6b、Θ7 和 8 的重心都没有放在实体上,不过这一批评恐怕是有所偏颇的,后文会对此看法提出一些异议。

是在讨论实体自身的存在方式问题。这一区分并不是截然二分的关系,从能力到实体的存在方式是一个扩展。这个扩展一方面如弗雷德所言,是 δύναμις 的扩展,也即 δύναμις 从"能力"扩展为"潜在存在",这也符合 Θ3 最后和 Θ6 开端亚里士多德的意思;另一方面,对 Θ6 而言,这一扩展更重要的是指"实现活动"的扩展:即实现活动从"单一能力或功能的发用"扩展为"实体自身的现实存在"。

五、"实现活动"作为实体的意涵

通过以上分疏,可以得出一个初步结论。在 Θ6 章中,通过类比,实现活动从能力或功能的范畴转入到实体自身的范畴。要注意的是,实体这个范畴本身并不是"最有用"的,在实体范畴里面去讨论 δύναμις 和实现活动,才是"更有用"的。在上文,我们已经看到弗雷德与阿纳格诺斯托普洛斯是如何在实体范畴中谈论 δύναμις 的,那么,应该如何在实体范畴内讨论实现活动呢?

任何 δύναμις 要实现,不管是作为一种能力还是潜在性,一定要借助一个现实存在着的实体(actually existing substances)才能完成。比如一个人有走的能力,这种 δύναμις 一定是建立在其是一个人的基础之上。所以当我们说某个具体的能力或者潜在存在时,一定已经预设了这是某个实体的能力和潜在存在。潜在存在与实体的关系比较明显,故此节主要从能力及其发用来讨论(这也是 Θ6b 的核心)。"走"作为一种"现实存在的能力",它的发用一定是有限的。"有限"可以从时间、空间以及与实体的关系来理解。不管是有目的性的走还是漫无目地地闲逛,在时间上都是有开始和结束的,在空间上也有起始点和终结点。更重要的是"走"这种能力是受到实体限制的,比如走的快慢好坏要受到人自身的想法和身体的制约,更不要说没有人,"走"这个能力也不存在。当然有一些特殊的能力,比如人的营养能力或新陈代谢在某种意义上是不受时间和空间限制的,但新陈代谢之所以能够不间断地延续下去,同样有赖于人的持续存在[①]。

亚里士多德在 Θ6 中把实现活动粗略界定为"一个事物的呈现",如果上

---

① 关于营养能力,可能会有的反驳是:人或其他动物的持续存在就是依托于不间断的新陈代谢,不应反过来说。但这种理解在亚里士多德看来是本末倒置了,实体的持续存在是更为基础的。

文对走或营养能力的分析是恰当的,那么能力的发用作为一种实现活动,是严格受到实体自身限制的。这进一步意味着,"实现活动"从能力的发用扩展到"实体自身的现实存在",除了说后者是更有用的①,Θ6 的分析实际上进入到了一种更为"基本或根源性"的实现活动。除了在形而上学意涵上这是一种更高的实现活动外,即使就"实现活动"自身的界定来说,实体自身作为一个事情"显现"的更好,更加不受限制。所以,相较于能力的发用,实体自身的实现活动更"是"实现活动。

这里第二重意涵的实现活动,可以进一步用"完全实现"(ἐντελέχεια)这一说法来解释。一般而言,实现活动和完全实现是可以互换使用的,没有太大差别。但细究词义,"完全实现"的说法跟"实现活动"的第二义关系更加密切②。这种理解在 Θ 卷的前半部分中就有证据。比如 Θ1 的开篇:"然而,存在一方面被说成是什么,或多少,另一方面又可就潜在和完全实现,以及就功能来加以述说,我们也对潜在和完全实现加以讨论。"(1045b33-34)这里亚里士多德在讲存的另一方面时,并没有使用"实现活动",而是用了"完全实现"这一说法。又比如在 Θ3 中:"实现活动这个词,我们把它与完全实现相联系,主要是从运动扩展到其他事物。"(1047a30-31)这里扩展也用的是"完全实现"。

根据亚历山大及其他的评注者,亚里士多德所创造的"完全实现"这个说法在意涵上等同(或接近)"完全,完整"(being-completed,τελειότης)。因此,完全实现所指称的不仅仅是"完全的真实性(full, complete reality);也不仅仅是与"完善过程"(perfecting)相连的完成状态(perfection);"完全实现"更重要的是指称一个生成过程已经达到的"持存"阶段(即一直存在着)。这也符合"ἐντελέχεια"的字面意思,其中"en"是"包含某个东西"(containing X),所以意思就是在它之中有一个目的(having one's telos within one)。

六、实现活动与运动的区分

一般而言,学者会把整个第 6 章分为两部分,1048a25-1048b18 的是 a 部

---

① 当然这个说法本来是形容 δύναμις,但用于实现活动也无不妥。
② 比尔也同意这一看法,参见 Beere, *Doing and Being*, p. 219。

分,而1048b18-35是b部分。整个b部分所讨论的正是著名的运动与实现活动的区分。博恩耶特经过仔细检查手稿,发现这段话并未出现在保存最完善的E和J手稿中,而是仅仅出现在Ab中。他的结论是,这个段落是β传统中的一个注释(annotation),原本是被注释者写在边上的,因为一些原因它被挤入了正文当中①。这一解释的核心理由是看、沉思和醒在有争议段落中都是实现活动,而在a部分中是运动,其中博恩耶特特别指出,"沉思"是上帝的活动,但如果按照第6章上半部分的区分,很容易被读者以为仅仅是运动,这是绝对不正确的。所以有人就写了一个注释去展示沉思不是运动,而是实现活动。但是,很难想象这样一段精彩的论述不是亚里士多德的创作。这一节的工作就是证明,这一段更可能是亚里士多德自己所写,只不过也许是其后期增补,以弥补之前文本的不足②。这一论证的着力点在于,这样一个区分放在Θ6此处是与上下文相吻合的,并且与Θ卷整体结构也并无矛盾。

不得不承认,在这一段落之前,实现活动与运动的区分是非常含混的,其中一个理由博恩耶特已经指出,醒和看在前面的段落中是"运动",而在"有争议段落"中是实现活动。其次,在第一章中亚里士多德说"因为潜在与实现活动超出了仅仅涉及运动的情况"(1046a1-2),显然亚里士多德预设了运动也是一种实现活动;而在第三章,亚里士多德说"实现活动这个词,我们把它与'完全实现'相联系,主要地是从运动扩展至其他事物,因为现实在严格的意义上被认为是与运动等同的"(1047a30-31)。说明在当时的通常观点中,实现活动就是运动,两者并没有实际的区分。那么,是什么原因促使亚里士多德在某个时刻决定对实现活动与运动做区分呢?可以采取的一种策略是更认真地对待这一段本身,原因首先在于,亚里士多德在这段中的分析,也出现在《论灵魂》(2.5 417a16-17;3.7 431a6-7)和《物理学》(3.2 201b31-3)中,这就意味着这个区分并不是亚里士多德心血来潮;其次,要考察这一段对整个Θ卷整体结构是否具有价值,以及与其他文本是否吻合。通过细致疏通文本,我们可以发现这一段实则具有"承上启下"的作用,一方面紧密承接

---

① Burnyeat, *Kinesis vs Energeia*, p. 241.
② "后期增补"说是一个传统读解,比如耶格尔明确认为此句是后期增补的(Burnyeat, *Kinesis vs Energeia*, p. 226)。博恩耶特对此说有所批评,但门恩认为其批评不能成立,他进一步提出一个假设,有可能亚里士多德是在写Λ卷时回过头做了这一增补(Menn, *The Aim and the Argument of Aristotle's Metaphysics*, IIIa2, p. 26)。

着对类比的分析；一方面开启了第8章中，实现活动对δύναμις具有优先性的讨论。总之，如果能证明这一段与上下文是紧密联系的，那么也就可以部分地解决围绕这一段的"争议"。

先看这段的第一句话："由于那些有一个限度的活动都不是目的，而仅仅是相对于目的的。"这里最重要的词就是"τέλος"。一般译为"目的(end)"，这个词在亚里士多德《形而上学》中有明确的解释："在其之外，不可能找到任何，甚至是一个，部分适合它。"(1021b12-13)上节提及的"完全实现"就是一个典型的"τέλος"。其中的意涵为：当一个实体存在着时，就"存在"而言(qua being)，它已经完成了，不需要任何在其外的特性使其存在。但"有争议段落"并没有处理实体的持续存在，其所处理的是"πρᾶξις"。门恩在一个注释中，援引了博尼茨对这个词的分析①：πρᾶξις在大多数情况下，用于人和其他动物的活动(activities)，而且常常指称更积极的活动(比如跑步)。不仅如此，细究此段会发现，亚里士多德在其中处理的主要是人的活动，比如减肥、沉思、学习、建筑等。这既包括"目的在其中"的活动，也包括"目的在其外的"活动(b19)。只不过后一种活动在亚里士多德看来是不完备的实现活动。那么什么叫作完备的实现活动呢："在实现活动中，目的和活动(πρᾶξις)显现在其中。"(b22-23)②这一句话可与1048a31对观，即完备意义的实现活动不仅应被说成"东西或事物"(πρᾶγμα)的显现，而且是"目的和活动"的"显现"(ἐνυπάρχει)，在此意义上目的和完备的实现活动是一回事。以"看"为例，一般来说，当说"看"这个活动，指的是通过眼睛获取关于一些对象的信息，那么"信息"或者"拥有信息的状态"就是"看"这个活动的目的。但在亚里士多德看来，看的目的是"完全地运用看这个能力"，而并不是将"看"作为一种转向某种"拥有知识的状态"的工具。更直观的例子是"活得好"。一个人"活得好"就意味着已经"活得好"了，说"活得好"还有在其外的一个目的是十分荒谬的。正如亚里士多德在《尼各马可伦理学》中讲，"我们是否要同意梭伦所说的要'看到最后'？而如果我们真要确立这样一种理论，一个人不是要在死后才真正幸福吗？这真是一个荒唐的观念，对于主张幸福是一种活

---

① Menn, *The Aim and the Argument of Aristotle's Metaphysics*, IIIa2, p. 34.
② ἀλλ' ἐκείνη ᾗ ἐνυπάρχει τὸ τέλος καὶ ἡ πρᾶξις. (Ross, *Aristotle's Metaphysics*, p. 5. 1048a3-6. 1048b22)

动的我们就更荒谬"(1100a11-14)。

对上述讨论稍作总结。首先,正如上一节所讲,完全实现是一种目的(τέλος),因而属于完备的实现活动。这也就意味着,Θ6b 中所讨论的"实现活动"暗含了 Θ6a 的两面:一方面实现活动可以是一种能力的发用;另一方面实现活动也可以是实体自身。不过,虽然就此而言实现活动和完全实现这两个概念是有所混用的(这在 Θ8 里面尤其明显),但当亚里士多德在说"实现活动"(ἐνέργεια)时,更侧重的是功能或能力,而"完全实现"(ἐντελέχεια)侧重实体的持续存在,所以仍有一些细微的区别[1]。在此差别基础上,Θ6b 做了进一步展开。

具体来说,在 Θ6b 中,亚里士多德的分析已经继承和超越了 Θ6a 的区分,专注于探讨"活动层面的实现活动"(ἐνέργεια-in-the-activity)的两层意义,也即所谓不完备的实现活动(motion)和完备的实现活动。在这个新的框架中,一些在 6a 中被描述为运动的内容(比如博恩耶特指出的醒着和看),实际上并不是运动,而是一种真正意义上的、目的在其中的实现活动。这是亚里士多德的成熟观点,他以此反对把二者混为一谈的通常解释(即 Θ6a),这部分解释了为什么亚里士多德要写 Θ6b 这一段。

但这尚未解释 Θ6b 与 a 中的类比是什么关系。前文提到,Θ6a 类比的第一面是实现活动作为"能力或功能的发用",第二面是实现活动作为"实体自身的持续存在"。而在 Θ6b 中,亚里士多德讨论了五个完备意义的实现活动:看、理解、沉思、活着和幸福。这些活动之所以是完备的,是因为他们的目的在其自身之中。更进一步来说,这意味着这些活动是更加"自足的",它不需要外界的任何目的或原因。在上一节中提及,所有的功能或能力一定要借助一个现实存在着的实体才能完成。换言之,即使这些实现活动是完备的,但跟运动一样,仍然是实体自身的活动。意即这些活动(activity)都是建立在实体持续存在的基础上。只不过,完备的实现活动指的是实体更具"自主性"的活动,是实体就其自身而言完全不依托外界原因的活动。若以上讨论成立,则意味着整个 Θ6 前后并无脱节,"活动层面的实现活动"(ἐνέργεια-in-the-activity)的二重区分是建立在实体基础之上的。"目的在其自身之外"的活动受到了实体和外界的双重限制,其自足性不如完备的实现活动,所以在

---

[1] 比尔对两个说法的区别做了详尽的梳理,可参 Beere, *Doing and Being*, pp.218-219。

亚里士多德看来这只能算"宽泛意义"的实现活动。

　　这一解释之所以可能,跟亚里士多德的实体理论有直接关系。在亚里士多德看来,不同类型的实体之间并不是平等的。动物是实体存在(substance-being)的典范,而自然的有生命体(natural living things)是一切实体中最高的。这一说法在《形而上学》(Z7 1032a19;Z8 1034a4;H2 1043a4,H3 1043b22)、《论灵魂》(192b13-14)以及一些动物学文本中都有所体现。那么问题就在于,亚里士多德评判实体高低的标准是什么?考斯曼在1987年一篇名为《亚里士多德论动物与其他存在》的文章中指出,亚里士多德评判实体高低的标准是受外界限制的程度高低。自然物体之所以比其他实体"更是"实体,是因为自然实体自身是完全"不受限制的"(unqualified),而其他实体都在一定程度上受外界限制(in a qualified sense)①。当然这一说法有些极端,我们可以举出一些例子证明自然实体某种程度上也是受限的。但考斯曼的这一说法是依据于《物理学》中有生命的存在物(living things)和技艺制品(artifacts)的区分:动物自身包含一个运动和静止的自然本原,但是技艺制品却没有。这一思路是有说服力的,在《论灵魂》2.1章中,亚里士多德之所以认为自然物体更应是实体,是因为它是一切其他事物的本原(412a16)。这就意味着,判定实体高低的标准主要在于实体的"自足性"更高,也即受外界的影响更小。

　　考斯曼进一步认为,这个标准也适用于完备与不完备的实现活动之间②。依据此说,我们就可以在实体的基础上对Θ6b做安顿:实现活动完备与否的差别,本质上是实体活动自主性的差别。一方面,实体自身已经是一种"完备的实现活动"了,只要实体持续存在,就已经完全实现,不管实体是人造物、植物、动物还是人。这最直接地体现在有生命体的"活着"中③。另一方面,在其之上还有更具自主性的实现活动,这在Θ6b中体现为看、理解、沉思和幸福等。最后,亚里士多德把最自足的实现活动,也即被他称为"最纯粹的实现

---

① Kosman, Aryeh. Animals and other beings in Aristotle, in *Philosophical problems in Aristotle's Biology*, edited by J. Lennox and A. Gotthelf, Cambridge University Press, 1987, p. 385.
② Ibid., p. 386.
③ 这一点阿纳格诺斯托普洛斯也同意,他认为亚里士多德之所以只有在讲实体层面的时候,才会谈及实现活动,是因为现实实体的"存在"(being)是更明显的。(Anagnostopoulos, *Senses of Dunamis and the Structure of Aristotle's Metaphysics Θ1*, p. 415)

活动"(pure ἐνέργεια)设定为神的活动。在亚里士多德看来,全部事物最高的本原和目的就是一个永不停息的、没有任何 δύναμις 的、纯粹的实现活动。不过,在得出这一结论之前,亚里士多德先在 Θ8 处理了实现活动在实体层面的优先性问题,而这个处理又是为 Λ 卷做准备:

> 每一个生成的事物都奔向一个本原,亦即目的(因为一个事物由于它而存在的东西就是本原,而生成就是由于这个目的),并且实现活动就是目的。(1050a7-10)

生成是一个目的在其自身之外的活动,而亚里士多德在这里的关键说法是:"目的"正是实现活动。因而此处的实现活动,亚里士多德已经默认其为"完备的实现活动"。这意味着 Θ8 此处是以 Θ6b 的结论为前提的。因为在通常的观点中生成活动和实现活动并未做出区分,所以如果想得出 Θ8 的这一结论,亚里士多德就要解释说生成并非是严格意义的实现活动,因此也就被取消了成为目的的资格①。另外,在 Λ 卷中,亚里士多德说最纯粹的实现活动是通过成为目的而作为第一本原的,Θ8 也为这一结论做了准备。

进一步,在 Θ8 中,亚里士多德明确将永恒的东西界定为纯粹现实而没有潜在的活动(1050b21)。正如门恩所说,任何一个不动的推动者一定是"自身积极",而又没有"状态改变"的东西②。这也进一步引出了《形而上学》Λ 卷中对第一推动者的界定:最纯粹的(pure)实现活动。这样,从 Θ6 到 Θ8 再到 Λ 卷,亚里士多德从实现活动的双重区分入手,以自足性为线索,最终对实现活动做了一个完整的、富有层次的讨论,最终指向了第一本原或第一实体。它作为永恒的存在,其本身就是最具自足性的实现活动。以此再回看 Θ6b,不管有争议段落是由亚里士多德后来增补还是一开始就在此,它对于 Θ 卷整体不是无用的。若说得夸张一点,此段对于理解《形而上学》的最终完成也有其贡献。

结 论

以上讨论的核心是通过对 Θ6 整章,尤其是 Θ6a 中的类比进行分析,对

---

① 关于这一点,可参 Menn, *The Aim and the Argument of Aristotle's Metaphysics*, IIIa2, p. 37.
② Menn, *The Aim and the Argument of Aristotle's Metaphysics*, IIIa2, p. 26.

实现活动做双重性区分。简言之,实现活动的第一义指的是功能或能力的发用,第二义是实体自身的持续存在。在此基础上,我们可以梳理出一个实现活动的层级谱系:从目的在其自身之外的活动,进展到目的在自身之中的、具有"更高自主性"实体的实现活动。而在这一谱系中处于最高位置的是最纯粹的实现活动,也即神的活动。这一分析是建立在弗雷德和阿纳格诺斯托普洛斯等学者的研究之上的,本文并未否认 Θ6 中的类比也包含 δύναμις 的扩展,只是就 Θ6、Θ8 乃至 Λ 卷而言,"实现活动"居于更为核心的位置。

这样一个结论的得出,除了有助于理解实现活动的基本意涵和 Θ 卷的整体结构外,对于我们开篇提及的其他相关议题或论战又有何帮助呢?首先,关于 Θ 卷在整本《形而上学》中的位置问题,门恩把此卷看成 Λ 卷 6-10 章的准备是有说服力的,Θ6 和 8 对实现活动的讨论正是遥遥指向了 Λ 卷。但这不意味着要完全杜绝考斯曼的理解,Θ6 的讨论的确是跟实体理论有关的,只不过这一关联更多是通过实体显现为持续存在着的实现活动展示出的,而不当是通过解决"形式质料统一"问题显示的;也不当是通过"实体生成"问题显示的。阿纳格诺斯托普洛斯的这一解释实际上是考斯曼所谓"实体统一性"问题的变种。所以对于门恩和考斯曼两方,本文倾向于采取调和的立场。其次,关于博恩耶特对 Θ6 有争议段落的解释,虽然他通过考察诸种手稿做了详实的研究,但此段对于 Θ 卷仍然是不可或缺的。退一步说,即使此段在来源上有种种问题,也不能成为阿纳格诺斯托普洛斯无视此卷中讨论"实现活动"文段的理由。而且这也暗示着,博恩耶特仍未终结围绕亚里士多德"感觉理论"的种种争论。

除此之外,对于实现活动的这一讨论也有助于我们理解《论灵魂》。实体自身的持续存在是最基本的完备实现活动,其最明显的体现就是有生命物的"活着",这对应着《论灵魂》中的"营养能力"。但这只是最基本的生命活动,《论灵魂》中的"感觉能力"和"努斯"是更为自足的实现活动,这也体现在这些活动对于身体的依赖程度是逐渐降低的。这是否意味着在生命体当中,也可以依据自足性说某些生命体在存在或实体层级上是更高的?对这一问题,尚待进一步探索。

Senses of ἐνέργεια and the Structure of Aristotle's *Metaphysics* Θ

Su Hang

Abstract: There has been much scholarly debate surrounding Θ of Aristotle's *Metaphysics*, and the focus of the debate is Chapter 6. This paper attempts to demonstrate that, in the case of Θ, too much attention has been paid to δύναμις and too little to the activity of ἐνέργεια. The approach is biased. This will not only be reflected in the overall understanding of the Θ, but also obscure the close relationship between Θ and the Λ. This paper draws three conclusions in this regard. Firstly, based on previous research, it attempts to give a new exegesis of the analogy of Θ6 from the perspective of ἐνέργεια, stating that this analogy is not only an extension of δύναμις, but more importantly an extension of the ἐνέργεια. Secondly, it makes a dual distinction to the ἐνέργεια. The first meaning is the issuance of a capacity, and the second is the persistence of the entity itself. It is then possible to sort out a hierarchical spectrum of ἐνέργεια. Thirdly, this paper attempts to challenge Burnyeat's controversial interpretation of the passage in Θ6, stating instead that the passage placed here in Θ6 is consistent with the context and does not contradict the overall structure of Θ.

Keywords: Aristotle, *Metaphysics*, ἐνέργεια, δύναμις

书讯

《马克思与资本形成的动力学——政治经济学的美学》
[加]巴弗莱·贝斯特 著,张 晶 译
南京:江苏人民出版社,2020年

巴弗莱·贝斯特(Beverley Best),现为加拿大康考迪亚大学社会学与人类学系副教授,主要从事当代资本主义社会形态及其在感知与表现传统下表达方式的研究、集体主体性的动力学研究、审美意识形态研究等。近年来的学术工作集中于对金融化的深度价值动力学及其历史进程的社会与意识形态形式的研究,主要著作有《法兰克福批判理论手册》(一、二、三册,合著)等。

《马克思与资本形成的动力学——政治经济学的美学》一书是研究马克思的分析方法的一部新颖之作,其核心目标是描绘马克思的方法的特征,阐明它为什么会采取这种方式以及如何处理资本主义的内在困境。全书共分为七章,前四章分别从马克思对抽象的批判、资本的自我神秘化过程以及马克思的理论过程等方面对马克思的分析方法进行了层层深入的分析,后三章则在这一理论工作的基础之上展开了对当代的文化表现形式、政治实践形式及在此背景下马克思的分析方法的意义的更为开放的调查研究。本书从社会动力学的视角出发,对马克思的资本分析及其方法特征进行了重新定位和解释,进而寻求一种对马克思的资本主义结构的理论重建。在这一分析和重建的过程之中,作者试图揭示的并不是关注美学的政治,而是当代政治的美学维度,一种可以被称之为政治经济学美学的状况,这不仅为我们研究马克思的分析方法提供了一个新颖视角和阐释路径,同时也为学者进一步研究美学与马克思主义政治经济学批判之间的关系等问题提供了重要的参考,具有一定的理论意义和学术价值。(关祥睿)

康德感性学的体系
——以判断力为中心的初步探讨*

陈永庆**

提　要：以探讨康德哲学中"Ästhetik"与"ästhetisch"两个术语的含义与翻译为契机，本文指出《判断力批判》不是美学加目的论，而是整体上即是一种先验视角的目的论，并且基于合目的性原则的不同运用而划分为反思判断力的感性学与反思判断力的逻辑学，这种结构上的划分与《纯粹理性批判》是呼应的。虽然《实践理性批判》不存在这样的划分，但《道德形而上学》仍然引入了道德的感性学，这表明康德哲学的三个部分，即理论哲学、目的论与实践哲学，都是由感性学与逻辑学构成的有机整体。从判断力的视角来看，不同领域的感性学同样构成了一个有机的整体，因为反思判断力的感性学在道德的感性学与直观能力的感性学中都是深层在场的。

关键词：感性学　判断力　情感　目的论　先验哲学

一、引　言

"美学"（Aesthetica/Ästhetik/aesthetics）这门学科自鲍姆嘉登创建之日

---

* 本文是 2021 年国家社科基金后期资助一般项目"康德晚期实践哲学研究"（21FZXB051）、2021 年河南省哲学社会科学规划项目"自然向自由的过渡——康德晚期实践哲学研究"（2021BZX008）的阶段性成果。匿名审稿专家细致中肯的修改意见使本文的论证更加严谨，在此表示感谢！

** 陈永庆，1984 年生，河南师范大学科技与社会研究所讲师。

起,它的研究对象与主题从来没有像其他学科一样确定下来,而是保持为一个充满疑问的议题,①其对应的形容词"ästhetisch/aesthetic"的多重用法与含义也只能从维特根斯坦意义上的"家族相似"来理解。② 在鲍姆嘉登那里,它并不首先和直接与美或艺术相关,而是作为与普通逻辑学平行的低级认识能力的逻辑学,即它首先是广义的逻辑学意义上的"感性学",这与其希腊词源"aisthetikos"的含义是一致的,③鲍姆嘉登为此还创造了"Aestheticologica"这个术语。④ 因此,施勒格尔和黑格尔都曾明确指出,"Aesthetica"因其认识论含义而根本不适合充当这门科学的名字。⑤

康德对这两个术语的使用同样充满歧义。《纯粹理性批判》(以下简称第一批判)的"要素论"包括"感性学(Ästhetik)"与"逻辑学(Logik)"两个平行的部分,这一点是没有争议的。《实践理性批判》(以下简称第二批判)则不存在同样的划分,因为感性(在实践领域是指"情感")并不是道德性的构成要素,自然也就不存在本真的"道德的感性学",因此,第二批判中的"感性学"仅仅是出于与第一批判的类比而采用的不恰当的名字(5:90);⑥但康德在晚期的《道德形而上学》中重新引入了"道德的感性学",如何理解康德的这种转变引起了争议。

最大的争议在于《判断力批判》(以下简称第三批判),它的上半部分通常被视为"美学"(Ästhetik),形容词"ästhetisch"相应地通常被翻译为"审美的";邓晓芒先生则认为,第三批判将"审美的"与"感性的"两种含义打通了

---

① 叶秀山:《美的哲学》,北京:北京联合出版公司,2016年,第2—5页;Paul Guyer, *A History of Modern Aesthetics*(Volume I), New York: Cambridge University Press, 2014, pp. 1-29。
② 沃尔夫冈·韦尔施:《重构美学》,陆扬、张岩冰译,上海:上海译文出版社,2002年,第14—29页。
③ 鲍姆嘉登:《诗的哲学默想录》,王旭晓译,滕守尧校,北京:中国社会科学出版社,2014年,第97页;鲍姆嘉登:《美学》,简明、王旭晓译,北京:文化艺术出版社,1987年,第13页;Alexander Baumgarten, *Metaphysics*, trans. and ed. by Courtney D. Fugate and John Hymers, London: Bloomsbury, 2013, p. 205.
④ Alexander Baumgarten, *Theoretische Ästhetik. Die grundlegenden Abschnitte der "Aesthetica"* (1750/58): *Lateinisch-Deutsch*, trans. by Hans Rudolf Schweizer, Hamburg: Meiner, 1983, pp. 69, 73.
⑤ 施勒格尔:《浪漫派风格——施勒格尔批评文集》,李伯杰译,北京:华夏出版社,2005年,第49页;黑格尔:《美学》第一卷,朱光潜译,北京:商务印书馆,1996年,第3—4页。
⑥ 康德:《实践理性批判》,李秋零译,北京:中国人民大学出版社,2011年,第85页。康德著作的引用,以"卷数:页码"的方式随文夹注科学院版标准页码,同时在脚注中标注对应的中译本页码;但对《纯粹理性批判》的引用,参照学界通行标准,随文夹注A/B版页码。引文中的强调皆为原著所加。译文有少量修改,不再一一指出。

使用,因此视语境的不同而采用这两种译法。① 但叶秀山先生指出,与鲍姆嘉登一样,康德保留了"ästhetisch"这个术语的"感性的"含义;②具体来说,它指的是知识、情感与意志的"感性的"(ästhetisch)层面,亦即人的诸心灵能力中被动的、低级的方面,因此叶先生强调,无论在第一批判还是第三批判中,都不能将"ästhetisch"译为"审美的""美学的"或者"美感的",因为"审美的"固然是"感性的",但并非一切"感性的"都是"审美的"。③ 虽然叶先生并未就此问题展开深入的探讨,但他的洞见无疑是值得我们重视的。正如我们下面将要指出的那样,即便在第三批判中,"感性的(ästhetisch)判断"也包括三种类型,但其中只有鉴赏判断可以被视为"审美的"。

日本美学家岩城见一指出,首先,日本学界在明治时代(1868—1912)用"美学"来翻译"Ästhetik/aesthetics",是基于对同时代欧洲尤其是德国学界的正确认识,因为,用"Ästhetik/aesthetics"来指称一门"美学"意义上独立学科,正是自19世纪中期以来,随着黑格尔学派而最终确定下来的;④其次,在康德那里,"Ästhetik"始终意味着探究经验的先行条件,尽管第三批判的"Ästhetik"涉及美和鉴赏,但并不是把美或者审美视为一种特殊的经验,因此它不是"美学",相反,它与第一批判的"Ästhetik"一样,旨在探究经验的可能性条件,因此是隶属于先验哲学的"感性学";最后,把第三批判的"Ästhetik"视为"美学"的另一个严重后果是造成了对康德批判哲学的人为割裂,导致三大批判分别在哲学、伦理学与美学的领域内被研究。但岩城见一提到,这种情况在日本已经开始得到反思,从而使得对康德文本的一种整体理解成为可能。⑤

同日本一样,国内学界对第三批判的研究,长久以来主要是出自美学的动机,"Ästhetik"与"ästhetisch"因此似乎被理所当然地译为"美学"与"审美的";同样,把三大批判视为并列的关系,从而主张它们分别研究真(认识论)、善(伦理学)与美(美学),而美同时沟通了真和善。但行文至此,我们可

---

① 康德:《康德三大批判合集(下)》,邓晓芒译,杨祖陶校,北京:人民出版社,2009年,第238页。
② 叶秀山:《美的哲学》,第13—14页。
③ 叶秀山:《启蒙与自由》,南京:江苏人民出版社,2013年,第170—171页。
④ 岩城见一:《感性论——为了被开放的经验理论》,王琢译,北京:商务印书馆,2008年,第102—105页。
⑤ 同上书,第109—112页。

以确定的一点是,"Ästhetik"与"ästhetisch"的翻译不仅是译名选择的问题,而且涉及对第三批判的基本理解与对康德哲学的整体把握。就作者掌握的文献来看,倪胜先生结合第三批判的体系结构问题,就这两个术语的翻译做出了较为深入的探讨,主张把二者分别译为"感性学"与"感性学的";[①]王维嘉先生主张虽然"Ästhetik"可以沿袭通译,但"ästhetisch"在第三批判中应该一律译为"感性的",以突出此类判断"不依赖概念"的特征。[②]

本文则力图在已有研究的基础上,对该问题做出更进一步的探讨并指出:

(1)汉语能够用"美学"与"感性学"两个独立的术语翻译"Ästhetik/aesthetics",有助于澄清西语中"Ästhetik/aesthetics"固有的多义与歧义,从而展示康德对它们的独特使用。

(2)第三批判不是美学加目的论,相反,它整体上即是一种先验视角的目的论,又基于合目的性原则的不同运用而划分为反思判断力的感性学与反思判断力的逻辑学;这种结构上的划分与第一批判是呼应的,与康德对建筑术的诉求亦是呼应的。

(3)"Ästhetik"在康德哲学中具有统一的"感性学"的含义,并且从判断力的视角来看,不同领域(理论哲学、目的论与实践哲学)的感性学同样构成一个有机的体系,因为反思判断力的感性学在道德的感性学与直观能力的感性学中都是在场的。

二、第三批判的"Ästhetik":反思判断力的感性学

(一)感性:感官与情感

在《道德形而上学》的一个注释中,康德对"感性"概念做了详细的说明:

[①] 倪胜:《〈判断力批判〉体系探微》,复旦大学博士学位论文,2004年,第61—70页。
[②] 该观点来自王维嘉先生在2019年第二届德国观念论论坛上的发言。此外,卢春红女士也对该问题做过深入的研究。她主张第三批判的"Ästhetik"不是学科意义上的美学,而是关涉情感能力的先验的可能性;"ästhetisch"则关涉鉴赏中综合想象力与知性的先验过程的可能性;与认知判断中感性与知性的综合在逻辑上可以剥离于判断的过程相比,鉴赏判断中想象力与知性的结合不能离开判断过程,相反,"ästhetisch"指的就是这个由"感"而"悟"的过程。她尝试把"ästhetisch"译为"感悟的",把"Ästhetik"译为"感悟论",参见卢春红:《从康德对Ästhetik的定位论"ästhetisch"的内涵与翻译》,《哲学动态》2016年第7期;《由"反思"到"反思性的判断力":论康德反思概念的内涵及其意义》,《哲学研究》2015年第2期。

> 人们可以通过我们的一般表象的主观东西来解释感性(Sinnlichkeit);因为知性首先把表象与一个客体联系起来,就是说,惟有它才借助表象思维某种东西。现在,我们表象的主观东西可能要么是这样的,即它也能够被与一个客体为了对该客体的认识而联系起来(按照形式或者质料,在前一种场合叫作纯粹直观,在后一种场合叫作感觉[Empfindung]);在这一场合,感性,作为上述表象的感受性,也就是感官(Sinn)。要么表象的主观东西根本不可能成为知识成分,因为它仅仅包含表象与主体的关系,不包含任何为客体的知识可用的东西;在这种情况下,表象的这种感受性就叫作情感(Gefühl),它包含表象(无论这表象是感性的或者理智的)对主体的作用并且属于感性,虽然表象本身可以属于知性或者理性。(6:211)①

可见,就先验哲学来说,"情感"概念的第一层含义是指认识能力之批判意义上的表象的纯然主观的成分,它正是在此意义上与"感官"区别开来;"情感"概念的第二层含义才是我们通常所说的各种各样的情感,如感官上的适意,鉴赏的愉快,对道德法则的敬重等。一切情感都是纯然主观的,尽管引起这种情感的表象可能是理智的,例如对道德法则的敬重;因此,虽然学界通常把这种敬重称为一种"理智的情感",但这种称呼是不恰当的,因为它并不是由一种理智的表象直接推导出来的,康德在第三批判§12特别指出了这一点:"我们真正说来也不是从作为原因的道德理念推出这种情感,而是仅仅从中推导出了意志的规定。"(5:222)②

康德在第三批判§3还特别交代了,他引入"情感"这个概念,正是为了用它来称谓表象中那些纯然主观的东西:

> 我想用情感这个通常流行的名称来称谓在任何时候都必定仅仅保持为主观的、绝对不可能构成一个对象的表象的那种东西。草地的绿色属于客观的感觉(Empfindung),是对一个感官对象的知觉;但这绿色的适意则属于主观的感觉,通过它不能表现任何对象,也就是说,它属于对象被视为愉悦(这愉悦不是对象的知识)的客体所凭的情感。(5:206)③

---

① 康德:《道德形而上学》,张荣、李秋零译,北京:中国人民大学出版社,2013年,第10页注释。
② 康德:《判断力批判》,李秋零译,北京:中国人民大学出版社,2011年,第50页。
③ 同上书,第36页。

正是因为情感是纯然主观的,它不能构成关于客体(包括作为客体的自我)的知识的任何成分,它虽然属于感性能力,但却不属于认识能力:"情感不是对物的表象能力,而是处于全部认识能力之外的。"(A801/B829 注释)[①]因此在第一批判中,"先验感性学"作为一门认识能力的感性学,实际上仅仅包含感官(Sinn)的先天原则,也就是指关于感官的纯粹形式,即时间和空间的科学;而"感觉"(Empfindung)作为感官的质料,则不包含先天的原则。

但第三批判却将情感能力纳入批判哲学的考察。因为鉴赏判断(与崇高判断)所主张的那种主观上的普遍有效性同样要求一种高级认识能力来给它提供先天原则,并由此"揭示出我们的认识能力的一种属性,没有这一分析,这种属性就会依然不为人所知"(5:213)[②],这种属性就是判断力的反思功能,或者说就是反思判断力。作为一种先天立法能力,反思判断力的先天原则就是自然的合目的性原则。接下来我们将会看到,"情感—反思判断力—自然的合目的性原则"的结合给批判哲学打开了新的视域,"Ästhetik"与"ästhetisch"这两个术语在第三批判中的含义,只有在此基础之上才能得到正确的理解。

(二)"Ästhetik"与"ästhetisch"的歧义与澄清

第三批判将情感引入批判哲学,首先就会带来术语上的麻烦:如前所述,第一批判中作为先验哲学之研究对象的"感性"(Sinnlichkeit)只包括"感官"(Sinn)能力,但现在,"情感"也被纳入先验哲学的考察,那么形容词"sinnlich"(感官的)就不能表示先验哲学意义上的全部"感性的";因此康德不得不采用"ästhetisch"这个术语。但这两个术语自被鲍姆嘉登引进之日起即包含着歧义。实际上,名词"Ästhetik"在正式出版的第三批判中只出现过一次,且康德未做解释,邓晓芒先生与李秋零先生均译为"美学"。

但在生前未出版的《〈判断力批判〉第一导言》[③](以下简称第一导言)中,

---

① 康德:《纯粹理性批判》,载《康德三大批判合集(上)》,邓晓芒译,杨祖陶校,北京:人民出版社,2009 年,第 531 页。
② 康德:《判断力批判》,第 43 页。
③ 在第三批判正式出版之前,康德写了一个很长的导言,学界称之为《判断力批判》第一导言(Erste Einleitung in die Kritik der Urteilskraft),后被收入科学院版康德全集第 20 卷;正式出版的导言大约是该导言的一半。虽然曹俊峰先生和邓晓芒先生已经将该导言译成中文,但国内对它的关注仍然很少。参见刘作:《康德为什么要重写〈判断力批判〉的导言?》,《世界哲学》2018 年第 3 期。

康德多次使用"Ästhetik"这个术语,邓晓芒先生均译为"感性学",①曹俊峰先生则兼顾两种译法。② 第一导言§8"评判能力的感性学"(Von der Ästhetik des Beurteilungsvermögens)还对"Ästhetik"与"ästhetisch"两个术语的含义与用法做了详细的解释,从中可以清楚地看到,康德并不仅仅是在"美学"或者"审美"的意义上来使用这两个术语的。

首先,康德指出,"感性的表象方式"(einer ästhetischen Vorstellungsart)这个术语,既可以指表象与一个客体在认识方面的关系,也可以指表象与主体的愉快情感的关系;虽然我们也把这种愉快情感称为感觉(Empfindung),但前者是与客体的认识相关的客观感觉,而这种愉快情感却仅仅是主观的,与客体的认识无关;这与我们前引第三批判§3的说法是完全一致的。因此就这一点来说,"感性的表象方式"这个术语就包含着两种根本不同的含义,因此康德认为它存在着歧义。(20:221-222)③如前所述,这是由于第三批判把"情感"纳入先验哲学的考察,"感性的"由此同时包含了"感官的"与"情感的"两种含义所致。

其次,由于情感是纯然主观的,因此康德强调:"正是因为情感的一切规定都只具有主观的意义,所以它不可能像例如已有的一门认识能力的感性学(eine Ästhetik des Erkenntnißvermögens)那样提供出一门作为科学的情感的感性学(eine Ästhetik des Gefühls als Wissenschaft)。"(20:222)④这就意味着,只有一门关于感官(Sinn)的先天原则的科学,而没有一门关于情感的先天原则的科学。所以,这里的"Ästhetik"虽然与情感(首先是鉴赏中的愉快情感,但并不局限于它)相关,但却不是就情感而言的。康德同时强调,如果这两个术语只是用在判断力的活动上,就能避免它们的歧义:

> 如果我们把感性的(ästhetisch)这个术语既不是用于直观上,更不是用在知性的表象上,而只是用在判断力的活动上,那么上述歧义毕竟是可以消除的。一个感性的(ästhetisch)判断如果我们要把它用作客观的

---

① 康德:《〈判断力批判〉第一导言》,载《康德三大批判合集(下)》,邓晓芒译,杨祖陶校,北京:人民出版社,2009年,第538、561、563、564页。
② 康德:《美,以及美的反思》,曹俊峰编译,北京:金城出版社,2013年,第322、341、343页。
③ 康德:《〈判断力批判〉第一导言》,第538—539页。
④ 同上书,第538页。

规定,那它就会是如此触目地自相矛盾,以至于我们足以保证不被这一术语所误导。因为直观虽然可以是感官的(sinnlich),判断却绝对只属于(从广义上来理解的)知性,而感性的或者感官的(ästhetisch oder sinnlich)判断,就其应当是某个对象的知识而言,那就成了一种自相矛盾,如果感性(Sinnlichkeit)干犯到知性的事务并(通过偷换概念的错误)给知性一个错误的方向的话;毋宁说,客观的判断总是仅仅通过知性而做出的,就此而言它不可能称之为感性的(ästhetisch)。因此我们有关认识能力的先验感性学尽可以谈论感官的(sinnlich)直观,但决不能谈论感性的(ästhetisch)判断;因为既然它只是与规定客体的那种认识判断有关,它的那些判断就全都必须是逻辑的。所以,通过某种有关一个客体的感性的判断(ästhetischen Urtheilen)这一命名马上就显示出来的是,一个给予的表象虽然与一个客体相关,但在这个判断中所指的却不是对客体的规定,而是对主体及其情感的规定。(20:222—223)①

康德这里区分了两种判断类型:感性的(ästhetisch)判断与逻辑的判断(它又被称为客观的判断)并指出,"感性的判断"(ästhetischen Urtheilen)这个术语是没有歧义的,它只能表示对主体及其情感的规定。因为,如果一个判断是对客体的规定,那么它必然是逻辑的判断。康德接下来详细解释了,为什么说此时"感性的"(ästhetisch)这个术语只是用在判断力的活动上:

> 因为在判断力中知性和想象力是在相互关系中得到考察的,而这种关系虽然首先是客观地被看作属于认识的(正如在判断力的先验图型法中所发生的);但我们同样也可以只从主观上来考察两种认识能力的这一关系,只要在同一个表象中一方促进或阻碍了另一方并由此刺激了内心状态,因而是一种可以感觉到的关系(是在任何另一种认识能力的特别运用时都不会发生的一种情况)。现在,虽然这种感觉决不是对一个客体的感官的(sinnlich)表象,但它毕竟由于自己主观上与知性概念通过判断力而来的感官化(Versinnlichung)结合起来,而可以作为被那种能力的一个行动所刺激起来的主体之状态的感官的(sinnlich)表象而被归于感性(Sinnlichkeit)之列,而且虽然下判断(也就是客观地下判断)是一

---

① 康德:《〈判断力批判〉第一导言》,第539页。

个(作为一般高级认识能力的)知性的活动,而不是感性(Sinnlichkeit)的活动,一个判断也可以是感性的(ästhetisch),亦即感官的(sinnlich)判断,即按照主观效果而不是按照规定根据来说的。(20:223)①

可见,虽然康德一方面强调,"感性的(ästhetisch)判断"包含的仅仅是对主体及其情感的规定,而不是对客体的规定,因此这种情感有别于感官的(sinnlich)表象;但另一方面又指出,这种对主体及其情感的规定毕竟是与知性通过判断力的活动而来的感官化结合在一起,从这种规定的主观效果上来看,它是一种可被感觉到的关系,它在此意义上就能够以感官的(sinnlich)表象之身份被归于感性(Sinnlichkeit)。第一批判已经对感官能力进行了一种先验的处理,即"先验感性学",情感也仅仅是在它能够被视为感官表象的意义上得到先验的处理,而不是出于情感自身,因为康德把情感视为纯然主观的东西,而纯然主观的东西原本不可能得到科学(无论是批判还是学理)的处理:

> 在此很容易看出,愉快或不愉快由于它们不是什么知识,就根本不可能单独为自己得到解释,而要被感到(gefühlt)而不是被洞悉;因此我们只有通过一个表象借助于这种情感在内心诸力(der Gemüthskräfte)的活动上所具有的影响才能勉强对它们做出一点解释。(20:231)②

这里所说的"内心诸力",指的就是想象力与知性(对崇高来说是理性)。对鉴赏中愉快情感的普遍可传达性的先验解释,就是通过想象力与知性的关系来进行的。与第一批判中知性对想象力的支配(即想象力的先验综合是依照范畴的综合)不同,二者在鉴赏中处于一种自由游戏的状态。鉴赏批判的目的,就是借此对二者的关系做出更加精确的规定;因此,第三批判的动机不仅是美学的,而且也是先验的—体系的。由于康德最终把鉴赏中的先天原则视为反思判断力的立法,鉴赏中的愉快情感以及由此展示的想象力与知性的自由游戏,就被视为反思判断力的活动在感官上的一种可被感觉到的主观效果。

由此我们清楚地看到,康德是如何就判断力的活动,就判断力的活动的

---

① 康德:《〈判断力批判〉第一导言》,第539—540页。
② 同上书,第547页。

主观效果而言,把鉴赏中的愉快情感视为一种感官的表象(尽管康德反复强调二者的根本不同),从而回到了第一批判的"先验感性学"。因此他说,虽然不能有一门"情感的感性学",但却可以有一门"评判能力的感性学(der Ästhetik des Beurteilungsvermögens)"(20:221)①;由于这里的评判能力就是反思判断力,因此他又把这种感性学称为"反思判断力的感性学"(die Ästhetik der reflectirenden Urtheilskraft)(20:249、250)②;在第三批判正文中,则像第一批判那样称之为"判断力的先验感性学"(der transscendentalen Ästhetik der Urtheilskraft)(5:270)③。因此,正如有论者指出的,康德在此是返回到了第一批判的"Ästhetik",并把这种返回理解为对判断力的一种合乎科学的(而不是生理的—逻辑学的,即生理学或者经验主义的)处理的条件。④

康德还进一步指出,第三批判在结构上的划分与第一批判一样,包括"感性学"和"逻辑学"两个平行的部分:"反思判断力的感性学将研究这一能力的批判的一个部分,正如这同一个能力的逻辑学以目的论的名义构成这一批判的另外一个部分一样。"(20:249)⑤康德同时交代,由于担心读者混淆了这里的"反思判断力的感性学"与第一批判的"直观能力的感性学",他最终没有把第三批判上半部分命名为"反思判断力的感性学",而是命名为"感性的判断力之批判"(20:247)⑥;相应地,下半部分被命名为"目的论判断力之批判"。

由此可见,就康德本人的意图来说,第三批判的"Ästhetik"不能仅仅被理解为"美学",而是同时也要被理解为"感性学",只有这样我们才能理解第三批判的有机整体及其与第一批判在结构划分上的呼应。这同时体现了康德哲学对建筑术的诉求,而把第三批判视为"美学(加目的论)"则会遮蔽甚至割裂第三批判的有机整体。

同样,"ästhetisch"(感性的)也不能仅仅被理解为"审美的"。首先,前文已经指出,康德在第三批判引入这个术语是由于"情感"被纳入先验哲学;但这种"情感"并不局限于所谓"审美的"情感,它还包括崇高的情感,但崇高判

---

① 康德:《〈判断力批判〉第一导言》,第538页。
② 同上书,第563—564页。
③ 康德:《判断力批判》,第96页。
④ Karlheinz Barck, "Ästhetik/ästhetisch", *Ästhetische Grundbegriffe*(Band 1), ed. by Karlheinz Barck et al, Stuttgart: J. B. Metzler, 2010, pp. 333-334.
⑤ 康德:《〈判断力批判〉第一导言》,第563页。
⑥ 同上书,第561页。

断与"审美"并无直接关联。① 其次,从判断的角度来看,"感性的(ästhetisch)判断"不仅包括鉴赏判断和崇高判断,还包括适意与不适意的判断,如葡萄酒是令人适意的;康德把前者称为感性的反思判断,把后者称为感性的感官判断(20:223-224)②。在第三批判正文中,康德又分别称之为纯粹的、形式的判断与经验性的、质料的判断(5:223)③。可见,第三批判引入的"感性的判断"一共有三种,而只有就鉴赏判断来说,"ästhetisch"才能被理解为"审美的";但正如叶秀山先生强调的那样,"审美的"固然是"感性的",而"感性的"却不一定是"审美的"。因此,即便就鉴赏判断来说,也可以把"ästhetisch"理解为"感性的"。更关键的是,只有译为"感性的"才符合第三批判以及康德先验哲学的整体语境。④

由此我们也可以理解,为什么康德在第一批判 B 版对"Ästhetik"的态度发生了部分变化,即强调可以把这个术语部分在先验哲学、部分在心理学的含义上来使用(A21/B36 注释):⑤在三种感性的判断中,只有对鉴赏判断和崇高判断来说,才有一门"先验感性学",因为只有它们才包含反思判断力的先天原则;但对于适意与不适意的判断来说,由于它根本不包含任何先天原理,所以,就它而言的"感性学"只能是经验性的、心理学的,而不能被称为"先验的"。可见,B 版的此处改动是与第三批判相关的。⑥ 而这最终又与康

---

① 曹俊峰先生认为,崇高判断也属于鉴赏,参见曹俊峰:《康德美学引论》,天津:天津教育出版社,2012 年,第 87、218—219 页。这个观点是值得商榷的,这跟"ästhetisch"被译为"审美的"有关,因为崇高判断也是一种"ästhetisches Urtheil";因此根据通译,崇高判断就成了审美判断的一种。但它实际上与美或审美并无直接关系,康德把崇高判断称为一种"ästhetisches Urtheil",是因为崇高判断中的愉快情感同样可以被视为判断力的活动在感官上的主观效果,因此崇高判断包含的先天原则就能够被视为反思判断力的立法。
② 康德:《〈判断力批判〉第一导言》,第 540 页。
③ 康德:《判断力批判》,第 52 页。
④ 亨利希(Dieter Henrich)指出,康德在 1770 年代讲授人类学、逻辑学与形而上学时,都涉及美学问题,并在此基础上发展出了自己的美学理论;而令人惊讶的是第三批判与早期美学之间相当程度的一致,几乎第三批判所有的概念和术语都被康德在 1770 年代在几近相同的意义上采用过;因此,相对于早期美学讲义,第三批判主要的改变不是内容上的,而是语境(context)上的,想象力与知性的关系由此得到了更为精确的规定,想象力、知性、游戏和情感之间达成了早期美学中所缺乏的一种稳定关系。参见 Dieter Henrich, *Aesthetic Judgment and the Moral Image of the World: Studies in Kant*, California: Stanford University Press, 1992, pp. 31-35。
⑤ 康德:《纯粹理性批判》,第 24 页。
⑥ 邓晓芒先生认为,康德态度的变化表明他承认鲍姆嘉登把"Ästhetik"用于鉴赏批判的部分合理性,参见邓晓芒:《〈纯粹理性批判〉句读(上)》,北京:人民出版社,2010 年,第 165—166 页。

德的批判事业由一个批判扩展为三个批判是分不开的。

三、第三批判的有机结构与批判哲学的目的论

我们在前面已经指出,第三批判在结构上的划分与第一批判一样,包括感性学与逻辑学两个部分(虽然二者只是就判断力的活动来说的);第三批判与第一批判在结构上的这种平行关系,无疑与康德对哲学建筑术的追求是一致的。实际上,这在更深层次上涉及三大批判的关系以及康德对哲学的划分问题。学界通常把三大批判理解为并列的关系,从而主张他们分别研究真(认识论)、善(伦理学)与美(美学),而美(美学)同时沟通了真(认识论)与善(伦理学)。但正如岩城见一强调的那样,这种广为流行的说法实际上是对康德哲学有机整体的人为割裂。

首先,第三批判导言指出,尽管哲学只能被划分为理论哲学与实践哲学两个主要的部分,但先行于哲学之体系(即自然的形而上学与道德的形而上学)的纯粹理性批判却包括三个部分:纯粹知性批判、纯粹判断力批判和纯粹理性批判(5:179)[1];第一导言亦指出,判断力之批判"隶属于(最一般意义上的)纯粹理性批判之下"(20:241)[2]。因此,三大批判在整体上是一个批判,而不是并列的三个批判,更不是分别属于认识论、伦理学与美学(但笔者并不否认这种划分的合理性,这里只是就康德本人的意图以及先验哲学的整体语境来说的)。

其次,康德在写作第一批判时,并没有写作第二批判的打算,更没有第三批判的打算。克勒梅(Heiner F. Klemme)指出,第二批判和第三批判都是对第一批判的扩充,从而使得对纯粹理性的一个批判最终实现于三个单独的批判中,而这种转变的关键之一是康德发现了鉴赏批判的先天原理,并且康德在1787年之前就已经发现了这一新的先天知识的领域。[3] 康德在1787年12月28日的一封私人书信中明确交代了这一点:

> 我现在正忙于鉴赏力的批判。在这里,将揭示一种新的先天原

---

[1] 康德:《判断力批判》,第12页。
[2] 康德:《〈判断力批判〉第一导言》,第555页。
[3] H. F. 克勒梅:《〈实践理性批判〉的起源和目标》,刘作译,曾晓平校,《世界哲学》2012年第1期。

则,它与过去所揭示的不同。因为心灵具有三种能力:认识能力,快乐与不快的情感,欲求能力。我在纯粹(理论)理性的批判里发现了第一种能力的先天原则,在实践理性的批判里发现了第三种能力的先天原则。现在,我试图发现第二种能力的先天原则,虽然过去我曾认为,这种原则是不能发现的。对上述考察的各种能力的解析,使我在人的心灵中发现了这个体系。赞赏这个体系,尽可能地论证这个体系,为我的余生提供了充足的素材。这个体系把我引上了这样一条道路,它使我认识到哲学有三个部分,每个部分都有它自己的先天原则。人们可以一一地列举它们,可以确切地规定以这种方式可能的知识的范围——理论哲学、目的论、实践哲学。其中,目的论被认为最缺乏先天的规定根据……①

康德这里所说的新的先天原则,就是鉴赏的先天原则,也即自然的合目的性原则,因此康德此处说,除了理论的和实践的部分,哲学还包括第三个部分:目的论。但此时构思中的第三批判不是被命名为"判断力批判",而是被命名为"鉴赏批判";实际上,在1787年6月,它被康德称为"鉴赏批判的奠基";②同年9月与12月以及1788年3月,被称为"鉴赏批判"。③ 因此我们可以猜测,构思中的第三批判最初也许只包括鉴赏批判,尽管它最终仍然是第三批判最重要的部分,但完成了的第三批判还将崇高判断与目的论判断纳入进来,因此超出了"美学"的范围。其中的转变同样值得我们关注。

在前引那段话中我们看到,康德虽然已经将批判哲学扩展到对全部心灵能力的研究,但还没有将心灵能力的体系(认识能力、情感与欲求能力)与高级认识能力的体系(知性、判断力与理性)关联起来,而这一点是两版导言都着重强调的:知性的立法与理性的立法由判断力得到沟通,自然向自由的过渡由此成为可能。因此,从"鉴赏批判"到"判断力批判",还需要把鉴赏包含的先天原理视为判断力的立法。但正如康德强调的,这里存在着巨大的困难:

要找出判断力的一条特有的原则,这必定伴随着巨大的困难……尽

---

① 康德:《康德书信百封》,李秋零编译,上海:上海人民出版社,2006年,第110—111页。
② 同上书,第107页。
③ 同上书,第108、111、113页。

管如此,这原则也必须不是从先天概念推导出来的;因为这些概念属于知性,而判断力仅仅关涉知性的运用。因此,判断力应当自己指出一个概念,通过这概念真正说来没有任何事物被认识,而是这概念仅仅充当判断力的规则,但不是充当判断力能够使自己的判断与之适合的一个客观规则,因为这就会又需要另一种判断力,以便能够裁决该判断是否合规则的胃口。(5:169)①

正如我们所知,康德克服这个困难的关键在于区分了反思性的判断力与规定性的判断力,这一区分是康德的原创。② 作为一种先天立法能力,反思判断力给自己指定的那个先天概念,就是自然的合目的性概念,但反思判断力"只是在自身的主观考虑中,判断力借此不是给自然指定法则(作为自律),而是为了对自然的反思而给它自己指定法则(再自律)"(5:185)③,因此对于反思判断力来说,自然的合目的性原则就是一条单纯主观的原则,而不是为了认识客体从而先天地对之做出规定的客观原则。这就显示了它与情感能力的亲缘性,因为第三批判引入"情感"概念就是为了称谓表象的纯然主观的成分。

正如康德最初把构思中的第三批判称为"鉴赏批判的奠基"或者"鉴赏批判",康德指出,这里所说的巨大的困难主要出现在"感性的(ästhetisch)、与自然或者艺术的美和崇高的相关的评判中"(5:169)④;康德在第一导言中甚至强调:

> 所以真正说来只有鉴赏,而且是对自然对象的鉴赏,才是唯一地在其中显示出判断力是一种拥有自己特别的原则并借此有理由要求在对高级认识能力的普遍批判中占有一席之地的,而我们本来也许并不相信它会有这种资格。(20:244)⑤

但实际上,除了鉴赏判断,完成了的第三批判不仅包括崇高判断,而且包括目

---

① 康德:《判断力批判》,第3页。
② 这一区分在康德批判哲学中的体系性作用及其思想史意义,参见赵广明:《反思性判断力与物》,《云南大学学报》2020年第5期。
③ 康德:《判断力批判》,第18页。
④ 同上书,第3页。
⑤ 康德:《〈判断力批判〉第一导言》,第558页。

的论判断。因为第三批判的"主角"已经从鉴赏力转变为或者说扩展为反思判断力了,第三批判的研究范围也根据判断力的先天原则而随之扩展到全部反思性的判断:

> 但判断力的这种为自己先天地建立原则的能力一旦被给予,那么它也就必然要规定自己的范围,并为了这一批判的完备性而要求把判断力的感性的能力与目的论的能力一起认作包含在一个能力之中并基于同一条原则之上的,因为甚至关于自然物的目的论判断也完全与感性的判断同样隶属于反思性的(而非规定性的)判断力。(20:244)[①]

由于第三批判最终远远超出了鉴赏批判,并将鉴赏批判的先天原则建立在反思判断力这一先天立法能力之上;因此,第三批判的主题也就远远超出了美学的范围,鉴赏判断也不再仅仅被视为"审美的",相反,与崇高判断和目的论判断一样,它们都是反思性的判断,亦即"有关自然合目的性的判断"(20:241)[②]。它们都与反思判断力及其自然合目的性的先天原则建立了关联,并在此基础上得到解释。

第三批判在结构上的划分同样是建立在这个基础之上的,也就是根据合目的性原则的不同运用而来的。在第一导言中,根据自然在直观中的合目的性与自然按照概念的合目的性(20:232)[③],§8与§9分别把第三批判的两个部分称为"评判能力的感性学"与"目的论的评判",随后又分别称之为"反思判断力的感性学"与"反思判断力的逻辑学",最终则被命名为"感性的判断力之批判"与"目的论判断力之批判";根据正式出版的导言,第三批判的划分是基于"自然合目的性的感性的表象"(§7)与"自然合目的性的逻辑的表象"(§8),而前者则进一步被划分为鉴赏判断和崇高判断两个部分。正如我们反复强调的那样,这里的所谓"感性的表象"是就反思判断力的活动在感官上的主观效果而言的,它包括但不局限于所谓"审美的"表象;更不用说,康德还把适意与不适意的愉快情感也称为一种"感性的表象"。

---

① 康德:《〈判断力批判〉第一导言》,第558—559页。
② 同上书,第555页。
③ 同上书,第547页。

四、康德对哲学体系的划分以及在此基础上的感性学之体系

(一)哲学的划分:理论哲学、目的论与实践哲学

康德哲学对体系的诉求是内在的,因为"一切哲学知识的体系就是哲学"(A837/B865)①;这种诉求以"纯粹理性的建筑术"之名隶属于批判哲学的方法论。在第一批判中,哲学作为由概念而来(而不是像数学那样由概念的构造而来)的理性知识之体系,首先划分为纯粹的和经验性的,前者是由纯粹理性而来的知识,后者是由经验性原则而来的知识;纯粹的哲学又划分为纯粹理性的批判与作为学理的形而上学,前者是哲学的入门,后者是哲学的体系;形而上学则由于理性的双重运用而进一步划分为自然的形而上学与道德的形而上学(A840/B868-A841/B869)②。

在第三批判两版导言的开端,康德都花了大量篇幅再次讨论哲学的体系及其划分问题。康德指出,基于我们全部认识能力的不同领域——自然诸概念的领域与自由诸概念的领域——而把哲学划分为理论哲学与实践哲学两个部分,是完全正当的;但这两个领域"却不构成一个东西",亦即二者之间存在着"一道明显的鸿沟"(5:175)③;但体系的诉求不会满足于此,而是要寻求将哲学的这两个部分结合为一个整体;这就意味着,"经验的统一"问题被纳入"经验的可能性"问题之中,因为,先验哲学追问的不是这个或者那个经验的可能性,而是经验本身的可能性,这就已经预设了经验是一个统一的整体;康德是以自然的可能性亦即自然在无限多的经验性法则上的统一性的名义来表达了这一点,因为,自然的可能性是"先验哲学所可能触及的最高点"(4:318)④:

> 使一个或许包含着无限多样的经验性法则的自然之被给予的诸知觉成为一个有关联的经验,这个任务是先天地处在我们的知性之中的。知性虽然先天地拥有自然的普遍法则……但是,知性除此之外毕竟也还

---

① 康德:《纯粹理性批判》,第551页。
② 同上书,第552—553页。
③ 康德:《判断力批判》,第9页。
④ 康德:《未来形而上学导论》,李秋零译,北京:中国人民大学出版社,2013年,第59页。

> 需要自然在其特殊的规则中的某种秩序,这些规则只能经验性地为知性所认识,而且它们就知性而言是偶然的……知性必须把这些规则设想为法则(亦即设想为必然的),因为若不然,它们就不会构成任何自然秩序;尽管知性并不认识或者能够在某个时候看出它们的必然性。(5:184)①

康德解决经验统一性问题的关键在于,将心灵能力的体系与高级认识能力的体系关联起来,而这一点也是两版导言都着重强调的。作为一种先天立法能力,反思判断力虽然没有自己立法的领地,但它的引入仍然使得康德在理论哲学与实践哲学之外划分了哲学的另一个领域,即康德在其私人书信中所说的"目的论";同时,对纯粹理性的批判也由此从一个批判扩展为三个批判:

> 因此,即使哲学只能被划分为两个主要部分,亦即理论哲学和实践哲学,即使我们关于判断力自己的原则有可能说出的一切在哲学中都必须被算作理论的部分,亦即被算作依据自然概念的理性知识,然而,必须在着手建立那个体系之前就为了它的可能性而澄清这一切的纯粹理性批判,毕竟是由三个部分构成的:纯粹知性批判、纯粹判断力批判和纯粹理性批判。(5:179)②

虽然康德这里并没有像私人书信中那样,明确地把哲学划分为理论哲学、目的论与实践哲学三个领域,但他把理论哲学与实践哲学称为哲学的两个"主要部分",已经暗示了哲学还存在着第三个部分;由于反思判断力没有自己立法的领地,因此对这个部分来说,只存在着批判,而不存在着作为学理的形而上学。明确揭示哲学的目的论部分,对于理解第三批判具有重要的意义,正如李秋零先生指出的那样,利用目的论思想填补理论理性与实践理性之间的鸿沟、完成从自然向自由的过渡,是康德撰写第三批判的决定性动机。③ 康德在这个时期的其他文献中对莱布尼茨的前定和谐论进行了先验哲学的诠释,并以此来解释他认为原本无法解释的问题,即感性和知性这两种表象方式虽然在起源上不同,但却能够协调一致,甚至把第一批判称为对莱布尼茨的真

---

① 康德:《判断力批判》,第 17 页。
② 同上书,第 12 页。
③ 李秋零:《康德的"目的论"情节——〈判断力批判〉的前史》,载《宗教与哲学》第 8 辑,赵广明主编,北京:社会科学文献出版社,2019 年。李先生在该文中系统地梳理了康德目的论思想的形成过程,它对于康德批判哲学的体系性意义以及第三批判的发生史,这一工作是本文得以展开的前提。

正辩护,也印证了目的论思想在康德此时的哲学思考中的根本性意义。①

德勒兹(Gilles Deleuze)也曾指出,第三批判的根本之处在于:"提供了一种关于合目的性的新理论,它与先验的视点相称。"②因此从哲学体系的角度来看,第三批判不是"美学加目的论",而是整体上即是一种先验视角的目的论,又因合目的性原理的不同运用而被划分为"反思判断力的感性学"与"反思判断力的逻辑学",二者又分别被称为"感性的判断力之批判"与"目的论判断力之批判"。可见,虽然第三批判对美学产生了划时代的影响,但它的动机却不是仅仅出自美学,而是同时出自先验哲学对人的认识能力之批判的体系。

(二)感性学的体系问题

一旦我们把第三批判的"Ästhetik"理解为反思判断力的感性学,随之也就凸显了理论哲学(第一批判)与目的论(第三批判)在结构上的平行关系,即二者的分析论部分都是由感性学与逻辑学构成的有机统一。但一个更加突出的问题是,第二批判却不存在这种划分,康德也特别交代了这一点(5:90—91)③。实际上,这也不难理解,因为与感性(直观)作为知识及其客体的构造要素不同,感性(情感)并不是道德性的构造要素,所以,与理论理性的分析论从感性开始不同,实践理性的分析论是从最高的先天原理出发,以一个理性推理的方式推导出意志的主观规定。因此,第二批判的分析论整个就是"逻辑学",而不存在与之平行的"感性学"。

但是,按照康德哲学的建筑术,我们可以期待,尽管关于实践理性的批判不存在感性学与逻辑学的划分,但整个实践哲学领域也许会包含这样的划分。正如我们看到的,康德在第三批判之后的《道德形而上学》中引入了道德的感性学,并列举了四种"感性的"(ästhetisch)道德性状:道德情感、良知、对邻人的爱与对自己的敬重(6:399—403)④。但这不可被理解为对第二批判的修正,因为就探求纯粹意志的规定根据与道德的最高原理而言,第二批判与

---

① 康德:《康德书信百封》,第139—140页;康德:《论一个据说一切新的纯粹理性批判都由于一个更早的批判而变得多余的发现》,李秋零译,载《康德著作全集》第8卷,北京:中国人民大学出版社,2010年,第252—253页。
② 德勒兹:《康德的批判哲学》,夏莹、牛子牛译,吴子枫校,西安:西北大学出版社,2018年,第96页。
③ 康德:《判断力批判》,第85页。
④ 康德:《道德形而上学》,第182—185页。

《道德形而上学》是一致的;换言之,道德的感性学并不是纯粹的道德哲学的一部分:

> 一种道德的感性学(eine Ästhetik der Sitten)①虽然不是道德形而上学的一个部分,但却是其主观的展示:在这里,伴随着道德法则的强制性力量的情感,可以使人感受到那种力量的效用(例如讨厌、害怕等,它们使道德的厌恶感官化[versinnlichen]),以便对纯然感官的刺激赢得优势。(6:406)②

按照康德对一般实践哲学的划分,它属于道德的人类学:

> 一种道德形而上学(einer Metaphysik der Sitten)不能建立在人类学之上,但却可以应用于它。与道德形而上学相对的部分,作为一般实践哲学的划分的另一个分支,将会是道德的人类学(die moralische Anthropologie),但是,道德人类学将会只包含人的本性中贯彻道德形而上学法则的主观条件……(6:217)③

至此我们可以看到,感性学在康德哲学中是一个普遍的问题,哲学的三个部分——理论哲学、目的论、实践哲学——都包含感性学。但学界对康德感性学的关注,大多局限于第一批判之直观能力的感性学,而第三批判的感性学则通常被理解为美学,《道德形而上学》中的道德感性学也没有引起太多的关注,康德引入道德感性学的根据也没有得到澄清。此外,三个领域的感性学之间是什么关系?既然反思判断力是判断力本身的深层活动,而不是与规定性的判断力不同的另一种判断力,那么,反思判断力及其感性学是否在理论哲学与道德哲学领域也发挥着作用?笔者接下来将尝试做出一些初步的

---

① 学界通常认为康德并不严格区分"Sitte"与"Moral",从而将二者均译为"道德",但邓安庆先生系统地论证了这种理解与翻译是对康德的误解,参见邓安庆:《再论康德关于伦理与道德的区分及其意义》,《北京大学学报》2019 年第 5 期;邓安庆:《启蒙伦理与现代社会的公序良俗——德国古典哲学的道德事业之重审》,北京:人民出版社,2014 年,第 101—123 页。如果我们接受邓先生的建议,把这里的"eine Ästhetik der Sitten"译为"伦理的感性学",就能更好地理解这个术语。因为,"道德"(Moral)在康德那里本来就包含着"纯粹的""先天的"与"形而上的"等"非感性的"含义,因此,"道德的感性学"更像是一个矛盾的表述。而"伦理"则同时包含纯粹的部分与经验性的部分,"伦理的感性学"毫无疑问属于伦理学的经验性部分,即形而上的道德原理在人类学中的应用,也就是康德说的"道德的人类学"。
② 康德:《道德形而上学》,第 189 页。
③ 同上书,第 15 页。

探讨。

1. 反思判断力与道德的感性学

笔者曾在一篇论文中初步论证了,《道德形而上学》中"道德的感性学"只能被合理地理解为"道德判断力的感性学"①,因为自康德转向批判阶段后,就一贯坚持道德的根据及其原理是纯粹的、先天的、形而上的,与人类的特殊本性无关(4:425)②。因此,引入感性学只能是出于道德判断力的需要,而这一点构成了对第二批判的修正。因为康德在第二批判中指出,行动的一切道德价值的本质取决于道德法则直接规定意志,判断力在道德判断中不是独立的,它不能给判断本身增添新的东西:"惟有判断力的理性主义(der Rationalism der Urtheilskraft)才适合道德概念的应用,它除了理性自己也能够思维的东西,亦即合法则性之外,不再从感官的自然中索取任何东西。"(5:71)③

如果这种理解是正确的,我们还必须进一步追问,从第二批判到《道德形而上学》,康德关于道德判断力的立场转变之根据。笔者以为,这一点只有追溯到第三批判之反思判断力的感性学才能得到合理的解释。因为反思判断力作为"纯粹判断力"(5:288)④与"一般判断力"(der Urtheilskraft überhaupt)(5:290)⑤,并不是与规定性的判断力不同的另一种判断力,而是判断力本身的深层活动;判断力的规定性的运用以其反思性的运用为基础,一切规定性的判断都已经包含了判断力的反思活动(20:212)⑥。正如德勒兹指出的:"反思性的判断显露并解放了在规定性的判断中被隐藏的底部。而规定性的判断,唯有通过这一活生生的底部,才已经是一种判断。"⑦因此,反思判断力的感性学表明道德判断力同样有感性学的需求,而且,正如反思判断力的感性学涉及鉴赏(与崇高)中的愉快情感在感官上的可被感觉到的那种主观效果,道德判断力的感性学同样涉及伴随着道德法则的强制性力量的情感所带

---

① 陈永庆:《反思判断力与道德的感性学——对康德〈道德形而上学〉之感性学理论的解读》,《道德与文明》2020年第6期。
② 康德:《道德形而上学的奠基》,李秋零译,北京:中国人民大学出版社,2013年,第45页。
③ 康德:《实践理性批判》,第67页。
④ 康德:《判断力批判》,第113页。
⑤ 同上书,第115页。
⑥ 康德:《〈判断力批判〉第一导言》,第530页。
⑦ 德勒兹:《康德的批判哲学》,第84页。

来的"感官化"(versinnlichen)了的主观效果(6:406)①。

因此,康德把这四种道德性状都称为"感性的(ästhetisch)",这个术语的含义在此是与第三批判一致的,其中的"良知"尤其突出地体现了判断力的反思功能:"一个行为,作为一个受法则支配的事例,其内在的归责(in meritum aut demeritum[惩罚或者赦免])属于判断力(iudicium),它作为行动归责之主观原则,无论是否作为行为(受一个法则支配的行动)发生,都在做出有法权效力的判断。"(6:438)②显然,由于这个判断是主观的,这里的判断力指的就是反思判断力;它是一个先行于客观的道德判断并且具有法权效力的主观判断,哪怕客观的道德判断并未实际发生。

2. 反思判断力与直观能力的感性学

首先,康德在第一导言中明确指出,规定性的判断中已经包含了判断力的反思功能:"判断力在这里既是在其反思中,同时又是规定性的。"(20:212)③与纯粹的感性判断相比,由于此时充当归摄之规则的知性概念已经被给予了,判断力已经先天地图型化,亦即感性化了,从而无须再为自身寻找归摄的规则。理论的判断也因此不像鉴赏判断那样是单纯反思的判断,而是逻辑的判断。

其次,如前所述,作为感官的先天原则的科学,第一批判的先验感性学仅仅包括感官的纯形式,即时间和空间;而康德对纯粹的、生产性的想象力的态度则是游移不定的。在A版(1781)中,康德批评当时的心理学没有认识到"想象力是知觉本身的一个必要的成分"(A120注释)④,并把这种想象力称为一种虽然与感官不同,但仍然属于感性的"先天综合能力":"想象力的综合虽然是先天地实行的,但就其自己本身来说却总是感官的(sinnlich),因为它只是如同杂多在直观中显现那样来联结杂多。"(A123-A124)⑤但这就意味着感性不仅仅是一种单纯的接受性,因此它似乎会危及感性与知性的二元论。在《未来形而上学导论》(1783)中,康德不再提及先验想象力,而是把它的综合功能赋予了知性,而知性的综合就是判断,因此就产生了属于知性的

---

① 康德:《道德形而上学》,第189页。
② 同上书,第216页。
③ 康德:《〈判断力批判〉第一导言》,第530页。
④ 康德:《纯粹理性批判》,第112页。
⑤ 同上书,第114页。

判断能力、但却没有范畴参与其中的"知觉判断"的概念:"只是把知觉按照它们在感官的直观中被给予的样子联结起来。"(4:304)①而在 B 版(1787)的修订中,康德似乎采取了折中的立场,既把先验想象力归于感性,又称它是在行使知性的自发性,是先天地规定感性的能力,因此是知性对感性的作用,是知性在直观对象上最初的应用(B152-153)②。

在第三批判中,鉴赏中想象力与知性的"自由游戏"表明,至少在鉴赏中,这种生产性的想象力并不隶属于知性能力,相反,此时知性为想象力服务。并且,作为"直观或者展示的能力"(5:287)③,"作为先天直观的能力"(5:190)④,它虽然属于感性;但它"被设想为生产的和主动的(作为可能直观的任意形式的创作者)"(5:240)⑤,因此它独立于感官,并且是直观之形式的创作者。这意味着,它比作为先天直观形式的时间和空间更加源始,这一点在第三批判之后由康德亲自出版的《实用人类学》中有着明确的交代:

> 想象力(facultas imaginandi)作为直观的能力(即便对象不在场),要么是生产的,亦即源始地展现(exhibitio originaria)对象的一种能力,因而这种展现先行于经验;要么是再生产的,是派生地展现对象的一种能力,这种展现把一个已有的经验性直观带回心灵中;纯粹的空间直观和时间直观属于前一种展现……(7:167)⑥

这表明,先验想象力在直观能力的感性学中也是在场的,而这一点在第一批判中却是晦暗不明的。实际上,第一批判引入先验想象力,在试图解决范畴的先验演绎与先验判断力的学说的同时,也引起了很多问题和争议,而康德也意识到了其中的困境,比如,他把作为先验想象力的产物的图型法视为人类心灵深处一种隐藏着的技艺,我们只能猜测到却无法清楚地展示它

---

① 康德:《未来形而上学导论》,第 113 页。康德的知觉判断学说是极富争议的,例如文哲(Christian Helmut Wenzel)主张,范畴对知觉的联结不能被视为事后的添加,而是与被联结的知觉一道实存的,所谓没有范畴参与其中的知觉以及知觉判断在康德那里都只能被合理地理解为一种"教学手段",参见文哲:《康德哲学中范畴是否在知觉中即已经扮演了角色?——对彼得·罗斯和约翰·麦克道尔的讨论》,窦飞译,载《清华西方哲学研究》第五卷第一期(2019 年夏季),第 59—81 页。
② 康德:《纯粹理性批判》,第 89—90 页。
③ 康德:《判断力批判》,第 22 页。
④ 同上书,第 113 页。
⑤ 同上书,第 69 页。
⑥ 康德:《康德著作全集》第 7 卷,李秋零主编,北京:中国人民大学出版社,2008 年,第 160 页。

(A141/B181-182)①,即它最终是无法解释的。因此,加德纳(Sebastian Gardner)把图型法称为康德先验哲学中类似于数学中的那种无法定义的奇点(a singular point),它意味着先验解释的界限;②钱捷先生同样把先验想象力视为康德为了解释先验演绎而特设的一个概念。③

第三批判或许能为理解这个问题提供一个新的视角,因为反思判断力的感性学揭示了想象力与知性在更深层次上的关系,即德勒兹所说的二者之间"自由的和未规定的一致"④,也就是康德所说的想象力与知性的自由游戏。鉴赏判断作为一个单纯反思的判断,想象力在其中是自由的:"想象力的自由正是在于它无需概念而图型化。"(5:287)⑤因此,鉴赏中想象力的综合就不再是第一批判中那种依照范畴的综合。想象力似乎得到了解放,但康德同时强调,鉴赏不能脱离知性能力的参与,因为游戏中的合法则性属于知性,虽然知性是为想象力服务的;因此,想象力与知性的自由游戏理论虽然对后世哲学和美学产生了巨大的影响,但正如有论者指出的那样,它更像是一个隐喻或者形象的表达,而不是一个系统的解释。⑥ 因此,如何理解鉴赏中想象力与知性的关系就成了一个关键问题。

亨利希给出了一种解读。他指出,鉴赏中想象力与知性的自由游戏意味着,正是"反思判断将想象力提升到知性层面(因为它感知并因此综合了杂多)";⑦同时,由于在单纯反思的判断中,充当判断力的归摄活动之规则的概念并没有像理论判断中那样已经被给予,因此,反思判断在将想象力提升到知性层面的过程中,还需要为判断力寻找归摄的规则,但这个规则不可能是某个确定的概念或者规则,而只能是"某个无法指明(angeben)的普遍规则"(5:237)⑧,否则鉴赏判断就会成为一个逻辑的判断。亨利希认为,这意味着

---

① 康德:《纯粹理性批判》,第124页。
② 塞巴斯蒂安·加德纳:《康德与〈纯粹理性批判〉》,蒋明磊译,北京:中国人民大学出版社,2018年,第159—161页。
③ 钱捷:《头上的星空——康德的〈纯粹理性批判〉与自然科学的哲学基础》,合肥:安徽文艺出版社,2013年,第111—113页。
④ 德勒兹:《康德的批判哲学》,第84页。
⑤ 康德:《判断力批判》,第112页。
⑥ A. Corbineau-Hoffmann, "Spiel", *Historisches Wörterbuch der Philosophie*, Bd. 9, ed. by Joachim Ritter, Karlfried Gründer and Gottfried Gabriel, Basel: Schwabe Verlag, 1971-2007, pp. 1384-1385.
⑦ Dieter Henrich, *Aesthetic Judgment and the Moral Image of the World: Studies in Kant*, p. 49.
⑧ 康德:《判断力批判》,第66页。

反思判断通过想象力寻找规则的活动与一般概念化的条件必然是一致的,知性本身由此才能先于任何特定概念的获得而进入到鉴赏活动中:

> 反思判断将想象力状态同一般概念化的条件进行比较。然而,拥有概念的一个征兆向来就是它在直观中的被展示的可能性。人们甚至不可能寻找到概念,除非这些概念已经通过它们被展示的方式而得到了构想。但是这就相当于说,反思判断从想象力到知性的提升必然已经考虑了概念一般地被应用且从而被展示的方式。这恰恰就是知性本身如何先于任何特定概念的获得而进入游戏的原因所在。①

宫睿先生也指出,知性能力在鉴赏中只是一个合法则性的空壳,想象力与知性的和谐实际上是先验想象力的运作自身如何具有合法则性的问题:先验想象力在第一批判中作为对直观杂多的综合功能,在第三批判中作为寻找规则的功能,鉴赏中想象力与知性的协调一致的关系本质上是想象力的这两种功能之间的关系。② 可见,自由游戏的心灵状态可以被视为在一个单纯反思的判断中,反思判断力为自身寻找归摄的规则之活动本身的产物。由于反思判断力不可能寻找到一个确定的概念或者规则,而只能把自然的形式合目的性这一单纯主观的原理指定给自己,因此康德又把这种合目的性称为"判断力在其自由中的合法则性",并把纯粹的感性的判断称为"一个自由的判断力的判断"(5:270-271)③。这表明,判断力在其深层的反思活动中是自由的,并且呈现出一种合法则性。

正是在反思判断力的这种单纯主观的立法中,我们可以谈及想象力自身的自由的合法则性,因为反思判断力的立法并不基于任何确定的概念,因此不是规定性的。虽然康德强调:"说想象力是自由的,却又是自发地合法则的,亦即说它带有一种自律,这是一个矛盾。惟有知性才立法。"(5:241)④但这段话更像是第三批判由原定的"鉴赏批判"扩展为"判断力批判"之前康德的立场:首先,反思判断力也是一种先天立法的高级认识能力,揭示它的先天原理正是第三批判的目的所在,尽管它不为客体立法;其次,康德在同一段落

---

① Dieter Henrich, *Aesthetic Judgment and the Moral Image of the World: Studies in Kant*, pp. 49-50.
② 宫睿:《康德的想象力理论》,北京:中国政法大学出版社,2012年,第121—125页。
③ 康德:《判断力批判》,第97页。
④ 同上书,第69页。

随后的表述中,把鉴赏判断包含的无目的的合目的性归于知性的自由的合法则性,但正如本文上段引文所表明的那样,这种合目的性实际上是反思判断力的先天原理,是判断力在其自由中的合法则性。

由此我们可以推断,康德写作这段话时,也许还没有把鉴赏力转变或者说扩展为反思判断力,亦即仍然处在"鉴赏批判"而不是"判断力批判"的阶段。实际上,在第三批判正文中,在整个"美的分析论"(§1-§22)部分,"判断力"这个术语只出现了两次(5:206、218)①,而且第二次康德明确指出的是第一批判中的规定性的判断力;而从"崇高的分析论"开始,"判断力"就成了一个高频词汇,正如在两版导言中一样②(根据本文前面的分析,崇高判断与目的论判断被纳入构想中的第三批判,正是康德把"鉴赏批判"扩展为"判断力批判"的结果)。

但想象力的这种自由的合法则性与第一批判关于感性(直观)与知性(范畴)在起源上的二元论并不矛盾,因为它只实存于一种单纯主观的关系中,也就是单纯反思的主观判断中,因此它只关涉判断的主体,而不关涉判断的对象;而第一批判考察的却是经验与经验对象的可能性条件。不仅如此,康德还指出,处在这种主观关系中的想象力的自由的合法则性,是"一般知识(Erkenntnisse überhaupt)"的主观条件,因为"任何确定的知识毕竟总是基于作为主观条件的那种关系"(5:218)③。正是在此意义上我们可以说,就"经验的可能性条件"这一先验哲学的基本问题而言,第三批判构成了对第一批判的补充(值得注意的是,由于先验哲学探讨的是经验所包含的先天要素,而不是经验在心理学层面的实际发生过程,因此,康德这里所说的一般知识的条件,只是意味着一种先验逻辑意义上的条件关系,而并不意味着康德主张在知识的实际发生中都会伴随着这种主观关系的发生)。

与之不同的是,作为经验的可能性条件,尽管时空和范畴也是主观的,但正如康德以空间为例所言:"空间尽管自己纯然主观的性质,却仍然是作为显象的事物的一个知识成分"(5:189)④,因此它们同时是知识及知识之对象的客观条件。或者如阿利森(Henry Allison)所说的,它们是认识得以客观化

---

① 康德:《判断力批判》,第35、47页。
② 词频统计参见康德:《康德三大批判合集(下)》,第578页。
③ 康德:《判断力批判》,第47页。
④ 同上书,第21页。

(objectifying)的条件,因为它们构造了客观性(objectivity)的特定形式。① 相反,经由反思判断力的感性学所揭示的先验想象力的自由的合法则性,尽管并不构成知识的任何成分,因此是真正纯然主观的,但仍然构成了一般知识的主观条件。②

在此意义上我们也可以说,就先验哲学作为一种主观性哲学而言,第三批判同时构成了对第一批判的推进。也正是在此意义上我们才能理解,为什么康德在第三批判之后出版的《实用人类学》中,把纯粹的空间直观和时间直观归于先验想象力源始地展现对象的能力,尽管先验想象力并不构成对象及其知识的任何成分。

综上,反思判断力的感性学在道德的感性学与直观能力的感性学中都是深层在场的。

结　论

康德哲学对体系的诉求是内在的,因为"达到对整个纯粹的理性能力(无论是理论的还是实践的理性能力)的统一性的洞识,并从一个原则中引申出一切来;这是人类理性的不可避免的需要,人类理性惟有在其知识的一种完备的体系统一中才能得到完全的满意"(5:91)③。根据第三批判,统一理论理性与实践理性的最高原则是反思判断力及其自然的合目的性原则④,而本文的目的则是以康德哲学中的感性学之体系为例深化对这一点的理解,由此展示三大批判之间的内在关系。这表明,那种流行已久的观点——认为三大批判是并列的,分别研究真(认识论)、善(伦理学)与美(美学),而第三批判同时沟通了前两个批判——实际上仍然是把三大批判视为彼此外在的。基于这种流行的观点,甚至不能提出康德感性学的体系问题,更无法理解三大

---

① Henry Allison, *Kant's Theory of Taste: A Reading of the Critique of Aesthetic Judgment*, New York: Cambridge University Press, 2001, p. 116.
② 对一般知识的主观条件的更加深入的分析,参见周黄正蜜:《康德共通感理论研究》,北京:商务印书馆,2018年,第106—113页。
③ 康德:《实践理性批判》,第85页。
④ 克勒梅批评了 Kitcher Patrici 与 Onora O'Neill 把定言命令视为理论理性与实践理性的最高原则的观点,参见 H. F. 克勒梅:《定言命令是纯粹实践理性和理论理性的最高原则吗?》,刘作译,载《伦理学术》第1卷,邓安庆主编,上海:上海教育出版社,2016年,第81—89页。

批判之间内在的关系。同时,这样一个以反思判断力为中心的感性学之体系也有着自身的价值,它对于理解康德先验哲学是至关重要的。笔者已经以反思判断力在道德的感性学与直观能力的感性学中的深层作用为例初步论证了这一点,但依然有待更加深入的探讨。

The System of Kant's Aesthetics: A Preliminary Discussion Centered on the Power of Judgment

Chen Yongqing

Abstract: Through the moment of discussions on the meaning and translation of "Ästhetik" and "ästhetisch" in Kant's philosophy, this paper points out that *Critique of the Power of Judgment* is not composed by a science of beauty and the teleology, but is the teleology as a whole through transcendental perspectives, and divided into aesthetics and logic of the same power of reflective judgment due to different application of the principle of purposiveness, which is paralleled with the division of the structure of *Critique of Pure Reason*. Although there is no such division in *Critique of Practical Reason*, aesthetics of morals is still introduced by *the Metaphysics of Morals*, which shows that each of three parts of Kant's philosophy, namely theoretical philosophy, teleology and practical philosophy, is an organic whole constituted by aesthetics and logic. From the perspective of the power of judgment, aesthetics in different areas also constitute an organic whole, because the aesthetics of the power of reflective judgment is deeply present both in the aesthetics of morals and the aesthetics of the faculty of intuition.

Key words: Aesthetics, The Power of Judgment, Feeling, Teleology, Transcendental Philosophy

自由游戏或共通感?
——论康德美学非自然化解读的可能性

贺 磊[*]

提 要：通过将认识能力的自由游戏概念理解为经验心理学概念，盖耶试图将康德的鉴赏判断学说自然化为一个关于审美现象的经验理论，从而否决将鉴赏判断建立在先天原则上的可能性；任何非自然主义解释，若仅仅强调自由游戏概念与康德认识论框架之间的联系，都面临这种自然化的挑战。但康德鉴赏理论包含着更多要素：康德将审美愉快界定为对表象的合目的性的意识，将审美愉快等同于心灵处于一种特殊的、无目的的审美反思（评判）的状态，将鉴赏判断的原则理解为愉快（对审美反思的心灵状态的内在感受）的普遍有效性，将鉴赏判断对普遍同意的要求理解为正确运用了这一原则（即共通感）的表达。这些要素使审美经验中的规范性要求有可能得到某种辩护，而不必满足盖耶式自然主义的论证要求。

关键词：自由游戏　审美愉快　合目的性　审美反思　共通感

许多康德研究者认为，如果康德鉴赏学说的意义在于以康德主义的认识论框架阐释人类的普遍审美经验，那么"认识能力的自由游戏"（das freie Spiel der Erkenntniskräfte）论题就至关重要。例如迪特·亨利希曾断言，想象力与知性的和谐游戏的理论为康德的鉴赏批判工作提供了最为重要的资源，

---

[*] 贺磊，1986年生，复旦大学哲学学院博士后。

甚至可以说是《判断力批判》最有新意的部分。①他认为,由于康德将审美经验与认知过程关联起来,对鉴赏判断的解释就可以"从我们关于对象的知识的可能性的解释中导出"②。这是因为在审美经验中,康德所谓"认识一般"(Erkenntnis überhaupt)所要求的条件也通过某种认识能力的活动而得到满足,虽然这种活动与认知的情形迥然不同。如此一来,认识能力的自发性为审美经验提供了理性基础的同时,审美现象也并不会被还原为一种完全理智化、理论化的认知活动。这个策略最终依赖于对审美经验中的心灵活动(mental activities)的刻画,康德的"自由游戏"概念的作用便在于此。另一个例子是保罗·盖耶对康德美学的重构。他在重视对自由游戏概念的解释的同时,最终着眼于将康德美学"自然化":"我对康德审美经验和审美判断理论的分析与评估的主要结论是,其核心概念,也就是认识能力的和谐或自由游戏这个作为审美经验和判断的基础的观念……只能被理解为一个可由经验判断通达的心理状态的观念。"③虽然康德的意图显然不是自然主义的,但盖耶认为,康德美学只可能给出对审美经验的心理学解释,这是通过将认识能力的游戏理解为经验心理学概念来实现的。尽管亨利希与盖耶的解释意图大相径庭,两者依然分享了一个基本判断,即对"认识能力的自由游戏"的解释应当是康德美学的核心价值所在,因为审美经验的根本特性需要通过这个概念得到表达。两者的关键分歧似乎在于,该概念及相应的对审美经验的刻画是否可以彻底摆脱经验心理学的色彩。

本文则试图表明,盖耶对康德美学的自然化并不能通过对"认识能力的自由游戏"的更好解释来驳斥。相反,对康德美学的非自然主义解读不仅需要阐释自由游戏的概念,还需要充分利用康德鉴赏理论中的其他概念和论题。我们将首先对盖耶的自然化策略给出一个简要分析,以表明这种自然化解释的可能性根源于何处,以及为何关于认识能力的自由游戏的理论不足以排除这种可能性。其次我们将重点分析康德鉴赏理论中的若干重要概念和问题,以寻得拒斥盖耶式解读的理论依据。最后我们将聚焦康德对纯粹鉴赏

---

① Dieter Henrich, "Explanation of Aesthetic Judgment", in *Aesthetic Judgment and the Moral Image of the World*, Stanford: Stanford University Press, 1992, p. 54.
② Ibid., p. 34.
③ Paul Guyer, "Naturalizing Kant", in *Kant verstehen – Understanding Kant*, hrsg. von Dieter Schönecker und Thomas Zwenger, Darmstadt: Wissenschaftliche Buchgesellschaft, 2001, p. 62.

判断的演绎,以初步展示一种非自然主义的康德式美学的可能性。

一、"认识能力的自由游戏"与自然化解读的可能性

盖耶的重构的出发点是:认识能力的自由且和谐的游戏是一个心理状态。用这个概念来解释审美经验,就不可避免地要对审美愉快(ästhetische lust)给出因果解释。一方面盖耶认为,为了能够得出一个鉴赏判断,人们必须意识到一个确定的愉快感受产生于一个自由游戏的心理状态。由此,一个鉴赏判断意味着"一个人将其经验到的愉快归因于认识能力的自由游戏而不是任何别的可能原因"①。另一方面,由于康德同时主张鉴赏判断提出了对普遍有效性的要求,盖耶进一步将鉴赏判断所表达的内容理解为:"在理想情况下,可以期待每个人都会获得一种愉快,这种愉快和一个人自己亲身在一个对象上获得的愉快是一样的。"②盖耶的这一解读范式通常被称作"因果解释"(causal interpretation)③,他以一个审美反思的两阶段模型将前述鉴赏判断的两个方面统一地表达出来:在审美活动的第一个阶段,审美反思意指心灵中认识能力自由游戏的活动,即康德所谓"评判"(Beurteilung)的活动,它直接造成了审美愉快;只有在第二个阶段,经由一个关于该愉快的普遍有效性的额外反思,才得出一个表达对普遍有效性的要求的鉴赏判断。④ 基于这个双重反思模型,盖耶提出了两个针对康德的根本批评:(1)就第一阶段的反思而言,"因果解释"首先关注的问题是,为何审美反思活动(即对一个美的形式的单纯评判)会产生愉快。在盖耶看来,康德只能通过一个由经验观察得来的论点来回答这个问题:自由游戏所促成的认识能力之间的和谐之所以令人愉快,是因为这种和谐意味着"认识一般"的条件得到了满足。⑤ 康德或

---

① Paul Guyer, "Naturalizing Kant", p. 63.
② Ibid.
③ 盖耶本人接受对其解释模式的这种总结并始终坚持这一解读的正确性,可参见 Paul Guyer and Henry. E. Allison, "Dialogue: Paul Guyer and Henry Allison on Allison's *Kant's Theory of Taste*", in *Aesthetic and Cognition in Kant's Critical Philosophy*, Cambridge: Cambridge University Press, 2006, p. 118。
④ Paul Guyer, *Kant and the Claims of Taste*, Cambridge: Cambridge University Press, 1997, p. 8.
⑤ Paul Guyer and Henry. E. Allison, "Dialogue: Paul Guyer and Henry Allison on Allison's *Kant's Theory of Taste*", p. 116.

许可以进一步主张,这个条件的满足令人愉快,是因为每个意图的实现都伴随着愉快。① 但这个主张在盖耶看来也只不过是一个"关于人类心理学的经验观察",而不是康德所要求的先天的根据。② 因此,表达出"一个特殊的愉快感受确实归因于我的能力的和谐"的判断就只能是一个经验性的判断。与之相关,盖耶指出康德也从不否认"错误的"鉴赏判断的可能性。③ 对盖耶而言,鉴赏判断之所以可错,就因为它本是一个可错的经验性判断。(2)即便我们已经设定,判断者将一个现实产生的愉快正确地归因于认识能力的自由游戏的和谐状态,盖耶进一步要求证明:在同样情境下,在同样的对象形式上,对每个理想地满足给出正确鉴赏判断的条件的判断者而言,这种状态都必然会产生。④ 盖耶认为康德对纯粹鉴赏判断的演绎没有提供这种论证,而这意味着审美反思第二阶段产生的对"普遍同意"的要求是无法向所有人提出的。⑤ 借此盖耶实际上反驳了从"认识能力的自由游戏"论题通往一种建立在先天原则基础上的鉴赏判断学说的可能性。

盖耶的解释之所以是一个"自然化"的重构,是因为他除了上述否定性的结论之外,还提出了一个正面观点:康德对鉴赏判断的分析及其使用的概念工具虽然并不合乎康德自己的意图,但对一种自然主义美学是有价值的。盖耶断言,如果"分析和解释被视作互相排斥的选项"⑥,那么康德的鉴赏理论就是不能理解的。换言之,对鉴赏判断在"逻辑—语言"层面的分析无法真正与对审美愉快的经验心理学的解释完全分离。因此他才主张,康德美学应当被解读为对人类心灵活动的普遍模式的心理学解释。虽然盖耶和亨利希一样把认识能力的自由游戏理解为一种心灵活动,但导向一个自然化理论的决定性步骤在于,盖耶将判断者"获知"这种心灵活动的方式限定为一个经验意

---

① 参见 Kant, *Kritik der Urteilskraft*, 5:187.《判断力批判》以下简称 KU。按康德研究惯例,本文对《纯粹理性批判》(以下简称 KrV)的引注只标出第一和/或第二版的页码,其他康德著作则给出其在科学院版《康德全集》中所处卷数与页码。若无说明,引文中的强调均为原文所有。所引原文均由笔者翻译,通行译文可参考康德:《康德著作全集》(9 卷本),李秋零编译,北京:中国人民大学出版社,2003—2010 年。
② Paul Guyer, "Naturalizing Kant", p. 65.
③ Kant, KU, 5:216.
④ Paul Guyer and Henry. E. Allison, "Dialogue: Paul Guyer and Henry Allison on Allison's Kant's Theory of Taste", pp. 122-123.
⑤ Paul Guyer, *Kant and the Claims of Taste*, chapters 8-9.
⑥ Ibid., p. 9.

识,即意识到某个原因(心灵活动)经验地造成了一个结果(愉快)。与之对照,当亨利希也要求我们通过描述心灵活动来解释审美经验时,他似乎完全没有意识到导向这种盖耶式自然化解读的危险。实际上,在康德哲学的框架内论证这一解释的先验性并不容易。人们或许可以希望,这种解释可以如康德的"先验逻辑"一样与经验心理学截然分开,只要我们成功将其整合入后者。① 但这一策略就要求论证审美活动基于确定的先天原则,并对此给出先验演绎,即展示该原则如何先天地使审美经验可能。但康德始终强调,鉴赏判断的一个核心特征在于,它绝不基于任何导向概念化认知的确定原则,因而在鉴赏判断中我们既没有运用任何先天概念也没有产生任何经验性的概念。正因此,鉴赏判断是否提出了一个严格意义上的规范性要求这个问题,从一开始就是可争议的。尤其是在一个因果解释的框架下,鉴赏判断的普遍有效性的要求最终着落在审美主体对于审美愉快的原因的确认上。对这个问题的处理原则上有两种可能性:要么我们确认有一个特殊的非经验性的解释,它不主张审美体验本身是基于概念的,但能证明其中的普遍性要求是一个合理的规范性要求;要么我们给出一个经验理论,它只是将审美现象视作一个心理学或人类学现象,比如盖耶所谓"审美反应"(aesthetic response),并对其中表达的准规范性给出一种因果解释,这即是盖耶重构康德美学的最终目的。

在此需要指出的是,尽管自由游戏的概念对于解释审美愉快至关重要,但它并非康德想要论证的鉴赏判断的先天原则。相反,康德曾非常明确地说,"判断力的原则的奥秘之处"②即在于这个有待寻找的原则和愉快情感的关系。亨利希的解释工作则并未在这方面提供出足够帮助。相反他较为轻易地断定,"认知之内的和谐状态经由情感展露的方式"其实可以"无须详尽考虑康德的认识论而得到解决"③。因此他完全略去了前者与愉快情感的关系问题,而仅仅探索自由游戏和康德的认识论概念框架之间的联系。反之,盖耶的自然化解读可以无视亨利希在后一方面的工作,而只需指出,审美愉

---

① 事实上,关于康德的先验逻辑是否能够免于一种先验心理学,甚至关于后者是否必然地是前者的一部分,本身并无定论;在第三批判的语境中,审美判断的特殊性,即它不是逻辑的(logisch)而是感性的(ästhetisch)使康德对审美经验的"分析"的心理学色彩更难以避免。

② Kant, KU, 5:169.

③ Dieter Henrich, "Explanation of Aesthetic Judgment", p. 42.

快和认识能力的游戏之间的关系无法建立在先天原则的基础之上。因为即便自由游戏的内心和谐状态只能通过情感而为主体所意识到,主体也无法确认该状态是否与当下的愉快感受所对应的心灵状态同一,无法确认其感受到的愉快是否正因与前者的关联而区别于一切经验性的愉快。**简言之,只要愉快情感和认识能力的自由游戏之间的关系能够被自然化,即只能通过某种自然因果性而得到解释,那么引入认识能力的自由游戏的概念就并不能使康德美学免于自然化的危险**。如果我们想在根本上反驳盖耶式的自然化解读,就不仅要将认识能力的自由游戏的论题与康德认识论的一般框架联系起来,还必须进一步论证这种联系不能化约为经验性的因果联系。值得注意的是,虽然康德明确地用合目的性(Zweckmäßigkeit)概念表述反思判断力和审美判断力的原则,但在盖耶和亨利希的解释中,该概念都居于较为次要的位置。这并非偶然,因为合目的性概念较难整合入以认识能力的自由游戏为主导的论证线索中,以至于人们有理由怀疑它对于一个有价值的鉴赏判断理论而言的必要性。我们将首先从分析审美判断力语境中的合目的性概念入手消除这一怀疑。

二、愉快与合目的性

在"美的分析论"中,合目的性概念直到第三契机才出现,康德试图证明鉴赏判断的先天根据是"对象的合目的性形式",而鉴赏判断中的愉快就是一种对合目的性的意识。① §10定义了目的和合目的性概念,但这些定义似乎远离审美经验的语境:"目的"被一般地界定为按照概念而被实现的对象②,"合目的性"则是目的所对应的概念所具有的因果性("一个概念就其对象而言的因果性"),它同时又等同于 *forma finalis*(目的的形式);称一个事物为目的,意味着其应然的形式为一个概念所规定,后者作为该事物的原因而先行

---

① 事实上,愉快意识与合目的性意识的等同在康德对纯粹鉴赏判断的演绎中充当了基本前提(参见 Kant, KU, 5:289-290)。
② 康德在§10给出的目的定义和《判断力批判》导论中的目的定义正好相反,后者将对象的"概念"称作为目的,而不是概念所对应的对象,参见 Kant, KU, 5:180。因此我们有必要在论述中区分作为目的表象(作为对象的现实性的原因的概念)和目的(按照目的表象被实现的对象)以避免造成混乱。这个区分参考了克里斯特尔·弗里克(Christel Fricke)的建议,参见 Christel Fricke, *Kants Theorie des reinen Geschmacksurteils*, Berlin/New York: Walter de Gruyter, 1990, p. 74。

于结果(事物的实现);相应,以形容词"合目的的"(zweckmäßig)形容不同的事物(包括对象、心灵状态和行动等),就意味着其形式迫使我们去设想一种目的因果关联,以解释其可能性。① 称一个事物具有"合目的性",则意味着该事物就其形式而言被设想为处于一个目的因果关联中,这种关联可以是现实的,也可以是假设的。进而,"无目的的合目的性"意味着我们可以用目的因来理解一个事物的形式的可能性,但同时并不需要认识到一个实在的目的因果关系。

  上述关于目的、合目的性的一般界说与鉴赏判断没有直接关系。§10 中唯一与鉴赏判断相关的定义是对愉快和不快的定义:"对一个表象就其**保持**主体于同一状态而言的因果性的意识,可以一般地表示人们称之为愉快的东西;反之,不快就是那种表象,它包含着将表象的状态规定为其反面(阻碍或消除它)的根据。"(Kant, KU, 5:220)由于这个定义紧随合目的性的定义之后,我们有理由猜测两者的关联。既然愉快中所意识到的"因果性"是一种"一个表象就其**保持**主体于同一状态而言的因果性",而合目的性又被定义为一种因果性,那么愉快就可以是一种对合目的性这一特殊因果性的意识。问题在于,合目的性的一般定义中"因果性"的含义不明。一个令人愉快的表象并不能作为一个应然的概念(原因)规定主体的状态(结果),因为只有在制作和行动的情形中,对结果的概念化设想才作为原因先行于结果。在什么意义上,对一个表象的"因果性"的意识可以理解为是对于该表象的"合目的性"的意识呢?

  在《实践理性批判》(以下简称 KpV)的序言中,康德将欲求能力(Begehrungsvermögen)的运用和愉快联系起来:"生命是存在者根据欲求能力的法则来行动的能力。欲求能力是通过其表象成为这个表象的对象的现实性的原因的能力。愉快是关于对象或行动与生命的主观条件相符合的表象,这个条件也就是一个表象就其客体的现实性而言的因果性的能力(或者说决定主体的力量去做出实现它的行动的能力)。"(Kant, KpV, 5:9)借此康德主张,愉快和欲求能力在实践活动中必然联系在一起。而在第三批判中他试图论证,这种必然关联在审美经验中恰恰不存在。不过并没有迹象表明,第二批判中对目的和欲求能力的基本理解——人的欲求能力是一种目的的能

---

① 参见 Kant, KU, 5:220。

力——在第三批判中发生了根本性的改变。① 此外,第二批判中的愉快定义的实质,在于表象与主体的目的能力的运用条件的一致,这个规定以另一种方式也出现在了第三批判的"导论"中:"每个意图的达成都带着愉快的情感;而如果前者的条件是一个先天的表象,正如此处是一个一般反思判断力的原则,那么这个愉快情感也就由于一个先天的根据而被规定为对每个人都有效……"(Kant, KU, 5:187)正是这个关于愉快情感的一般性论述被盖耶称为"一个关于人类心理的经验观察"②。如果将其作为美的分析论中愉快概念的前提,就会产生矛盾:假设§10中的定义是对愉快的普遍定义,因而适用于审美愉快,那么审美愉快意味着主体有想要维持自己在一个特定状态中的意图;但康德同时主张鉴赏判断不以任何目的为根据,其合目的性是无目的的,由此导致审美愉快和鉴赏判断的无目的的特征相矛盾。③

矛盾的根源在于,§10对合目的性及"无目的的合目的性"的界说是针对目的因果性的一般情形给出的,在此语境下我们关心的总是对一个事物的原因的解释。而愉快作为一种感受(Gefühl)不直接涉及对事物的原因的理论认识。相反,康德主张愉快或不愉快的感受一概无法提供任何知识的内容,因为它仅仅牵涉认识的主体。④ 换言之,它们有别于具有认知意义的知觉(Wahrnehmung)及在形质分析中代表着知觉的质料的感觉(Empfindung):"当一种愉快或不愉快感受的规定被称作感觉,那么这个表达与当我将对某个事物的表象(通过作为属于认识能力的接受性的感官)称作感觉时相比,意味着完全不同的东西。因为在后一种情况下表象被关联到客体,在前一种情况下则仅仅被关联到主体而绝不充作知识,并且也不充作主体借以认识自己

---

① 参见 Kant, KpV, 5:58—59。
② Guyer, "Naturalizing Kant", p. 65.
③ 如果不将§10的愉快定义视作普遍的定义,而主张审美愉快构成了一个特例,那么似乎就可以避免这个矛盾。但是§12中关于审美愉快的论述恰预设了§10的定义:"在一个对象得以被给予的表象上,主体在其认识能力的游戏中对纯然形式的合目的性的意识就是愉快本身,因为这个意识包含着主体着眼于激活其认识能力的活动的规定根据,也就是包含着一种着眼于认识一般、但不局限于某种确定知识的内在的因果性(它是合目的的),因而也包含一个审美判断中表象的主观合目的性的纯然形式……这种愉快之中就有着一种去维持表象的状态本身和认识能力的活动的因果性,而无须别的意图。"(Kant, KU, 5:222)至少此处康德将审美愉快也界定为对合目的性的意识。
④ Kant, KU, 5:189.

的知识。"(Kant, KU, 5:206)①因而愉快不仅不是对经验因果关系的直接认识,而且不是后者所要求的某种感性内容。如果一个给定经验对象同时被理解为某个感觉产生的原因,感觉就可用来描述,作为经验对象的自我状态与其他经验对象之间的因果关联,从而可以构成客观知识的内容。反之,愉快感受被界定为与任何对象性的知识都没有直接关系。即便康德有时会谈及有些愉快感受中主体被"刺激"②了,甚至提到愉快之中包含着表象对主体的"作用",但这只针对与感官刺激关联的一类愉快,即所谓"惬意"(das Angenehme)的情况,"作为某个经验原因的结果"不构成愉快感受的普遍特征。每个伴随有愉快或不快感受的心灵状态都不只意味着主体被动受到某个原因的作用和影响,还意味着主体对自身状态的态度(想要维持或摆脱)。③ 在这个语境下称一个令人愉快的对象是合目的的,就只意味着对象是主体维持自身状态的适合手段。

因此,§10 中愉快的一般界定所涉及的合目的性的基本意义,并不是"概念(目的表象)—对象(目的)"之间的因果关系,而是"手段—意图"之间的适合关系。④ 这一点在实践愉快的情况下是成立的。⑤ 无论是直接的感官愉快,还是通过对事物的好坏的理性判断产生的感受,最终都落实在某种事

---

① 这个区分也见于康德其他著作,例如《实用人类学》,参见 Kant, Anthropologie, 7:153。
② Kant, KU, 5:204.
③ 艾利森(Henry E. Allison)强调了愉快情感的这一认同、赞同的维度,主张审美愉快并非盖耶所理解的作为原因的自由游戏所导致的纯然结果,因而主张愉快情感的意向性(intentionality)(参见 Henry E. Allison, *Kant's Theory of Taste: A Reading of the Critique of Aesthetic Judgment*, Cambridge University Press, 2001, p.71)。
④ 主张定义愉快的合目的性概念的基本含义是意图与手段之间的适合性,似乎就意味着同意盖耶的判断,即康德对愉快的定义建立在任何意图的达成都伴随着愉快这个可疑前提之上。但这一前提并不意味着任何愉快情感都基于经验的因果关系,因为意图与手段之间的适合性关系是否可以还原为原因和结果之间的因果关系,这一点在愉快的一般定义中是不确定的。以这一方式定义的愉快恰恰为愉快情感的自然化设置了障碍,因为它强调了愉快意识在第一人称视角与目的或意图概念的关联,而目的对于只承认自然因果性的形而上学理论而言往往就是一个需要被否定或消解的概念,当代心灵哲学关于人类行动的意向性和目的论解释的争论就证明了这一点。
⑤ 在道德意识的例子中,尽管康德认为道德法则是意志唯一的客观规定根据,但它同时能够充当意志的主观规定根据(即行动的动力[Triebfeder])的方式即在于,它直接对主体的感性能力有一种影响,从而道德法则规定意志这种心灵状态同时意味着主体具有道德感受,也就是对法则的敬重。如果我们接受康德关于道德感的学说,那么即便道德感是一种积极的情感,我们也不能将其理解为道德法则的表象之于主体的合目的性的意识,因而也不能将这种积极情感视作行为所追求的目的,否则一切道德行为都成了隐秘的自我满足。

物的现实性与主体之间的因果关联上，主体必须肯定（或否定）这种关联所导致的自身状态，从而有动力去实现和维持（或摆脱）这一关联，即占有对应的对象或采取相应行动。而为了占有和实现对象，大多数情况下我们需要概念化的认知，由此建立起"概念—对象"之间的目的因果联系，因此上述两种不同意义的合目的性在实践愉快的情形下同时存在。现在，假设主体想要维持的状态并不依赖于表象所对应的对象和主体之间的因果关系，那么就不是对象的现实性，而是对象的表象本身才是维持主体状态的适合手段。这种情况下，对表象的合目的性的意识可以是无目的、无关切的，因为它不预设和产生对特定对象的现实性的欲望。

因此，在康德的愉快定义和审美经验的无目的性论题之间并不必然存在矛盾。在"维持主体状态的手段的适合性"的意义上，合目的性概念也可用于定义审美愉快。[①] 如果意识到某个表象就主体自身的状态来说是合目的的，但同时并没有就此产生去占有某个对象的需求，那么对该表象的合目的性的评判就不与欲求能力绑定，从而是"纯然静观的"（bloß kontemplativ）[②]。如果这种对合目的性的意识就是审美愉快，那么无论主体的状态还是与之对应的表象，都不是外在对象对主体的因果作用的直接结果；而引入一种认识能力的特殊活动，例如自由游戏的概念，能进一步解释主体的心灵状态的维持何以能不依赖于心灵状态与外在对象的因果联系。当然由此不能推出，审美愉快的静观的、无目的的特征就能直接证明审美经验一定包含认识能力的自由游戏，因为一个愉快是不是真的无目的、一个鉴赏判断是不是"纯粹"，这无法以概念化的方式证明。认识能力的自由游戏概念或许可以解释这种特殊的愉快的可能性，但无法辩护其现实性。在康德的论证策略中，认识能力的自由游戏只是整个论证中的一个要素。与审美经验密切相关的另一个重要特征，即审美愉快的"主观普遍可传达性"，才是康德对纯粹鉴赏判断的演绎的论证目标。

---

① 康德关于愉快感受的类似论述见于第三批判其他段落，例如 5:190–191, 5:194。
② Kant, KU, V 222.

三、鉴赏判断中的感受与评判

在着手阐释演绎论证之前,我们需要先处理一个几乎所有当代康德鉴赏理论研究都最为关心的问题,即评判(Beurteilung)和感受(Gefühl)究竟在鉴赏中处于什么位置。康德在§9中提出了"在鉴赏判断中愉快的感受是否先行于对对象的评判"的问题。① 这个问题能够被提出来,是因为康德将鉴赏判断界定为感性的(ästhetisch)②判断,其规定是:在判断中,情感(而不是一个概念)作为谓词与某个知觉联结起来。③ 康德在为《判断力批判》写作的"第一导论"(以下简称EE)中曾指出,感受一般而言构成了感性判断的规定根据。④ 这一论点并不总能引起康德研究者的重视。如前所论,如果愉快感受可以一般地界定为对合目的性的意识,那么每个感性判断同时都是对合目的性的评判。在非道德的实践中,作为评判基础的始终是经验地感受到愉快;最终,我们只有通过直接的感受才确定什么东西令人愉快,虽然我们可以反思事物的何种特性令人愉快;而在概念上认识这种特性完全是一个理论问题,而与感性判断无关了。⑤ 这种情况下,评判一个事物是否令人愉快的根据或标准,当然只在于主体是否感受到了愉快,从而愉快先行于评判。

鉴赏判断的问题则远为复杂,因为康德认为它是一种"感性的反思判断"⑥。他在§9中指出,在这样一种判断中"纯然主观的(感性的)评判"必须先行于愉快。⑦ 这个观点暗示了一种可能性,即"评判"除了被等同于一个得到清晰表述的判断"X是美的"之外,或许也可以指称过程性的活动。由于康德将一般而言的反思判断力(reflektierende Urteilskraft)理解为"评判能力"

---

① Kant, KU, 5:216.
② ästhetisch 在与"逻辑的"相对的意义上的基本意涵是"感性的",而不局限于"审美的",因此康德所谓的 ästhetische Urteile 不仅包含审美判断,也包含所有将主体感受作为谓词的判断,例如感官判断(Sinnenurteil)。
③ Kant, KU, 5:288.
④ Kant, EE, 20:224-225.
⑤ Kant, KU, 5:207.
⑥ Kant, EE, 20:231.
⑦ Kant, KU, 5:218.

(Beurteilungsvermögen)①,故而在一个感性的反思判断中,评判亦可理解为一种感性的反思性活动。如果鉴赏判断最终是一个关于对象是否为美的判断,而它依据的愉快情感又复以一个先行的评判为前提,那么看起来盖耶的两阶段模型是正确的。与之对应,我们就需要在审美经验中区分两个不同的感受:一个是作为判断的根据的审美愉快,另一个是对自由游戏状态的内在感受。如果没有这个区分,鉴赏判断就要么是一个基于概念的逻辑判断,要么就只能是一个仅仅基于感官愉快的感官判断。

然而在§9中,康德将"为什么认识活动的心灵状态的可传达性本身会带愉快"的问题推迟到解决"先天的审美判断是否以及如何可能"的问题之后。② 后者直到纯粹鉴赏判断的演绎中才得到某种意义上的解决。§9的核心问题正是:我们在鉴赏判断中"以何种方式意识到认识能力之间互相的主观谐和"③。康德的回答是:我们只能通过一种感受或情感才能意识到认识能力和谐的自由游戏的状态。至于这种情感与审美经验中的愉快情感是否同一的问题,则在第三契机中(§12)得到了回答:康德将鉴赏判断所依据的愉快等同于对表象的"形式的合目的性"的意识,并断言,审美愉快与道德感受是相似的,即无论在道德自我规定还是鉴赏活动中,心灵状态本身就是和愉快的意识同一。④ 换言之,认识能力的自由和谐的游戏状态,不能视作与愉快感受不同的两种状态,因而不需要为了解释后者而设定一个额外的对心灵状态的内在感受。这个论点已经能决定性地否决盖耶的解释框架,因为这意味着自由游戏的状态和愉快不能被视作在时间上接续的两种状态。进而,在鉴赏判断中也不需区分两种"评判",因为被理解为反思活动的"评判"所指向的也就不是和反思活动截然不同的作为结果的判断,而就是这个进行着评判的状态本身。

---

① Kant, EE, 20:211.
② 参见 Kant, KU, 5:218。在这个语境中康德附带提及,心灵状态的普遍可传达性的愉快可以有经验的和心理学的解释,例如诉诸人类的自然的社交倾向。艾利森注意到了这一点,并借此质疑金斯伯格的理论将有可能使审美愉快成为一种有关切的愉快。然而正是在这个段落,康德认为对心灵状态的普遍可传达性的愉快的经验解释还不够,因为在鉴赏判断中我们会要求审美愉快在所有人那里的必然性。康德显然意识到,对审美经验的自然化解释远不能解释他所理解的审美经验的特殊性。
③ Kant, KU, 5:218.
④ Kant, KU, 5:222.

在当代康德美学研究中,对§9的解释之所以难以达成共识,就在于康德的上述观点并不那么容易理解和辩护。汉娜·金斯伯格的理论重构是较为认真地理解愉快情感与认识能力的自由游戏状态的同一性的努力。她同样反对盖耶的二阶段反思理论,而提出的解决方案是将鉴赏判断理解为是一种自指涉(self-referential)的判断,认为判断和反思的内容即是判断着的主体的状态本身,而主体持续进行判断活动的这一状态,和愉快的感受、认识能力的自由游戏、心灵状态的普遍有效性在本质上是同一的。① 但金斯伯格将鉴赏判断中的所有要素理解为同一,并进而将鉴赏判断理解为自指涉判断的做法,没有使康德的鉴赏理论更容易理解。如艾利森的批评所展现的那样,其理论的一个表面困难在于难以很好地处理审美感受(愉快与不快)的问题。② 反之,金斯伯格对艾利森的反批评的要点在于,她不认为可以在强调愉快感受的意向性(intentionality)的同时坚持愉快感受与审美判断的非同一性。③

而根据我们之前关于愉快的定义的讨论,艾利森虽然正确意识到了鉴赏判断中的"评判"及与之紧密相连的愉快感受的意向性的一面,但他没有对此给出足够准确的界定。将愉快感受与关于被评判为美的对象表象的主观合目的性等同起来,建立在康德对愉快情感的一般界定之上,而并非审美经验独有的意向性特性。恰恰是非反思性的感官判断,由于其完全建立在对刺激感官的事物的"合目的性"的主观感受之上,从而对事物的评判与对事物的快或不快的感受是难以区分的。与之不同,审美愉快中的判断力的反思满足于保持自身在一种持续的审美反思的状态中,康德以认识能力之间和谐而自由的游戏来描述这整个心灵状态。这种审美反思并不寻求将任何确定概念规则运用于对象,但以一个对象所呈现的个别的感性形式为契机,感受认识能力在表象这个具体形式的过程中达成的关系。因此在鉴赏判断中,正如金斯伯格所认为的那样,可以只存在着一种感受:主体对自身反思活动的内在感受就是一种愉快,因为它就是对于一个(诱发这种评判的)表象对主体(就保

---

① 参见 Hannah Ginsborg, *The Normativity of Nature. Essays on Kant's Critique of Judgment*, Oxford University Press, 2015, Part I, pp. 13-131。
② 艾利森对金斯伯格的解释提出了几个方面的反驳,参见 Allison, *Kant's Theory of Taste*, 2001, pp. 113-115。除了质疑后者无法解释否定性的鉴赏判断中的不愉快情感的普遍有效性之外,艾利森也认为她的理论威胁到了审美愉快的无关切性的论点。但在我们看来,金斯伯格的理论更大的问题是模糊了作为判断的根据的普遍可传达的感受和判断活动之间的分别。
③ 参见 Ginsborg, *The Normativity of Nature*, 2015, pp. 104-105。

持这种活动而言）的合目的性（适合性）的意识。但金斯伯格进一步将审美反思或评判活动等同于这种感受本身的做法是错误的。因为审美愉快的意向性的特殊性恰恰在于，表象的主观合目的性意味着反思活动自身的一种并不能被概念化为目的的意图得到了满足，其满足的条件是主动的反思活动在特定的表象的例子上"成功"了。因此，愉快仅仅标志着反思活动的成功，而不等同于反思活动本身。金斯伯格的自指涉论题的错误就在于，审美反思或评判活动虽然具有一种自我维持的性质，但审美愉快的意向性指涉的恰是审美反思所得以施展的对象表象的合目的性形式，而非自身活动的状态；倘若将此二者进而与愉快感受等量齐观，则审美愉快的意向性恰恰就会无法理解。

当然另一方面，金斯伯格正确指出我们并不需要一个额外的、二阶的反思来判断审美愉快的普遍有效性。相反，愉快的普遍可传达性就是审美反思的心灵状态的普遍可传达性。康德清楚提出，在审美经验中，审美经验中的心灵状态的主观普遍有效性是直接被知觉到的。[①] 然而，愉快和审美反思的心灵状态的同一性论题不能独自承担论证"先天的审美判断的可能性"的任务。即便知觉到一种心灵状态的普遍有效性不是不可能的事情，我们也不能排除主体在这件事上犯错的可能性。内在的审美情感只对于判断主体本人可通达，甚至判断者自身也无法证明自己的愉快是否纯然基于认识能力的自由游戏，而不是基于别的隐秘根据；鉴赏的微妙之处即在于，主体通过审美反思而觉知到，其愉快的心灵状态就是普遍有效的。相反，就感官判断而言，判断力不需运用或发现任何规则，便直接将愉快与对象的表象结合为判断；一切通过感官来判定是否喜爱一个事物的情况，其唯一的评判标准就是直接获得的感受，而无须考虑这种感受的对错和普遍性。如康德所说，只意在享乐的人会很乐于"免除一切判断"[②]。同样是感性的判断，感官判断表达的仅仅是愉快的现实性，而鉴赏判断同时表达了一种可以要求普遍同意的情感。

这个论点触及了康德鉴赏理论的论证目的及策略。假设一个人坚持自己一切的感性判断都不带有对普遍同意的要求，那么任何论证都无法否认其观点，因为一个人有没有感受到愉快的普遍有效性，这是他人无法证实的也

---

① Kant, KU, 5:289.
② Kant, KU, 5:207.

是无法说服他人的。要有意义地分别享乐、美、善等不同的表达愉快的语词,就必须分辨使它们各自有意义的语境。倘若人不是一再对品味的高下、对是非善恶的衡量标准争辩不休,那么寻找可以平息争论的理性原则的努力就毫无必要。从这一角度看,康德对鉴赏问题的处理与对道德问题的处理是相似的:重要的是首先表明,在我们的审美经验中确实存在着一种对普遍有效性的要求,而不是独断地号称它们就是普遍有效的。在美的问题上,人们总难以避免要争辩自己的品味是否是好的。这个现象本身就提示我们,鉴赏并不像感官享受一样完全基于经验性和身体性的自然原因,因为在鉴赏中我们似乎总要求自己和他人的判断力去努力达成一个正确的判断,这正是康德将鉴赏理论建立在判断力学说之上的基本观察。因此,纯粹鉴赏判断的演绎的目的也就不是要证明确实存在着一种对所有人普遍有效的愉快。真正需要证明的是**通过情感意识到一种普遍有效性**的可能性。

四、纯粹鉴赏判断的演绎

康德的反思概念有着多重意涵,在第三批判的语境中,判断力的反思指涉一种"比较"的活动:判断力要么将一个给定表象与别的表象相比较,要么将其与认识能力相比较,以求运用或形成一个概念。① 只要反思旨在获得一个普遍的经验性概念,那么判断力"在其反思中同时是在作规定,且其先验图式充作它的规则,给定的经验直观被归摄到该规则下"②。依据康德知识论的基本观点,经验性概念的形成总是在知性范畴的指导之下,判断力只需将知性给出的普遍规则运用到直观上,以形成一个关于经验对象的规定的判断。这种规定的判断力(bestimmende Urteilskraft)的职分在于独自决断,运用一条客观规则的主观条件是否得到了满足。这个条件之所以是主观的,是因为没有第二条客观规则决定为何一个例子适用于一个规则,否则便需第三条客观规则来决定为何第二条规则适用于此情形,依此类推致无穷倒退。人类

---

① 参见 Kant, EE, 20:211。"比较"在康德的《逻辑学》中与反思、抽象一起构成了概念形成的必要环节,参见 Kant, Logik, 9:94-95。在《纯粹理性批判》中康德则将逻辑反思理解为一种"纯然的比较",而将"表象之间客观比较的可能性的根据"归于一种先验反思,参见 Kant, KrV, A262/B318。可见,康德一直试图在概念化认知的问题中建立起反思和比较之间的概念关联。

② Kant, EE, 20:212.

判断的可错性即源于判断力决定其主观条件是否达成的自由，它只能自己决定是否可以给出一个正确的判断。康德在美的分析论中描述了判断力运用的主观条件：在认知的情形下，为了得到一个正确的、具有客观有效性的判断，判断力需要通过反思找到认识能力间的一个"比例"（Proportion）①。这是因为康德主张，为了获取关于客观对象的知识，人类的概念能力和直观能力必须协同工作。既然规定的判断力的工作是要将直观正确地归摄到概念之下，那么在直观能力和概念能力的工作之间也应有一种恰当关系。"比例"的说法即为了描述这种"恰当"：规定判断力的反思需要比较不同的认识能力，以确定这种"恰当"是否达到。重要的是规定判断力的这种比较一直受客观的规则引导：判断力要寻找的认识能力之间的关系，总是被判断力应当运用的客观规则（概念）所决定，即便我们无法对这个被决定的主观的内在关系有任何概念化的认识。

现在，假定判断力可以只是纯然反思而毫无规定，就意味着没有任何客观原则在指导反思活动，否则只会产生一个由规定的判断力决定的规定判断。但反思活动依然需要方向性。如果纯然反思的判断力确实能形成一个判断，判断的主观条件当然也应当得到满足，这个条件对应于认识能力之间的某种关系。由于没有客观规则决定这个关系，我们只能以非概念化的方式，即通过内在感受来意识到这个关系的实现。这就意味着，即便判断力的这种纯然反思不带有任何认知意图，判断力至少可以把反思活动的主观条件的满足作为反思的标的。因此，康德所谓的"认识一般"不应理解为对具体认识的抽象，而就是纯然反思的判断力所唯一可能朝向的结果：判断力在具体而个别的例子中感受到自身认识能力之间的关系具有一种普遍性，因为它们都是对象的可反思性在不同个例上的具体实现，这种可反思性或者说反思的一般可能性即是判断力的纯然反思活动唯一达成的成就。② 由于在对象上发现的具体而个别的可反思性并不导向任何确定的认识和概念，而只依赖于对

---

① 参见 Kant, KU, 5:234, 238。此外，康德认为在鉴赏判断中也存在着一个对应的认识能力之间的比例，参见 Kant, KU, 5:292。
② 艾利森在这一问题上持有类似的观点，对"纯然的评判"或"纯然的反思"的强调也是其理论重构的关键（参见 Allison, *Kant's Theory of Taste*, pp. 16-21）。但与艾利森不同，我们主张判断力的这种纯然反思不是将认识能力之间的现实关系和认识能力之间最大的、理想性的和谐关系进行比较（参见 ibid., pp. 48-49）。事实上，"和谐"与否、理想与否所隐含的规范性的要求恰恰需要一个更准确的规定，而这不可避免地要导向某种根植于反思判断力的"意图"概念。

认识能力的内在关系的主观感受,所以从中不可能产生任何逻辑的认知判断。反思过程中所呈现的对象的表象,也就只能根据其是否适合于判断力的反思活动而得到评判。如果判断力成功地将对自身反思活动的内在感受与一个对象的表象联结起来,那么这正是康德所谓的感性的反思判断(ästhetisches Reflexionsurteil)。

康德在美的分析论中的全部分析都在证明,鉴赏判断是上述意义上的反思判断:无关切性使其区别于一切实践判断;无概念性对应于其感性判断的特征;无目的的合目的性揭示了其静观的特征;愉快的普遍可传达性意味着其特殊而有待辩护的对普遍性的要求。只要鉴赏判断符合上述特征,它就只能是一个感性的反思判断。反之,只有承认存在着一种判断力的纯然的感性反思,我们才能理解鉴赏判断的可能性。康德对纯粹鉴赏判断的演绎也以对这种"纯然评判"(bloße Beurteilung)的承认开始。康德提出,如果我们承认这种纯然的评判必然与鉴赏判断中的愉快联系在一起,那么我们也必须承认这种愉快"无非就是其(指一个美的对象的形式——引者注)对于判断力的主观合目的性"①。在美的表象上感受到愉快和对一种成功的审美反思的意识,此二者是同一的。审美愉快意味着意识到一个对象的表象就维持主体处于一种成功的纯然反思活动之中的合目的性;称一个对象是美的,意味着在一个对象上发现了其对于判断力而言的可反思性。由于鉴赏判断是感性判断,鉴赏的标准只能是这种个别可感的可反思性,即对象对于判断力的反思的合目的性。这个标准表达了判断力在一种纯然反思的判断活动中唯一能够依傍的原则,每个鉴赏判断都在声称自己贯彻了这个原则,即仅仅按照一种普遍可传达的感受来评判对象,或者说,仅仅按照对于反思判断力的主观的、形式的合目的性来评判对象。相应,每一个鉴赏判断都意味着,判断者声称自己成功地在某个对象上实现了审美反思。鉴赏判断之所以必定提出了一种对愉快的普遍有效性的要求,是因为其本质就是判断者声称自己正确地按照一种普遍有效的感受给出了判断。② 在鉴赏中,我们并不是从任何先天

---

① Kant, KU, 5:289-290.
② 因此我们并不认同艾利森对金斯伯格的一个批评的理由,即对康德鉴赏学说的一个成功解释必须能解释审美不愉快及否定性鉴赏判断的普遍有效性。当纯粹的判断力的感性的反思活动没有成功、判断者不能按照普遍可传达的感受而给出判断时,给出一个纯然的反思判断的根据就根本不存在。

的概念或原则推导出了愉快的普遍有效性,而是这里感受的普遍有效性恰恰就是判断的唯一依据,康德称之为一个关于共通感(Gemeinsinn, sensus communis)的理念①。

由此,一种康德式的纯粹鉴赏判断的演绎论证可简单表述如下:1)一种审美反思(评判)要求判断力有一个先天原则,即按照共通感的理念(按照一种普遍可传达的感受)来评判对象;2)只有成功地按照这种方式来评判对象,我们的评判才直接带有对普遍承认的要求;3)人们确实一直通过一种特殊的感性判断(纯粹鉴赏判断)提出这样的要求;4)因此,只有承认我们按照反思判断力的原则而实施了一种审美反思,我们才能理解这样一种纯粹鉴赏判断的可能性。——康德不必按照盖耶的要求来确证任何一个审美经验中的愉快是否真的普遍有效。因为鉴赏者无法将一种基于审美反思的普遍可传达的愉快与其他可能的愉快清楚剥离,以显明它是判断的唯一根据。鉴赏判断并不总是纯粹的,而且在原则上,不同的愉快就其自身而言是无法完全清楚地相互区分开的。② 然而鉴赏判断的纯粹性的不确定性并不与审美经验基于先天原则的可能性相矛盾,也不妨碍我们为后者给出辩护。因为康德并不想证明有一条原则能始终确保愉快的普遍有效性,这将意味着判断力在鉴赏活动中永远不会犯错。相反,康德要证明的只是"原则的正确性"③。

结 论

与亨利希和盖耶的解读方向不同,我们对康德鉴赏理论的阐释并不将论证重心放在认识能力的自由游戏的论题之上。虽然后者描述了审美反思之中想象力与知性之间的关系,但对于演绎的任务而言,更重要的是厘清反思判断力和愉快感受在审美经验中的作用和实质关联。而与艾利森和金斯伯格等同样反对盖耶的解释不同,我们的阐释以一种并不矛盾的方式既为愉快情感的意向性给出了说明,也坚持了愉快情感与审美反思的非同一性。核心的观点是:在审美经验中判断力的反思活动以一种无法概念化为目的的意图

---

① Kant, KU, 5:237-240.
② Kant, EE, XX 232.
③ Kant, KU, 5:291.

为指引,在被给定的个别对象上以一种普遍可传达的感受(共通感的理念)为判准来评判对象。在不与审美经验的无概念、无关切、无目的的特征相矛盾的同时,我们主张判断力可以按照一个先天原则实施审美反思。共通感的理念能充当这样一个先天原则,首先不是因为它关联于认识能力的自由游戏,而是因为反思判断力的意图可以是先天的。①

当然,如此理解的康德对纯粹鉴赏判断的演绎,其论证目标弱于自然主义者的关切,即审美经验中是否总是确凿存在对所有人普遍有效的愉快,进而通过一种自然化的方式证明或证否之。与之相反,根据我们所阐释的康德的观点,存在于审美现象中的对普遍同意的要求只有诉诸一个理性原则——按照一种普遍可传达的感受来评判对象——才可以**作为**一种规范性要求被理解。正如人类的道德行为虽然也可以通过自然原因加以解释,但这种解释只能消解道德现象的特殊性,而不能使其**作为**道德现象的特殊性得到理解。辩护审美现象基于理性能力的自主性和规范性,是康德哲学的根本诉求;盖耶对康德鉴赏理论的因果解释在没有严肃对待康德的论证策略的同时,也低估了自然化康德美学的难度。

Free Play or Common Sense?
—On the Possibility of a Non-naturalistic Interpretation of Kant's Aesthetics

He Lei

Abstract: By means of interpreting the notion of "the free play of cognitive faculties" as an empirically and psychologically accessible concept, Paul Guyer's naturalization of Kant's theory of Taste aims at transforming it into an empirical theory of aesthetic response. Any non-naturalistic interpretation attempting to

---

① 彻底的自然主义者可能会进一步主张,任何关于"理性的意图"的陈述都同样可以自然化。但这当然意味着要将全部人的理性能力,包括理性能力的运用在第一人称视角所展现的全部现象,给出通盘的自然主义解释;在盖耶的自然化康德的工作框架内,对理性的意图的自然化进一步意味着要对一切目的论式的自我理解给出经验心理学的解释,这将是一个远超过本文和康德美学语境的复杂问题。

clarify the connection between this notion and Kant's epistemology at large must face this challenge of naturalization. However, Kant's theory of taste is far more sophisticated than a mere description of the empirical consciousness of mental activities: He defines aesthetic pleasure as the consciousness of purposiveness of the representation, equates it further with the state of mind in which a special aesthetic reflection continually takes place, and interprets the principle of taste as the universal validity of the pleasure. The universal agreement that a judgment of taste demands can thus be understood as the claim of successfully applying this principle (i.e. common sense). With these different theses considered together, the normativity of aesthetic experience can be justified without meeting the requirements of Guyer's naturalist approach.

Keywords: Free play, Aesthetic pleasure, Purposiveness, Aesthetic reflection, Common sense

马克思与黑格尔论辩中的辩证法难题*

安德烈亚斯·阿恩特 著,李靖新弘 译**

提　要：本文考察的是马克思对黑格尔"神秘主义"的辩证方法的批判。第一部分阐明了该反对意见是一种意识形态上的"转换"(quid pro quo),并且说明了马克思是基于对黑格尔方法的误解而作出了这一批评。第二部分追问马克思在政治经济学批判中对黑格尔辩证法的运用。马克思在《资本论》中运用了黑格尔的辩证法,尤其是对价值概念的处理,表明马克思在很大程度上遵循了黑格尔的方法。但是与此同时,马克思认为他的辩证法与黑格尔的辩证法之间存在着本质区别,这一方面基于实在哲学或者说特定科学的诸概念之间的差异,另一方面也是《逻辑学》中辩证的或绝对的方法上的差异。然而,事实上,马克思对辩证法的运用与黑格尔在实在哲学中对辩证法的运用完全一致。

关键词：辩证法　概念　理念　逻辑　方法　神秘化

纵然历经了百余年持续不断的争辩,但在我看来,马克思区别于黑格尔的所谓"辩证法"依然没有被充分地澄清。基于此,我将主要谈论马克思的辩证法"难题"。这看上去似乎有一些矛盾：尽管没有一以贯之,但马克思总会时不时地——在《资本论》中也是如此——表明他与黑格尔的关系,他批判黑格尔的同时又说明了他与黑格尔的一致之处。但无论如何,问题仍存在着。因为在系统阅读黑格尔文献的背景下,人们一旦把两者(即批判与肯定)综合

---

* 本文系阿恩特教授2019年4月在北京大学开设的"在黑格尔与马克思之间"系列讲座第一讲讲稿。原稿为德文,中译文已获作者授权。

** 安德烈亚斯·阿恩特(Andreas Arndt),德国洪堡大学资深教授。李靖新弘,1993年生,德国明斯特大学哲学系博士研究生。

起来,就会快速而清晰地意识到马克思的批判在基本要点上都与黑格尔擦肩而过了。我想分两步来证明这一点。首先,我将分析马克思对黑格尔辩证法的一般性评价,而且首要之处就是说明马克思对黑格尔的谴责,即黑格尔"神秘化"了辩证法。其次,考察马克思《资本论》中"价值的规定"是如何利用黑格尔的辩证法的,以及他对黑格尔的批判。对这一批判进行精确的剖析,就会发现这一批判没有击中黑格尔,相反,马克思对黑格尔辩证法的运用可以在黑格尔的《逻辑学》的基础上被容易地辩解与澄清。

一、黑格尔辩证法之神秘化?

在致斐迪南·拉萨尔(Ferdinand Lassalle)的一封信(1858年5月31日)中,马克思像往常一样首先述说了他的疾苦,紧接着就谈到了拉萨尔之前赠送给他的著作,即刚刚在柏林出版的两卷本著作《爱非斯的晦涩哲人赫拉克利特的哲学》(*Die Philosophie Herakleitos des Dunklen von Ephesos*)。他写道:

> 我很想在这本书中找到你对黑格尔辩证法采取批判态度的证明。既然这种辩证法无疑是整个哲学的最新成就,那末,另一方面,解除它在黑格尔那里所具有的神秘外壳就是极端重要的。①

那些曾致力于彻底地厘清马克思辩证法难题的人希望将这一愿望交还给这封书信的作者本人。此外,他当然希望不仅得到批判性的暗示(kritische Andeutungen),也希望得到对这一问题的肯定性说明(positive Aussagen)。在1844年的《巴黎手稿》中,马克思就已经将其表述为"我们如何对待黑格尔的辩证法?"②在给拉萨尔写这封信前的几个月,马克思还曾对恩格斯说过如下著名且被反复引用的话:

> 如果以后再有工夫做这类工作的话,我很愿意用两三个印张把黑格尔所发现、但同时又加以神秘化的方法中所存在的合理的东西阐述一番,使一般人都能够理解……③

---

① 《马克思恩格斯全集》第29卷,北京:人民出版社,1972年,第540页。
② 《马克思恩格斯文集》第1卷,北京:人民出版社,2009年,第197页。
③ 《马克思恩格斯文集》第10卷,北京:人民出版社,2009年,第143页。

纵观通常所说的马克思作品范围,这一简单的计划——3个印张相当于48页——显然没有实现。虽然,十年后马克思宣称:"一旦我卸下经济负担,我就要写《辩证法》"①,即便如此,这也仍然仅仅只是一个预告而已。时至今日,普通的人类知性(der gemeine Menschenverstand)如果仍对此饶有兴趣,他就会期待知晓:马克思究竟将什么视作黑格尔辩证法中合理的东西? 而哲学群体中那些仍醉心于黑格尔或马克思的人也等待着一个这样的解释。

在这种情况下,人们可以简单地说,马克思对这个问题并不是那么感兴趣,而是把它放在一旁。然而,不知是幸运还是不幸(这要视情况而定),马克思却总是返回到黑格尔那儿,甚至在他有生之年出版的文本中也经常提及批判性的暗示,而这些暗示是有缺陷的,事实上,它们仅仅只是暗示(Andeutungen)。也就是说,仍然没有清晰地展现出马克思的立场是什么。由于马克思没有明确地对黑格尔进行归置,因此很自然会将他的"暗示"放到某种立场之上,并借此出发确定他与黑格尔的关系。人们不得不把这一暗示理解为带有神秘色彩的马克思的提示(Hinweise),或者说,他未成文的理论的提示。因为,没有证据能够表明,在伦敦的酒吧里或者国际工人协会的聚会上,马克思曾经在烟雾缭绕的密室中、在黑格尔辩证法的神秘感召下为选定的门徒举行典礼。我们只能诉诸那些被写下来的学说。这是我论述的第一部分。在第二部分,我想要追踪马克思留下的蛛丝马迹,为了重新思考一下,它们是否足以产生一个相当确切的图像。考察的起点是马克思一再宣称的断言,即黑格尔使辩证法"神秘化"了。这句话到底是什么意思?一个"去神秘化的"辩证法又是怎样的呢? 最后,我想尝试暂时性地回答如下问题:我们现在应该如何处理马克思的辩证法?

(一)马克思与黑格尔的关系

自《资本论》第一卷问世以来,马克思的《资本论》与黑格尔哲学之间的关系(特别是与《逻辑学》的关系)已经被不同程度地讨论过了。众所周知,马克思在1872年的第二版跋中澄清了黑格尔辩证法与他本人方法之间的关系。"德国的评论家当然大叫什么黑格尔的诡辩。"②与此相反,一位匿名的俄国评论家——其实是经济学家考夫曼(Illarion I. Kaufman)——在圣彼得

---

① 《马克思恩格斯全集》第32卷,北京:人民出版社,1974年,第535页。
② 《马克思恩格斯文集》第5卷,北京:人民出版社,2009年,第20页。

堡的《欧洲通报》(Вестник Европы)上声称马克思的"研究方法是严格的实在论的,而叙述方法不幸是德国辩证法的"①。马克思反驳说,他试图通过详细的摘引来表明,这一备受赞扬的严格的实在论方法恰恰就是他自己的,即马克思的辩证法。紧接着,马克思就自称其为黑格尔的学生,尽管他自己的方法在根本上与黑格尔的截然相反,但是:

> 辩证法在黑格尔手中神秘化了,但这决没有妨碍他第一个全面地有意识地叙述了辩证法的一般运动形式。在他那里,辩证法是倒立着的。必须把它倒过来,以便发现神秘外壳中的合理内核。②

这类言论基本上没有什么进一步的发展。一方面,在缺乏明确指示的情况下,马克思留意到了一些黑格尔曾完成的东西——毫无疑问,是黑格尔的普遍辩证运动形式;另一方面,马克思同时也坚称,他的辩证法仅仅继承了黑格尔辩证法的合理内核。起初,这些言论没有产生什么广泛的影响,因为第二国际的理论家(包括正统的和修正的)对马克思"卖弄"黑格尔的辩证法提不起兴趣,并且将其作为在科学上毫无意义的东西写进时代精神的户头里,而马克思恰恰在此成长起来③。正是列宁在瑞士流亡期间重新发现了黑格尔对马克思的重要性。在阅读《逻辑学》时,他得出结论:

> 不钻研和不理解黑格尔的全部逻辑学,就不能完全理解马克思的《资本论》,特别是它的第1章。因此,半个世纪以来,没有一个马克思主义者是理解马克思的!!④

列宁借此意欲说明,马克思虽然没有遗留下"'逻辑'(大写字母的)",但他留下了"《资本论》的逻辑"⑤。列宁开启了一整个哲学化"马克思阅读"(Marx-Lektüre)的研究方向(不仅仅在苏联,同样也在西方马克思主义中)。这一路径使得《资本论》与黑格尔的《逻辑学》相遇,并且通过黑格尔批判地去理解马克思,或者通过马克思去批判地理解黑格尔。

---

① 《马克思恩格斯文集》第5卷,北京:人民出版社,2009年,第20页。
② 同上书,第22页。
③ 参见 Andreas Arndt, Hegel-Kritik, in *Historisch-kritisches Wörterbuch des Marxismus*, hg. von W. F. Haug, Bd. 5, Hamburg, 2002, S. 1243-1258。
④ 列宁:《哲学笔记》,北京:人民出版社,1993年,第151页。
⑤ 同上书,第290页。

尽管最近二十年相关研究越来越少,但它们仍然是不容忽视的。在此,我不想逐一进行讨论,而是更愿意提出一个基本问题,即《资本论》的"逻辑"究竟是什么？乍一看,《资本论》与《逻辑学》在完全不同的理论层面展开。从黑格尔的角度而言,《资本论》是客观精神理论的一个片段,或者说,精神哲学作为实在哲学的一部分。实在哲学科学的进程在何种程度上——无论是在整体上还是在特别的细节上——符合并且能够完全符合范畴的逻辑顺序？这既不是黑格尔本人也不是黑格尔研究所能决定的。黑格尔本人多次明确地否认了这一点。此外,在讲座过程中,他也不断地重建仅在《哲学全书》中稍加勾勒的实在哲学系统部分①。甚至连《逻辑学》也不是一个恒定不变的文本,黑格尔本人就进行过彻底的修改。在第二版(1832)中,"存在逻辑"的一个新版本清楚地表明了这一点。就这一角度而言,《资本论》的"逻辑"似乎是对《逻辑学》的特征进行了实在哲学的具体化,而不是从自身层面出发创建某种逻辑结构。如果把马克思的计划草稿(Gliederungsentwürfe)建立在他的整个项目之上,那么《资本论》第1—3卷就仅是其中很小的一部分,而且就这一角度而言,不难想到马克思在一开始就遵循着黑格尔的"法哲学"。自学生时代起,"法哲学"就是他剖析黑格尔的决定性的起点。正如他在致斐迪南·拉萨尔的信(1858年2月22日)所言,计划草稿大致上总共拟定了六个分册:"(1)资本(包括一些绪论性的章节);(2)地产;(3)雇佣劳动;(4)国家;(5)国际贸易;(6)世界市场。"②总的来说,尽管整体后移了,但马克思显然从未放弃过这一计划。它显然完整地阐释了市民社会与国家之间的关系,也就是在客观精神框架中黑格尔伦理理论中最末的两个环节,包括世界历史(指国际贸易与世界市场)。早在1843年马克思就对黑格尔作出下述批判,即认为黑格尔错误地解释了市民社会与国家之间的关系。此后几年的科学研究可以理解为对这一批判的贯彻。但这意味着马克思的研究——在《资本论》中也是如此——刻意与黑格尔作为实在哲学的精神哲学在同一层面上进行着,而不是与《逻辑学》一致。因此,马克思也不太可能与"逻辑学"的分类

---

① 参见 Walter Jaeschke, Hegel-Handbuch, Stuttgart, 2003, S. 319ff. (EinSystem in Vorlesung)。
② 《马克思恩格斯全集》第29卷,北京:人民出版社,1972年,第531页。需要补充说明的是,这里没有进一步谈论到两个独立于这一整体规划的部分,也就是"政治经济学与社会主义的历史和批判"以及"对经济范畴或经济关系的发展的简短历史概述"。参见 Andreas Arndt, *Karl Marx. Versuch über den Zusammenhang seiner Theorie*, Bochum 1985, S. 165-173。

结构持续保持一致,而黑格尔本人也只是姑且将这一结构视为他在阐释实在哲学时使用的指南。

马克思也没有宣称在《资本论》中就给出了一个普遍的逻辑理论。相反,在这方面——甚至仅仅是在与其他人的书信中——仅仅只留下了参考材料,用以进一步确证马克思如何对待黑格尔的"逻辑"。此外,还应当考虑到,马克思甚至明确地放弃叙述《资本论》中使用的方法,也放弃向读者澄清。在创作时,马克思也不再尝试从方法的角度介绍政治经济学批判,而这一尝试曾在《大纲》中出现。这样一个依据特定方法的自为设置(Für-sich-Stellen)并不恰当(他顺便指出,黑格尔方法的规定承担着作为对实在哲学的内容的形式的自我运动——这并非一个毫无困难的尝试)。只有在马克思明确提及黑格尔或者以引人瞩目的方式使用黑格尔的概念的地方,才具备对比《资本论》和黑格尔《逻辑学》的充足的基础。因此,就合法性而言,在缺乏马克思相关指示的情况下,推导不出任何与黑格尔相竞争的逻辑。与此相反,在马克思把黑格尔的《逻辑学》本身视作逻辑,而且单一科学的讨论框架不在其视野之中时,他就没有展开恰当的讨论。在克罗茨纳赫手稿《黑格尔法哲学批判》中,马克思剖析黑格尔的矛盾理论时就已声称:"关于这一点留待批判黑格尔的逻辑学时再作进一步的研究。"[1]这或许也同样适用于《资本论》的相关章节。

最后,在某种意义上我们仍然可以谈论"资本的逻辑",即《逻辑学》本身就表达了一种资本主义的社会秩序的逻辑。这一观点也有着悠久的传统。卢卡奇和早期法兰克福学派以降,这一观点就被广泛传播了,在西方黑格尔主义的马克思主义(Hegelmarxismus)中尤为普遍。无论如何,马克思在1844年《巴黎手稿》中的思考可以为这一解释提供支撑。在手稿中,黑格尔的《逻辑学》被解读为异化的(资本主义的)关系的表达。手稿写道:

> 逻辑学是精神的货币,是人和自然界的思辨的、思想的价值——人和自然界的同一切现实的规定性毫不相干地生成的因而是非现实的本质,——是外化的因而是从自然界和现实的人抽象出来的思维,即抽象思维。[2]

---

[1] 《马克思恩格斯全集》第3卷,北京:人民出版社,2002年,第110页。
[2] 《马克思恩格斯文集》第1卷,北京:人民出版社,2009年,第202页。

"逻辑"似乎被把握为在思想中被异化了的现实性。在黑格尔那里,这作为结果被认为:

> 黑格尔在这里——在他的思辨的逻辑学里——所完成的积极的东西在于:独立于自然界和精神的特定概念、普遍的固定的思维形式,是人的本质普遍异化的必然结果,因而也是人的思维普遍异化的必然结果;因此,黑格尔把它们描绘成抽象过程的各个环节并且把它们联贯起来了。①

在马克思此后的表述中,毫无疑问不再有可供比较的陈述,而且也很难看出,一个被异化了的现实性的逻辑为什么就应当是那个在理论抽象中被绝对化了的"批判的与革命的"东西,而这恰恰是马克思近三十年后声称的②。

(二)神秘化的指责

从马克思未成文的辩证法学说来看,其探索结果或许再清楚不过了——这一学说无处可见。为了处理马克思关于黑格尔的隐喻,我们处理无数分散的言论、不同的辩证法特征的表现形式以及单一学科的语境,而它们的"内核"却仍旧是隐秘的。如何处理这些研究结果呢?可以试想两种路径。其一,人们可以尝试着从这些分散的言论中读出一个引力重心(Gravitationszentrum),并且基于这一路径重构一个系统,而这一系统几乎就构成了辩证法的深层结构,它在表层安排着辩证法特征的"登台亮相"(Auftritte)。毫无疑问,这一尝试与下述事实矛盾:正如先前所言,在实在哲学的语境中,利用逻辑的特征难以得到逻辑规定性的内在关系。比方说,没有人能从黑格尔的《法哲学原理》中推断出《逻辑学》的结构。同样,基于马克思《资本论》中的暗示,我认为也难以推演出一般性的辩证法理论,最多只能在政治经济学批判这一单一学科中确立辩证思维模式的起始点。其二,假设马克思直截了当地使用了黑格尔的逻辑,在《逻辑学》的理论层面上完全没有使用自己的替换方案,而是将黑格尔的逻辑视作辩证的思维模式的蓄水池。在单一科学的语境中,他能经验性地利用这一思维模式。这一解释的优点在于,不必然地将一种未成形的辩证法理论强加给马克思,而是最有可能还原马克思与黑格尔之间的

---

① 《马克思恩格斯文集》第1卷,北京:人民出版社,2009年,第218—219页。
② 1873年,马克思在《资本论》第1卷第2版跋中声称"辩证法不崇拜任何东西,按其本质来说,它是批判的和革命的"。参见《马克思恩格斯文集》第5卷,北京:人民出版社,2009年,第22页。

真实关系。但这一解释的问题在于,马克思曾固执地坚称,他自己的"辩证方法""从根本上来说,不仅和黑格尔的辩证方法不同,而且和它截然相反"①。

这句话是什么意思呢?马克思自己指出,与黑格尔相比,他——我稍后会回到这里——基于另一种观念与现实性之间的关系。他补充道:

> 将近30年以前,当黑格尔辩证法还很流行的时候,我就批判过黑格尔辩证法的神秘方面。②

在我看来,以往的马克思研究文献把马克思的上述提示放在边缘上对待。当然,诸如"黑格尔神秘化了辩证法""为了得到辩证法的合理形态将其去神秘化"等话题的确被反复讨论。《资本论》第2版跋写于1873年1月24日。因此,假设马克思的回忆正确无误,那么"将近30年以前"指向的恰是1844年前后。但我们不太清楚,马克思是否仅仅只想引用他公之于众的言论,例如《神圣家族》(1845),还是也包括他没有公开发表的文献,例如"克罗茨纳赫手稿"之《黑格尔法哲学批判》(1843)、《巴黎手稿》(1844)以及《德意志意识形态》(1845)。然而,由于马克思关于"神秘的"(mystisch)、"神秘化"(Mystifikation)等术语在语义上相对稳定,这一问题可以忽略不计。马克思所谓的黑格尔辩证法的"神秘方面"或者"神秘形式"到底是什么意思?③

我们可以在1873年的直接阐述(即《资本论》第一卷)中找到第一个回答。在那里,我们可以读到"商品的神秘性质"④基于"转换"(*Quidproquo*,即 *Vertauschung*):

> 可见,商品形式的奥秘不过在于:商品形式在人们面前把人们本身劳动的社会性质反映成劳动产品本身的物的性质,反映成这些物的天然的社会属性,从而把生产者同总劳动的社会关系反映成存在于生产者之外的物与物之间的社会关系。由于这种转换,劳动产品成了商品,成了可感觉而又超感觉的物或社会的物。⑤

据此可知,神秘化就是转换。在这种转换中,某种东西(即物的关系)替代了

---

① 《马克思恩格斯文集》第5卷,北京:人民出版社,2009年,第22页。
② 同上。
③ 同上。
④ 同上书,第88页。
⑤ 同上书,第89页。

其他的东西(即人的社会关系),而这与18—19世纪的语言用法相吻合。在神学神秘主义的狭隘参照系之外,"神秘的"意味着"无法解释的"(geheimnisvoll)、"含糊不清的"(verworren)和"不明确的"(unklar)。马克思认为,神秘所具有的无法解释性与模糊性是建立在转换的基础上的,与此同时,神秘又通过遮蔽颠倒而神秘化。因此,在马克思主义的意义上,神秘主义是意识形态的一个特例,而去神秘化(Entmystifizierung)就必然要进行意识形态批判。

但是,到底什么才是神秘化的与已经被神秘化了的黑格尔辩证法呢?在克罗茨纳赫手稿《黑格尔法哲学批判》中已经清晰地作了说明。马克思在那写道:

> ……就认可经验的现实性的现状;这种现实性也被说成合乎理性,然而它之所以合乎理性,并不是因为它固有的理性,而是因为经验的事实在其经验的存在中具有一种与它自身不同的意义。作为出发点的事实没有被理解为事实本身,而是被理解为神秘的结果。现实性成了现象,但观念除了是这种现象以外,没有任何其他的内容。观念除了"形成自为的无限的现实的精神"这一逻辑的目的以外,也没有任何其他的目的。这一节集法哲学和黑格尔整个哲学的神秘主义之大成。①

经验的现实性被理解为观念自我运动的表达与结果,由此就发生了交换与神秘化:经验意味着某些不同于自身的东西。究其本质,如果马克思不是一个庸俗的经验主义者,那么就可以这样来理解这一观点,即观念并不表达显现的现实性的内在关联,而是将显现的现实性——根据马克思的观点——安置在它之外的关系之中:观念的自我关系("形成自为的无限的现实的精神")。

如今,费尔巴哈的颠倒以调换主词与谓词而闻名。《基督教的本质》中宗教批判的投射理论,以及随后对黑格尔哲学的批判,就运用了这一颠倒,并将思辨哲学完全概括为一种世俗神学。事实上,在这段被引用的马克思手稿中的措辞就确切地指出了这个方向:

> 各谓语的存在是主体,因此主体是主观性等等的存在。黑格尔使各谓语、各客体变成独立的东西,但是,他这样做的时候,把它们同它们的

---

① 《马克思恩格斯全集》第3卷,北京:人民出版社,2002年,第12页。

现实的独立性、同它们的主体割裂开来了。然后现实的主体作为结果出现,其实正应当从现实的主体出发,考察它的客体化。因此,神秘的实体成了现实的主体,而实在的主体则成了某种其他的东西,成了神秘的实体的一个环节。正因为黑格尔不是从实在的存在物(ὑποκείμενον,主体)出发,而是从谓语、从一般规定出发,而且毕竟应该有这种规定的体现者,于是神秘的观念便成了这种体现者。①

只要人们进一步留意马克思这里使用的措辞,就会清楚地意识到马克思绝不仅仅是在费尔巴哈的轨道上运行。对费尔巴哈而言,主谓颠倒与人类学转向密切相关:真正的主体——在人格性(Personalität)与自身关联性(Selbstbezüglichkeit)的意义上——在他那儿是人,而人又再度被拿捏在他的手中。也就是说,浪费在构想神圣主体上的规定性被再度还原为人。与此相对,就马克思而言,真正的主体不是具有费尔巴哈在着重强调的规定性意义上的人类学的自然,而是在载体(ὑποκείμενον)意义上的主体(subiectum)。也就是说,在马克思看来,真正的主体在真理中是最基础的东西,而不是——无论如何都没有必要——在着重强调意义上的那种自身关联。

对马克思而言,黑格尔哲学的这一主体性范式——最终是绝对理念的自身关联性——显然是"神秘化"的内核。基于此,早在1843年克罗茨纳赫论黑格尔法哲学的手稿中,批判就已经开启了。当时,马克思阐述了"现实的"对立的不可调和性,并认为"黑格尔的主要错误"在于把"现象的矛盾理解为观念中、本质中的统一",但这不是统一,而是把"本质的矛盾"(即两种本质的矛盾)作为本质②。这与马克思在《神圣家族》(1845)中所写的内容遥相呼应。在那里,马克思以相当诙谐的方式描述了"思辨"(Spekulation)神秘化的过程,即从各种不同的果实中得出一个抽象的"果实"——"果实一般","为了要达到某种现实内容的假象",抽象"用一种思辨的、神秘的方法"再次述说。借此,他将果实视作各式各样果实的"一般实体",视作"活生生的、自相区别的、能动的本质":

> 这种办法,用思辨的话来说,就是把实体了解为主体,了解为内部的

---

① 《马克思恩格斯全集》第3卷,北京:人民出版社,2002年,第32页。
② 同上书,第114页。

过程,了解为绝对的人格。这种了解方式就是黑格尔方法的基本特征。①

而正如另一处声称的那样,黑格尔"用那一身兼为整个自然界和全体人类的绝对的主客体——绝对精神来代替人和自然界之间的现实的联系"②。

在黑格尔的逻辑理念中,马克思显然看到了思维的独立化(Verselbständigung des Denkens),而这种独立化基于对真实联系的抽象。因此马克思虽然承认,黑格尔哲学即便是看起来最为抽象的诸规定也是饱含经验的,而非无根基的思辨的结果。然而,他同时也忽视了一个问题(即考察概念—范畴关系自我反思的状况),正如黑格尔在《逻辑学》层面所做的那样。更确切地说,在马克思那里,这种理论层面的东西——我认为,即使是所谓的唯物主义辩证法也不能舍弃——根本就不存在;为了公开地告别哲学,这一理论层面的东西显然已经沦为经验性科学的牺牲品。就此而言,《德意志意识形态》中的下述论断极具代表性:

> 经验的观察在任何情况下都应当根据经验来揭示社会结构和政治结构同生产的联系,而不应当带有任何神秘和思辨的色彩。③

《德意志意识形态》中散播的这种经验主义的幼稚——似乎社会与制度的关系在经验上可以像日出与鸟类飞行一样被观察到——人们对此无须多言。理论上更有趣的断言是,思想诸规定性之间的关联在理论上"所以能这样做,是因为这些思想凭借自己的经验的基础,彼此确定是联系在一起的"④。如果人们认为它们脱离了自身的经验基础,"仅仅作为一种思想",它们将会——根据马克思的说法——"变成自我差异,变成由思维产生的差别",而通过它们就导致了"神秘的联系"⑤。

马克思的观点仍是他在这里所说的东西。《大纲》"政治经济学的方法"一节的论述就与之前的论述无缝衔接上了:

> 黑格尔陷入幻觉,把实在理解为自我综合、自我深化和自我运动的思维的结果,其实,从抽象上升到具体的方法,只是思维用来掌握具体、

---

① 《马克思恩格斯全集》第 2 卷,北京:人民出版社,1957 年,第 72—75 页。
② 同上书,第 213 页。
③ 《马克思恩格斯文集》第 1 卷,北京:人民出版社,2009 年,第 524 页。
④ 同上书,第 554 页。
⑤ 同上。

把它当作一个精神上的具体再现出来的方式。但决不是具体本身的产生过程。①

在《资本论》中也是如此。先前已经引用过的第二版跋事实上与之一致：

> 在黑格尔看来,思维过程,即甚至被他在观念这一名称下转化为独立主体的思维过程,是现实事物的创造主,而现实事物只是思维过程的外部表现。我的看法则相反,观念的东西不外是移入人的头脑并在人的头脑中改造过的物质的东西而已。②

"创造主"(Demiurg)这一言论清楚地表明,马克思没有想到"无中生有"(creatio ex nihilo),而是想到了"神秘化"：在柏拉图《蒂迈欧》的意义上,创造主是世界的创建者,即改造现存物质的神③。

(三) 我们如何对待黑格尔的辩证法？

几十年以来,马克思批判黑格尔辩证法基础的相关言论在实质上没有变化。就马克思的观点而言,"神秘化"大致会表现出如下几个步骤：

(1) 把经验的关系转变为思维诸规定的关系。这一步是必要的,所以马克思采用了它("我的看法是……观念的东西不外是移入人的头脑并在人的头脑中改造过的物质的东西而已")。

(2) 思维诸规定的关系被神秘化为一个源自思维的关系。在这一过程中,神秘化潜藏在"转换"与"交换"中。主体(Subjekt)被转换为载体(hypokeimenon)："经验的实在性"与"思维和理念"相对立。

(3) 然而,当它被公开地宣称为纯粹自身关联性的主体时,这一神秘的"载体"被进一步神秘化。正如马克思1843年以来极力展示的那样,这严重地侵犯了"事物的逻辑"(Logik der Sache)——实实在在的关系——在马克思看来,这些东西完全没有这种自身关联的特征。

显然,马克思基于如下内容处理黑格尔：一方面,他想要清除已经被批判过了的"神秘化"；但另一方面,与上述第一点相关(经验的关系与过程在思维规定中被转化),为了描述经验的关系,他又经验地使用黑格尔思维诸规定

---

① 《马克思恩格斯全集》第30卷,北京：人民出版社,1995年,第42页。
② 《马克思恩格斯文集》第5卷,北京：人民出版社,2009年,第22页。
③ Heinz-Dieter Kittsteiner 专门提到了这一点。参见 Heinz-Dieter Kittsteiner, *Mit Marx für Heidegger. Mit Heidegger für Marx*, München: Wilhelm Verlag, 2004, S. 57f.

的关系。

至此,马克思的论述中不再有什么含糊不清的东西了。毫无疑问,像马克思处理黑格尔的逻辑这般考量理论是科学的、合法的。运用黑格尔思维规定的标准仅仅在于,它们是否能够识别与描述经验的关系,而非它们自己的哲学的基本关系。显然,马克思不再对此感兴趣了。正如他之前作为青年黑格尔派成员时宣称的那样,他意欲从哲学中汲取精华,然而他不愿——像青年时代那样——汲取作为哲学抽象否定的精华,而是将哲学的思辨模式包含在单一科学的检验之中,只要它们在单一科学的研究中具有解释问题的可能性。比如,辩证法就是这样的情况。为了能够确定社会现实的诸多关系,就要越过单一科学固有的界限,而历史上被确定的总体性也必须被重新建构。由此可知,既不能抽象地否定黑格尔(或者其他人的)哲学,也不能得出一个"真正的"哲学替代品。马克思没有做前者,后者也不是他的议题。窃以为,一旦忽视了具体学科与哲学之间的这种特殊结合,人们就会从根本上误读马克思与黑格尔辩证法之间的关系。

二、马克思在《资本论》中对黑格尔的处理

在《资本论》第 1 卷第 1 版(1867)第 1 章中,马克思阐述与相对价值形式(relativer Wertausdruck)相关的内容("x 麻布值 y 件上衣"),在这里上衣"仅仅被视为价值或劳动的凝结(Arbeitsgallerte)",但一般人类劳动仅仅只"在特定的形式"中被消耗,就如它在上衣中被对象化了一样,而这就将它从自然物质(Naturstoff)中分离了出来,"只是劳动对象化在其中的外界材料"。马克思进而补充道,"只有黑格尔的'概念'才无需外界物质而自行客体化"。在一个附带的脚注中,马克思援引了黑格尔《小逻辑》中的一段内容,即"概念论"中客体部分的第 194 节:

> 最初仅是主观的概念,无需借助于外在的物质或材料,遵循它自身的活动,即可向前进展以客体化其自身。[1]

---

[1] 《马克思恩格斯全集》第 42 卷,北京:人民出版社,2016 年,第 39 页。——中译者注:马克思摘自黑格尔的《哲学全书》第 1 部,1840 年柏林版。

由此可见,就马克思的角度而言,他在政治经济学批判框架中的"价值的概念"与黑格尔"概念的概念"之间存在着明显的界限:无论黑格尔的概念能够提供何种认识成就(Erkenntnisleistungen),只要它没有外在的东西,它就不能客观地存在并且预先形成物质。马克思将唯心主义与唯物主义之间的对立,以及由此而来的黑格尔辩证法的神秘形式与合理形态,统统理解为既定的差异。

黑格尔《逻辑学》研究领域的行家也认可马克思对概念自我客体化的批判。例如,克里斯蒂安·伊伯(Christian Iber)在评论黑格尔的概念论(Konzeption des Begriffs)时,就表示:

> 黑格尔的错误似乎在于,他将扬弃思维中的主客体对立与克服它们的差异相提并论。概念当然没能完成下述奇迹,即消除现实性,以及由此而来的主客体差异,更对现实性被当作它的杰作这一点完全沉默。……世界仅仅只是客观化了的概念。[①]

尽管如此,我依然想要仔细地研究下述问题,即马克思的这种批判(在我看来,马克思之后的"黑格尔批判"都以此为基础)是否有道理。我可以预先告知我的答案:这一批判不合理,因为它基于对黑格尔《逻辑学》特征的根本性误读。我想再抛出一个论题,即在我看来,所谓的"唯物主义辩证法"也已失效,在这方面,进一步的努力只能成为徒劳;但是,目前而言,这些观点还都只是犀利的论点而已。接下来,我将会进一步展开:首先,我将讨论黑格尔概念的概念这一问题;其次,我将转向马克思的价值的概念;最后,得出一个关于马克思与黑格尔关系的一般性结论。

(一)黑格尔的概念的概念

无需外在质料,概念使自身客体化。黑格尔去世后,我们可以在"友人版"的"附释"中发现这样的看法。这一文本绝非出自黑格尔本人,而是基于一个或多个学生的听课笔记,编辑者遴选了这些笔记并对大多数内容作了处理。因此,必须非常谨慎地对待这类"附释"中的解释,要知道这些措辞在各自的系统论证语境中能够表达哪些意义。如果我们注意到,讲演在概念的自

---

① Christian Iber, Hegels Konzeption des Begriffs, in *G. W. F. Hegel. Wissenschaft der Logik*, hg. v. Anton Friedrich Koch und Friedrike Schick, Berlin, 2002, S. 188.

然生成的意义上可能并不客观,就能立即避免一个与此相关的错误理解,因为我们此时还远没有抵达《逻辑学》与自然哲学的接合处。自然哲学紧接着《逻辑学》,又引领着精神哲学。因此,"客体"(Das Objekt)——由于《哲学全书》(Enzyklopädie)"概念论"的第 2 阶段已经被重写了——与实在哲学(即自然哲学与精神哲学)的对象也毫不一致。

在这一点上,私以为,从根本上将逻辑关系和实在哲学分开谈论是恰当的。因为之前已经谈到过了,马克思倾向于将两者混同起来。然而,事实上它们涉及不同的理论层面,因为与自然和精神相比,逻辑叙述的仍是某种抽象层面的东西。这一点在一开始就很清楚了,因为逻辑的开端是一个纯粹的、无规定性的存在的直接性:"存在,纯存在——没有任何进一步的规定。"(Seyn, reines Seyn, –ohne alle weitere Bestimmung)①这一源头处的表达甚至都算不上是一个句子,也就是说,从逻辑角度看它缺乏判断,因为判断早已是正在思维的规定的形式。如果表达为:"纯存在是没有任何规定的"(Das reine Sein ist ohne alle Bestimmung),那么谓词就会是无规定性的规定,而"存在"也会是一个被确定了的存在。因为,根据黑格尔的说法,谓词说的恰恰是"什么是主词"。在黑格尔那里,一切规定性的抽象都源自主体任意的决定,要去纯思②。也就是说,我不仅从思维的一切确定内容中(即从一切基于对象的意向性中)抽象出东西,还要从一切给予我思维的先于规定性的东西中抽象出东西,而后者也就是从我已经从思维中知道的或者要知道的东西中抽象。然而,避免一切先在判断(Vor-Urteile)却相应地导致判断形式(Urteileform)在逻辑的开端处被完全回避了。在那里,纯存在是哲学自我认识的一种形式,但根据黑格尔的说法,哲学是绝对精神的形态,并且就它的本质而言是依据历史的。毫无疑问,对纯粹思维的抽象具有历史的前提:它预设了哲学在其历史发展中遇到了纯粹的思维规定问题,而据黑格尔所说,这最先出现在康德和先验哲学转向中。思维规定在这里被主题化(thematisiert)

---

① Georg Wilhelm Friedrich Hegel, *Gesammelte Werke*, Bd. 11, in Verbindung mit der Deutschen Forschungsgemeinschaft herausgegeben von der Rheinisch-Westfälischen Akademie der Wissenschaften und der Künste, Hamburg: Felix Meiner, 1978, S. 43. ——中译者注:本文涉及黑格尔的引文除非特别声明,否则都引自北莱茵—威斯特伐利亚科学院的《黑格尔全集》(历史考证版)。下文以"GW11, S. 43"的方式表示引文出处,例如"GW11, S. 43"指《黑格尔全集》第 11 卷,第 43 页。

② 参见 GW21, 55f. (*Seinslogik* 1832)。

了——例如,在康德的范畴和判断表中——它们被刻意视作可能的前提,即与对象相关的认知,在这个意义上有目的地说明它缺乏自身:它们或许是客观有效的,但却不是客观的。如果逻辑直接跃入了作为思维诸规定把握自身的纯粹思维之中,那么在这些历史的前提条件中,抽象的可能性又建立在什么基础上呢?① 根据黑格尔的观点,它将基于一个精神的本质特征,也就是基于它的可能性,"从一切外部的东西以及它自己的外部性中,抽象出它自身的定在"②。这恰好是当你决定要去纯粹地思考时所发生的事情。

因此,为了从纯粹的逻辑思维再度回到外在的东西上并且回到精神的定在中,即通往实在哲学,就需要有撤销抽象的对策。事实上,在《逻辑学》最末的绝对理念阶段,理念仍旧是"逻辑的",而且它还"在纯粹的思维中""在主观性的包围之中"③。换而言之,理性或概念在自身中完善自己,但在这一完善中,概念再度被包括在自身之中。也就是说,它给自己——作为一个概念——设置了一道边界。因此,正如《哲学全书》第 379 节的"补释"中所言,通过边界,概念自身设定"它自身的发展,它给予自己与之完全适应的现实性"④。但是,在作为概念自身关联的绝对理念之中,黑格尔仅仅只得到了现实性与真理。如果黑格尔将传统的真理观念区分为概念的对应物和对象的对应物(Entsprechung),那么就存在着一个圆满的对应物,而真理在着重强调的意义上就仅仅只存在于绝对理念层面,因为概念在实在性中总与自在的外在性相关联。换而言之,真正的对象与概念所限制的东西不一致。但这一概念是如何产生这种外部性的呢? 在逻辑上,我们此时确实与模糊不清的隐喻相遇了。正如我们所读到的那样,理念将自身"凝聚在存在的直接性中"⑤,即把最初的直接性恢复成中介——自然。但是,"这种规定并不是一个完成了的存在(Gewordenseyn)和过渡",而是"理念自由地解脱自身",因此甚至被认为是"纯粹理念的决定",即"规定自身外在的理念"⑥。这一观点总是在创

---

① 黑格尔看到并把握了这一可能性,因而他将体系概念往后推了推:本该在《精神现象学》一开始就出现的基于"逻辑"开端的引论,在世界精神的历史工作的结果里才姗姗出场。
② GW19, S. 289; *Enzyklopädie 1827*, §382.
③ GW12, S. 253; *Begriffslogik*.
④ 参见 Georg Wilhelm Friedrich Hegel, *Enzyklopädie der philosophischen Wissenschaften im Grundrisse* (1830), in *Werke*, Bd. 10, Frankfurt/M, 1971, S. 14f.
⑤ GW12, S. 253.
⑥ GW12, S. 253.

造行为的意义上被解释。如果这符合事实,那么神秘的东西最晚到这个时候也一定出现在我们的面前了,即概念自身没有任何外在的物质,在真实、自然的客体意义上存在着一个客观性。这恰恰是完成了的存在或过渡,而黑格尔却断然将其排除在外。那这意味着什么呢? 在此,我建议撤销最初的抽象,并在这个意义上去理解"自由地解脱自身"(Sich-frei-Entlassen)与"自我决定"(Sich-Entschließen),也就是一切规定性的抽象。撤销抽象这一行为能被描述为自由的,不仅仅因为绝对理念除了是自由的概念之外什么都不是,而且因为纯粹的思维规定对实在对象缺乏意向性。照此而言,"自我决定"就是对实在的自我揭露,因而必然会从纯粹思维预设中撤销抽象。在这种情况下,人是不允许自己受到欺骗的:理念不是能够决定自身的主体,因为理念在思维过程之外没有自己的定在。而我们将这一思维过程作为纯粹思维的执行者。因此,在逻辑终结并通往自然的过渡中,通过撤销对已经持续存在的对象性的抽象,我们得到了理念。自然根本就是理念的外化,恰如黑格尔所言,"绝对自由——缺乏主观性且绝对自为地存在着的空间和时间的外在性"[1]。这一自然本身是绝对自为的,是绝对自由的,这意味着在它的定在中它与理念没有关系,并且它也绝不会以神秘的方式出现。

作为亚里士多德一脉的学者(als Aristoteliker),黑格尔不熟悉神的创世行为。他感兴趣的是世界的可认知性,即自然和精神的可认知性。根据黑格尔的观点,两者——自然和精神——是"相区别的方式",它们都描述了理念的"定在"[2]。在此,绝对理念不是被当作基础,而是当作落入我们知识中的方法被思考。它仅在自然与精神中,而不是在形而上学的背景下拥有定在,因此自然与精神作为被关联者(Relata)必然相互关联。精神"把自然设定为它的世界;这一设定作为一种反映,也是世界作为独立自然的前提"[3]。自然与精神真正的中介是不可回溯的(unhintergehbar)。正如在《逻辑学》中宣称的那样,绝对形式——在绝对理念中概念把握自身的概念形式——仅仅只是形式上的。[4]

---

[1] GW12, S. 253.
[2] GW12, S. 236.
[3] GW 19, 290; *Enzyklopädie* 1827, § 384.
[4] 参见 GW12, S. 25.

在这一背景下,现在就有必要明确,在逻辑内部概念的客观化指的是什么[①]。如前所述,逻辑是纯粹思维的领域,也就是说,他涉及的是思维规定而不是对象的规定。在思维的思维中,思维使自身变得客观,只有当概念使自身客观化的时候,这一客观性才会具有意义。思维使自身客观,因为在纯粹的思维中我们总是思考思维,但是我们从一开始就不知道我们思考的思维与我们思考思维的思维是否是同一个东西。黑格尔的意思是,思维方法作为我们思考自身关联性以及思维自我客观化的客体。简而言之,这一过程按照下述方式运行:在绝对理念中,我们最终能认识到,作为我们思维之客体的思维规定关系与我们思维中的思维规定关系是完全一致的,借此我们思考思维规定,并且还与我们已经思考了的思维规定关系完全一致。在这当中没有什么东西是神秘的。如果不是这样的话,就不存在思维的普遍性了,而且我们的思维也仅仅总是那向来属于我的思维(das jemeinige Denken),唯我地(solipsistisch)陷入孤立之中,成为缺乏沟通能力的主体。这涉及思维规定的普遍性,以及它们如何在思维的思维中相互周旋,达到超越主客体对立的总体性。

对黑格尔而言,概念不涉及对象的特征,而是涉及思维规定的关系。与此相应,在黑格尔的"概念论"中,我们不是在处理那些能孤立地记叙自身的概念,而是在处理诸关系。对黑格尔而言,概念以及真理中蕴含的东西仅仅被当作关系去思考,或者说得确切一些,它们被当作行进中的关系,在这种关系中概念将自身作为中介。在黑格尔那里,通往总体性与普遍性的中介贯穿"推论"(Schluss)部分[②]。推论是在自身中具体化了的普遍性的形式,即与自身不相一致的普遍性的形式,而恰恰又是不同契机中的关系构成了这种普遍性。众所周知,每一个推论中都包含三个基本要素,即前提、中间项和结论,而这些又分别都是由主词、谓词和连词(即"X 是 Y")构成的判断,它们再度包含着主词概念和谓词概念。在谓词中首先就确定了概念 X 是什么东西,即在概念的关系中确认。在这一关系中,连词涉及空位(Leerstelle),而主词概念与谓词概念通过这一空位被过渡,那没能在判断中从概念角度把握的东西,却能够在推论中被确定。在推断中,三个判断相互过渡,从而使得它们概

[①] 参见 Georg Sans, *Die Realisierung des Begriffs. Eine Untersuchung zu Hegels Schlusslehre*, Berlin 2004。
[②] 相关论述可参见 Andreas Arndt, Christian Iber und Günter Kruck (Hg.), *Hegels Lehre vom Begriff, Urteil und Schluss*, Berlin 2006。

念的中介变得清晰可见。

　　黑格尔把个别性、特殊性和普遍性的范畴分派到推论中的三个部分。这些范畴能够占有不同的部分,并且在已经完成了的推论中能够被相互交换,不同的推理形式由此得以确立。然而,作为统一体的总体性在这里首先只是"自在"的,或者是处于我们的观察之中的,这对总体性而言仍旧是外在的。它是(虽然正如黑格尔自己所言,可能看起来很奇怪)"概念的实现"[①],这样概念就通过已经完成了的推论圆满地实现了过渡。然而,推论各个部分之间的可交换性在此仍然表现为彼此间的漠不关心性(Gleichgültigkeit),就这方面而言,统一体也对诸契机漠不关心:

> 因此,客体就是杂多事物的完全独立性与有差别的杂多事物同样地完全无独立性之间的绝对矛盾。[②]

这个矛盾是通过如下方式解决的,即总体性自身具体化,也就是说,被我们把握住了的各种普遍性仍然只是思维的东西,它作为绝对理念被包含在内。

　　作为辩证方法的绝对理念是中介的普遍形式,因此,根据黑格尔的说法,它既是理论的又是实践的,既是我们理论的普遍形式,又是面向"世界"的实践行为的普遍形式,同时也是其普遍的、内在的中介形式。这里强调的是形式,因为只有在概念的自身关联性中、在绝对的方法中,形式才与内容完全一致。就这意义而言,黑格尔也把"冲动"(Trieb)记在理念的名下,即"要由自己在一切中找到并认识自己"[③]。这就是黑格尔所谓的精神:从直接的自然独立性中产生冲动,并且认识和刻画把精神自身包含在内的"世界"。这也意味着,逻辑形式必须要证明其自身适合充当实在进程中的中介形式。在通往自然与精神的实在科学这一过程的最末端,如《哲学全书》所述,"逻辑的东西"再度降临,但却"带着这种意义,即它在具体内容上像在他的现实性上一样,是被证明了的普遍性"[④]。如果黑格尔果真如此,那么诚如马克思所言,这似乎是多余的——基于逻辑事物先验地确保事物的逻辑。但这种情况绝无可能,因为在黑格尔那里,《逻辑学》:

---

① GW 20, S. 200, §193.
② GW 20, §194.
③ GW12, S. 238.
④ GW19, S. 415 (Enzyklopädie 1827, §574).

> 作为形式的科学,不可能也不应该包含成为哲学其他部门,即自然科学和精神科学的内容的那种实在。当然,这些具体科学比逻辑更突出了理念的较实在的形式……①

但它们拥有并且保持"逻辑的东西或概念作为内在的塑造者"②。然而,随着推进到实在哲学,我们便步入了——包括自然以及主观和客观精神——有限"事物"的领域,而概念的一个决定性差别在此表现为:

> 有限的事物之所以是有限的,那是因为在它们本身那里不完全具有其概念的实在,还需要其他的实在,——或者反过来说,那是因为它们被事先建立为客体,从而在它们那里所具有的概念是作为外在的规定。③

换言之,无须进一步的说明,黑格尔即可同意马克思的说法,即只有概念能够客观化自身,但是黑格尔或许会补充道,这仅仅适用于纯粹思维领域内部,即逻辑理念的领域内部。

(二) 马克思的价值的概念

在马克思最初的文本中,他无一例外地忽视了这一差异。对他而言,黑格尔使用辩证法是为了将现实收编到主体的名下,确切而言,在双重意义上既作为"载体"(hypokeímenon)又作为自我意识的动因。1843年,在克罗茨纳赫手稿《黑格尔法哲学批判》里,马克思就曾声称:

> 黑格尔使各谓语、各客体宾语变成独立的东西,但是,他这样做的时候,把它们同它们的现实的独立性、同它们的主体割裂开来了。然后现实的主体作为结果出现,其实正应当从现实的主体出发,考察它的客体化。因此,神秘的实体成了现实的主体,而实在的主体则成了某种其他的东西,成了神秘的实体的一个环节。正因为黑格尔不是从实在的存在物(ὑποκείμενον,主体)出发,而是从谓语、从一般规定出发,而且毕竟应该有这种规定的体现者,于是神秘的观念便成了这种体现者。④

这纯粹就是费尔巴哈:使用颠倒的方法,根据这一方法,真正的主体(人)取代

---

① GW12, S. 25.
② GW12, S. 25.
③ GW12, S. 175.
④ 《马克思恩格斯全集》第3卷,北京:人民出版社,2002年,第32页。

了虚构的主体(神),而神圣的谓词也被宣判给了人。马克思从未真正地摆脱费尔巴哈主义,更确切地说,在与恩格斯合写《德意志意识形态》(在某些地方带有天真的经验主义特征)对自己过去的哲学进行清算之后,他就再也没有从哲学上反思和质疑他对黑格尔思维特征的处理了。这就是说,理论中的思想的诸规定之间的关系得以可能,完全"是因为这些思想凭借自己的经验的基础,彼此确实是联系在一起的"①。如果人们脱离它们的经验主义基础将其"仅仅当做思想",那么它们就会"变成自我差别,变成由思维产生的差别",并且通过它们而进入"神秘的联系"②。顺便说一句,思维诸规定之间的联系基于基础直观的抽象,这是特伦德伦堡(Trendelenburg)反对黑格尔的理由。与之相应,在《政治经济学批判大纲》中也表达了"抽象或理念":

> 无非是那些统治个人的物质关系的理论表现。关系当然只能表现在观念中,因此哲学家们认为新时代的特征就是新时代受观念统治……③

尽管批判了黑格尔的辩证法,但正如之前已经引证的那样,对马克思而言,黑格尔的辩证法"无疑是整个哲学的最新成就"④。我们在这里已经看到了所谓的神秘主义是什么东西了。独立于此,政治经济学批判的起始点(即商品分析)又将马克思重新带回到黑格尔那里。他不得不以商品而非货币开始他的分析,而马克思在他的首个整体方案的末尾处才放弃了《大纲》⑤。简而言之,只有通过商品分析,才能把握价值增殖(Verwertung des Werts)背后特定的社会关系。因此,正如1861—1863年的第二个整体方案宣称的那样,马克思普遍地反对了经济学家的观点,"他只知道可以捉摸的物或者只知道观点,对他来说,关系是不存在的"⑥。资本作为自我增殖的价值就是这样一种关系,因此是面向物或理念的第三者。就像马克思在致路德维希·库格曼的信(1868年7月11日)中写的那样,交换价值是"在社会劳动的联系体现

---

① 《马克思恩格斯文集》第1卷,北京:人民出版社,2009年,第554页。
② 同上。
③ 《马克思恩格斯全集》第30卷,北京:人民出版社,1995年,第114页。
④ 《马克思恩格斯全集》第29卷,北京:人民出版社,1972年,第540页。
⑤ 参见 Andreas Arndt, *Karl Marx. Versuch über den Zusammenhang seiner Theorie*, Berlin 2011, S. 140ff。
⑥ 《马克思恩格斯全集》第32卷,北京:人民出版社,1998年,第171页。

为个人劳动产品的私人交换的社会制度下,这种劳动按比例分配所借以实现的形式"①。作为关系,价值或交换价值都难以被孤立地描述,而只能在它们交换的过程中被描述。因此,价值概念显然是依据黑格尔的概念建立的。马克思可以因此断言:

> 即使我的书中根本没有论"价值"的一章,我对现实关系所作的分析仍然会包含有对实在的价值关系的证明和说明。②

出于这一原因,马克思将一个"特别强烈的"辩证法归因于价值形式的表现。因为:

> 商品的价值对象性……纯粹是社会的,那么不言而喻,价值对象性只能在商品同商品的社会关系中表现出来。③

价值概念首先在两种商品的关系中确定了下来,这一关系在逻辑上具有判断形式(x 商品 A=y 商品 B,或 x 商品 A 值 y 商品 B)。这一判断从个别性或偶然的价值形式发展为货币形式,这并非是从定义的角度确定价值,而是在中介的意义上确定价值。随着实际交换过程的展开,即交换过程成为《资本论》第二、三章的主要话题时,这一指向价值自身关联性的规定过程在价值增殖过程中扩展了自身。就逻辑形式而言,这些都是推论。在商品"形态变化"(Metamorphose)的三个循环公式中,马克思描摹了这些推论:商品—货币—商品(W—G—W,货币作为流通手段),货币—商品—货币(G—W—G,返回到货币)以及货币—商品—货币+ΔG(G—W—G′,资本循环或价值增殖)。正如马克思所言,货币在这里"不断地从一个形式态转化为另一种形式,在这个运动中永不消失,这样就转化为一个自动的主体"④。但在这个地方,那种与黑格尔概念的内在逻辑发展相平行的关系被终止了。马克思分析了"总公式的矛盾",并在如下断言中达到高潮:

> 资本不能从流通中产生,又不能不从流通中产生。它必须既在流通

---

① 《马克思恩格斯全集》第 32 卷,北京:人民出版社,1974 年,第 541 页。
② 同上书,第 540 页。
③ 《马克思恩格斯文集》第 5 卷,北京:人民出版社,2009 年,第 61 页。
④ 同上书,第 179 页。

中又不在流通中产生。①

这种二律背反只有通过如下方式才能被解决——在循环内部(即在劳动市场中)存在着一种商品,而它的使用价值(劳动力)本身就是价值的源泉,因而能够产生剩余价值。然而,这类特定商品的存在却与流通特征本身不相符合,它是特定历史状况下的产物。分类来说,价值增殖取决于那些他自己没有设定的东西,特别是历史地—经验地找到的东西,而且价值只有通过关联他者,即通过使用价值,才实现其作为资本的自我关联。与许多解释者的观点不同,这里当然推导不出什么与黑格尔对立的东西,因为我们所分析的资本关系处于客观精神层面,即有限精神层面,而非《逻辑学》层面。我再一次想起黑格尔在理念阶段的描述:

> 有限的事物(Die endlichen Dingen)之所以是有限的,那是因为在它们自身处不完全具有其概念的实在,而是需要其他的实在……外在的合目的性就是在有限性方面它们能达到的最高的东西。②

这不就是 G—W—G′的情况吗? 甚至这看起来是马克思基于黑格尔对三位一体解释的暗示所说的,价值好像在"同它自身发生私自关系"中被区别出来:

> 它作为原价值同作为剩余价值的自身区别开来,作为圣父同作为圣子的自身区别开来,而二者年龄相同,实际上只是一个人。③

这没能成功地过渡到纯粹的目的本身,也没能过渡到无意识主体的自身关联性(Selbstbezüglichkeit eines automatischen Subjekts)。价值增殖的目的仍然只是外在目的(正如黑格尔所声称的那样),这一点在每一次的危机和罢工中都暴露无遗。

(三)唯物主义的辩证法?

我就此做一个总结。毫无疑问,关于价值概念仍然有很多东西可以谈论。但我首先应该也愿意将其限定在于黑格尔概念的关系之上。其次,在另外的一些文章中,其他角度也已经被讨论到了。因此,我总结一下我的核心观点:如果留意到黑格尔的《逻辑学》与实在哲学之间的区别,那么马克思使

---

① 《马克思恩格斯文集》第5卷,北京:人民出版社,2009年,第193页。
② GW 12, S. 175.
③ 《马克思恩格斯文集》第5卷,北京:人民出版社,2009年,第181页。

用的辩证法就在任何方面都没有替代黑格尔的辩证法,甚至能够在黑格尔的理论范式中被完整地重构出来。马克思显然不同意,并且固执地声称,他的辩证法与黑格尔的截然相反,并且完成了去神秘化的任务。这只不过是继承下来的费尔巴哈主义而已。但是,最晚从 1845 年开始,马克思在理论上就不再为费尔巴哈主义辩护了。马克思夹带着费尔巴哈主义,他认为哲学已经彻底地被完成了,因而错过了本应进行的哲学的(或者,按照我的观点来说:科学方法论的)反思,即在何种基础上他能够运用黑格尔的方法。这一反思的空间被唯物主义这一术语所取代。

马克思开启的这一对立没有击中黑格尔。《逻辑学》中写道,"唯心主义哲学与实在哲学之间的对立……没有意义"①,因为在当时的语言习惯中唯物主义就是实在论的一元论(realistisches Monismus)②。这样定位有其自身的原因,即从本体论的角度而言,黑格尔将不同事物之间的关系(即理念)定义为是其所是(ontos on)。在这一点上,马克思事实上紧随黑格尔。马克思考虑的绝不是直观的东西,而是一种实践的唯物主义,马克思恰恰强化了黑格尔实践的一面,使之在进入绝对理念时与理论的一面具有同等的权利。公之于众的唯物主义理应说明它与黑格尔的差异,但却仍然没有表明这种差异是什么。既不是方法,也不是实践要素,马克思甚至还不愿意回到实体主义的材料思维(substantialistischen Stoffdenken)。那么,它可能是什么呢?

唯物主义也常常被当作一种普遍的背景假设,当作世界观。在这个意义上,恩格斯曾宣称:"世界的真正的统一性在于它的物质性。"③然而,如果所有的东西都获得谓词并沾染上物质性,那这一情况将会是完全抽象的:在世界统一性的视野下,认为一切事物都可以以某种方式被看作物质的,这恰恰出于抽象的涵摄原则。在这一视野下,黑格尔试图在概念运动中把握的特定中介过程都难以达到这一水准。这是很糟糕的倒退,是一种不加批判的知性形而上学。与此相反,马克思在《资本论》中都没有过这样的主张。商品概念反复迫使我们去承认,它不能被简化为它的物性的、物质感性的特征。众所

---

① GW21, S. 142.
② 参见 Wilhelm Traugott Krug, *Elementarphilosophie oder urwissenschaftliche Grundlehre*, Züllichau und Freistadt 1819, S. 94。"一旦实在论被一以贯之地执行,它就会损害伦理,这一点是不容置疑的,而其原因就在于,在其严格的结果中,它无非就是唯物主义!"
③ 《马克思恩格斯文集》第 9 卷,北京:人民出版社,2009 年,第 47 页。

周知,它是"一种很古怪的东西,充满形而上学的微妙和神学的怪诞"①。马克思可能会说,事物存在着,但依然是它们所表现出来的关系的承担者、主体和载体,而决定性的差异在于"只有黑格尔的'概念'才无需外界物质而自行客体化"②。这毫无疑问仅仅适用于纯粹的思维,在实在性中,黑格尔也同样会开始反对它,而这与马克思声称要反对黑格尔的观点是一致的。

但这不意味着我们可以满足于这一发现。我曾试图表明,马克思对黑格尔逻辑学的处理在经验上和科学上都是合理的,但在哲学上却不够充分。这不是由于他缺乏对"真正的"哲学的兴趣,而是因为他遗留了太多没有被回答的合理问题——不仅是哲学的问题(Fragen der Philosophie),更包括哲学周围的问题(an die Philosophie)。这些问题当然也是对黑格尔及其《逻辑学》的质疑。我想在这里举几个例子:

(1) 有人指责,黑格尔使独立自主的思维关联性与它们的经验基础相对立。依我所见,这就陷入了漏洞。黑格尔在这里把思维诸规定关系作为主题,也就是使关系中的思维方式(范畴)相互关联。然而,与此同时,我们必须要质问,思维诸规定之间的关系是建立在什么基础上的。

(2) 针对《逻辑学》的可能性及其地位的问题——无论是支持还是反对黑格尔——它都没有被回答。例如,去考察一下绝对方法(在黑格尔那里,就是辩证的方法)是否如黑格尔所言,仅仅在经验指向的"寻找着的认知"(suchenden Erkennen)中存在,或者考察一下黑格尔纯粹思维的独立性是否在思维诸规定的一个事实上使之生效的、内在的体系性中拥有它们的基础。在这些问题中,逻辑(或者,它们的理论等价物)与实在科学之间的关系能够被确定,而马克思完全忽视了这些内容。

(3) 马克思之所以这样做,似乎是因为——至少在程序意义上是如此——他仍然相信(顺便说一下,恩格斯也这样认为),由于自我向外累加的和跨学科的方法,特殊科学能够进一步发展。这一特殊科学妄图取代作为关联思维的哲学理性。我质疑这种可能性。

这仅仅是马克思留给我们的一个广阔的领域。我们当然能够从马克思

---

① 《马克思恩格斯文集》第5卷,北京:人民出版社,2009年,第88页。
② 《马克思恩格斯全集》第42卷,北京:人民出版社,2016年,第39页。——中译者注:马克思摘自黑格尔的《哲学全书》第1部,1840年柏林版。

对黑格尔的思维规定的处理中受益良多。但是我们必须——支持和反对马克思——亲自承担起分析概念的工作,并且有勇气按照我们自己的想法去使用——辩证的——理性本身。

The Problem of Dialectics in Marx's Argument with Hegel

Andreas Arndt, trans. by Li Jingxinhong

Abstract: The essay examines Marx's critique of Hegel's dialectical method as "mysticism". The first part clarifies the sense of this objection as an ideological "quid pro quo" and shows that Marx' critique is based on a misunderstanding of Hegel's method. The second part asks for Marx's application of Hegel's dialectical method in the critique of political economy. Marx's usage of Hegel's dialectical method in *The capital* and in particular regarding the concept of value shows that he is largely following Hegel here. But at the same time Marx thinks that there is a fundamental difference between his and the Hegelian dialectic on the basis of the difference among the notions of the philosophy of the real or the particular sciences on the one side, and in the dialectical or absolute method in the *Science of Logic* on the other side. But indeed Marx's usage of the dialectical method is completely identical with Hegel's usage of the dialectical method in the philosophy of the real.

Keywords: Dialectics, Concept, Idea, Logic, Method, Mystification

非突显的突显性
——海德格尔的自身世界概念

刘珂舟[*]

提 要：自身与世界之间的张力是海德格尔早期哲学中的一个核心论题。一方面，体验者自身作为世界整体的组成部分，总是生活于世界之中；另一方面，世界的意义又有赖于体验者自身的建构，从而要求自身有相对于世界的特殊地位。自身世界概念是海德格尔试图解决自身与世界紧张关系的一个尝试：自身世界一方面作为世界意义的构建者突显于世；另一方面又作为世界整体结构中的一环，以非突显的方式融于日常生活的体验中。本文将详细讨论海德格尔自身世界概念的这种"非突显的突显性"，并揭示出海德格尔早期哲学相对于传统反思模型的突破和仍然存在的困难。本文的第一部分首先处理海德格尔对于实际生活世界整体的描述，并解释周围世界和共同世界在这一体系中的位置；接下来的第二部分和第三部分分别分析自身世界的突显性和非突显性，也即其处境和自足这两个特征，讨论自身世界这一概念在何种程度上避免了反思模型带来的问题；最后在第四部分中，海德格尔自身世界这一概念中所隐藏的困难，以及自身—世界关系在《存在与时间》中的发展，将得到进一步的讨论。

关键词：自身 世界 海德格尔 反思

在丰富多样的生活体验中，我们总是会遭遇不同的事物，也会与不同的人打交道。但和所有这些生活体验相比，我们对自己的体验无疑最为特殊：一方面我们总是在与其他生活体验的紧密关联中体验到自己；另一方面我们

---

[*] 刘珂舟，1989年生，德国慕尼黑大学哲学系博士生。

自己作为体验者又不同于我们在这些体验中经历到的人或物。在现象学的语境下,自身(Selbst)和世界(Welt)构成了实际生活经验(die faktische Lebenserfahrung)的两个面向:一方面,自身总是在世界中体验,是世界整体结构的一环;另一方面,世界的意义又来自体验者自身的建构,唯其以自身为基础,自身之外的人和物才能显现出其相对于自身的意义,这又要求自身有高于世界一般构成环节的特殊地位。就整个现代哲学而言,自身和世界构成的显著张力由来已久,可以追溯至笛卡尔的二元论立场,以及这一立场所带来的内在主体和外在世界的紧张关系。在现代哲学家规划的种种方案中,主体自身和现实世界的关系也几乎总是被置于讨论的显要位置,在海德格尔的早期哲学思考中亦如是。在《存在与时间》中,世界和自身被统一于对此在(Dasein)的生存论分析中:一方面,此在被规定为在世界之中的存在(In-der-Welt-sein);另一方面,此在之为谁(Wer)恰恰是此在自身,并且首先体现为常人—自身(das Man-selbst),沉沦于日常世界之中,而这种沉沦恰恰又构成了通往本真(eigentlich)自身的一条道路。通过把世界和自身视为此在生存的双重面向,内在自身意识和外在现实世界之间的紧张关系似乎被部分消解了,因为被自身所规定的此在恰恰是在世界中的存在,不能和世界分离。然而,此在的这双重面向,即自身和世界,仍然在生存论分析的框架内保持着一定的相互张力:既然沉沦于世的此在自身仍是非本真的,那么,本真自身,或者此在本真的自身性,和世界之间的关系,就仍需界定。值得注意的是,海德格尔早年曾经使用过"自身世界"(Selbstwelt)这一概念,并将其在生活世界中的位置描述为"非突显的突显性",但随后却在《存在与时间》中放弃了这一表述,而寻求自身和世界在此在中新的结合方式。因此,详细探寻这一转变的缘由,分析自身世界这一概念所界定的自身和世界之关系,对理解海德格尔的整个前期哲学就变得异常重要。本文将详细讨论这一问题,发掘海德格尔如何运用自身世界概念的"非突显的突显性"来调和自身与世界的张力,揭示海德格尔相对于传统反思模型的突破,以及仍然遗留的问题,并勾勒出自身—世界关系这条线索在《存在与时间》中的深化。

一、三个世界的划分

在1919/20年冬季学期的讲座《现象学之基本问题》中,海德格尔认真讨论了现象学—哲学研究作为"本源科学"(Ursprungswissenschaft)或胡塞尔意义上的"严格科学"(Strerge wissenschaft)的可能性,并希望把这门尚在探索中的新科学和当时越来越占据支配地位的自然科学相区分,因为其与"对个别科学,也即数学化的自然科学的进步形式进行模仿"并无关联。① 但和胡塞尔不同的是,海德格尔将实际生活(das faktische Leben)的体验而非意识的意向性视为这门新科学,也即现象学的研究领域,并进一步强调,实际生活的基本规定性乃是一种世界特征(Weltcharakter):"我们的生活就是我们生活于其中的世界,生活倾向(Lebenstendenzen)朝向其中并在其中运行。只有当其在世界中生活(lebt)时,我们的生活才成其为生活。"② 对于海德格尔而言,实际生活的世界是有多重维度的,可通过三个世界的概念进行划分,即周围世界(Umwelt)、共同世界(Mitwelt)和自身世界(Selbstwelt)。

我们先讨论周围世界。在德语中,Umwelt 的原意为环境,对海德格尔而言,我们日常生活中接触到的所有物体,都可归于周围世界。海德格尔强调,这些物体总是和我们日常生活的体验紧密相连,也即"周围世界体验"(Umwelterlebnis)。换言之,在周围世界中,我们体验到的并不是各种物体物理存在的集合,而是这些物体揭示出来的意义网络。海德格尔曾经对"我看见讲台"这一现象进行了分析:对教师而言,他看见的讲台并不是一个棕色平板组成的立方体,而是他授课之所在;而对于学生而言,他们看到的讲台同样也不是木板组合的箱子,而是教师授课的地方。这也就是说,诉诸最直接的日常经验,人们首先看到的不是木箱,而是讲台。③ 海德格尔的言下之意是,一个和我们的生活体验脱离的外物是非世界性的,它们是理论研究的对象,应该在自然科学,也即个别科学(Einzelwissenschaften)中被处理,与之相对,只有与体验者关联的被体验之物才真正构成了周围世界,它们是作为本源科学的哲学研究的对象,这样的研究也必然是"前理论"(vor-theoretisch)的。

从讲台的例子中可以看出,周围世界中的事物不是与体验者无涉的自在之物,相反,这些事物在周围世界中显现出的其实是它们与实际生活的意义关联。海德格尔进一步强调,同一个体验之物揭示的意义也不是单一的,而

---

① Martin Heidegger, *Grundprobleme der Phänomenologie (1919/20) (GA 58)*, Vittorio Klostermann, 1993, p. 6.
② Martin Heidegger, *Grundprobleme der Phänomenologie (1919/20) (GA 58)*, p. 34.
③ Martin Heidegger, *Zur Bestimmung der Philosophie(GA 56/57)*, Vittorio Klostermann, 1987, pp. 71-72.

是总是丰富的，多层次的。在另一个例子中，他讨论了一个哲学系学生和《纯粹理性批判》这本书遭遇的可能体验：首先，他需要买这本书，书店老板会给他提供各式版本，其格式不甚相同；接下来，他会挑其中的一本，并开始读这本书，但可能在一段时间的阅读后就失去了兴趣，此时，这本书对他呈现的意义，就不同于他在完成哲学学业后的理解；此外，如果他和一个哲学家谈论《纯粹理性批判》，这本书所呈现的意义可能又是另一番内容。① 在这个例子中，所意指者一直是同一个，也即康德的《纯粹理性批判》，但这本书的意义在实际生活中被表述的方式却是多种多样的。也就是说，周围世界中的事物总是和不同的实际生活体验紧密关联，并经由我们遭遇的各种事件（Begebenheit）形成了一个复杂和多层次的意义关系网络。

顺着同样的思路，共同世界的概念就不难理解了。② 在上述的两个例子中，体验者经验到的不仅有不同的物体，同时还有和他人的交往关系，正是在这一过程中，他人也向我们揭示出他们的自身。③ 共同世界和周围世界一样，都是围绕实际生活体验展开的多层次意义网络，日常生活中，他人也的确总是不断从衣着品味、言谈举止多个方面向我们显现。不同于周围世界的一点则在于，共同世界中的他人向我显现的是他们的自身，而不再是物体，因为很明显，和我们打交道的不再是各类事物，而是和我们一样的体验主体，也即"共同生活者"（Mitlebende）或"共同此在"（Mitdaseiende）。④ 这些体验主体不是孤立的，而是以各种方式相关联。这种由与他人的交往关系所揭示出另一个维度的意义关联网络，也就是不同于周围世界的另一个世界。很明显，在《存在与时间》中，周围世界和共同世界将被发展为操劳（Besorge）和操持（Fürsorge）这两个概念，用以描述此在和世界照面的两种方式：对物和对人。在某种意义上，这也是古希腊哲学传统中对于制作（ποίησις）和实践（πρᾶξις）的区分在海德格尔哲学中的延续。

通过周围世界和共同世界这两个概念，海德格尔刻画出了日常生活中的两

---

① Martin Heidegger, *Grundprobleme der Phänomenologie（1919/20）*（*GA 58*），pp. 44-45.
② 共同世界一度被海德格尔视为"根本错误"的概念，但后来在《存在与时间》中仍然被继续使用。Martin Heidegger, *Prolegomena zur Geschichte des Zeitbegriffs*（*SS 1925*）（*GA 20*），Vittorio Klostermann, 1994, p. 333; cf. Wolfgang Carl, *Welt und Selbst beim frühen Heidegger*, De Gruyter, 2018, p. 17.
③ Martin Heidegger, *Grundprobleme der Phänomenologie*（*1919/20*）（*GA 58*），pp. 33-34, 43-45.
④ Martin Heidegger, *Ontologie. Hermeneutik der Faktizität*（*SS 1923*）（*GA 63*），Vittorio Klostermann, 1995, p. 98.

种基本经验,而这两重世界也总是在与人或物的意义关系之中得到表述。显然,这一图景并非实际生活体验的全部,因为若无体验者自身这一关键环节,周围世界和共同世界就不能被赋予其意义,也就不能成其为世界。正如在《存在与时间》中,操劳和操持总是以此在为中心,而此在的规定性又落于此在自身的规定性,在海德格尔早年的思考中,周围世界和共同世界同样也与体验者自身相关联,正是在这个意义上,就需要引入三个世界中最重要的一环:自身世界。

二、自身世界的突显:处境特征

自身世界作为周围世界和共同世界相联系的关键节点,是海德格尔实际生活世界理论的重中之重。相较于前两个世界,自身世界汇聚了体验者在世界中的所有体验,同时也赋予这些体验以体验者自身的烙印,因为无论是和事物遭遇还是与他人相处,归根结底都需要一个体验者自身。在这个意义上,自身世界必然被视为实际生活三分形态的中心,对周围世界和共同世界生活体验的分析最终也都必然回溯至它。与此同时,自身世界也不能离开另两个世界,因为自身世界并非彻底从实际生活世界中抽离,相反,它仍然是实际生活世界的组成部分,在这一意义上,海德格尔说,自身世界实际上也就是去"生活"自身(Selbst leben),这必然也要在周围世界和共同世界的实际生活整体中实现。

> 自身世界也处于并生活在我的自身生活(Selbstleben)之中。昨天、前天、上周日、上个假期、在文理中学的时光——那时我的自身世界和我的本真自身(mein eigentliches Selbst)在我所遭遇的、确定的事情(Begebnisse)中得以表达,而且这些事情正好大都以确定的方式和我当下的自身世界(Selbstwelt)相联系;这些事件并不仅仅只是我的体验(Erlebnisse),而是,我自身有一种确定的情势(Zuständlichkeit),在其中我才是我——自身(Ich-selbst)。[1]

这里,海德格尔指出了一个双向的机制:一方面,我在实际生活中的任何体验总是和我自身的特定情势或处境相联系,并被自身世界所规定,也即是说,在纵向关系中,自身世界的地位必然要高于另两个世界,相对世界整体突

---

[1] Martin Heidegger, *Grundprobleme der Phänomenologie* (1919/20) (*GA 58*), pp. 45–46.

显出来;但另一方面,我的自身世界,连同我的本真自身,也总是要在实际生活中的各种经验和事件里才能得到表达,也即是,在横向关系里,自身世界和另两个世界又是同样本源的,以非突显的方式融于世界整体中,若没有另两个世界,自身世界事实上也不能在实际生活中被体验。这样,对于自身世界在实际生活世界中的位置,就出现了两种充满张力的描述。正是在此基础上,海德格尔讨论了自身世界的两个特征,即处境特征和自足特征。我将首先在这一节讨论处境特征,然后在下一节讨论自足特征。

所谓处境特征,强调的是自身世界的突显性,也即是其作为实际生活世界的统一性原则这一点,因为实际生活的各种体验总是可以回溯到和自身世界的关联。在音乐会里,正是我这个体验者自身听到了这段音乐,使得"我听音乐"这一体验成立,而不存在一个没有体验者的、自在的听音乐体验。在这一意义上,自身世界这一概念本身仍然保留着现代哲学传统中自我/自身作为统一性原则的特征,只是这种统一性不再局限于,或者说首要地不再是意识的统一性,而是实际生活体验的统一性。对体验而非对意识的强调,不仅仅是 20 世纪初生命哲学潮流在海德格尔思想中的余绪,更重要的是,这代表了海德格尔对胡塞尔现象学的改造性推进。对海德格尔而言,原初显现的现象实际上并不是意识的意向性,而是活生生的生活体验,不是"我思"而是"我在"。这样一来,自身世界作为统一性原则就不再局限于意识领域,而是在实际生活的体验这一大框架下把周围世界和共同世界纳入其中。这种体验的统一性,也即是海德格尔所谓的自身世界的"情势"(Zuständlichkeit)。

作为统一性原则,自身世界必然将在实际生活世界整体中突显出来,这也意味着,它必然有其相对于另两个世界的优先性,因为某个物体或他人总要通过某个自身才能被体验到。海德格尔认为,实际生活必须定中心于(zentrieren)自身生活,自身世界的这种中心地位也被他称之为"功能性强调"(funktionale Betontheit)或"聚焦性"(Zugespitztheit):"实际生活在一种奇特的聚焦性中于自身世界那里被生活、被经验并且相应也被历史地(historisch)理解。"① 海德格尔把基督教视为一个强调自身世界重要性的历史模版,并把这种对内在世界的肯定视为对古代科学,特别是对亚里士多德理论科学的反动,这样的立场也契合海德格尔对一门研究前理论体验的本源科学

---

① Martin Heidegger, *Grundprobleme der Phänomenologie* (1919/20) (*GA* 58), pp. 58-59.

优先性的强调。①

自身世界作为统一性原则不是一个僵化的焦点,它同时也是发展变化的,但这种发展变化不是黑格尔所谓概念主体的逻辑演进,而是体验主体自身在时间流动中的不断推进。② 去年此刻我的自身世界固然不同于我当下的自身世界,那时和当下的情势也有所不同,但自身世界在时间流逝中仍然保持同一,因为过去和当下的情势都是我自身的情势,而那些联系着过去的自身世界之体验同样也联系着当下的自身世界。在海德格尔的例子中,我在文理中学的学习体验实际上就构成了一项事实性前提,与我在大学学习的当下体验相联系。因此,自身世界固然不是一成不变的,但也必须能够在时间中保持同一,否则自身世界就无法作为过去和现在所有体验的联系结点。我昨天的体验和今天的体验不同,但它们之所以都是我的体验,正是由于我的自身世界在发展变化的同时也保持同一,否则这些体验将会是无数个不同的我的体验。很明显,在海德格尔这里的叙述中,自身世界的情势是和时间性相关的,过去、当下以至于未来的体验都可以被回溯至在时间流动中发展变化并保持同一的自身世界,也正因为如此,自身世界才能持续地塑造当下的实际生活世界:"这种不稳定的、流动的自身世界的情势(Zuständlichkeit)作为处境特征(Situationscharakter)总是规定了生活世界的'某种方式'(Irgendwie)。"③换言之,自身世界的情势能够将不同的自身在不同时间的不同处境,进而将实际生活丰富多样的体验,以一种有机的方式统一起来,并规定了这种体验统一体的方式和方向。后面我们看到,将时间性作为自身最核心的规定性,这一原则将在《存在与时间》中被继续贯彻,但这也并不是没有代价的。

现在的问题在于,要彻底理解自身世界的突显性,也即其处境特征所体现的"聚焦性"或"功能性强调",我们似乎不得不面对这样一个问题:自身世界究竟是什么?事实上,海德格尔一开始并没有给出一个特别明确的定义。在讨论基督教的时候,他将自身世界和"内在经验世界"(die Welt der inneren Erfahrungen)视为同义词并列,但也并没有给出进一步的解释。无论如何,首

---

① Martin Heidegger, *Grundprobleme der Phänomenologie (1919/20) (GA 58)*, p. 61.
② 海德格尔的自身概念与黑格尔哲学的联系, cf. Christa Hackenesch, *Selbst und Welt: zur Metaphysik des Selbst bei Heidegger und Cassirer*, Hamburg: Meiner, 2001。
③ Martin Heidegger, *Grundprobleme der Phänomenologie (1919/20) (GA 58)*, p. 62.

先可以明确的是,现象学作为对实际生活世界的考察必须着力于探索这一"内在经验世界",而且要以一种前理论性的方式进行研究,并以此区别于心理学的研究,因为作为对自身世界的理论—科学性研究,心理学对于一门本源科学而言是不够的。① 其次,自身世界的这种内在经验也不可能是任意的个别情感或回忆,而必须是一种更加本源和统一的经验,海德格尔称之为"根本经验"(Grunderfahrung),自身世界也将在这种经验的突显性(Abgehobenheit)中被经验到,这样,自身世界就是内在的、最突出的对自身的意义体验。也正是由于自身世界经验的这种突显性,它才能把实际生活世界中的不同体验融合统一。

然而,如果过于强调自身世界经验的这种突显性,即其处境特征,会带来一个新的问题,那就是,对这种突显的内在世界经验之"获得"(Gewinnung)在多大程度上还是一种实际生活世界中的体验呢? 正如纳托普对于胡塞尔现象学的批评中所提到的,对体验进行对象化的描述实际上会中断体验之流,从而无法实现对体验准确把握。海德格尔当然会意识到,这一批评不仅适用于胡塞尔的先验还原,也对他自己的实际生活世界理论构成威胁:如果自身世界中的这种经验如此特殊,以至于需要在"突显性"或"聚焦性"中被研究,那么自身世界在多大程度上还是实际生活世界的构成环节呢?② 海德格尔的策略是,用自身世界的世界性来平衡它的突显性或聚焦性。也即是说,自身总是在实际生活世界的体验中显现的,因此,我们没有办法谈脱离具体体验的纯粹自身,也不存在完全孤立于具体体验之外的自身,在这个意义上,自身世界的突显并不

---

① Martin Heidegger, *Grundprobleme der Phänomenologie* (1919/20) (*GA* 58), p. 99.
② 关于纳托普对现象学反思模型的批判,参见丹·扎哈维:《主体性和自身性:对第一人称视角的探究》,蔡文菁译,上海:上海译文出版社,2008年,第90—122页。扎哈维总体上倾向于辩护胡塞尔的立场,因此在一定程度上忽视了海德格尔生存论式的解释学模式对于反思模型的突破。更注重区分海德格尔和胡塞尔立场,并强调海德格尔原创性的研究者是冯·赫尔曼。赫尔曼认为,胡塞尔的反思立场在《逻辑研究》第二卷的第三节中体现得很明显:对(意识)"行为(Akten)自身及其内在的意义内容(Sinnesgehalt)"进行专题化(thematisieren)就是反思(Reflexion),它相对于本源的(意识)行为而言是第二位的,但同时也是更高级的意识;与之相对,海德格尔在《存在与时间》中把分析的对象成了此在,而且对此在的解释(Auslegung)也是从此在自身的生存论结构中产生的,而不是来自外在的理论。也就是说,海德格尔用此在的解释性的理解(auslegendes Verstehen)取代了反思对象化的意识行为。Cf. Friedrich-Wilhelm von Hermann, *Hermeneutische Phänomenologie des Daseins: Eine Erläuterung von Sein und Zeit*, Band 1, Frankfurt am Main: Klostermann, 1987, pp. 368-371. 我们将会看到,此在的这种解释性理解在海德格尔早年的思考中其实就体现于自身世界的"非突显的突显性"中。

等于一种"自我的—先验的态度",而仍然是一种在世界中的体验。① 很明显,海德格尔这里对胡塞尔的先验现象学的批评态度已然明了,胡塞尔的"悬置"方法显然并不能让他满意,因为在对自然态度(其中就包括对外部世界存在信念)的排除中,同时也隐含着自身和世界分离的危险,海德格尔之所以引入自身世界这一概念来提领他的三个世界理论,在很大程度上也是为了避免这一困难,并以此揭示出,世界和自身是一体两面的。由于自身总是在世界中的各种体验里得到表达,这就在很大程度上避免了在二元论立场下讨论内在意识和外在世界的关系时会带来的困难。按照海德格尔的说法,这种突显的自身世界的基本经验其实就是对不突显的生活经验整体的把握:"要理解一种一般经验方式和一种特别的基本经验可能之突显(Abhebung)的意义,就必须将非突显的实际生活经验(die unabgehobene faktische Lebenserfahrung)带入完整的世界观中。"②换言之,最切近的自身经验其实就是理解和把握到,自身是在实际生活世界之中。这样一来,自身世界的突显性,也即其处境特征,就在某种程度上被自身世界的世界性,也即其非突显性所削弱,由此,我们也就被带到了自身世界的第二个基本特征,即自足特征。

三、自身世界的非突显:自足特征

和处境特征不同,自足不仅仅是自身世界的基本特征,而且还被海德格尔视为实际生活整体的"结构性特征"。因此,我们需要首先考察作为整体的实际生活中的自足性现象。海德格尔认为,生活本身有一定的倾向(Tendenzen),而这些倾向在生活过程中会被不断地实现(erfüllen),而实现倾向的方式也是从生活内部产生的,这也就是所谓实际生活的自足现象。海德格尔进一步强调,倾向在生活内部的完成是不会终结的,相反,这是一个不断更新的动态进程:"倾向和新的倾向的激发总是来自被生活的生活自身,而倾向又是在生活内部中,并通过其典型的发展形式(Verlaufsformen)中实现自己。"③对实际生活的自足性这一特征的描述看似平淡无奇,实则隐含了海德格尔现

---

① Martin Heidegger, *Grundprobleme der Phänomenologie*(1919/20)(*GA 58*), p. 98.
② Martin Heidegger, *Grundprobleme der Phänomenologie*(1919/20)(*GA 58*), p. 102.
③ Martin Heidegger, *Grundprobleme der Phänomenologie*(1919/20)(*GA 58*), p. 41.

象学的核心取向。在这部分讲稿的一处括号中,海德格尔把这种生活内部倾向的不断生成视为"现象学的基本问题",这也正是因为,实际生活作为最本源的现象,其本身必须是一个自我生发、自我实现的过程,也就是说,它自身就必须是一个体验之流。①

> 生活作为实际的(生活)以某种方式相应地集中于一个自身世界中。在这之中生出了倾向。从自身世界自身特有的历史中又激起了新的倾向,而如此这些新倾向的完成又总是回到自身世界及其相应的准备完成的处境中,也即实际生活的实际处境。②

可以看出,自身世界的自足特征作为一种倾向—实现机制并不是孤立的,相反,这一特征同时也和处境特征,也就是和自身世界在实际生活中的突显地位相关联,因为实际生活世界本身的自足性,也就是倾向—实现这一机制在生活本身内部的循环,是通过自身世界实现的:倾向之产生来自于自身世界,倾向之实现也要回到自身世界的处境中去。于是,实际生活的自足实际就体现了一种自身关系,而这种自身关系,也即倾向—实现机制又是由自身世界结构中的自身关系所决定的。这样一来,自身世界就被嵌入了实际生活世界的这个大框架中,从而避免了离开生活体验对于实际生活本身进行静观的风险。这样,虽然同处境特征相关联,自足特征体现的实际上是自身世界的非突显性。接下来的问题是,自身世界在实际生活世界整体中体现的这种自身关系,具体而言是什么呢?

在讲座的第二部分中,自身世界这种作为自身关系的基本经验被称之为理解(Verstehen)或"有我自身"(Michselbsthaben)。众所周知,理解这一概念在《存在与时间》中被保留下来,指此在在世界中的基本存在方式,同样,"有我自身"这一概念也可以在同样的意义上被使用。海德格尔在这里并不是在重复一种自我中心主义的陈词滥调,相反,我所"有"的自身仍然是实际生活世界中的自身,因为"人的生存不是在任何自我哲学(Ichphilosophie)意义上的孤立存在"③。也就是说,体验者自身的"有"不是理论化或对象化的反思,"我"也不是一个从体验中抽取出来的绝对主体。相反,所谓"有我自身",无

---

① 这种自足性实际就是此在的"解释性理解"在海德格尔早期思考中的一个形式,第254页注②。
② Martin Heidegger, *Grundprobleme der Phänomenologie* (*1919/20*) (*GA 58*), p. 63.
③ Martin Heidegger, *Grundprobleme der Phänomenologie* (*1919/20*) (*GA 58*), p. 197.

非就是理解和把握到,我在实际生活的世界中生活而已,这种理解和把握本身就是实际生活的一种特定体验,而不归属于这之外的层次。在这一意义上,自身世界的这种体验也就成了一种非突显的生活经验,所谓自身世界的自足特征,也就是自身世界的"有我自身"的特征,也即体验者对自身的理解。这种非反思的"有"之关系一方面被海德格尔形象地称之为"对'我'之熟悉",而这同时也意味着对生活对我自身生活于其中的世界之熟悉。① 这样,自身和世界就在自身世界中,并最终在实际生活世界整体那里实现了交融。在这样一种自身—世界关系下,海德格尔认为,去问自身是什么本身就是不必要也不可能的。

> 但现在什么是这个在此被拥有的自身呢?当我们这样问的时候,这种提问方式和之前被拒斥的客体化倾向有什么不同吗?需要注意的是,在实际的经验中我不会问,自身是什么;我在理解的生活方式中已经有了自身……自身的表达内容就是它的处境。我有我自身,也即是:生活的处境被理解。②

这样,自身世界又被带入实际生活世界的整体中,自身世界的这种"有我自身"或理解现象固然总是在一定的处境中,但自身世界的处境根本上是一种"生活的处境",因此,这种作为自身世界根本经验的"有我自身"现象就必须和另两个世界,即周围世界和共同世界相联系,这就是处境中的意蕴联系(Bedeutsamkeitszusammenhang)。所谓意蕴,也就是体验者之外的物或人构成的意义网络整体,正如我们在第二部分中提到的,所谓周围世界和共同世界不是物体和他人物理存在的简单集合,相反,这些物和人的存在首先在于其对体验者所显现出来的意义。

海德格尔举了一个打招呼的例子:当我看见一个认识的人和我打招呼,我实际看见的是对方和我打招呼这个现象,这是最切近的,而不是我首先在空间中看见了质料性身体的某种运动,然后推断出这是有人和我打招呼,相反,我直接看见的就是打招呼,而对方的存在也因之不首先是物理存在,而是"他在这个处境下对于我的确定意蕴"③。对海德格尔而言,实际生活的世界

---

① Martin Heidegger, *Grundprobleme der Phänomenologie* (1919/20) (*GA 58*), pp. 157, 257.
② Martin Heidegger, *Grundprobleme der Phänomenologie* (1919/20) (*GA 58*), p. 166.
③ Martin Heidegger, *Grundprobleme der Phänomenologie* (1919/20) (*GA 58*), p. 105.

就是这样一种意蕴联系构成的网络,因此,自身世界的自足性,也就是自身在世界中对自己的理解性把握,也同样位于这个网络中间,这也是自身世界这一概念得以成立的前提。海德格尔强调,我们在实际生活经验中其实是生活进(hineinleben)这个世界的:"我是在自足范围的意蕴联系中生活的;被经验者引起注意,但却是以我们始终熟悉的某种方式。它自身就是这样与我之在此有某种关联。我在此有某种我自身。"①

这样,海德格尔又把突显的自身世界以非突显的方式重新置于实际生活世界的整体中,我之自身和我之外的物与人也就被纳入了意蕴联系的整体框架之中,也即实际生活世界整体之中,而自身世界对应的最直接的自身经验,就是我自身在意蕴联系中理解地生活。既然理解是自身世界,同时也是实际生活经验中最核心的倾向,而理解的完成又是一个不断推进的过程,那么,自身世界和实际生活整体就都是自足的。

正是在这个意义上,自身世界的处境和自足这两个特征以一种奇特的方式联系了起来。处境特征是强调自身世界的突显性:周围世界和共同世界必须和自身世界的处境联系起来,而这种处境规定着另两个世界的意义和存在方式。而自足特征则是强调自身世界的非突显性:自身世界总是处于实际生活的整体中,因为它的倾向—实现机制,一言以蔽之,实际上就是体验者自身在另两个世界意蕴联系的整体中对自身的理解。因此,突显性和非突显性是一体两面的,描述了的是自身世界在实际生活世界整体中的特殊地位,这也是为什么海德格尔认为"我""自身"这些表述都指向一种"非突显的突显性"(unabgehobene Abgehobenheit)。② 正是以这样的方式,海德格尔实际上弱化了他一开始强调的自身世界的"聚焦"。③ 这样,自身世界是和其他两个世界相联系并在其中得到揭示的,尽管周围世界和共同世界总是处于自身世界的某种确定情势中,但自身世界也需要在实际生活世界整体中被表述。也就是说,三个世界事实上是同时显现,因而也是同样本源的。通过建立自身和世界,以

---

① Martin Heidegger, *Grundprobleme der Phänomenologie (1919/20)* (*GA 58*), p. 157.
② Martin Heidegger, *Grundprobleme der Phänomenologie (1919/20)* (*GA 58*), p. 157.
③ Carl 认为,海德格尔在《现象学之基本问题》(GA 58)的后半部分实际已经重新思考了自身概念,对自身世界经验的界定从基督教式的"内在经验"转向了"有我自身"。Cf. Wolfgang Carl, *Welt und Selbst beim frühen Heidegger*, pp. 39-40. 这一转变的原因大概在于,相对于前者而言,"有我自身"这一表述方式更好地避免了意识内在性可能带来自身和世界分裂的先验化倾向。

及自身世界和实际生活世界整体的同构关系,海德格尔在一定程度上避免了反思模型下的绝对自我可能带来的麻烦,也即主体和世界的脱离。体验者的任何体验总是在自身的某种情势中,这种情势因而总是自身世界的,但它同时也是实际生活世界整体的规定性,要在整体的体验活动中被考量。

然而,这样一个"非突显的突显"的自身世界,固然在一定程度上回避了纳托普所批评的反思模型带来的困难,海德格尔也一再强调,对自身经验的把握不是一种反思,而是一种解释性的理解,这就很大程度上避免了自身意识的内在性带来的麻烦。但问题在于,只要仍然坚持自身世界对另两个世界乃至对实际生活世界整体进行意义规定的决定性作用,似乎就很难回避自身经验和世界经验之间的张力。也就是说,"非突显的突显性"仍然不可避免地赋予自身世界以一种特殊的地位,并仍将在一定程度上弱化自身和世界的关联,因为归根结底,这一表述最终还是落脚于突显性,而这一困难最终在《存在与时间》中将会导向本真和非本真状态之间的裂痕。

四、从自身世界到此在的自身性

海德格尔对于放弃自身世界概念的原因一直语焉不详,个中缘由大概在于,自身世界之"非突显的突显性",也即处境和自足这两个基本特征之间,实际上仍然隐含了某种难以化解的冲突。一方面,处境特征决定了,世界整体的意义建构总是依赖于自身世界处境的意义规定,这就使得自身世界的体验在某种意义上不同于体验者在世界中的一般体验(如看见一棵树),从而突显于世界整体;另一方面,自足特征又明确了,自身世界不可能完全脱离世界,体验者必须在世界整体中实现对自身的理解和把握,自身世界也因而又是非突显的。简而言之,自身世界似乎一方面突出于实际生活世界,另一方面仍寓于其中,前者强调体验者对"我"的熟悉,后者则强调体验者对世界的熟悉。事实上,这两种熟悉方式并没有海德格尔一开始设想的那么圆融无碍,自身世界一方面是自身,一方面是世界,但归根结底还是自身。例如,在我和同学交谈的这一体验中,我的自身体验是我理解了我这个自身在和同学交谈的这一处境,也就是说,我理解了我在这一体验中有我自身,现在的问题在于,这样一种"有我自身"的把握仍然需要进一步澄清,因为归根结底,我和同学交谈的这一体验,需要我作为体验者的自身来赋予意义。这样,这个自身就还需要更进一步的规定性:为什么我的这个自身能够使得我和同学的交谈这一体验是有意义的呢?即使海德格尔试图回避对体验者自身规定性的直接追问,但他大概很难否认,自身作为体验的意义建构者,仍然在很大程度上不同于被建构的、作为意蕴联系整体的世界,那么,对作为建构者的自身之体验,在多大程度上还能被称之为自身"世界"呢?

可能正是出于对自身世界这一概念本身矛盾性的觉察,海德格尔随后放弃了这一表述,并转向此在的生存论分析,但自身和世界这两个面向仍然在此在的生存中保留了下来:此在一方面是在世界中的存在,一方面又有其自身性(Selbstheit),自身和世界之间的持续张力也因之构成了《存在与时间》的基调。① 这样,海德格尔在此在这一概念中,就仍然保留了自身世界概念的两个特征,也即代表突显性的处境特征和代表非突显性的自足特征,我们看到,自身的非突显性和突显性在《存在与时间》中实际被展示为此在的两种存在样态,也即本真存在和非本真存在。对于非本真的日常生存和自身的非突显性之间的关联,海德格尔其实早在几年前就已经明确意识到:实际生活以及自身世界的自足特征,也即被不断实现的自身倾向,首先是一种静态化、扁平化的倾向,这种"中立的,灰暗的,不引人注意的色调"实际就是日常性(Alltäglichkeit)。② 因此,海德格尔在《存在与时间》中对此在的日常性所作的描述并不是当时流行的文化批判,而恰恰是根植于此在生存结构中的基本倾向。当然,生存论分析显然不能止步于此:对此在日常的非本真状态的分析只是准备工作,对此在生存的进一步分析描述必然要突破这种平均的日常性和非突显性,因此,海德格尔不仅将此在日常的非本真的存在也视为某种意义上的自身,即常人—自身,也设定了此在的本真的自身。恰恰是在本真

---

① 有意思的是,Haugeland 作为分析哲学家,比较倾向于认同海德格尔用此在统摄自身和世界的努力,他认为,此在并非仅仅是自身(self),而是自身和世界的整体。自身和世界乃是一个硬币的两面,这是海德格尔和笛卡尔主义的最大区别。Cf. John Haugeland, *Dasein Disclosed*, ed. Joseph Rouse, Cambridge, Mass.: Harvard University Press, 2013, p. 31. 而强调海德格尔的自身和笛卡尔的自我(ego)亲缘性的反是同在现象学传统下的马里翁。Cf. Jean-Luc Marion, *Reduction and Givenness: Investigation of Husserl, Heidegger, and Phenomenology*, Trans. Thomas A. Carlson, Evanston, Illinois: Northwestern University Press, 1998, pp. 97-107.

② Martin Heidegger, *Grundprobleme der Phänomenologie (1919/20) (GA 58)*, p. 39; Cf. Wolfgang Carl, *Welt und Selbst beim frühen Heidegger*, p. 16.

自身那里,自身不再是一个沉沦于日常性的形象,而必须从日常世界中突显出来。很明显,海德格尔又重新面临了"非突显的突显性"这一在自身世界概念那里出现的老难题。为了缓解自身和世界的紧张关系,海德格尔不得不一再强调,即使是本真决断所揭示出来的那个本真存在,也不是一个脱离世界的,而是本真的在世之在。

> 决心的这一本真的自身存在并不把此在从其世界解脱,并不把此在隔绝在一个漂游无据的我中。——决心之为本真的展开状态恰恰就是本真地在世,它怎会去解脱,去隔绝?决心恰恰把自身带到当下有所操劳地寓于上手事物的存在之中,把自身推到有所操持地共他人存在之中。①

无疑,这一描述的确能够部分避免反思模型带来的诸多困扰。此在对本真自身的理解和把握不是一种脱离了在世界中生存体验的理论认识,更不是一种二阶的自身意识,这种生存论解释学也明显不同于极端的反思模型,从而部分消弭了自我和外部世界之间的对立。在《存在与时间》中,此在的存在整体不再被规定为思维活动,而是被刻画为操心(Sorge)这一现象。然而,操心作为自身性的整体结构仍然是有待分析的,对操心这一现象的澄清必然溯及一个更根本的现象,也就是此在的时间性(Zeitlichkeit)。由于操心的意义最后被归结为此在的时间性,此在自身的意义也就将通过时间性被揭示。这样,对存在的研究被回溯至对此在的生存论分析,生存论分析又落脚于对此在的自身性(Selbstheit),并最终被归结于时间性。② 正是在这一意义上,海德格尔认为,所有将时间视为无终点序列的看法,都受制于传统的"流俗"时间观,而时间性的根本问题在于自身关系,也就是"'来到自身'本身之为来到自身是如何源始地被规定的……源始而本真的将来是来到自身"③。这样一种以将来为中心的时间性,把作为此在自身性结构的操心现象背后的的根本意义揭示了出来,正如海德格尔提纲挈领指出全书中心论点时所言:"此在的

---

① Martin Heidegger, *Sein und Zeit*, Max Niemeyer Verlag, 2006, p. 298.《存在与时间》的中文译文参照海德格尔:《存在与时间》,陈嘉映、王庆节译,熊伟校,北京:生活·读书·新知三联书店,2006年。

② Martin Heidegger, *Sein und Zeit*, p. 323.

③ Martin Heidegger, *Sein und Zeit*, p. 330.

意义是时间性。"①

但恰恰是作为此在自身性之根本规定的时间性,给《存在与时间》的预设的总体研究计划蒙上了一层阴影。尽管海德格尔一再强调,此在本真的自身仍然是在世界中的存在,但本真自身通过操心结构所揭示出的意义,即此在自身的时间性,却很难再被视为一种日常的经验和世界性的规定性,相反,在《存在与时间》的总体思路下,此在由日常的非本真状态走向本真状态的过程,恰恰也伴随着此在从对世界的熟悉走向了对自身或"我"的熟悉,在这一过程之中,此在从隐于世中走向了突显于世。尽管对海德格尔而言,这种突显同时也是非突显的,对时间性的理解也仍然属于此在自身的结构,但这种对自身性意义的理解,就很难再说是一种对在世存在的理解了,特别是考虑到海德格尔对于"绽出"(Ekstase)这一带有强烈非尘世倾向的宗教概念的化用,那么本真的自身性要突破的,恰恰就是此在沉沦于世的平均性和日常性,也即是此在的非突显性。

就海德格尔自己的思路而言,对此在的生存论分析必然要揭示出此在存在的终极意义,即时间性,而这个意义又将导向对一般存在意义的理解。海德格尔在全书的序言中就指出,此在的时间性不是最后的答案,相反,还要由此走向一个"更高的,本真的存在论基地"。② 这个存在论基地也就是一般的时间,这也又反过来暗示了作为此在自身意义的时间性的突出地位:在某种意义上,时间性作为此在在世存在的规定性是单纯甚至封闭的,这就必然在一定程度背离世界意蕴整体的复杂性和多样性,但这样一个和世界背离的单纯时间性,又如何能赋予丰富多彩的现象世界以足够的意义呢?在这个意义上说,世界已经在《存在与时间》的第二部分变得晦暗甚至丧失掉了。③ 海德格尔原希望通过此在的时间性达到对一般时间的理解,再从一般时间通达一般存在,从而建立起一般存在论。但是,正如我们所看到的,时间性到时间的这条路最后并没有走通,也就是说,通过此在这种存在者,进而通过此在的时间性得到揭示的,仍难言是普遍的存在的意义。这一构想的失败

---

① Martin Heidegger, *Sein und Zeit*, p. 331.
② Martin Heidegger, *Sein und Zeit*, p. 17.
③ 事实上,这种对世界的熟悉感和信任感的丧失,在海德格尔和胡塞尔现象学中,始终是一个不得不面对的棘手难题,一种可能的原因在于,最根本意义上的实践和伦理生活维度,也即政治维度,在胡塞尔和海德格尔那里都是缺失的。参见吴增定:《现象学与"对世界的信任"——以胡塞尔和海德格尔为例》,《复旦学报》2013 年第 4 期。

也就是为什么海德格尔构想的第二部分未能完成的原因。反过来说,在《存在与时间》的最后,此在的时间性与作为一般存在意义的时间之间的距离,其实也就是自身性的特殊性和世界性的多样性之间难以调和的矛盾,这一矛盾,如前所述,已经体现在了海德格尔思想起点处的自身世界概念中,也即体现在自身世界的"突显性"与"非突显性",处境特征与自足特征之间的张力。

在这个意义上,尽管摆脱了以"我思"为中心的反思模型,海德格尔对此在的生存论分析仍然不可避免地滑入某种自身关系中。只要此在仍然是世界的意义建构者,此在的自身规定性,以及此在对本真自身的理解性把握,就很难真正被视为"世界的",相反,自身必须在某种程度上区别于世界,才能在世界意义建构的过程中起主导作用。《存在与时间》的未完成,在某种程度上也和此在自身的这种"非突显的突显性"有关。从海德格尔的后期哲学看,他后来也的确意识到,要避免这一困境,只能把此在视为此—在(Da-sein)并淡化其属人色彩,但相对于《存在与时间》中精彩详尽的生存论分析,他的后期哲学重新界定世界意义之构建的解决方案显得较为支离,尽管他也模糊地提出了"世界世界化"(die Welt weltet)这样一种可能性。这样,海德格尔的总体哲学思考无疑就面临一个两难困境:若保留自身作为此在的根本规定,以构建世界整体的意义,则此在的自身性,进而此在的时间性,就会在一定程度上从日常在世存在的体验中出离和突显;但若放弃自身这一概念和此在的向来我属性,又难以解释日常世界的丰富意义如何在此在的生存中能够被揭示。这样,海德格尔的现象学,作为对存在意义的追寻,就仍然面临一个悖论:一方面,对作为特殊存在者之此在进行的生存论分析,遵循的是"因其第一而普遍"(καὶ καθόλου οὕτως ὅτι πρώτη)[①]这一亚里士多德式准则,结果却是,作为此在自身性意义的时间性突显于,甚至背离普遍世界;另一方面,如果没有此在这种在存在论上优先的特殊存在者,没有它对于最切近世界的意义建构,普遍的存在者和存在本身,又如何能向我们显现呢?

---

① *Met.* E 1, 1026a30.

Inconspicuous Conspicuousness:
Heidegger's Concept of Self-world

Liu Kezhou

Abstract: The tension between the self and the world is a key issue for Heidegger's early philosophy. On the one hand, as a constituent part of the whole world, the self is always living in the world; on the other hand, the meaningfulness of the world is the result of the sense-making process conducted by the self, whose special role is thus demanded. Heidegger's concept of self-world (Selbstwelt) is an attempt to ease the tension between the self and the world. In order to make sense of the world, the self should have performed a conspicuous role; nevertheless, as a constituent part of the world, the self should have to be integrated inconspicuously in the world. I will discuss this kind of "inconspicuous conspicuousness" of the self-world in this paper, trying to exhibit Heidegger's breakthrough compared with the traditional model of reflection and the remaining problems in his early project. I will deal with Heidegger's description of the world as a whole and the concepts of around-world (Umwelt) and with-world (Mitwelt) in the first part; in the second and third part then I will analyze the conspicuousness and inconspicuousness of the self-world, namely its characteristics of situation and self-sufficient, pointing out in what sense the problems brought by the model of reflection could be avoided; at last in the fourth part, difficulties hidden within the concept of self-world, and the self-world relation in *Being and Time*, will be discussed.

Key words: Self, World, Heidegger, Reflection

论朱伯崑先生对张载气论的易学哲学阐释*

乔清举　魏云涛**

提　要：朱伯崑先生从其注重理论思维和概念辨析的易学哲学范式出发,系统而深入地阐释了张载基于易学的气论思想,弥补了哲学史研究普遍存在的不足,推进了对张载哲学的理解深度。朱先生将张载气论的源头上溯至两汉卦气说,分析了理学三家思想的易学渊源;以气象统一的易学哲学进路论证了张载之气的物质内涵及其与太虚的关联,阐述了阴阳二气推移的物质运动诸规律;揭示了张载哲学中极为重要的"一物两体"太极观中"太极"之"一"的"统一"与"单一"两重内涵,指出其为导致"世界两重性"矛盾的根源。这些观点至今仍值得我们重视和吸收。

关键词：概念辨析　理论思维　气论　气象合一　太极　两重性

朱伯崑先生(1923—2007)是当代著名易学家、哲学史家,他的代表作四卷本《易学哲学史》独树一帜地开创了经学与哲学相结合的研究范式。张载(1020—1077)作为宋明理学中气学派的代表,是20世纪中国哲学研究的重要对象,是显示不同研究范式特点的一个模本。本文通过与不同研究范式的对比,揭示易学哲学范式下朱先生张载哲学研究的特点和成就。

---

* 本文为2014年度国家社科基金重大项目"中国生态哲学思想史研究"(编号14ZDB005)的阶段性成果。
** 乔清举,1966年生,中共中央党校(国家行政学院)教授。魏云涛,1993年生,中共中央党校(国家行政学院)哲学部博士研究生。

一、易学哲学范式的特点与气论的易学史渊源

(一)理论思维和概念辨析:易学哲学范式的两个特点

作为一门学科的中国哲学,是以冯友兰先生两卷本《中国哲学史》为形成标志的,其方法论特点是广义的"以西释中"①。这种范式在取得建立"中国哲学史"学科的成就的同时,也产生了失去这门学科的经学背景与特点的缺陷。"哲学"成立,"经学"消解。朱先生的易学哲学史研究把哲学放到它所产生的易学史—经学史的背景中揭示其丰富内涵,创立了中国哲学研究的重要范式。

易学哲学史以历代易学的理论思维及其哲学体系的发展为对象,"是哲学史的分支,具有专题史的性质"②。传统经学史注重典籍的传授和演变史,包含经典的传授谱系、辩伪、训诂等,而《易学哲学史》则关注历代易学中理论思维的逻辑发展和一般规律,以形上学特别是宇宙论和本体论为重点。这是朱先生易学哲学研究的第一个特点。朱先生指出,理论思维、形上学反映一个民族的思维水平和倾向,中国形上学的体系大多是围绕《周易》尤其是《易传》展开的,所以,不研究《周易》中的理论思维,就很难讲清楚中国哲学的形上学。

朱先生易学哲学研究的第二个特点是注重对概念内涵进行缜密的逻辑分析,揭示其演变发展史。冯友兰先生等人为代表的哲学史著作,出于哲学形式的需要,较少涉及哲学家的易学著作,也很少对其易学专门语言加以解释。朱先生认为,易学哲学的概念、范畴和命题多出于对《周易》占筮体例、卦爻象的变化以及卦爻辞的解释,是筮法语言和哲学语言"两套语言"③的综合体,故应通过易学筮法语言来分析其哲学内涵,并注重在哲学史和易学史上的双重意义。因此,《易学哲学史》在概念分析上与一般哲学史亦不相同。

---

① 参见乔清举:《中国哲学研究反思:超越"以西释中"》,《中国社会科学》2014 年第 11 期。
② 朱伯崑:《易学哲学史》第一卷,北京:华夏出版社,1995 年,前言第 3 页。
③ 朱伯崑:《朱伯崑论著》,沈阳:沈阳出版社,1998 年,第 860 页。张岱年先生亦有类似之说,见林忠军:《张岱年先生易学研究及价值与意义》,《北京大学学报》2009 年第 6 期。

(二)气的渊源:从卦气说到王韩注、孔疏

四书学盛行之前的北宋理学家,其思想体系大多是围绕《周易》展开的。张载思想同样是一个"以《易》为宗"①的哲学体系,黄宗羲、王夫之等人皆持此看法。但一般哲学史大多以张载晚期著作《正蒙》为主要材料,不甚重视前期的《易说》,冯友兰、张岱年、冯契诸先生大体如此。这既导致了张载气论的概念和命题在其理学与易学上的关联不甚紧密;也忽视了北宋理、气、数三家理学格局形成的易学影响。朱先生以张载《易说》为主要材料,参考《正蒙》,注重二者之间概念内涵的发展和理论思维的关联,从易学哲学的角度,厘清了张载气论的易学史渊源和北宋易学哲学三家格局的形成缘由,补充了冯友兰先生等人的缺失,凸显出朱先生概念分析的历史主义的方法和注重理论思维的学术史发展的特征。

《庄子·知北游》提出"通天下一气耳",《正蒙》开篇,张载即以《逍遥游》之"野马"与《易传》之"絪缊"解释气的"太和"状态,因而一般研究认为,张载气论就学术史渊源而言或多受《庄子》影响。如冯友兰先生即以《逍遥游》"野马尘埃"句及司马彪注为据,认为"横渠所谓太和,盖指此等'气'之全体而言"②。此外,亦有少部分人如侯外庐先生等注意到,从张载气论"可以看到'卦气''卦象'说的遗迹"③,但极简略。

朱先生通过分析孔疏阴阳二气说对张载气论的影响,将其源头上溯至孔疏所存留的两汉卦气说,并提出了北宋李觏气学作为张载和孔疏的中间环节对张氏气论的肇始作用。这一气论传承谱系可示之如图1:

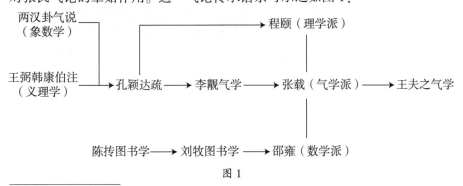

图1

---

① 《宋史·张载传》,引自《张载集》,章锡琛点校,北京:中华书局,1978 年,第 386 页。
② 冯友兰:《中国哲学史(下)》,《三松堂全集》第三卷,郑州:河南人民出版社,2001 年,第 287 页。
③ 侯外庐等:《中国思想通史》第四卷(上),北京:人民出版社,1959 年,第 552 页。

"卦气说"形成甚早,《易传》或受其影响,盛行于两汉易学,以孟喜、京房为代表。① 卦气说是两汉象数易学的重要内容,具体是指以六十四卦配以四时、十二月、二十四节气和七十二候,用以解释一年节气的变化。"其特点是以阴阳奇偶之数解释阴阳二气,以卦象中奇偶之数的变化解释阴阳二气消长的过程。"②因此,卦气说实可看作古代气论的重要代表。至魏王弼取老注《易》,扫落象数,注以玄理;其后晋韩康伯继之,义理易学于是兴起,卦气说遂隐而不显。唐孔颖达《正义》沿用王韩注,调和象数义理二派,保留了部分汉人之说,存卦气说于《正义》中。北宋李觏继承孔疏,批判宋人所言自陈抟传至刘牧的图书之学的同时,阐扬孔疏中的阴阳二气说,提出"夫物以阴阳二气之会而后有象"③的气象观,"成为宋易中的义理学派,特别是气学派的先驱之一"。④ 因此,张载气论可溯源至卦气说,而以孔疏为纽结,以李觏为其前驱。

朱先生认为这一传承谱系有着双重的学术史价值,在易学方面,"汉易中的阴阳二气说,经过孔疏、李觏,到张载,终于建立起了以气为核心的易学体系"⑤,因此"张载易学可以说是对汉唐以来以元气和阴阳二气解释易理的一次批判地总结"⑥;在哲学方面,卦气说是对汉易中的天人感应学说和魏晋以来玄学思想的扬弃过程,故而"在宋明时期的易学史和哲学史上都起了深刻的影响"⑦。此外,王夫之作为张载气学之后继,其《周易内传》"可以说是对张载易学哲学的发展,也是对宋明易学中气学派哲学的总结"。⑧

(三)理、气、数三家易学格局的形成

与此同时,以程颐为代表的理学派和以邵雍为代表的数学派,与张载气学派共同构成了北宋时期三足鼎立的理学格局,而同尊《周易》。然而近代以来的研究,亦少有人从易学与理学上的亲缘关系上考辨三家学说之关联。

朱先生就此三家易学关系分析道:"孔疏是对玄学派易学的一种批判地

---

① 参见刘大钧:《"卦气"溯源》,《中国社会科学》2000 年第 5 期。
② 朱伯崑:《易学哲学史》第一卷,第 122 页。
③ 《李觏集》,王国轩校点,北京:中华书局,1981 年,第 55 页。
④ 朱伯崑:《易学哲学史》第二卷,北京:华夏出版社,1995 年,第 55 页。
⑤ 同上书,第 256 页。
⑥ 同上。
⑦ 同上书,第 276 页。
⑧ 朱伯崑:《易学哲学史》第四卷,北京:华夏出版社,1995 年,第 8 页。

改造,张载易学又是对孔疏的一种批判改造。如果说,王弼注,经过程颐的批判,转化为理学派的易学,孔疏又通过张载的批判,转化为气学派的易学。"①同时,"邵雍发展了刘牧一派的象数之学,成为数学派的代表,而张载则发展了气论的传统,成为气学派的代表"。②

如第 267 页图 1,程颐沿袭王韩注、孔疏的义理易学形式而批判其玄学内容,以儒家思想特别是《四书》的观点撰成《程传》;同时反对自陈抟、刘牧一系传至邵雍的象数之学,乃至"与尧夫同里巷居三十年余,世间事无所不论,惟未尝一字及数耳"③。张载则一方面主张一物两体的太极观,以二气变易过程为道,与程颐"有理则有气"④,以理为太极的理本论有别;另一方面则以有气而后有数反对邵雍先天易学的数本论。朱先生对理、气、数三家易学的分析,使北宋时期经学(易学)的传承关系与理学(哲学)的发展谱系得以对照呈现;从而,程颐、张载、邵雍等人作为经学家与理学家的双重身份也由之体现。

二、气象统一与二气推移:世界的物质性及其运动

(一)气的物质内涵:以象论气的易学哲学进路

以上是就张载气论的学术史发展而言,关于气的具体内涵,涉及的问题则较为复杂。一方面,上世纪后半叶中国大陆的哲学研究是以马克思主义为指导的,唯物唯心是其枢纽,对张载之气的不同界定反映了研究者的哲学立场。另一方面,以牟宗三、唐君毅等先生为代表的中国港台新儒家学者,多不以张载之气为其本体,而以含有道德创生义的太虚神体为本,与大陆学者的解读路径相差较大。质言之,大陆学者内部的争论在于张载之气的内涵,而其与新儒家学者的差别则主要体现在气与虚的关系上。总体来看,朱先生对张载之气的内涵及虚气关系的认识与冯友兰先生等人结论一致,而论证不同;与港台学者相比则论证与结论均不相同,体现了易学哲学范式概念辨析和理论分析的独特进路。

---

① 朱伯崑:《易学哲学史》第二卷,北京:华夏出版社,1995 年,第 255—256 页。
② 同上书,第 70 页。
③ 《二程集》,王孝鱼点校,北京:中华书局,2004 年,第 444 页。
④ 同上书,第 1030 页。

对张载之气的内涵,冯友兰、张岱年、冯契、陈来等先生基本形成了"物质存在"的共识,以之为宇宙的本源和万物的材料,并将张载哲学定性为"唯物主义的气一元论",但亦有细微差异。如冯友兰先生以为"气是一种极细微的物质"①,将气类比于希腊哲学所言的质料,认为"物为质(Matter)而理为式(Form)"②,在一定意义上削弱了气的能动性的一面。究其原因,在于中国哲学的气与希腊哲学的质料并不全然对应,亚里士多德哲学中,除质料因、形式因外,还有目的因和动力因,而动力因正是事物得以成其目的的原因。张岱年先生则同时强调气的物质性和流动性,认为"气即流动性的,没有固定形状的,最细微的物质实体"③,最终得出了"张载是宋代最伟大的唯物论者"④的结论,在上世纪唯物论框架下最具代表性。与冯友兰先生等人不同,侯外庐等先生虽然主张张载之气"略当于'存在'这个范畴"⑤,在气的内涵界定上较冯等人更为宽泛,但同时又认为张载气论在物质与精神的关系上"从唯物主义的观点堕落下来,走向二元论的体系"⑥。

朱先生认为"气作为万物的本原,有其物质属性"⑦,张载之气作为古代哲学中的一种物质范畴,"其外延更加广泛了,其内涵更加深化了"⑧,并最终得出了张载哲学是"唯物主义的气一元论"⑨的结论。该结论是通过对张载气论中"气象统一"的剖解得出的,主要包含两方面。

其一,凡有皆象。"象"是易学中特有的范畴,指八卦、六十四卦的符号系统及其变化形式,卦爻辞则是对象的解释。张载在《易说》中明确说"盈天地之间者,法象而已"⑩,将《易传·序卦传》"盈天地之间者唯万物"发展为"法象"。朱先生指出,张载所言之象"是一种比形体更为广泛的关于事物存在的

---

① 冯友兰:《中国哲学史新编》第五册,《三松堂全集》第十卷,郑州:河南人民出版社,2000年,第122页。
② 冯友兰:《中国哲学史(下)》,《三松堂全集》第三卷,第289—290页。
③ 张岱年:《张载——十一世纪中国的唯物主义哲学家》,《张岱年全集》第三卷,石家庄:河北人民出版社,1996年,第244页。
④ 同上书,第274页。
⑤ 侯外庐主编:《中国思想通史》第四卷(上),第551页。
⑥ 同上书,第556页。
⑦ 朱伯崑:《易学哲学史》第二卷,第283页。
⑧ 同上。
⑨ 同上书,第286页。
⑩ 《张载集》,第182页。

概念"①,是象与形、幽与明、有形与无形、形上与形下、道与器、时间与空间等关系的统一。

朱先生分析道,象指性能,形指形态,形象二者可以相互转化。形可见而象未必可见,形为明而象为幽。明者有形,幽者无形。形上之道其形虽幽而可名言。万象皆不离时空。② 以乾卦(☰)为例,其卦象上乾下乾,爻象六爻皆阳,皆为可见之形;其体性阳刚无形而有其象;其刚健之卦德亦可归之为象。就时空言,乾卦卦辞元主东方主木,于时为春;亨主南方主火,于时为夏;利主西方主金,于时为秋;贞主北方主水,于时为冬。可见,举凡世间万物,及其功能体性与存在场域,皆被张载归之于象。

其二,凡象皆气。象何以成为有形无形、形上形下等的统一?其统一的基础何在?张载气论因受汉易卦气说和孔疏阴阳二气说的影响,故认为万千变化之象的实质皆为气的屈伸聚散。就最为费解的时间而言,如无寒暖二气的推移,则无春夏秋冬四时之象,更无时间变化可言。因此,朱先生认为张载气论"就其易学说,是说,没有阴阳二气,便没有卦爻象,也就没有卦爻的意义。就哲学观点说,是说,没有气,便没有物象;无物象,便无其义理"③。正是在这个意义上,朱先生将张载归之为义理学派的气一元论哲学。应该说,朱先生这一论证是非常契合张载思想逻辑的,因为《正蒙》即明确提出"凡有,皆象也;凡象,皆气也"④。

(二)太虚作为一种象,实质是气

"太虚即气"是张载气论的又一争论焦点,其核心是对"即"字的不同解读。冯友兰、张岱年、姜国柱、陈来等大陆学者将"即"解释为现代汉语的"是"或"就是",认为太虚就是气的本然状态。如张岱年先生指出,"虚也是气,虚与气是同一实在的不同状况"。⑤ 港台新儒家学者则不以气为"物质存在",强调气的形而上学色彩。如唐君毅先生认为张载之气就其本义来说是"真实存在",但涉及气与"虚"的关系时又强调神体虚明的作用,赋予气以形

---

① 朱伯崑:《易学哲学史》第二卷,第 277 页。
② 同上书,第 276—283 页。
③ 同上书,第 283 页。
④ 《张载集》,第 63 页。
⑤ 张岱年:《中国古代哲学中若干基本概念的起源与演变》,《张岱年全集》第五卷,石家庄:河北人民出版社,1996 年,第 79 页。

而上学色彩,最终视气为"形上之真实存在"。① 牟宗三先生比唐君毅先生更为激进,认为"横渠以天道性命相贯通为其思参造化之重点,此实正宗之儒家思想,决不可视之为唯气论者"②。显然,这是对大陆学者将张载归为唯物主义气一元论的反驳。另一方面,在进一步的虚气关系上,牟宗三先生认为"吾人即可以'清通而无象为神'来规定'太虚'"③,将太虚看作宇宙之根源和道德实践之依据,从而也就否认了太虚的气的本质。因此,牟宗三先生明确主张将"太虚即气"之"即"解释作"不即不离",认为"'即'有二义,(一)'不即',此乃不等义,亦表示非谓词之质性义;(二)'即',此表示圆融义、不离义、通一无二义"。④ 其实质是认虚与气为二物,但此二物又呈现一种圆融不滞并行不离的特点。

  对此问题,朱先生指出:太虚即气说"是以无形之气为万物的本性,以万象为气的表现形式,认为气充满虚空,其凝聚则为万物,气和有形之物皆为客观的存在,气为真实,物象亦非虚幻"。⑤ 可见,朱先生明确以太虚为气,万物与太虚之间的关系是太虚之气聚为万物、万物散为太虚之气的往复变化,因此太虚实质上就是气的一种存在状态。虚与气并非二物。笔者通检张载《易说》和《正蒙》,"即"字除张载引用古籍原文外,共三十七处,《正蒙》五见,《易说》三十二见。三十七处中,除"太虚即气"(《正蒙》《易说》各一处)、"虚空即气"三处不论外,其他三十四处义有(1)靠近,(2)就是,(3)便是等含义。同时,"即是"连用出现十二处。故,从语义和语言习惯上言,张载"太虚即气""虚空即气"之"即"解释作"是""就是"或许更为贴近张载本义。

  朱先生并未明确讨论"即"字的内涵,这里我们可以尝试沿着朱先生易学哲学的思路,作一个逻辑的推导。《易说·系辞下》云:"太虚之气,阴阳一物也,然而有两体,健顺而已。"⑥这是张载解释"夫乾,天下之至健也"一段的注文,但素来不被重视。这句话中,张载明确将"太虚之气"定义为"一物",此

---

① 唐君毅:《中国哲学原论·原教篇》,台北:学生书局,1984 年,第 97 页。
② 牟宗三:《心体与性体(一)》,《牟宗三先生全集》第五卷,台北:联经出版事业有限公司,2003 年,第 459—460 页。
③ 同上书,第 466 页。
④ 同上书,第 481—482 页。
⑤ 朱伯崑:《易学哲学史》第二卷,第 285 页。
⑥ 《张载集》,第 231 页。

"一物"具备"健顺"之"两体",也就是"一物两体"。既谓之"物",则必为"有",而不为"无"。张载又言:"凡有,皆象也。"①那么,"物"作为"有"则必有其象,所谓"盈天地之间者,法象也"②。张载还说:"凡象,皆气也。"③因而,"太虚"作为象,其实质就是气。所以可以得出的推论是:从思想的体系性和统一性而言,"太虚即气"与"虚空即气"之"即"亦应为现代汉语"是""就是"义。而无牟宗三先生所言"不即"(不等)之义。

(三)二气推移与事物运动诸规律

与气的物质内涵一体两面,阴阳二气的推移往复体现了事物运动变化诸规律。二者分别解释了世界的物质性和物质运动的规律,体现出一种辩证统一性。上世纪大陆学者基本是按照这一思路展开张载关于物质运动的阐释的,这也体现了唯物论和辩证法在方法论上的一致性。如张岱年先生讲:"运动变化是物质的内在的本性,一切物体的运动变化都有其内在的根源。"④同时,"凡物皆两,一切物皆内含对立。凡两皆一,一切对立皆有其统一"。⑤

与张先生等人不同,牟宗三先生则据张载"太和所谓道"一语,强调"'太和'而能创生宇宙之秩序即谓为'道'"⑥。认为以气说道则"自然主义之意味亦太重",批评张载以"野马絪缊"形容"太和""言虽不窒,而意不能无偏"⑦。进一步而言,牟宗三先生在讲到"太和"即道体创生具有道德性的世界时,"还必须讲一个气。将气作为一个附属条件来讲,这就叫'带气化之行程义'。"⑧实质上,牟先生此论固有其哲学建构的意义,但他将气作为附属条件来讲,已与张载气论强调"气之生即是道是易"的主张相去较远,确乎是"一定要把横渠的说法扭转到自己的系统中来"⑨。

朱先生对张载之气的运动规律诸问题的立场与张岱年先生等大陆学者一致。早在1956年,朱先生就曾对此有所评论,他说:"中国古典哲学中关于

---

① 《张载集》,第63页。
② 同上书,第182页。
③ 同上书,第63页。
④ 张岱年:《张载——十一世纪中国的唯物主义哲学家》,《张岱年全集》第三卷,第249页。
⑤ 张岱年:《天人五论》,《张岱年全集》第三卷,石家庄:河北人民出版社,1996年,第219页。
⑥ 牟宗三:《心体与性体(一)》,《牟宗三先生全集》第五卷,第459页。
⑦ 同上。
⑧ 杨泽波:《〈心体与性体〉解读》,上海:上海人民出版社,2016年,第49页。
⑨ 同上书,第48页。

'气'的学说,肯定世界的物质基础是气,这是朴素的唯物主义世界观,但同时肯定作为世界物质基础的'气'本身又是不断变化和发展的,甚至有的唯物主义者认为'气'本身也是不断更新的。这不又是以一种辩证的观点来对待世界的物质根源问题吗?"① 朱先生后来的张载气论研究与此立场一致,他主要探究了如下问题。

首先,是事物变易的动因问题。如前述,气是有形无形的统一。有形与无形之交接处,便是道的开始,此即张载所谓"有无相接与形不形处知之为难。须知气从此首"②。而气自身具有生生不已的变化本性,所谓"生生,犹言进进也"③。作为气的生生变化过程的道,具体体现为阴阳二气的相互推移,这也是事物变化的动因所在,朱先生说:"阴阳二气的对立及其相互推移,是一切事物变易的根源。"④

其次,阴阳二气就其具体运动形式来说,主要表现为"感应""变化"。张载在解释咸卦《彖》文"天地感而万物化生"等文句时,列举了以同相感、以异而应、相悦而感、相畏而感等多类感应说,较之以往的"同声相应,同气相求",扩大了感应说的范围。朱先生认为张载对感应说的新发展的意义在于,"将相互排斥归之于感应的内容之一,所谓相感,则有普遍联系的意义"⑤。且对立双方相互排斥与吸引的过程,"含有对立面相互转化的意义"⑥。

张载解释《系辞上》"知变化之道者"一句说:"变言其著,化言其渐"⑦,以变为显著的变化,化为细微的变化;以卦爻推移为化,以变为另一卦为变。朱先生认为,变和化这两种事物的变化形式,"相当于现代所说的渐变和突变,还未归结为量变和质变。在易学哲学中很难形成质量的概念。这同易学家对爻象变化和气体变化的解释是分不开的。就筮法说,刚柔相推引起卦象的变化,其相推主要是位置的迁移,并非皆是量的积累。就气体说,其变化总是从微小成为显著,出于对其表面形态的观察。"⑧现代意义上的量变导致的质

---

① 朱伯崑:《我们在中国哲学史研究中所遇到的一些问题》,《人民日报》1956年10月14日。
② 《张载集》,第207页。
③ 同上书,第190页。
④ 朱伯崑:《易学哲学史》第二卷,第289页。
⑤ 同上书,第292页。
⑥ 同上。
⑦ 《张载集》,第198页。
⑧ 朱伯崑:《易学哲学史》第二卷,第298页。

变,是指事物本质规定性发生变更的变化,而在张载气论中,不论卦爻象的变化,还是二气的推移,实质都是气这一物质形态的不同表现,因此很显然,将其归结为量变与质变不如渐变与突变妥帖。

最后,朱先生还进一步剖析了张载"自然转化论"的思想矛盾。因受到孔疏的影响,张载强调阴阳推移过程的自然性,在逻辑上导致这一转化的不假人力。也就是说,既然阴阳变化自然而然,那么在人道中,人也应该以自然无为的态度处理人伦社会事务。"从而在社会生活领域又抹煞了人为的努力,终于陷入了自然转化论。"[1]朱先生这一"自然转化论"的论断无疑是准确的,"自然转化论"与张载在人道上极力强调"民胞物与"的伦理主体性和能动性的思想显然相悖。余敦康先生曾将此问题划归为道家自然主义和儒家人文主义体用观在张载思想中的矛盾,认为"张载的问题关键在于割裂了儒道两家本身所固有的那种天人体用关系,以道家的天道观为体,儒家的人道观为用,未能进行创造性的转化,形成有机的结合"[2]。我们固然不一定要以体用去解释儒道思想在张载学说中的矛盾。关键在于,"自然转化论"凸显的是王弼以来的玄学影响在张载这位儒家学者身上所体现出来的矛盾,及其如何尝试以某种方式化解此种矛盾。

三、"统一"与"单一":一物两体太极观及其矛盾

以上关于虚气关系及其运动的问题,更集中地反映在张载的太极观中。"太极"是易学哲学史上最为重要的概念,《周易》古经无载,始见于《易传》"易有太极"章,但《易传》作者并未对太极内涵加以说明,导致易学史上众说纷纭而无定论。郑玄、虞翻等以太极为元气,视其为天地起源,为宇宙论之进路;程颐、朱熹等人以太极为理,为本体论之进路。张载在解释《易传·说卦传》"立天之道曰阴与阳"时,明确提出"一物而两体者,其太极之谓与"[3];又在"参天两地而倚数"章称"一物两体者,气也"[4]。综合两条,张载是以一物两体之气即阴阳二气的对立统一为太极,认为太极一中含两,两在一中,以一

---

[1] 朱伯崑:《易学哲学史》第二卷,第296页。
[2] 余敦康:《内圣外王的贯通——北宋易学的现代阐释》,上海:学林出版社,1997年,第286页。
[3] 《张载集》,第235页。
[4] 同上书,第233页。

与二之整体为太极,故有天参(三)之说。所以在天地之数上,主张参天两地,认为天可以包含地。但同时,张载亦以"清虚"言太极,认为气之本体清通且神,脱离了一物两体的统一体观念,从而凸显了其太极与太虚关系的紧张,以至于二程朱熹等人视其为"清虚一大"而未免流于佛老,在哲学史上曾引发过强烈反响。

朱先生通过孔疏的引述,提出张载一物两体的太极观来源于南北朝易学家张讥"一以包两"之说,并对其做出了新发展,在易学哲学史上具有重要意义。同时,朱先生认为张载太极之"一"除"统一"义外尚有"单一"义之内涵,并给出了两个有力论据,这是其张载气论研究的重要发现。以此为基础,朱先生就"清虚一大"说与"一物两体"说的矛盾,揭示了导致张载"世界两重性"矛盾的理论根源。

(一)"一物两体"释"太极"的由来与理论意义

张讥,字直言,南朝学者,《陈书·儒林传》载其"撰《周易义》三十卷"①,今佚。清马国翰《玉函山房辑佚书》辑有《周易张氏讲疏》一卷。孔颖达《正义》释"参天两地而倚数"时引张讥言曰:"张氏云,以三中含两,有一以包两之义。明天有包地之德,阳有包阴之道。故天举其多,地言其少也。"②朱先生就其与张载一物两体的关系说:"(张讥)认为参为奇数之始,此三中含有两,表示'一以包两'……张载从此说中,得到启发,以天参为一以包两,用来解释太极之象。此是其'一物两体'说的由来。"③在朱先生之前,尚无人就张载一物两体说的来源加以考察,因此朱先生的考察值得重视。林乐昌教授《正蒙合校集释》现已吸收这一成果。④

朱先生认为,张载以一物两体言太极,"其所说的一和两,不是数学的概念,而是哲学的范畴,即一指统一,两指对立……一中包两的一,并不取消阴阳差别和对立……是以对立统一的观点考察气的运动性质,其目的在于说明气为什么能运动变化?其运动的过程和形式为什么是一阴一阳?"⑤如果说,前文所言二气推移说是事物运动之所然即具体形式,那么这里朱先生对张载

---

① 姚思廉:《陈书》,北京:中华书局,2013年,第445页。
② 孔颖达:《周易正义》,《十三经注疏》(一),阮元校刻,北京:中华书局,2009年,第195页。
③ 朱伯崑:《易学哲学史》第二卷,第299页。
④ 参见林乐昌:《正蒙合校集释》(上),北京:中华书局,2012年,第105页。
⑤ 朱伯崑:《易学哲学史》第二卷,第300-301页。

太极说的解释,则是运动的所以然即形上学依据。朱先生认为张载这一太极说在易学和哲学史上皆有其重要意义。

就易学史说,其意义在于张载此说"为其乾坤卦变说提供了依据……这比程氏的说法,前进了一步,后被王夫之发展为乾坤并建说"。① 张载乾坤卦变说,吸取汉人荀爽、虞翻等的卦变说,主乾坤并列衍为八卦,八卦错综进而生出六十四卦。如张载注《系辞上》"《易》与天地准,故能弥纶天地之道"曰:"盖卦本天道,三阴三阳一升一降而变成八卦,错综为六十四,分而有三百八十四爻也。"②此"三阴三阳"即乾坤两卦并列,其实质即是阴阳二气的对立统一,即一物两体。程颐则主张"乾坤变而为六子,八卦重而为六十四"③的卦变说,认为"理必有对待"④,对待之理自身是不变的,却无统一。这就很难说明卦象变易的根源,从而朱先生认为其相比张载之说有所落后。明代王夫之继起张载之说,明确言"乾坤并建以为体,六十二卦皆其用"⑤,认为乾坤二卦"时无先后,权无主辅"⑥。如此,则在本体论上确立了乾坤即阴阳的等同地位,比一物两体更进了一步。

就哲学史理论思维的逻辑发展说,朱先生认为一物两体的太极说批判了王弼、程颐和周敦颐的太极说,"是汉唐以来太极元气说的新发展"⑦,标志着张载"对自然界的解释从宇宙论开始向本体论过渡"⑧。韩康伯《系辞注》保存了王弼释大衍法的太极观,其言"演天地之数,所赖者五十也。其用四十有九,则其一不用也。不用而用以之通,非数而数以之成,斯易之太极也"⑨。此是将太极观念玄学化,以之为虚无实体。而程颐则以太极为理一,称"太极者道也,两仪者阴阳也"⑩。将理气分作形而上下之别。《太极图说》中,周敦颐以太极为阴阳混沌未分之气,指出"太极动而生阳……静而生阴"⑪。可

---

① 朱伯崑:《易学哲学史》第二卷,第301页。
② 《张载集》,第181页。
③ 程颢、程颐:《二程集》,第809页。
④ 同上书,第808页。
⑤ 王夫之:《周易内传》,《船山全书》第一册,长沙:岳麓书社,2011年,第607页。
⑥ 同上书,第989页。
⑦ 朱伯崑:《易学哲学史》第二卷,第302页。
⑧ 同上。
⑨ 楼宇烈:《王弼集校释》,北京:中华书局,1980年,第547—548页。
⑩ 程颢、程颐:《二程集》,第690页。
⑪ 《周敦颐集》,陈克明点校,北京:中华书局,2009年,第4页。

见,张载以一物两体之气言太极,既是对王弼以太极为虚无的反驳,也与程颐以理为太极不同,同时其阴阳二气的对立统一说也是对周敦颐"太极动而生阳"的发展。最后,朱先生还强调,张载虽以阴阳二气对立统一为太极,但是"从太虚之气到人类,仍经历了一个时间的过程"①,因此还不能将其看作本体论。但就其太极与阴阳为统一而非衍生的关系来看,亦具有从宇宙论向本体论过渡的特点。

以上是朱先生对张载太极说的一物两体之"一"的"统一"义的阐发,这与一般哲学史的结论基本一致,侯外庐、蒙培元、余敦康等人皆持此看法。所不同者,在于朱先生对太极之"一"的"单一"义的提揭。

(二)太极之"一"的"单一"内涵

朱先生认为:"就《易说》和《正蒙》提供的材料看,张载用来形容太极的'一',还保存了另一种涵义,即汉唐以来易学家所说的单一和混一。"②朱先生的论据有二。

其一,张载《易说》解释"参天两地而倚数"云:"地所以两,分刚柔男女而效之,法也。天所以参,一太极两仪而象之,性也。"此处"地所以两"之"两"即阴阳二气。而费解之处在于"一太极两仪"一句,朱先生认为以此"一"为"一物两体"之一,即合一或统一是不恰当的。"此处说的太极前面冠以'一'字,同两仪的'两'字并列,表示太极是一,两仪是二,合而为三。"③也就是说,在这里,"太极"和"两仪"在数理上是并列关系,而非隶属关系,只有二者并列,才能合而为参(三)。

其二,张载解释《系辞》"大衍之数"章时,曾提出参天两地合而为五的小衍之数,并详细给出了从小衍之数五到大衍之数五十的推算过程,其云:

> 极两两,是为天三。数虽三,其实一也,象成而未形也。地两两,刚亦效也,柔亦效也。……参天两地,五也。一地两,二也。三地两,六也,坤用。五地两,十也。一天三,三也。三天三,九也,乾用。五天三,十五也。凡三五乘天地之数,总四十有五,并参天两地自然之数五,共五十。虚太极之一,故为四十

---

① 朱伯崑:《易学哲学史》第二卷,第302页。
② 同上书,第306页。
③ 同上。

有九。①

小字为张载自注。其方法是:"地两为二,乘三为六,乘五为十;天参为三,乘三为九,乘五为十五,此即'三五乘天地之数'。天之数为三、九、十五,地之数为二,六,十,合之为四十有五。此四十五之数再加上参天两地之五,共为五十,此即大衍之数。"②表之算式即为:

$$
\begin{aligned}
\text{小衍之数：} \quad & 5 \\
+ \\
\text{地数：} & 2+2\times3+2\times5 = 18 \\
+ \\
\text{天数：} & 3+3\times3+3\times5 = 27 \\
= \\
\text{大衍之数：} \quad & 50
\end{aligned}
$$

朱先生认为,张载此说小字注文"虚太极之一",即以太极为"一",而此"一"不是"一物两体"之合一,而是与四十九并列之数字"一",即"单一"。这有取于王弼大衍义"其一不用",不同在于,王弼以此一为非数,而张载以其为单一之数,"其涵义是,一自身不包括两"③。

太极之"单一"义的影响是,"如果以单一为太极,以两仪为阴阳,则意味着太极在两仪之上,此种太极已不再是阴阳二气统一体,而是阴阳二气存在的根据……此种观点进一步发展,则认为阴阳对立并非气的本然状态,其本然状态是不分阴阳"。④ "统一""单一"二重内涵,一方面,就"统一"义而言,是张载对汉唐以来以气诠释太极的新发展;另一方面,"单一"义也充分暴露了其未能完全摆脱王弼派玄学思想的困境。于是,张载不得不借助"太虚"概念以解释太极。但正是这一太虚的说法,引发了后来程朱等人所谓"清虚一大"说的诟病。

(三)"世界两重性"矛盾的根源

所谓"清虚一大"说,是二程评论张载关于太虚之气的说法,二程言:"立

---

① 《张载集》,第195—196页。
② 朱伯崑:《易学哲学史》第二卷,第307页。
③ 同上。
④ 同上。

清虚一大为万物之源,恐未安。"①这是说,《正蒙》中张载以太虚为气之本体,认为太虚具有清虚、湛然、混一、神等特点。而二程以为将其作为万物本原有所不妥,应以兼具清浊虚实言之。二程的批评被朱熹进一步发展,认为张载此说不能分别形而上下,其言:"渠本要说形而上,反成形而下,最是于此处不分明。"②并指责张载从太虚到万物的气化过程"其弊却是大轮回"③,有流于佛教轮回说之嫌。程朱的批评在哲学史上造成了巨大的影响。

朱先生对张载此说的评价与朱熹不同,认为张载并非不能分辨形而上下,而是因为其思想中保留了汉唐以来以太极为单一,同时未能摆脱王弼派玄学思维的影响。朱先生认为,张载此说导致了"世界两重性",并认为其原因主要有两方面。

"世界两重性"是说,一方面是以清虚为本性的气世界;另一方面是有形有象的器世界。二者分别为形而上下,前者永恒而后者有生灭,所以张载在言性时,主张人性的二重性,认为气的清虚本性生成人的道德本能,即天命之性;而气之阴阳生成情欲攻取之性,即气质之性。

在朱先生看来,"世界两重性"的矛盾根源,就易学史说在于张载"太虚"保存了玄学派的思想。"太虚"一词原出道家,《庄子·知北游》《列子·天瑞》张湛注、《易纬》等均有使用。韩康伯《系辞注》以之为虚空。孔颖达以太虚为元气混而未分之太一,同称太极,但没有明确宣称太虚就是气。而张载明言之,并认为太虚本性无阴阳之分,所以,张载以太虚言太极的说法,实质是受到了孔颖达以太虚解释王弼派虚无观的影响,将作为世界本源的太极与太虚的清虚本性杂糅在了一起,故而显示出"世界两重性"矛盾。

就张载理论思维说,朱先生认为其原因在于不能辨别统一和混一。所谓统一,是指以阴阳二气差别存在为前提,承认二者相互依存;而混一则是阴阳未分混而为一,不承认二者的差别存在。朱先生说:"张载将汉唐的'混而为一'说,解释为阴阳二气的统一体,这在理论上是一大发展。但由此认为混一和统一是一回事,或者企图将二者调和起来,势必造成其关于太虚之气的两

---

① 程颢、程颐:《二程集》,第 21 页。
② 黎靖德编:《朱子语类》第七册,北京:中华书局,1986 年,第 2538 页。
③ 同上书,第 2537 页。

重性的说法。"①

质言之,太虚之气究竟是不分阴阳的清虚一气,还是对立统一的阴阳二气？前者即清虚一大说,后者即一物两体说。无疑,在张载思想中,它们是并存的。这一问题也可以朱先生所言太极"统一"和"单一"的两重内涵来理解。如果太极是一物两体的"统一",其实质必然是阴阳二气的和谐状态,阴阳二者缺一不可;但如果是"单一"或者"混一"("单一"仅以虚言,"混一"则以虚气二者言),那么必然"单一"的太虚之气要成为阴阳二气之上的存在,也就是二气的本体。所以张载左支右绌难以圆合,两重性也就不可避免。如果从这一视角反观牟宗三先生之说,可以发现,牟先生应该是以太虚的清虚特质这一面向来言说张载虚气关系的,也就可以理解其为何要将太虚神体,而不是气作为道德创生之本体。牟宗三先生所注重的,或许是朱先生所揭示的太极之"单一"内涵及其影响,但牟先生并未探出张载此说的渊源,而只是将虚气关系解释为"不即不离",也就显得论证力有所不足。

总体而言,朱伯崑先生对张载气论所作的易学哲学阐释,揭示了张载气论中易学与哲学的紧密关联,从学术渊流到概念分析再到理论思维,无不凸显出朱先生有别于以往哲学史研究的新颖视角和特有成就。此外,朱先生在哲学史研究方面也建树卓然。② 其易学哲学和哲学史的研究,都值得我们进一步加以重视和消化吸收。

On Mr. Zhu Bokun's Yi-logical Philosophy Interpretation of Zhang Zai's Theory of Qi

Qiao Qingju　Wei Yuntao

Abstract: Starting from his Yi-logical philosophy paradigm, which focuses on theoretical thinking and conceptual analysis, Mr. Zhu Bokun systematically

---

① 朱伯崑:《易学哲学史》第二卷,第313页。
② 关于朱先生哲学史研究的成就,参见乔清举:《当代中国哲学史学史》,上海:上海古籍出版社,2014年;乔清举:《论朱伯崑先生的中国哲学史观和中国哲学史的研究》,《邯郸学院学报》2005年第1期;王博主编:《中国哲学与易学——朱伯崑先生八十寿庆纪念文集》,北京:北京大学出版社,2004年。

and deeply explained Zhang Zai's Qi theory which based on Yi-logy, which made up for the common deficiencies in the study of philosophy history and promoted the understanding of Zhang Zai's philosophy. Mr. Zhu traced the origin of Zhang Zai's Qi theory to the theory of Gua-qi in the Han Dynasty and analyzed the Yi-logical origin of the three schools of Neo-Confucianism; meanwhile he demonstrated the material connotation of Zhang Zai's Qi and its connection with TaiXu through the Yi-logical approach of the the unity of Qi and Xiang, and explained the laws of the movement of Yin Yang. Mr. Zhu also revealed the two connotations of the "unity" and "single" of the "one" of "Tai-chi" in Zhang Zai's philosophy of "One Object with Two Embodiments" in the view of Tai-chi, and pointed out it is the root of the contradiction of "the duality of the world". These views are still worthy of our attention and absorption today.

Keywords: Conceptual analysis, Theoretical thinking, The theory of Qi, The unity of Qi and Xiang, Tai-chi, Duality

余敦康先生易学研究述评*

王　鑫**

提　要：余敦康先生的易学研究以中国文化为本位，内含中国哲学的立场又试图超越这一立场。余先生不仅系统重阐了《周易》的种种基本问题，发掘了《周易》崭新的文化史意义，更通过对易学史的长时段考察激活了有关易学哲学与时代关系问题的思考。而宗旨的明确、方法的自觉以及论述的体系与完整，都使得余先生的易学研究令人信服地确立起现代中国哲学《周易》研究的一种典范。

关键词：易学研究　中国文化　中国哲学　余敦康

一、前　言

易学之于中国哲学的重要性不言而喻。冯友兰先生易箦前就曾强调："中国哲学将来定会大放光彩，要注意《周易》哲学。"[①]现代以来在中国哲学关于《周易》的研究谱系中，朱伯崑先生的《易学哲学史》毫无疑问开创了一种易学哲学（史）研究的典范。在朱先生看来，"对《周易》义理的解释和对其

---

*　本文名为述评，所重在述，希望读者能依此略窥余先生易学研究的原貌。因行文述评夹杂，多有概述，难以一一详标出处，兹将所据余先生著作胪列于下，供读者进一步参考阅读：《易学今昔（增订本）》，北京：中国人民大学出版社，2016年；《汉宋易学解读》，北京：中华书局，2017年；《内圣外王的贯通：北宋易学的现代阐释》，上海：学林出版社，1997年；《周易现代解读》，北京：中华书局，2016年；《中国哲学的起源与目标》，北京：首都师范大学出版社，2016年。
**　王鑫，1983年生，北京大学哲学系长聘副教授。
①　蔡仲德：《冯友兰先生年谱初编》，郑州：河南人民出版社，2000年，第784页，"1990年（庚午九十五岁）11月2日"条。

理论思维的探讨,涉及到宇宙、人生的根本问题,包括哲学基本问题和事物发展的一般规律。这部分内容,可以称之为易学哲学"①。"易学哲学史还不即是作为经学史的易学史",虽然也谈到有关经学史的问题,但特重与义理相关的部分,"一部完整的易学史还应包括解字系统"②。因此,易学哲学史是"哲学史的分支,具有专题史的性质"③,可以"补一般哲学史著述之不足"④。

与朱伯崑先生从中国哲学本位立场出发所确立的易学哲学(史)研究典范有所不同,余敦康先生的易学研究内含中国哲学的立场又试图超越这一立场。在余先生这里,中国哲学源属于中国文化,而《周易》这部经典无论从其发生、性质还是从对中国历史的实际影响来说,有哲学的部分却不局限于哲学。从中国文化出发重新评估《周易》的历史地位与作用构成了余先生易学研究的独有进路,而涵括性更广的文化概念⑤则筑基起其区别于朱先生哲学本位的研究立场。以中国文化为本位,余先生不仅系统重阐了《周易》的种种基本问题,发掘了《周易》崭新的文化史意义,更通过对易学史的长时段考察激活了有关易学哲学与时代关系问题的思考。而宗旨的明确、方法的自觉以及论述的体系与完整,都使得余先生的易学研究令人信服地确立起现代中国哲学《周易》研究的另一种典范。

二、文化精神的生成

《周易》的性质问题是易学研究的基本问题,也是历代众家聚讼的焦点所

---

① 朱伯崑:《易学哲学史》,北京:昆仑出版社,2005年,第37页。
② 同上书,第53页。
③ 同上书,第38页。
④ 同上书,第53页。
⑤ 在《中国哲学的起源与目标》上编《夏商周三代宗教:中国哲学思想发生的源头》一文中,余先生曾指出:中国的哲学开端于春秋末年的孔子与老子,这里有一种"哲学的突破"。所谓"哲学的突破"是指对构成人类处境之宇宙的本质发生了一种理性的认识,而这种认识所达到的层次之高,则是从来都未曾有的。伴随这种认识而来的是对人类处境的本身及其基本意义有了新的理解。在此之前,人类的意识和精神活动经历了一个时间跨度达数千年之久的宗教神话时期。这种宗教神话就其对象而言,与哲学并没有什么根本性的不同,也是对宇宙的本质以及人类处境本身的一种认识和理解,区别的关键在于哲学的认识和理解是立足于人文理性,而宗教神话则是立足于原始思维直观。因此,在原始宗教神话和"哲学的突破"间存在一种连续与断裂的辩证关系,这种关系也可以看作"源"与"流"的关系。在《易学今昔》关于《周易》与中国文化的系列探讨中,上述宗教神话与"哲学的突破"都被纳入文化的概念,表现为"巫术文化"与"人文文化"的区分。

在。在《〈周易〉与中国传统文化的关系》一文中,余先生系统总结了四种具有代表性的看法:

> 第一种看法认为,《周易》本是卜筮之书,其中所蕴含的巫术文化的智慧就是中国文化的基因,因而应从卜筮的角度来解释。第二种看法认为,虽然《周易》由卜筮演变而来,但它的宝贵之处不在卜筮,而在于卜筮里边蕴含着的哲学内容,卜筮不过是它的死的躯壳,哲学才是它的本质,因而应从哲学的角度来解释。第三种看法认为,《周易》是一部讲天文历法的书,也就是一部科学著作,其中所蕴含的科学思维不仅对古代的科技产生了深刻的影响,而且与现代自然科学的基本思想相吻合,因而应从自然科学的角度来解释。第四种看法认为,《周易》是一部史学著作,其中保存了多方面的古代珍贵史料,特别是反映了殷周之际的历史变革,因而应从史学的角度来解释。①

余先生指出,以上四种看法都能在《周易》本文及后人论述中找到根据,都可以成一家之言。实际上,《周易》作为中外历史上的一种奇特的文化现象,其性质十分复杂。可以说,巫术、哲学、科学、史学等层面的性质兼而有之,都对中国文化产生过影响。因此,若要理解《周易》性质的复杂性,就上述四种看法达成某种共识,较为全面地把握《周易》的性质,余先生认为应从文化精神的生成角度来理解。"文化精神的生成"首先指向的是《周易》的成书史。在余先生看来:《周易》的复杂性质归根到底是由它的复杂成书历史所造成。照《汉书·艺文志》所论,《周易》成书是"人更三圣,世历三古",后儒或有"四圣作易"之说。"三圣""四圣"未必实系其人,"世历三古"确是大体符合实际的。这就是承认,《周易》的成书是一个历时数千年的漫长历史演进过程。此处余先生肯定了《周易》成书的历史性但取消了传统易学有关《周易》的作者争议,转进以《周易》分别受到上古、中古和下古三个不同历史时期的文化影响从而反映不同的文化特色来解释其性质复杂的缘由。具体来说:

首先是《周易》的卦爻象系统即由六十四卦、三百八十四爻组成的符号体系。余先生指出:据考古发掘,人类早在新石器时代晚期就利用占卜来预测吉凶。《周易》的发生史可以追溯到这个时期。《周易》的符号系统反映了这

---

① 余敦康:《〈周易〉与中国传统文化的关系》,载《易学今昔(增订本)》,第1页。

个时期受原始思维支配的巫术文化的特色。但如果说这套符号系统蕴含某种智慧,至多只能肯定其中蕴含一种神人交感的观念,表现了人类试图掌握客观因果联系的努力。

其次,大约于殷周之际编纂成书的《易经》(即传统认为包含卦爻象与卦爻辞在内的《周易》的经文部分)则是在继承原始巫术文化传统的基础上,创造性地增加了一套由卦爻辞所组成的文字表意系统。在余先生看来,文字表意系统的引入具备深远的意义:第一,《易经》用确定的文字对六十四卦题了卦名,用九六奇偶之数对三百八十四爻题了爻名,不仅充分发挥了筮占的潜在优越性,使其符号体系变得更加规范、稳定,在与其他占卜形式的竞争中后来居上,而且借助文字的提示作用,为卦爻的符号系统赋予某种意义,为象数思维模式的引发提供了前提,从而在继承原始巫术文化传统的基础上,将之推进到了一个新的发展阶段;第二,《易经》的文字表意系统充分反映了殷周之际的精神风貌,记录了当时人们所掌握的历史知识、科学知识、政治伦理知识以及哲理性的生活知识,从而扩大了《易经》的内容,这也是《周易》从体现巫术文化的单纯性走向复杂性质的开始;第三,《易经》的文字表意系统还反映了殷周之际宗教思想的变革,接受了当时发展起来的以德配天的天命神学观念,并且把这个观念与卜筮相结合,构成一个以天人之学为理论基础的巫术操作系统。这一巫术系统相较于原始巫术而言,原始巫术所描绘的是在神人交感的观念下一种混乱无序、万物有灵的世界图景,而以德配天的天命神学则把世界看作一个井然有序的统一整体。由此,殷周之际宗教思想的变革可以视作中国文化发展的一次重大转折。这种转折,一方面表现在它对以往的巫术文化作了一次系统的总结,并转进熔炼成为以天人关系为核心的整体之学,另一方面表现在它以曲折的形式反映了许多前所未有的理性内容,为后来人文文化的发展开辟了道路。

最后,余先生认为大约成于战国末年、经多人之手陆续写成的《易传》即《十翼》则是在西周天命神学解体后,根据百虑一致、殊途同归的包容原则,对诸子时代儒道各家思想的融合与总结,促使了《周易》从巫术文化到人文文化的转变。他指出从思想内容的基本性质而言,《易传》诚然是一种博大精深的哲学,与《易经》本文的卜筮巫术大异其趣,但是作为一部解经之作,《易传》以卦爻象辞为解释对象,这就使其哲学思想具有一种特殊的性质,形成了哲学思想与卜筮巫术的奇妙结合。换言之，《易传》虽兼言卜筮与哲学，但其中卜筮是经过哲学改造后、一种哲学化了的卜筮，而其哲学则是在卜筮基础上建立起来的，带有相当浓厚的巫术文化色彩。①

综而言之，在余先生看来，"世历三古"的成书历程使《周易》融合了上古、中古与下古三个不同时期的文化，而卦爻象、辞（《易经》）与《易传》的熔铸一体也意味着将三古的文化连接成一个完整的系列，进而以经典的形式集中反映了中国文化起源、演变与发展的轨迹，特别是反映了从巫术文化到人文文化转化的轨迹。因此在余先生这里，由《易经》与《易传》共同组成的《周易》，它"世历三古"的成书史，本身就相当于一部早期中国文化的发展史，或者相当于一部中国文化精神的生成史。余先生从文化精神生成角度对《周易》成书史的这一解释别出心杼、令人耳目一新，不仅摆脱了传统易学史研究关于《周易》作者的争议与纠葛，更赋予了《周易》以崭新的文化史意义。而将《周易》作为三古文化的结晶，其中自然容纳了卜筮、哲学、科学、史学等各种复杂的成分，这就有效解答了《周易》性质复杂的成因。缘此而论，历代易学家关于《周易》性质的争讼就好比盲人摸象，得其一体而歧见转深。可以说，直面与肯定《周易》性质的复杂构成了余先生合理安置并进而超越种种历史歧见的基础，而这也成为了他重新探讨《周易》性质问题的理论前提。②

三、易　道

在余先生关于《周易》性质的探讨中，最具创造性的是从广义文化的角度对此问题进行了新的探索。所谓广义文化，在他看来可以通过这个概念的外延与内涵间的逻辑关系来把握：如果其外延无所不包，那么其内涵则必然缩小为某种本质的核心的层次。《四库全书总目》所说"易道广大，无所不包"，

---

① 参见余敦康：《〈周易〉与中国传统文化的关系》，载《易学今昔（增订本）》，第2—7页。
② 值得注意的是，在余先生所作《周易现代解读》中，他对此前从易学史出发对《周易》相关问题进行研究的方式有所检讨，感到这种研究方式"脱离时代，不切合时用"。《周易现代解读》就是他试图"明体以达用"，在现代的历史条件下将"易学的智慧运用于现代人每日每时所从事的决策管理，立身行事"的一种将《周易》通俗化的尝试。在他看来，这"也许是促使易学切合时代需求，由传统向现代转型的一种最佳选择"。由此，他从现代立场出发，将《周易》的基本性质理解为决策管理之书。参见余敦康：《〈周易现代解读〉前言》，载《易学今昔（增订本）》，第328—333页。

实际上已经将《周易》看作一种广义的文化现象。据此而论，如果说《易》的外延广大到无所不包，那么居于本质核心层次的内涵就收缩为一种卷之则退藏于密的易道。这个易道就是《周易》的思想精髓或内在精神，从根本上规定了《周易》的本质属性。应注意的是，如前所论《周易》历史性的成书过程使其广泛涉及卜筮、哲学、科学、史学等多个文化领域，但余先生强调：所有这些都只是文化分支而不是广义的文化。从逻辑上来说，文化分支的属性与广义文化的属性，二者不能等同。只有当我们从所有这些分支中找到一种可以称之为易道的东西，才能真正看到《周易》在外延上的扩展以及在内涵上的渗透。这也就是说，所谓广义的文化研究不能单纯从《周易》的某一文化分支出发进行纵向深入，而必须横向地综合各文化分支形成的整体来探求其一以统贯之处。据此，余先生对《周易》性质的研究，摆脱了传统的门户之见，形成了自身独有的进路。在他看来，如果结合这种在外延上无所不包的广义文化，侧重于研究《周易》的内涵，将作为其本质核心层次的易道提炼与发掘出来，那么不仅可以据此而较为准确地判定《周易》的基本性质，使目前的各种分歧获得一定程度的会通整合，而且可以加深我们对传统文化精神的理解，为中国文化史的研究提供一个新的视角。①

那究竟什么是易道呢？余先生将之归纳为三方面内容：

第一是思维模式。余先生指出：易道的思维模式是一种统贯天人的整体思维。这种思维将世界的统一性看作自明之理，着重于探讨天与人、主与客、自然与社会间的关系，以便从整体上把握其中规律，用来指导人事，特别是政治。先秦儒、墨、道、法各家都普遍利用这种思维模式来构筑自己的体系。但易道的特征在于在继承这种思维模式的基础上构筑了一个以阴阳哲学为内容，以卦爻符号为形式的体系，从而在先秦各家中独树一帜。形式与内容、象数与义理的奇妙结合，这是易道的思维模式区别于其他各家的关键。

第二是价值理想。在他看来易道的价值理想则是一种以"太和"为最高目标的天与人、自然与社会的整体和谐。与道家对自然和谐的仰慕钦羡和儒家对社会人际关系和谐的追求相较，《周易》在《乾》卦《彖传》"乾道变化，各正性命，保合太和，乃利贞。首出庶物，万国咸宁"中所言"太和"思想综儒道二家之长，是先秦各家中对整体和谐的最完美的论述，集中体现了中国文化

---

① 参见余敦康：《〈周易〉与中国传统文化的关系》，载《易学今昔（增订本）》，第7—8页。

的最高价值理想。

第三是实用性的操作。易道实用性的操作层面是直接继承了原始的卜筮巫术转化而来的。《易经》的卦爻符号本是巫术操作的产物,后来文化进入轴心期,通过《易传》的改造,《易经》的卦爻符号变成了表现哲学思维的工具,但其操作层面却完全保存下来。余先生指出,《易传》对卜筮象数的哲学改造,大致说来可以分为宏观、中观、微观三个层次。所谓宏观层次,是指利用奇偶之数和八卦卦象来建构一个"范围天地之化而不过"的宇宙图式;中观层次是说利用六十四卦的卦爻结构来象征事物发展过程中的某一个特定阶段;微观层次是说以爻变来表示受具体处境所支配的人们的行为选择。这三个层次环环相扣,形成了《周易》立足于和谐的完整的操作系统。人们称《周易》为"变经",一方面以此来研究客观的天道人事的变化,另一方面又联系人们的实际行动来研究主观的应变能力,因而《周易》也是一部"开物成务之书",具有强烈的实践功能。①

余先生强调上述三者"三位一体"地构成了易道与其他道相区别的本质属性,因此缺一不可、不可偏废。可以看到,余先生对易道的归纳其实是立足于《周易》的复杂性质,在整体上对《周易》作为三古文化的结晶所作的一种提炼。依其所见,《周易》本就是对三古文化的创造性综合、融会与发展,因而易道也是由三古文化特别是由《易传》所代表的轴心期文化创造中的共同因素积淀凝聚而成,其中尤其《易传》在对春秋战国时期诸子百家的共同文化创造进行综合总结时,对《易经》所反映的巫术文化进行了人文文化的转化,促使《周易》经传共同体现为一种熔铸百家之长又超越具体学派属性的易道,从而形成了诸子时代中国思想最成熟的形态,也代表了轴心期所形成中国文化最根本的精神。

四、易学史

易道的提炼与归纳是余先生对《周易》性质问题的新解答。在他看来,易道也是《周易》成书以来两千多年的历史中,历代易学家所追求的最高目标,

---

① 参见余敦康:《〈周易〉与中国传统文化的关系》与《〈周易〉在中国文化中的特殊功能——一个立足于和谐的操作系统》,载《易学今昔(增订本)》,第 10—13、56—70 页。

历代易学家都致力于易道观的阐释与发明,而对易道的共同关注也使《周易》的解释史呈现出一种独特的面貌:从经典解释的一般来说,传是对经的解释,依附于经而存在,应当"经主传从";但在《周易》的解释传统中,除个别例外,几乎所有人都遵循着《易传》的思路以传解经、牵经合传,《易传》成为了主体而《易经》反为从属。在余先生看来,之所以如此,是因为只有通过《易传》,人们才可以体会到一种立足于人文理性的易道,一种代表中国文化根本精神的思想精髓与价值理想。因此,汉代以后人们遵循《易传》的思路去做进一步解释工作,主要就是为了把这种思想精髓和价值理想完整地继承过来,作为在新的历史条件下进行思考的精神原动力。

余先生曾高度称赞现代哲学家金岳霖先生在《论道》一书中提出的以道作为中国文化中坚思想内最崇高概念的观点[1],在此基础上他进一步指明:体现在《周易》尤其是《易传》中的易道也是以道作为自己的中坚思想,而且在易道对三古文化尤其是轴心期文化的综合融创中,易道所表达的中坚思想与其他各家相比具有更大的普遍性,更能全面代表中国文化的根本精神。因此,《周易》诠释史所呈现出的独特面貌,实际上可以视作历代易学家在新的历史条件下对中国文化中坚思想的继承与发展。在余先生深入易学史的亲切体认中,历代易学家从来没有将《周易》看作一堆上古的史料,也从来没有抱着纯粹理智的冷静态度,像研究古董似地去恢复历史的真相。在他们的心目中,是将《周易》看成一种富有活力的精神资源,一种神圣权威的思想原则。他们之所以孜孜以继地研究《周易》,是因为他们切身感受到,这部经典与自己有着一种内在的超时代的精神联系,唯有将自己作为整个人完全置身其中,带着浓厚的感情色彩沉潜玩味,把它的精神资源和思想原则化为己有,才能将自己把握世界的方式提到易道的高度,为自己确立一种合理的生存方式。[2]

在余先生的易学史研究中,对历代易学家那种不以理智而以整个的人为裁判者的沉潜玩味的研究方法给予了充分的肯定与重视。这一方法也转化成为他自己进行易学史考察的内在视野。在余先生这里,如果说历代易学家

---

[1] 参见余敦康:《〈周易〉的思想精髓与价值理想——一个儒道互补的新型世界观》,载《易学今昔(增订本)》,第33—34页。
[2] 同上,第35—36页。

都试图在自己的易学中探究易道、建立起与《周易》内在的超时代的精神联系，那么"将自己作为整个人完全置身其中"沉潜玩味的"整个人"不仅意味着易学家作为生命与思想呈现的个体，更包含着其个体与时代课题间紧密关联的整体。由此，在以《汉宋易学解读》为代表的对各家易学著作与思想的梳理中，余先生并没有单纯地关注其易学理智的一面，而是力图揭示出各家易学思想的形成与时代课题间密切的互动关系。例如汉代易学的发展与王权间的相互制约，北宋初期易学与儒学复兴运动的内在需求等。这实际上提示我们，在他看来，一种超时代精神联系的建立、一种朝向易道的普遍性的提升并不是通过割裂时代关联、对时代冷眼旁观就能抵达的，恰恰相反，超越时代需要对经典与时代的双重"置身其中"，需要在经典与时代之间沉潜玩味，需要彻底地进入时代、回应时代才能超越时代。因此，余先生易学史研究中对易学与历史间互动关联的重视，就不能简单地被把握为一种思想史式的解读，其更深层次指向的是有关易学哲学与时代关系问题的思考。

结　语

在《回到轴心时代：金岳霖、冯友兰、熊十力三先生关于易道的探索》一文中，余先生还将对易学史及易道的考察扩展至近现代，在他看来，从哲学角度说，三位先生探讨的主题与北宋易学探讨的主题是完全一致的，用张载的话来表述，这就是"为天地立心，为生民立命，为往圣继绝学，为万世开太平"。此外，生活在 20 世纪的中国近现代哲学家与生活在北宋年间的中国古代哲学家所感到的困惑也完全一致。这种困惑用金岳霖先生的话来表述，就是"理有固然，势无必至"，凡是合理的不一定必然成为现实。在冯先生那里则表现为对真际与实际的区分，认为哲学只讲真际不讲实际，最哲学的哲学是一种不切实际的无用之学。但在余先生看来，如果说哲学家通过一辈子辛勤的探索，最后所达到的结局不是确信而是困惑——一种似乎令人沮丧的结局，那么作为"理性思维的英雄"（黑格尔）的哲学家，就更应该具有迎难而上、不畏艰险的品格，哪怕最终不免陷入困惑，也要一往直前，无所畏惧。他坚信：理与势不会永远两截沟分，真际与实际也不会始终断为两橛。只要抱着强烈的忧患意识坚持不懈地去探寻，是可以找到一种有效的操作方法来克服传统与现代、现实与理想的对立,从而达到历代哲学家梦寐以求的理势合一、真际与实际交相辉映的太和境界。① 余先生的易学研究乃至其学术研究的整体,便是为此努力探寻的证明。

A Review of Yu Dunkang's Approach to Yi Studies
Wang Xin

Abstract: Yu Dunkang's approach to Yi studies are based on Chinese culture, taking the standpoint of Chinese philosophy and trying to transcend it. Yu, in his research, not only gives an original systematic explanation of some basic problems of the Book of Changes, discovers the new significance of the Book of Changes in the field of cultural history, but also activated the thinking about the relationship between the philosophy of Yi and its history by his long-term investigation of the history of Yi Studies. Having the clarity of purpose, the consciousness of methodology, and the system and completeness of the discussion, Yu's research on Yi studies convincingly established a model for modern Chinese Yi Studies in the field of Chinese philosophy.

Keywords: Yi Studies, Chinese culture, Chinese philosophy, Yu Dunkang

---

① 参见余敦康:《回到轴心时期:金岳霖、冯友兰及熊十力三先生关于易道的探索》,载《中国哲学的起源与目标》,及《内圣外王的贯通:北宋易学的现代阐释》一书《序言》部分。

兼综儒道，融贯古今
——余敦康易学研究述评

白辉洪[*]

提　要：余敦康先生的学术研究始于魏晋玄学而终于易学，然而贯穿于其中的是对于体与用、自然与人文的思考，并与其学术经历、时代诉求有着紧密联系。本文围绕余先生的《汉宋易学解读》，从"象数与义理""自然与人文""经典与时代"三个小题入手，讨论余先生的易学研究方法、对易学核心精神的阐发以及所寄寓的文化理想。由此，对于余先生的易学研究，我们可以从整体上来把握其规模与哲学理念。

关键词：余敦康　易学　中和　儒与道

自朱伯崑先生以来，易学哲学便成为中国哲学研究中的重要领域，形成了相对独立的研究方法与概念系统。在朱先生看来，哲学史中的易学研究需要借助《周易》占筮体例来探讨其中的哲学思想，因此既要抓住易学自身的特征，亦需注重其中所表达的一般哲学问题与思考；只有两者结合起来，才能建立起不同于经学史的易学哲学研究。[①] 余敦康先生的易学研究在依循此基本路径的基础上，更有自身的独到理解与创获。就其作为中国哲学研究者而言，余先生所涉及的领域除了易学，还有先秦哲学与魏晋玄学；尤其魏晋玄学，是余先生早年所致力之处，自成一家之言。而从其学术发展来看，余先生愈来愈注重于易学研究，相继撰写了《易学今昔》《汉宋易学解读》《周易现代解读》等凝结了其学术思索与文化理想的著作。在余先生看来，易学哲学不仅是中国哲学的载体与领域之一，更是汇聚和折射了中国哲学的核心问题与

---

[*] 白辉洪，1989年生，华中科技大学哲学学院讲师。
[①] 详见朱伯崑：《易学哲学史》，北京：昆仑出版社，2009年，北大版序言。

历史流变,是所谓"明体达用"之学。这一基本的格局与精神贯穿易学哲学的历史,也是在现代语境下研究和发展易学的关键性抓手。由此,就不能从单纯的学术研究层面来看待余先生的易学研究,而更应关注余先生寄托于其中的哲学理念与文化理想。以下从具体角度来对余先生的易学研究略作述评,以就教于方家。

一、象数与义理

象数[①]本于占筮,也是易学的独特内容与表达方式,其旨趣在于传达"圣人之意",故象数与义理是并存的,不可能也不应当偏废。如程颐言"至微者理也,至著者象也,体用一源,显微无间"[②],认为自己的易注中象与理兼备。就易学史来看,将易学中的象数与义理判为两途的,当始于宋人,如朱子言"自上世传流至此,象数已分明,不须更说,故孔子只于义理上说。伊川亦从孔子。今人既不知象数,但依孔子说,只是说得半截,不见上面来历"[③],又言"已前解《易》,多只说象数。自程门以后,人方都作道理说了"[④],这是基于伏羲易、文王易、孔子易的分野而做出的象数与义理之别,从而与注重三圣一揆的程颐相异。服膺于朱子的陈振孙将此两途推至更早,其云:"自汉以来,言《易》者多溺于占象之学,至王弼始一切扫去,畅以义理,于是天下宗之,余家尽废。"[⑤]这是以汉易为象数之学,王弼为义理之学。而在此前,更多地是以天人来区别汉易与王弼,如李鼎祚所言"郑则多参天象,王乃全释人事,且易之为道,岂偏滞于天人者哉"[⑥],易则贯通天人,郑王各有所偏,故李鼎祚虽以汉易为主,但不废王注。又如朱震言"独魏王弼与钟会同学,尽去旧说,杂之以庄、老之言。于是儒者专尚文辞,不复推原《大传》,天人之道自是分裂而不合者七百余年矣"[⑦],是以象数为通达天人的门径,而王弼舍去象数而专尚文辞,以至于分裂天人;此说实与李鼎祚一脉相承。虽则如此,由朱子而来的象

---

① 象与数有分,汉易重象,邵雍、图书之学重数,但此处统言"象数",不做区别。
② 程颢、程颐著,王孝鱼点校:《二程集·周易程氏传·易序序》,北京:中华书局,2004年,第689页。
③ 黎靖德编,王星贤点校:《朱子语类》卷六十六,北京:中华书局,1986年,第1641—1642页。
④ 《朱子语类》卷六十七,第1649页。
⑤ 陈振孙:《直斋书录解题》,上海:上海古籍出版社,2015年,第1页。
⑥ 李鼎祚撰,王丰先点校:《周易集解》,北京:中华书局,2016年,第8页。
⑦ 朱震撰:《进周易表》,引自陈克明点校:《周敦颐集》,北京:中华书局,1990年,第136页。

数、义理之别最终成为易学史书写的主流模式,四库馆臣据此将汉以来的易学史概括为"两派六宗"①。

当今的易学史研究实际上仍在自觉不自觉地沿用此种模式。就笔者所见,余敦康先生大概是少有甚至是仅有的试图厘定所谓象数易、义理易的学者,其言道:

> 《周易》的形式就是象数,它的内容就是义理。由于形式与内容不可分,象数与义理乃是紧密结合在一起的。讲象数,目的在于阐发某种义理;谈义理,也不能脱离象数这种表现工具……义理派的特征不在于扫落象数,象数派的特征也不在于排斥义理,这两派的分野以及矛盾的焦点,关键在于如何处理内容与形式的关系,也就是说,究竟是使内容屈从于形式还是使形式服从于内容。②

余先生的此种说法本于《系辞》的"立象以尽意,设卦以尽情伪",将象数与义理看作《周易》的表达方式与内容。其中当然有明显的王弼、程颐等人的影响,但余先生认为此论题并不仅限于义理易学,而是作为易学本有的,如此所谓义理易学与象数易学获得了共同的基础,其间的差别才能得到阐明。这种讲法也是在针对长久以来的学术偏见或门户之见,如以王弼易学完全摒落象数;事实上,学界近年来已经有很多讨论表明,王弼易学只是扫除了他所认为的《周易》经传所没有的汉易象数,如互体、卦变之类,仍然立足于经本来运用象数以注解《周易》,而这也可以成为对余先生之说的印证。

"义理"一词很早就有,就经典解释来看,其初始意思也很直接,指经文经书的意义。如"初《左氏传》多古字古言,学者传训故而已,及歆治《左氏》,引传文以解经,转相发明,由是章句义理备焉"③,"训故"针对文字,而义理与"训故"相对,其所指是文句篇章的意义;而汉代经学文本的主要形式是章句,故义理与之联言。然而所谓"经文经书的意义"只是某种比类的描述,其间差别甚大,不同层次、流派皆可归入其中,因此"义理"二字往往是相对于辞章、"训故"、考据之类而言,如"今之学者有三弊:一溺于文章,二牵于训诂,三惑

---

① 当然,乾嘉学者的象数与义理之别,其基础不再是朱子所认为的伏羲易、文王易与孔子易之分,而是镶嵌于汉宋之争这一更为宏大的学术史叙述中。
② 余敦康:《汉宋易学解读》,北京:中华书局,2017年,第5页。
③ 班固撰,颜师古注,中华书局编辑部点校:《汉书》,北京:中华书局,1962年,第1967页。

于异端。苟无此三者,则将何归?必趋于道矣"①,道即义理;又如"汉初诸儒专治训诂,如教人亦只言某字训某字,自寻义理而已"②。一般而言,经典解释是在训诂、考据的基础上寻求义理,但《周易》的独特之处在于有不同于文辞的象数,因此在探究义理之前,训诂的方式是不足的,关键在于如何理解象数及其通向义理的路径。对此问题,余先生提出自己的理解:"《易传》对象数的体例、结构和功能作了一系列不同于筮法的新的规定,诸如承、乘、比、应、时、位、中等等。"③也就是说,所谓象数,其实指的是爻的变动、爻与爻之间的关联以及由此形成的整体性结构。这一理解贯穿于余先生的易学研究中,如其概括程颐易学体例的基本概念时说道:"一卦六爻在特定时限内所形成的组合关系谓之卦体,其总体特征与基本形质谓之卦义,也叫做卦德,六爻在此组合关系中所具有的功能谓之卦用,也叫做卦才。"④这是将程颐的卦德、卦才概念归入卦体、卦用并进一步归入体用范畴,其核心,正是六爻及其所形成的整体结构,也就是部分与整体、多与一的关系;而将卦德、卦体又谓之卦义,是指明了其中的义理倾向。⑤ 此种象数及其与义理的关系,在余先生看来本于《易传》,并由王弼易学初步揭示出来,故在余先生笔下,王弼、程颐易学颇为相类。同样,象数易学中的体例虽然繁复,但也不离此基本模式,例如余先生分析京房的八宫卦,认为是将卦气说的阴阳消息从十二卦推至六十四卦,而其中"世应的体例,目的在于阐发一卦六爻中的主从配合关系","飞伏的体例,目的在于阐发卦爻结构中的阴阳变化存在着的一种隐显有无的关系"。⑥ 这仍然是从六爻关系、卦象之间的关系来揭示其中的义理;当然,京氏易以至于象数易学的多家对卦爻象的分析往往不限于经本,而是抽离出来自成系统。

在此基础上,就可以理解余先生认为历史上易学义理众家之说,皆不离于"中和"二字。这虽是借助惠栋提出的,但与其对象数的理解匹合无间:象

---

① 《二程遗书》卷十八,《二程集》,第 187 页。
② 《朱子语类》卷一百三十七,第 3263 页。
③ 余敦康:《汉宋易学解读》,第 5 页。
④ 同上书,第 435 页。
⑤ 余先生如此说道:"义理派的易学重视卦义的研究……与此相反,象数派易学的整体观……其根据不在卦义而在于卦象。"(《汉宋易学解读》,第 125—126 页)可知余先生所谓卦义即易学的义理。
⑥ 余敦康:《汉宋易学解读》,第 22—25 页。

数既然以卦爻象之间的关系及其整体结构为其内容，那么其宗旨在于阴阳之间的和谐有序，亦即中和。此中和不仅源自《易传》的中、正，也与《礼记·乐记》中的"乐统同，礼辨异"，以及《系辞》中的"天尊地卑，乾坤定矣"和"天地氤氲，万物化醇"相关联。① 故中和意味着阴阳的各自定位及其间的动态性关联，由此中和也需要在阴阳相磨相荡中来理解；而无论是象数易还是义理易，其象数体例都是阴阳之中和的具体表现或运行方式。就其落实到人事而言，君臣关系是其中的主要方面，这在余先生对汉易的研究中得到充分显明。孟氏易的卦气说和京氏易的八宫卦本身是一套经过理性改造的占筮体系，在汉代的思想氛围之下意味着对阴阳、君臣关系的关切。孟喜对于汉代政治的具体参与、影响今难以索隐，而京房与政治的关系甚深。余先生根据《汉书》所载的京房依其易学所作的上元帝三书，以"太阳侵色""涌水"等灾异之事规劝元帝不可受石显等小人的蛊惑，试图实现正君位、亲贤臣的政治理想。这可以说是京氏易学的义理在现实的投射。此外，与京氏易一样，孟氏易对政治亦尤为关切，如元成时期的朱云从孟喜弟子白子友②受孟氏易，先批评石显与五鹿充宗结党营私，后弹劾帝师张禹纵容外戚，其中的理想可以说与京房无二致。然而在余先生看来，汉易的此种表达方式意味着其义理不得不依赖于天人相副、天人感应乃至于灾异、谶纬等，因此到东汉末年易学难以面对政治的崩坏之时，其义理被架空，其意义也就丧失了，汉代的象数易学由此走向终结，取而代之的是义理易学。

  以王弼为易学发展史上的转折点，可以说是学术史上的共识。余敦康先生在接受此观点的同时，又有自己独特的理解：汉代象数易向王弼义理易的转变不是单纯的"断裂"，而是某种"推进"。此推进意味着象数与义理之间关系的正确处理，以及义理上的纵深发展。在对王弼《周易略例》的分析中，余先生将《明象》置于最后，实为将其作为总结，即前文对象、爻的讨论都是为了辨明象数与义理的关系，使象数真正成为表达义理的方式。在余先生看来，其间的关键是对形上本体的洞见，如《明象》所言的"卦体""一卦之体必由一爻为主"，实际上是借助象数谈论总体与局部、抽象与具体等一般的哲学

---

① 详见余敦康：《汉宋易学解读》，第423—432页。
② 《汉书·儒林传》云"喜授同郡白光少子"，《汉书》卷六十七朱云本传云"年四十，乃变节从博士白子友受《易》"，白光字子友，"少子"乃子友之讹。参见《汉书》，第3599、2912页。

问题;《明卦适变通爻》等则是借助卦、爻来谈论体用关系。这意味着将易学中的象数归为形下之器,而义理归为形上之道,从而发掘出由象数所表达的非象数的义理。因而对于易学的"义理",余先生明确将其定位为"本体论"层面的。在此基础上,余先生所讨论的象数与义理就不仅是经学解释学层面的,更是哲学层面的问题。

以内容和形式来理解义理与象数的关系,可以破除义理易学、象数易学截然分途的学术偏见,但由此也会带来新的问题,即没有正确处理其间关系的象数易学,未能真正揭示易学的义理,从而只是某种不成功的义理易学。然而或许两者所认为的"义理"本身就不一致。对此,余先生其实有所察觉:

> 如果按照"观变于阴阳而立卦,发挥于刚柔而生爻"的思路,把卦爻结构看做是对阴阳变化的一种模拟和象征,这就表现为一种义理派的倾向。反之,如果按照"蓍之德圆而神,卦之德方以知"的思路,认为可以根据卦爻结构把天下所有的道理都推演出来,这就表现为一种象数派的倾向。①

所谓"把卦爻结构看作是对阴阳变化的一种模拟和象征",意味着卦爻结构之象数具有有限性,不能包打天下,因而必须于其中更深求,从而形成义理易学;与此相对,所谓"认为可以根据卦爻结构把天下所有的道理都推演出来",意味着象数本身即是自足的,甚至说本身即是某种"义理"而无须其他的非象数之理。不同于前文的解释学层面,这里对象数易与义理易的判别完全是从哲学层面做出的,两种易学其实意味着两种不同的理解整体世界的方式,即物理学式(physics)和形而上学式(meta-physics)。当然,由于余先生站在现代学术研究的立场上,以形而上学或本体论为其宗旨,故对义理易学的倾向是显豁无疑的;而其以体用范畴为核心来讨论宋代易学,是对这一点的有力证明。

二、自然与人文

王国维先生的《殷周制度论》论证了早在哲学突破之前,中国思想就已经

---

① 余敦康:《汉宋易学解读》,第6页。

以"纳上下于道德,而合天子、诸侯、卿、大夫、士、庶民以成一道德之团体"为其基础,即以人文理性而非宗教巫术为其内核。对此一观点,余敦康先生虽未完全接受,但在人文理性这一点上是极度肯认的,并且根据《国语》所载,将人文理性的源头上溯至颛顼的宗教改革"绝地天通",由此循着三代宗教的变迁来考察人文理性的发展,即在春秋时期最终突破宗教的外壳而产生哲学。① 在礼坏乐崩的时代背景之下,各派哲学思考对原来的人文理性传统进行反思,其中主要的是儒道两种。儒家侧重于继承周代的礼乐道德而呈现出注重名教(人文)的特征,道家则具有浓厚的批判色彩而尤为标举自然。自然—人文,可以说与天道—人道、宇宙—人类是同一个问题,因此儒道关系从来不仅是两家之事,而是折射出中国哲学得以开展的基本问题视域与方式。事实上,儒家不仅讲名教人文,也始终在为人文作深层次的奠基;道家虽重自然,但不是蹈虚无实,而仍然试图为群体、个人的实践提供启引、矫正:所谓"性与天道"可谓是诸子思想乃至中国哲学的基本论题。

相对于其他儒家经典,《周易》可以说是最具天道意涵的,因而也是儒家哲学尤其是宇宙论、形而上学借以发展的主要文献与思想资源,更是中国哲学具体展开的集中体现。对此,余先生说道:"早在先秦时期,《周易》的儒道互补的体系就已经为这种整合创造了一个成功的范例,其所谓的《易》道,'探赜索隐','开物成务',不仅能阐明自然之理,而且能成就人事之功,完美地体现了中国哲学的精神。正是由于这个原因,所以汉代以后各家各派的哲学家都把天人合一的《易》道奉为理想的哲学境界,进行不懈的追求。"② 因此《周易》虽然被视作儒家经典,但并不妨碍易学家借此汲取其他的思想资源,甚至可以说《周易》的思想体系本身就要求以一种开放的姿态面对思想上的机遇与挑战。这一点在余先生对宋代易学的研究中得到充分体现。例如面对庆历年间的时局,李觏主张积极有为,支持范仲淹的新政,因此批评刘牧的易学"释人事而责天道",但其在表达平治天下的抱负时亦求上溯至天道而取法之;而刘牧易学重于以象数阐明天道的自然运行,但也认为天道为人的五常之德提供了根据。③ 又如周敦颐、邵雍以及大程,既借助易学来描述生生不

---

① 详见余敦康:《中国宗教与中国文化》第二卷,北京:中国社会科学出版社,2005年,上篇第一、二部分。
② 余敦康:《汉宋易学解读》,第185页。
③ 同上书,第131—138页。

已的宇宙本体,表达光风霁月般的洒落胸襟,也以易学来论证人世的道德价值与担当,体现出深刻的人文关切。①

当然,虽同是自然与人文、天道与人道,但其中的诉求未必完全一致。一般而言,易学史尤其是儒家思想中的易学史所讨论的天人关系,更多是围绕整体的政治、伦理秩序来展开的。然而苏轼可以算作一个例外。在余先生看来,因其个人性情与遭遇,苏轼的思想受到庄子、郭象的显著影响,因此与程颐、张载等理学家相比,其易学有对于个体的深刻关切:"他对性命之理的诠释,虽然也是在追求天人合一的理想,但却是与理学家的执着迥然不同的旷达的理想,一种率性而任自然的理想,一种如同庄子所说的那种'猖狂妄行而蹈其大方'的理想。"②这里所谓的"旷达""率性而任自然",其实指的是个体的自由,即处于党争中的苏轼所希求的免于各种外在束缚的自在生命。此种对个体的重视,使得苏轼对人性的理解颇为不同。理学家往往严辨性情而以仁义为人性的内涵,如此使得人性本以某种方式蕴涵着强烈的伦理意味,故理学尤为重视父子、君臣;苏轼则以"饥而食,渴而饮,男女之欲"③等生理本能为人性。然而这并不意味着苏轼的人性思想是告子或荀子式的,事实上,苏轼以生理本能为人性,一方面是反对由各种道德名目而来的压抑、束缚,一方面在于强调此生理本能的运作方式是自然还是刻意,所谓"若人之自用其身,动者自动,止者自止,曷尝调之而后和,理之而后顺哉"④,这其中不难看到郭象的影子。由此,余先生以"率性而任自然"来概括苏轼的易学思想宗旨,可以说十分得当;且进一步地,余先生也在"命—性—情"的架构中展开其深入分析,并与苏轼对卦爻结构的义理阐发相结合,从而突显出"卦以言其性,爻以言其情"这一命题的思想意涵,以及由性情以至于命的路径。

然而,个体的生存不可能是全然遗世独立的,以个体为基础来理解和建立生活世界毕竟是现代思想的抉择。"鸟兽不可与同群,吾非斯人之徒与而谁与?"⑤儒家对群体有着深切的人文关怀,即使如庄子者,亦绝非遁逃于山

---

① 余敦康:《汉宋易学解读》,第239—241、311—324页等。
② 同上书,第196页。
③ 苏轼撰,茅维编,孔凡礼点校:《苏轼文集》,北京:中华书局,1986年,第111页。
④ 《东坡易传》卷九,参见苏轼著,李之亮笺注:《苏轼文集编年笺注》,成都:巴蜀书社,2011年,第283页。
⑤ 程树德撰,程俊英、蒋见元点校:《论语集释》,北京:中华书局,1990年,第1270页。

林的冷眼冷心之人。如果说人文与群体关系紧密,而自然似乎更为倾向于个体,自然之"自"的直接意涵不正是"自己"？事实上,中国哲学的产生所突破的无论是宗教巫术还是宗法制度的外壳,其标志或成果之一,即是对"自己"的发现以及在此基础上的深掘,比如孔子之仁与己,老子之自然与无为,庄子的"吾丧我"之类,并在此基础上转进于对世界本源(天道)的探究。而这一转进本身,也使得自然之"自"越出一般的"自己"之义而获得更为深刻和广阔的意蕴,揭示出自己与世界的本源性关联、自己与万物的现实具体关联,从而开辟出回复或通往人文之域的路径。换句话说,由周代文明及其实践所酝酿出的哲学追寻,将人所直接生存于其中的人文植根于更为溥博深远的宇宙之中,又反过来确证和更新人文的意涵与价值,造成自然与人文、天道与人道的双向互动而非单向推演。《易》云"观乎天文,以察时变;观乎人文,以化成天下",又云"立天之道曰阴与阳,立地之道曰柔与刚,立人之道曰仁与义",可以说是此种思考方式的典型。在余先生对于苏轼易学的分析中,这一点也有着鲜明的体现："按照苏轼本来的思路,自然之理与人事之功并不存在矛盾,只要做到无心而顺应,便可自然而然成就一番德业。"[1]"无心而顺应"意味着对于大道的遵从,然而大道之于人不只是某种外在的必然性,否则所谓无心而顺应难免于疏离、消极,也就谈不上德业之成就。人作为有限的存在当然不可免于"莫之致而至"(《孟子·万章上》)的命运,但更重要更基础的是人之性,这才是天道或自然在人这里的著实处。苏轼解易以"卦以言其性,爻以言其情"[2]为基本原则,又言道："言其变而之乎情,反而直其性也。至于此,则无为而物自安矣。"[3]人的种种情感受到事物的影响而发,同时也以内在之性为其根据,若能由情而返于性,使性得到真实无伪的表达,则是所谓"无为"。对此,余先生分析道："在乾卦,则表现为'时乘六龙以御天',飞潜与见跃,各适其时以用其刚健之德,情与性合,性与道合,如手之自用,莫知其所以然而然,而至于命。"[4]人性即人之自然所在,亦是旷达无执的人生态度与人生境界的根基。但既然人性以天道、天命为其本源,则人性的具体展开必然是处于与其他事物相互勾连的"时"之中,由此也就可以引申出对于社

---

[1] 余敦康:《汉宋易学解读》,第199页。
[2] 《东坡易传》卷一,《苏轼文集编年笺注》,第114页。
[3] 同上书,第115页。
[4] 余敦康:《汉宋易学解读》,第210页。

会、人伦的关切与担当。另一方面,既然人性是自然之所在,那么处于时境中而有所持守、执着,而非随波逐流、丧己于外,亦是题中本有之义。故苏轼在注重个人的安身立命的同时,又始终怀有澄清天下之志,既追求顺应旷达,又不失执着主动,就不能仅归因于个人的性格与经历,其实也是中国哲学思想的某种必然展现,昭示出天道与人道、自然与人文的贯通与张力。

  余先生尤为注重苏轼易学中的庄子色彩或者说对个体的强调,一个直接的原因是与理学家的对照。其中最为突出的是程颐。在余先生的叙述中,程颐的理学其核心命题是"体用一源,显微无间";此命题又借由"理一分殊"而与其易学相贯通:"此理一内在地蕴含着分殊,虽分殊而必会归于理一,理一说的是一个'和'字,分殊说的是一个'序'字,因而'理一而分殊'就是和谐与秩序的完美的统一。"①和与序本于《礼记·乐记》的"乐统同,礼辨异",就易学而言,"尊卑之位是说天地之序,阴阳之交是说天地之和。秩序与和谐有机结合而形成一种动态的平衡"②;更具体地说,秩序与和谐对应于易学体例中的正与中:"正者阴阳各当其位,合乎秩序的原则,中者刚柔相济,合乎和谐的原则,不中不正就是对这两个原则的违反。"③而无论是秩序还是和谐,都是着眼于整体,故余先生以"天地之序与天地之和""外王理想与政治运作"为题来具体讨论程颐的易学思想,突出其政治意蕴,与苏轼易学相比,个人似乎淹没于整体之中而不显。然而理学以至于整个儒家虽然重视人伦与政治秩序,但并不忽略个人或者仅将个人视作整体的一个部分、零件,即只是君臣、父子中的某个身份。如程颐一生以讲学为主,认为"做官夺人志"④,而程颢有诗云"不是吾儒本经济,等闲争肯出山来"⑤,这足以表明儒家思想的根本旨趣在于为己成德,而治国平天下是此旨趣的推衍。而余先生的叙述所以特为强调整体而略去个体,大概在于解读的偏差,如其以"会归""和"来描述"理一",是以"一"为"统一"之义,就有明显的王弼思想的影响。⑥然而程颐所讲的"理一"应当首先理解为"同一",如"所以谓万物一体者,皆有此理",

---

① 余敦康:《汉宋易学解读》,第422—423页。
② 同上书,第431页。
③ 同上。
④ 《遗书》卷十五,《二程集》,第166页。
⑤ 《文集》卷三,《二程集》,第467页。
⑥ 如对于王弼与程颐易学中的卦、爻关系,余先生都是以体与用、整体与部分来分析,详见《汉宋易学解读》,第115—121、426、432—437页。

"只为万物皆是一理"①,此理、一理即同一之理而非统一之理。故理一分殊不是从"会归"言其一,而是就分殊完备地具有本体而言一。② 就人而言,"性即理也",故个人在人性上是完备自足的,并非群体的部分,由此确证了个人的意义。又如余先生试图以和谐、秩序来一以贯之地解释中、正,然而中与正很多时候是在解释爻辞,也就是解释处于具体时境中的个体的德性或德行,而非直接从整体着眼。如余先生将中理解为"结合阴阳两大对立势力的一个最佳的尺度",又言"中着眼于合同,正着眼于别异,合同是一种亲和性的凝聚力,使单个的个体得以聚集亲辅,结合为一个相互依存的群体"③,这是将中理解为在差异间的调节原则。然而程颐言"随宜应变,在中而已""既居尊位,又得中道"④,此"中"都是指一爻(个体)而言。当然,个体的中正也能够导致整体的秩序与和谐。事实上,在程颐看来,自然之天道不仅展现为人伦价值与秩序,也落实为每个个体所普遍具足的人性,而后者显然更为理学家所重视。故苏轼与理学家虽有个人性情、思想倾向之不同,然而在个体与整体、自然与人文、天道与人道的辩证关联这一易学的基础问题上,则具备一致性;且正是因此一致,其间的差异才得以展现和获得理解。

三、经典与时代

包括易学哲学在内的中国哲学研究,其主要方法是从历史入手,考察、分析历史上的相关思考,由此也就必然会涉及时代对思想的影响。然而既然是哲学史的研究,就不同于一般的思想史、观念史,除了研究的文本及其条件之外,更应当指向文本背后的思想自身及其开展。对于易学哲学而言,则是既需要注重易学文本各自所处的时代背景与诉求,同时亦需抓住易学本身的思想内核与演变。而余敦康先生的易学研究,可以说正是在此两方面的张力当中展开的,并试图发掘出易学在现代世界的意义。

---

① 《遗书》卷二上、十五,《二程集》,第33、157页。
② 在二程那里,"理一分殊"出现在对《西铭》的讨论中,是一个伦理学层面的命题,朱子则明确将其作为本体论层面的命题。然而考虑到其对于华严宗法界说的评述,二程的理一分殊应当不限于伦理学层面,而已经是本体论的命题,与他处的理与物、一理与众理的讨论具有同等意义。
③ 余敦康:《汉宋易学解读》,第441、443页。
④ 《周易程氏传》,《二程集》,第966、1008页。

此张力有两个层面。第一个层面是易学家所处的时境及其易学解读。余先生在叙述易学家的思想时,都特别注重其时代背景尤其是政治背景。例如汉代易学是在汉帝国的建立这一基本背景下,以天人感应为其基本前提来擘画世界图景,规制以皇权为中心的政治系统。在分析京房的易学时,余先生充分利用了京房的三封折奏,指出其易学与汉元帝纵容宦官石显之间的关系,认为虽然京房以卦气说为基础的占卜带有术数色彩,但并不能就此将其界定为巫术,而应当注重借由术数所表达的儒家价值观念。对此,余先生陈述其基本思路道:"如果脱离了汉代的时代思潮与实际政治来孤立地看京房的易学,是难以做出公正持平的评价,也难以全面地把握其本质的。"①事实上,两汉的天人感应、阴阳灾异不应被视作迷信、神学,而应该从其与实际政治的具体关联中来理解其价值意义;如刘向、班固等试图对灾异的系统化,实质上是将"屈君而伸天"的理念具体化和理性化。

宋代易学亦是如此而转进深阔。余先生以胡瑗的"明体达用"来概述宋代易学:"大体上说,宋代易学中的体用思想的发展以熙宁为界可以划分为两个阶段。自庆历以至熙宁年间,为了适应当时社会政治改革的经世外王的需要,着重于'达用'。自熙宁以至元祐年间,内圣心性之学上升到主流地位,则是着重于'明体'。"②按此叙述,余先生以包括政治在内的人伦秩序的维持与人伦价值的实践为"用",而以其根由为"体"。这一概述也意味着,宋代易学的双重背景与任务:北宋政治的改革与士大夫精神风气的提振,应对佛教的思想挑战与儒家世界观的重建。余先生以熙宁之前重在"达用",不是说此时无"体",而是说当时的易学家如胡瑗、李觏、欧阳修、司马光等或直接以儒经、仁义礼乐为体,或在体上掘进不足,而更加重视显扬忧乐以天下的担当精神,直面政治弊端。然而佛老对于士大夫群体的浸染和政治境况的持续下行,仅停留于对儒家立场的坚持是不够的,而必须在"体"上有所发明才有可能应对政治与思想上的挑战,所谓"自明吾理"。在余先生的叙述中,这一转变是由周敦颐完成的,即周敦颐结合《周易》与《中庸》,将性命作为思想的立足处,上探宇宙天道,下及心性修养与礼乐政教,从而建立起体用全备的整体规模:"周敦颐的思想尽管有所偏重,仍然是一种天人整体之学,一种内圣外王之

---

① 余敦康:《汉宋易学解读》,第36页。
② 同上书,第405页。

道,应该置于儒学的大传统中进行全面的把握,而不能仅仅以道德理想主义或心性内圣之学这些片面的词语来概括。"①这一描述可以说是很准确的。

现代研究因于学科的划分,往往更加重视其中的"体"而对"用"有所忽略。余先生试图克服此种缺陷而展现易学家的思想全貌。例如程颐作为北宋道学的核心人物,其思想的根基在于天理概念的形上建构。余先生以"体用一源,显微无间"来对此进行阐述,在此基础上又特别推演其易学中的政治思想。程颐的政治思想以仁义为基本价值而主张亲亲、尊贤,同时又需考虑具体时境以采取适宜的行动。其《易序》概括《周易》的宗旨道"易,变易也,随时变易以从道也"②,正对后一义的表达,故虽向往于三代之治,亦须立足于现实而求致小康。再如君臣关系中,圣王与贤圣之臣当然是最为理想的,然而毕竟难求,故虽中常之君,若得刚明之臣的辅佐,亦可以济难有功;然而若有贤明之君而无才德之臣的辅助,亦不能有所成就。程颐以前者优于后者,一个重要的原因是"君主不可视权力为一己所私有,而应该倚任刚中之贤的大臣"③,而这又与北宋的"君臣共治"、强调君臣同心协作的理念直接相关。程颐此种政治考量的另一个例证是对君子、小人或党争的思考。其解《睽》卦云:"当睽之时,虽同德者相与,然小人乖异者至众,若弃绝之,不几尽天下以仇君子乎?如此则失含弘之义,致凶咎之道也,又安能化不善而使之合乎?故必见恶人则无咎也。古之圣王所以能化奸凶为善良,革仇敌为臣民者,由弗绝也。"④这是主张虽有君子小人之别,但不可隔断过甚,而应该以宽和的态度来对待异见者,寻求共识,以维护政治秩序的稳定与推进弊政的革除。这与其师胡瑗严于君子之辨是不同的,究其缘由,在于胡瑗所针对的是其时猥琐苟且的士风,而程颐所针对的是北宋后期日益激烈的党争相轧以及政策的频繁变更。对此,程颐后来反思道:"新政之改,亦是吾党争之有太过,成就今日之事,涂炭天下,亦须两分其罪可也。"⑤而这可以说是其"中重于正"的易学思想在政治考量中的直接体现。故时代之于易学家不应当只是某种局限,而更是应当成为促进其思考,揭示易学哲学而使其具体呈现的有效

---

① 余敦康:《汉宋易学解读》,第258页。
② 《周易程氏传》,《二程集》,第689页。
③ 余敦康:《汉宋易学解读》,第460页。
④ 《周易程氏传》,《二程集》,第890页。
⑤ 《遗书》卷第二上,《二程集》,第28页。

动力。

张力的第二个层面是余敦康先生自身所处的时境与易学解读。如同历史上的易学家一般,现代研究者也处于特定的历史境遇中,其研究中不可避免地带入时代的视野、方法与问题意识等所谓"前见"。余先生的易学研究亦不外乎此,如其以"中和"为易学的核心精神,将其转述为秩序与和谐,又以体与用、儒与道、自然与人文(名教)等来展开其具体论述。而考诸余先生的学术历程,可以发现这些论题或多或少地源自其魏晋玄学的研究。与汤用彤先生等注重从本体论层面来叙述玄学不同,余先生以"自然与名教"作为主轴来考察玄学的兴起与演变。对于自然与名教,余先生有如下的一般论述:

> 自然即天道,是外在于人的不依人的意志而转移的必然之理,名教即人道,是内在于人的受人的意志所支配的应然之理。自其异者而观之,天与人分而为二,自然秩序与社会秩序属于两个不同的领域,"天地不仁",对人的价值漠不关心,始终是遵循着自己的必然之理独立地运行,而人则是创造了一套价值观念逆天而行,按照自然秩序所无的应然之理来谋划自己的未来。但是,自其同者而观之,天与人又合二而一,这是因为,人作为宇宙间之一物,首先是一个自然的存在,然后才是一个社会的存在,所以人既有自然本性,又有社会本性,既受必然之理的支配,又受应然之理的支配,这两者密不可分,结为一体,内在地统一于人性的本质之中。①

这段文字将自然—名教与天道—人道、必然—应然、自然秩序—社会秩序等论题关联起来,由此可以推知余先生所谓名教指社会性的道德价值与秩序,而自然更加侧重于个体性的禀赋与倾向,故自然与名教也可以对应于个体与群体;这一点在对苏轼易学的讨论中有明显的表现。此外,在对以整体秩序为标的的王弼哲学的讨论中,余先生亦突出其自然概念的个体性特征:"所谓自然,其具体的含义就是万事万物所内在具有的相反相成的本性……万物都是按照自己的'自然已足'的本性,'自生''自济',调适畅达,有德无主,而宇宙整体也就处在一种自组织的过程之中,具有一种自然而无为的玄德。"②以

---

① 余敦康:《魏晋玄学与儒道会通(代序)》,载《魏晋玄学史》,北京:北京大学出版社,2016年,第2—3页。
② 余敦康:《魏晋玄学史》,第191页。

内在具有、自足、不干预等来描述自然概念,事实上是突出其中的个体性、自主性意涵,而与社会的群体性、组织性相对。可以说自然与名教具备此种意涵,然而并不限于此,如自然所具有的"本性"意涵就与形上之"体"相关,相应地名教就与"用"相关,而体用就与群体——个体之间没有必然的关联。而余先生所以特别注重个体与群体这一层意涵,显然与其在《后记》中所述的经历有所关联。难能可贵的是,余先生并不因其经历而走向对个体性的美好想象中,而是始终以一种理性的态度,在个体与群体的张力中来展开其研究与思考。

也正是基于此种思考,余先生虽是以自然与名教为中心论题,但始终试图将此论题提高或上溯至体用层面而彰显其哲学意涵。在其后来的易学研究中,提出以中和、中正为其核心精神,此是对之前的自然与名教论题的继承与转化,而更加注重天道与人道、体与用的意涵;这一点在对程颐易学的讨论中有着集中体现。并且对于体用,余先生分别以内圣心性与经世外王来概述,可以说既揭示出理学在北宋得以产生的基础语境,也与自我安顿、社会治理的时代诉求相呼应。由此,余先生在《汉宋易学解读》的章节安排中,有不少"文化理想""文化价值理想""人文情怀"之类的字眼,恐怕也是作者自身理想的寄寓。而这也表明了,余先生实际上是自觉地将自身置于源发于易学的思想传统中,而以立足于时代的姿态去回顾历史上的文本以激发思考。而这也意味着,哲学史研究所要求的"客观"之不同于一般的思想史之处,在于使研究者主体返回到客观当中以与研究对象相遇,而非单向地去获得所谓"客观"。余先生以"认真"二字自许其研究,大概正是以一种理性、审慎而自主的方式达到"身处其中的客观"。

Uniting Confucianism and Daoism, Combining Ancient and Modern: Yu Dunkang's Research of Yi-logy

Bai Huihong

Abstract: Yu Dunkang's academical research started with Wei-Jin metaphysics and completed in Yi-logy. Throughout it Prof. Yu explored ti-yong and nature-arts, which connected with his own experience and the demands of the times. This paper will concentrate on Prof. Yu's *Explanation on Yi-logy of Han and Song Dynasties*, then talk about his method, elucidation on the core spirit and cultural ideal from xiangshu-yili, nature-arts and classic-times. On this basis, we should grasp the scope and philosophy in Prof. Yu's study.

Key words: Yu Dunkang, Yi-logy, Mean and harmonization, Confucianism and Daoism

正本清源，钩深致远
——郑万耕先生与当代易学研究

张丰乾[*]

提　要：郑万耕先生长期从事中国哲学，特别是易学哲学的研究，成果丰硕，建树良多。他继承和弘扬易学优良传统，尤其是大力发扬朱伯崑先生的易学思想，阐发朱伯崑先生所强调的易学哲学，并有多方面的独立创获。郑先生的系列工作始终贯穿着"正本清源"的原则，体现出"钩深致远"的胸怀。他也一直旗帜鲜明地反对利用《周易》搞各种迷信活动；通过培养易学后备人才，撰写易学教材，编辑易学刊物，组织高端学术论坛，在当代易学研究中发挥了中流砥柱的作用。他具体的易学贡献则体现了"为往圣继绝学，为万世开太平"的境界，除了撰著《太玄校释》，推进扬雄思想研究以外，还涉及通行本《周易》的研究中诸多聚讼不已的难题，以及出土文献中的相关疑问；并对诸多历史问题和现实挑战做了回应，继往开来，意义重大。

关键词：当代易学　哲学　郑万耕　朱伯崑　正本清源

郑万耕先生，1946年10月生，河北安平人。1970年毕业于北京大学哲学系，1982年获中国人民大学哲学硕士学位。担任过的重要学术职务有北京师范大学哲学与社会学学院教授、博士生导师，《中国哲学史》杂志副主编，《国际易学研究》执行编委，华夏国际易道研究院副院长，"长江学术文献大系·哲学卷·易学哲学问题研究丛书"主编，四川省扬雄研究会名誉会长等。

---

[*] 张丰乾，1973年生，哲学博士，西安外事学院教授兼七方教育研究院副院长、国学系主任、汉语言文学专业学科带头人。

郑先生长期从事中国哲学,特别是易学哲学的研究,成果丰硕,教学和人才培养方面也建树良多,素为学界所称道。郑先生待人接物总是和蔼可亲,使人有如沐春风之感。但是,郑先生对于学术方面的要求,从来都是严格而明确的,这突出地体现在他继承和弘扬易学优良传统,尤其是大力发扬朱伯崑先生的易学思想,阐发朱伯崑先生所强调的易学哲学,并有多方面的独立创获;他也一直旗帜鲜明地反对利用《周易》搞各种迷信活动,在当代易学研究中发挥了中流砥柱的作用。

一、叩其两端,正本清源

郑先生的系列工作,特别是在当代易学研究中,非常突出的特点是始终贯穿着"正本清源"的原则。

《周易》是极其重要而又形式特殊的经典,是中华传统文化的源头活水。它的重要性首先体现在它是"群经之首"——当然,这种地位是历史形成的。如郑先生所论:

> 在长期的流传过程中,《周易》对我国古代哲学、宗教、科学技术、文学艺术以及政治和伦理生活、风俗习惯都有起了深刻的影响。在中华元典中,《周易》对中华文化的影响,就其广度和深度说,没有一部典籍可以同它相媲美。①

最初,《周易》是卜筮之书,也就是说用来指导"算卦"的。② 但是,自古以来,人们对于卜筮的理解,往往过于功利化和简单化。事实上,"卜筮"本来就有探问探求和推算的意思,且古代有专人负责,也不能随意使用:

> 大卜,下大夫二人;卜师,上士四人;卜人,中士八人,下士十有六人。府二人,史二人,胥四人,徒四十人。(《周礼·春官宗伯》郑玄注:"问龟曰卜。")③
>
> 王前巫而后史,卜筮瞽侑皆在左右。王中,心无为也,以守至正。

---

① 郑万耕:《易学与哲学》,上海:上海科学技术文献出版社,2013 年,第 15 页。
② 参见吕欣:《朱子"〈易〉本卜筮之书"说之经过考论》,《当代儒学研究》2018 年第 25 期。
③ 李学勤主编:《周礼注疏》(上),北京:北京大学出版社,1999 年,第 444 页。

(《礼记·礼运》)①

> 故圣人制法,皆象天之心、意也。守一而乐上卜,卜者,问也,常乐上行而卜问不止者,大吉最上之路也。故上字一画,直上而卜。下为字者,一下而卜,卜,问也,常思念问,下行者,极无下,故乐下益者,不复得上也。(《太平经丙部·三合相通诀》)②

即使在科技昌明的今天,因为人类社会的各种危机,社会生活中的各种困惑并没有减少。所以,人们还是希望能有一套理论或者机制来解疑释惑,各种努力自古至今,都从未停止过。《周易》有一套卦象符号,又有一套演算的方法和解释的理论。这其实都体现了人类试图掌握自己命运,把握得失吉凶的一种努力。正如朱伯崑先生所指出的:

> 《周易》作为上古时代算命的典籍,强调人的努力和智谋,不是一切听命于天启,显然是我先民理性思维发展的产物。如果说,占筮为古代迷信之一,但此种卜问吉凶的方式,确乎是一种文明的创造,这是世界上其他民族的文化所没有的,体现了先民处于困境和逆境中,企图摆脱不幸命运的忧患意识和生活智慧,虽然披着神秘的外衣。③

问题在于,总有人狭隘地把《周易》只视为"算卦"的书,也有一批人打着"预测"或者"科学预测"的名义来混淆视听,招摇撞骗。依笔者愚见,郑先生所做的正本清源工作,有两个方面:一个方面是梳理和阐发《周易》本身的文化价值和它的哲理思想,这是重点;另一个方面则是分析《周易》这本书在体例和内容上的特殊性,亦即讲说义理不能够离开象数,这是基础。

这两个方面,也是对朱伯崑先生所论"《周易》有两套语言"的重要易学观的进一步阐发:

> 易学哲学作为一种特殊的哲学形态,有其自身发展的规律。其显著的特点,是通过对《周易》占筮体例、卦爻象的变化以及卦爻辞的解释,来表达其哲学观点的。这是其他流派的哲学所没有的。研究易学

---

① 王文锦译解:《礼记译解》(上),北京:中华书局,2016年,第314页。
② 王明:《太平经合校》(上),北京:中华书局,2014年,第147页。"卜,问也",该书标点作"卜、问也",恐误。
③ 朱伯崑:《请来认识〈易经〉》,《国文天地》1991年4月号。转引自郑万耕:《易学与哲学》,第441页。

哲学史，如果看不到其自身的特点，脱离筮法，孤立地总结其理论思维的内容，抽象地探讨两条思维路线的斗争，不去揭示易学哲学发展过程中的特殊矛盾，其结果对易学哲学史的研究，不仅流于一般化，而且容易将古代的理论现代化。因此，朱伯崑先生紧紧抓住易学的这一特点，注意区分易学中解经的两套语言，即筮法语言和哲学语言，既不把哲学语言归之于谈筮法问题，抹煞其哲学意义，又不以哲学语言代替筮法语言，抹煞筮法的内容，从而揭示易学每个发展时期的历史特点，阐明其特有的理论思维发展的逻辑进程，真正达到了经学史与哲学史的高度统一。①

要区分《易传》解经的两套语言。由于《易传》的特征是将《易经》哲理化，因而其对《周易》的解释，便有两套语言，即筮法语言和哲学语言。前者谈筮法问题，后者谈哲学问题，谈哲学问题往往又不脱离筮法问题。因此，我们阅读《易传》，要注意区分其所谈问题的性质。就其解《易》的两种语言说，所谈论的问题的性质可分为三种情况：一是谈筮法，如《系辞》"大衍之数"章，"阳卦多阴，阴卦多阳"章，"易有太极"章；又如讲"变动不居，周流六虚……唯变所适"等，都是讲筮法问题；又如《说卦》传中对取象和取义说的概括，提出"乾坤父母卦"说，亦是讲筮法问题。二是谈哲理，如《系辞》"易与天地准"章，"一阴一阳之谓道"章，三陈九卦章等，都属于哲学语言。三是既讲筮法，又谈哲理，二者兼而有之。这种情况较为普遍，而以《彖》《象》二传最为突出，充分体现了《易传》解经的特色。②

"两套语言"可谓易学的"一体两端"，朱先生所强调的二者之间的区分与联系，对于中国经学和哲学史的研究均具有重要意义，也是对冯友兰、张岱年等先生相关研究的重要补充。③

郑先生一再引用朱伯崑先生的立场，强调易学与江湖术数不可同日而语：

---

① 郑万耕：《朱伯崑先生易学哲学研究的贡献》，见王博主编：《中国哲学与易学——朱伯崑先生八十寿庆纪念文集》，北京：北京大学出版社，2004年，第330页。
② 郑万耕：《易学与哲学》，第17页。
③ 参见王博：《哲学与经学之间——朱伯崑先生〈易学哲学史〉的贡献》，《邯郸学院学报》2005年第1期。

朱伯崑先生明确指出,易学与术数有天壤之别,不可同日而语。对于这两种文化传统,我们要有清醒的认识。那种混淆易学与江湖术数的区别,视占术为象数之学,或将象数之学归结为占术的观念,都是对《周易》文化精神的曲解。①

郑先生曾经主编过一本普及性的小册子,名为《算命透视》②。所谓"透视",就是对各种"算命"现象的产生、表现以及消极影响进行立体透彻的分析和批评。郑先生还通过撰写文章,发表学术演讲以及接受采访等形式,包括他在历届"中国国际易道论坛"上的主旨发言,都不断强调学习和研究《周易》,一定要有正本清源的意识。他的这些工作,对于易学界和文化界产生了重要影响。

郑先生在易学方面"叩其两端,正本清源"的贡献,还体现在他对于德行修养的重视:

> 《周易》卦爻辞中含有劝戒之义,反映了先民的生活智慧和某种忧患意识。
>
> 《易传》所倡导的"忧患意识",对易学哲学乃至整个中国文化产生了深远影响。③
>
> 《易传》以孔子的易学观为指导,又吸取先哲的伦理道德观念及其言说方式,三陈九卦,便将孔子"观其(易卦)德义"、"求其德"的思想,具体化了。它要求人们不断提高道德境界,以此作为化凶为吉,防止和解除忧患的依据。这是对孔子以来儒家道德修养学说的进一步发展,对儒家人文主义的易学观的确立,也作出了不可磨灭的贡献。④

如郑先生所论,"三陈九卦"无论是体例上还是内容上都具有特别重要的意义,集中体现了《易传》的人文主义价值观和以"德"为核心的修养论。这对于当代及未来的社会建设,亦是源头活水。

---

① 参见郭君铭:《朱伯崑先生的学术成就应该得到社会更全面的认识——北京师范大学郑万耕教授访谈》,《中共石家庄市委党校学报》2008年第3期。
② 郑万耕主编:《算命透视》,北京:科学普及出版社,1997年。
③ 郑万耕:《易传忧患意识的历史考察》,《北京师范大学学报》2007年第3期。
④ 郑万耕:《"三陈九卦"章考释》,《周易研究》2007年第3期。

二、汇通经史，突出哲学

在"六经"之中，《周易》的哲学性无疑是最强的。没有对《周易》哲学的完整把握，可能会导致对中国哲学的结构、内容与学派归属的误解。① 朱伯崑先生有一个著名的论断："中国人的理论思维水平，在同西方的哲学接触以前，主要是通过对《周易》的研究，得到锻炼和提高的。"② 郑万耕先生继而指出："认为中国传统哲学是基于道德生活的要求，出于道德直觉或道德体验的观念，是由于脱离经学史研究，孤立地分析一些哲学概念和命题，而产生的一种误解。"③

把中国传统哲学归结为以道德体验或心性修养为主，不讲客观性、逻辑性的误解可谓由来已久，而流布广泛。④ 正如郑先生所具体分析的："以宋明道学为例，其形上学和本体论，是通过对《周易》经传的解释和阐发建立起来的。其中的许多重要问题，如理事、道器、理气、天人之辨、阴阳变易学说等等，都是从其易学命题中引申和推衍出来的。"⑤

郑先生的分析和论述洞中肯綮。在此基础上，只要稍加留意，就不难发现，在《周易》经传之中，蕴含着丰富的哲学思想⑥，讨论道德内容、道德体验、道德修养无疑是《易传》中的重要内容，但《周易》所表述的道德论，不是以心性论或情感论为基础，而是基于对卦象、卦形的解释和引申，这是一种独特的理论建构途径。⑦

同时，郑先生一直强调以历史的、过程的眼光研读《周易》："经、传、学各

---

① 参见拙文：《〈周易〉究竟属于哪一家——〈周易〉学派归属问题研究综述》，《中华文化论坛》1997年第2期。
② 朱伯崑：《易学哲学史》前言，北京：华夏出版社，1995年。
③ 郑万耕：《易学与哲学》，第424页。
④ 如牟宗三有言："中国既然确有哲学，那么它的形态与特质怎样？用一句最具概括性的话来说，就是中国哲学特重'主体性'（Subjectivity）与'内在道德性'（Inner-morality）。"（牟宗三：《中国哲学的特质》，上海：上海古籍出版社，2007年，第4页）
⑤ 郑万耕：《易学与哲学》，第424页。
⑥ 《周易》之哲理，并非只出现于传，而不见于经。对此，廖名春先生有精彩论说，参见其《从"乾""坤"之本字论〈周易〉的哲学内涵》一文，载于廖名春《〈周易〉经传与易学史续论——出土简帛与传世文献的互证》，北京：中国物资出版社，2012年，第207—227页。
⑦ 参见拙文：《解象、释名、析理——〈周易〉与中国哲学的论说方式》，《船山学刊》2015年第3期。

自形成于不同的历史阶段,基于不同的历史条件和时代要求,既有联系,又有区别,各具特色,不能混为一谈。"①另一方面,《周易》的经、传、学中也蕴含着丰富的历史观以及珍贵的历史史料。②

另外,郑先生也特别强调《周易》对于《史记》《汉书》《后汉书》等史书的深刻影响。司马迁十分推崇《周易》,视其为圣人之书;"致命遂志"是司马迁的最高价值追求;"殊途同归""易简""时变"等观念是其写作《史记》的重要指导思想;《周易》中的很多辞句,成为其立论的依据。③

《汉书》视《周易》为五经之首,大道之原,并以其为创作的理论基础和指导思想,又阐发其阴阳变易学说,提出了一个元气论的宇宙生成理论;《汉书》推崇天人谐调论,表现了一种"顺天应人的圣人史观";班固以"致命遂志"为其价值理想,欲以文章扬名于后世,没世而不朽。④

如果说,司马迁《史记》运用《周易》的通变思想提出了"见盛观衰"的史学观,班固《汉书》以通变学说考察了学术渊源的流变,那么,范晔则在继承二氏史学传统的基础上,更以"物穷则变生"为天地人物的必然法则,去观察和说明社会历史的变迁。⑤

郑先生的这些论断推陈出新,对于深化史学理论及推进《周易》研究均具有重要意义。

郑先生也时刻关注当代易学的进展,他对朱伯崑先生的学术贡献有特别深入和全面的阐发:

> 问题意识是学术研究有所突破、有所创新、有所深化的内在动力和思想基础。此种问题意识,在朱伯崑先生的《易学哲学史》研究中表现得尤其突出。这主要表现在:讲哲学史何以不谈易学?中国哲学是出于道德体验吗?《系辞》"易有太极"章是讲世界形成还是筮法问题?王弼大衍义是否主张太极本体与万事万物"体用一如"?能否将朱子学说与西方哲学作简单比附?等等。正因为如此,朱先生的学术研究才取得了许多超迈前贤的创造性成果,为推进中国哲学的发展,

---

① 郑万耕:《易学与哲学》,第16页。
② 参见章伟文:《易学历史观研究》,上海:上海科学技术文献出版社,2013年。
③ 参见郑万耕:《〈史记〉与〈周易〉》,《史学史研究》2004年第4期。
④ 参见郑万耕:《〈汉书〉与〈周易〉》,《史学史研究》2006年第2期。
⑤ 参见郑万耕:《〈后汉书〉与〈周易〉》,《史学史研究》2008年第1期。

做出了重大贡献。终于成长为继冯友兰、张岱年先生之后,中国哲学研究的一代大家。①

朱伯崑先生开创了哲学史研究同经学史研究相结合的道路,为弘扬中华优秀传统文化和推进中国哲学的发展,做出了重大贡献。②

朱伯崑先生易学哲学研究的另一重要贡献,是明确提出并充分论证了儒家传统哲学中的形上学和本体论,来源于其易学体系,不是基于道德生活的要求的思想。③

朱先生易学哲学研究的贡献还在于,将易学思维区分为四个层次,即直观思维、形象思维、逻辑思维和辩证思维,而以辩证思维最为丰富,乃中华辩证思维的代表,有自己的民族特色。④

在长期的中国哲学的教学和研究工作中,尤其是在指导研究生和青年教师的过程中,有意识地培养历史主义与逻辑分析相结合的学风,是朱伯崑先生的又一贡献。⑤

郑先生还特别提到了朱先生于1956年在《人民日报》发表的《我们在中国哲学史研究中所遇到的一些问题》一文,如郑先生所言:

> 此文在《人民日报》发表后,引起了学术界的强烈反响,从而掀起了关于哲学史问题的大辩论。1957年1月,在北京大学召开了全国性的中国哲学史座谈会,就哲学史研究的对象和范围、唯心主义哲学的评价、哲学遗产的继承等问题,展开了广泛讨论。⑥

得益于郑先生的提示,年轻一代学人可以了解到1957年关于哲学史问题大

---

① 郑万耕:《朱伯崑先生易学哲学研究的问题意识》,《国学学刊》2016年第1期。郑先生所主编的"长江学术文献大系·哲学卷·易学哲学问题研究丛书"就是以"易学哲学问题研究"为主轴的,已出版社的著作包括郑万耕《易学与哲学》、赵建功《中国哲学天人观及其与易学关系之研究》、章伟文《易学历史观研究》、郭君铭《易学阴阳观研究》等。
② 郑万耕:《朱伯崑先生易学哲学研究的贡献》,见王博主编:《中国哲学与易学——朱伯崑先生八十寿庆纪念文集》,第329页。
③ 同上书,第331页。
④ 同上书,第333页。
⑤ 同上书,第335页。
⑥ 郑万耕:《记朱伯崑先生》,《史学史研究》2001年第1期。

辩论的重要意义,特别是朱伯崑先生的重要贡献。①

郑先生在易学研究中汇通经史而突出哲学,注重易学中的思维方式,真可谓"不诬古人,不误今人与后人"。

三、释难解疑,探赜索隐

郑先生对于易学研究的另一个重要贡献在于他对诸多疑难问题的探究,包括他对于《太玄》研究的关键性推进。刘歆曾经当面评价《太玄》说:

> 空自苦!今学者有禄利,然尚不能明《易》,又如《玄》何?吾恐后人用覆酱瓿也。②

扬雄的反应则是"笑而不应"(《汉书·扬雄传》)。郑先生先后出版《太玄校释》(北京师范大学出版社,1989 年;中华书局,2014 年)、《扬雄及其太玄》(北京师范大学出版社,2009 年;巴蜀书社,2018 年)等专著,并领衔推出了《扬雄研究系列丛书》(巴蜀书社,2018 年)。张岱年先生评价说:

> 扬雄作《太玄》以拟《易》,虽属模拟之书,实质上不失为一个新的创作。……郑万耕同志研究扬雄哲学,在昔人注解的基础上,更加钻研,写成《太玄校释》一书,对于扬雄所用的方言奇字作了疏释,对于《太玄》所包括的天文学知识作了说明,力求使《太玄》成为一部可懂的书,这是近年研究古典哲学著作的新成就,对于中国哲学史研究有重要意义。③

杨庆中教授评论说《太玄校释》是近年来颇有影响的一部精品,他在《二十世纪中国易学史》一书中,有《郑万耕及其太玄研究》一文,做了专门评述。④

而在《周易》的学派归属上,郑先生从辩证思维的角度,一方面指出《易

---

① "1957 年召开的中国哲学史座谈会,是新中国成立后 30 年间唯一一次名家荟萃,老中青学者参与,气氛活跃,畅所欲言又向全社会广泛传播的学术会议,在当代中国思想史、学术史上具有标志性的意义。"参见赵修义、张翼星等编《守道 1957:1957 年中国哲学史座谈会实录与反思》,上海:上海人民出版社,2012 年。
② 班固撰,颜师古注:《汉书》,北京:中华书局,1997 年,第 911 页。
③ 张岱年:《〈太玄校释〉序》,见于《太玄校释》,北京:北京师范大学出版社,1989 年,第 1—2 页。
④ 杨庆中:《二十世纪中国易学史》,北京:人民出版社,2000 年,第 310—316 页。

传》与《老子》思想的相通之处,比如"物极则反";①另一方面也强调从"阴阳""刚柔""动静""自然"等角度看,《老子》与《易传》有明显区别。郑先生同意余敦康先生的判断,并进一步指出:

> 《易传》的辩证思维,既不能说与《老子》的思想体系根本对立,毫不相关,也不能说属于道家系统。实际上,它是在战国中后期学术大融合的形势下,汲取各家学说的营养,加以综合创新,而形成了一个非道非儒,亦道亦儒,儒道互补,超越各家的新型世界观。②

笔者深以为然。而郑先生的这些论断,也是对朱伯崑先生易学思想的继承和发扬。

近年来出土文献的研究颇为时兴,郑先生也十分关注,但他的立论坚持历史考察与哲学分析相结合,所发表的成果为数不多但意义重大。比如,他结合楚竹书《周易》,对于《随》卦上六爻辞,《大畜》卦六五爻辞、上九爻辞,《遯》卦初六爻辞,《夬》卦上六爻辞,《姤》卦九四爻辞,《旅》卦六二爻辞及《蹇》卦之"蹇"的训释及相关文句的句读,都有自己的新说。他同时强调:"如果没有切实可靠的史料根据,就随意加字改字,疏通文义,不仅很难接近古书本义,反而会失之毫厘,谬以千里,不可不慎之又慎。"③

即使在通行本《周易》的研究中,也有诸多聚讼不已的难题,郑先生独具只眼,也有重要建树。例如他对于《说卦传》早于《序卦传》的论证:

> 诸家考辨"十翼"之作者及年代,均未曾涉及《说卦》与《序卦》之关系。
>
> 本来,在《说卦》中,"乾健坤顺,震动巽人,坎陷离丽,艮止兑说",是"专说八卦"的文字,而且一气呵成,文从字顺;而《序卦》却取其对六子卦的说明,插入对六十四卦的解说之中。《说卦》此章完全主取义说,体例一致;而《序卦》以乾坤为天地,是主取象说,其它六子卦却主取义说,显然是对《说卦传》不同章节的摘取。《说卦》此章对八经卦的解说,与以下各章对八经卦的解说,完全依照"乾坤父母"与"长男长女""中男中

---

① 郑万耕:《易学中的物极则反说》,《北京师范大学学报》(人文社科版)2001年第2期。
② 郑万耕:《〈易传〉与〈老子〉的辩证思维》,《中国哲学史》1993年第1期。
③ 郑万耕:《〈周易〉释读八则——以楚竹书为参照》,《周易研究》2005年第2期。

女""少男少女"的次序排列,逻辑严密;而《序卦》为了论述六十四卦的排列次序,只好将其拆开,分列四处,以适应对六十四卦顺序的解说。由此看来,说《序卦》摘引了《说卦》的文字,是可以肯定的。①

郑先生的这些研究,不仅是"以经解经"的典型,也是"经史互证"的范例。

在出土文献中,还有一些引起广泛讨论的问题,如关于马王堆帛书及上海博物馆藏战国楚竹书中的"恒先"问题,郑先生认为:

> 这一范畴的形成,是对先秦关于道体学说的高度概括和创造性综合。标志着道家哲学的新发展。②

可见,郑先生对于相关问题的讨论,既注意到学派归属的问题,又没有门户之见,而是坚持从文献本身出发,给予实事求是地论说。

郑先生在多年的研究、教学及学术组织中,审视古今,关切天人,董理古典,回应挑战。他持论公允,既有宏大的格局,又有精细的考辨,可谓探赜索隐与钩深致远兼备,足以正本清源,承前启后。③

Zheng Wangeng and Contemporary Yi-logy

Zhang Fengqian

Abstract: Prof. Zheng Wangeng has been engaged in the study of Chinese philosophy, especially the philosophy of *I Ching-ology* (Yi-logy), with fruitful works and many achievements. He inherited and promoted the fine tradition of Yi-logy (*I Ching* learning), especially vigorously promoted prof. Zhu Bokun's *I Ching* thought, expounded the philosophy of *I Ching* learning emphasized by Prof. Zhu, and had many independent achievements. Zheng's series of work have

---

① 郑万耕:《〈序卦〉晚于〈说卦〉的一个例证》,《中国哲学史》2006年第4期。
② 郑万耕:《楚竹书〈恒先〉简说》,《齐鲁学刊》2005年第1期。赵建功则进一步认为"恒"即"道",不宜与"先"连读。(赵建功:《〈恒先〉臆解》,《华中科技大学学报》2006年第2期)
③ 本文之写作,颇受许家星教授及《哲学门》编辑部的促动;写作思路也曾向郑万耕先生报告。当然,所有文责,概由鄙人承担。

always run through the principle of "correcting the roots and clearing the source", embodied *I Ching* the mindset of "going deep and far-reaching". He has always been a clear-cut objection to the use of *I Ching* to engage in various superstitious activities. By cultivating reserve talents for Yi-logy, writing *I Ching* learning textbooks on Yi-logy, editing *I Ching* learning relevant publications, and organizing advanced academic forums, he has played a main role in contemporary *I Ching* research. His specific contribution to the study of the *I Ching* embodies the mindset of "continuing the sacred learning for the past and opening up peace for all generations", with concerning the problems of intensive litigation and related questions in the unearthed documents; the response to many historical issues and practical challenges is of great significance.

Keywords: Contemporary *I Ching* learning, Philosophy, Zheng Wangeng, Zhu Bokun, Correcting the roots and clearing the source

继往开来的当代易学
——从郑万耕先生以朱子易学的探讨说起

吕　欣[*]

提　要：郑万耕先生的易学思想，继承了朱伯崑先生的易学体系，注重经学史研究与哲学史研究相结合，对易学本身之源流和功用亦有清晰、辩证的论述。在讨论《周易》之书的特点和性质时，他基于朱熹"《易》本卜筮之书"的视角，兼顾其卜筮的形式与义理的内涵，以《易传》解经说明筮法与哲理两者相辅相成的关系。同时，郑先生继承朱伯崑先生以宋代易学为代表的易学对形上学是否具备道德性问题的探讨，发明了易学之于形上学问题的重要作用，强调易学哲学具备中国哲学所本有的辩证思维特点，对当代易学研究有重要影响。

关键词：《周易》　卜筮　易学　朱熹　朱伯崑　郑万耕

引　言

当代易学研究如何良性开展及有效推进，是学术界始终关注的重要议题。朱伯崑先生高屋建瓴地指出：

> 易学哲学是易学中的重要部分，同样有其发展的历史，如果从《易传》算起，也有两千年之久。可是过去的经学史很少涉及这方面的内容，这需要我们认真地研究和总结。[①]

朱伯崑先生于当代易学研究的贡献厥功至伟，如郑万耕先生所论，朱伯崑先

---

[*]　吕欣，1990年生，北京大学哲学系博雅博士后。
[①]　朱伯崑：《易学哲学史·前言》，《易学哲学史》上册，北京：北京大学出版社，1986年，第2页。

生为易学哲学研究的开创人和奠基人,而郑先生自己的易学研究则承续了朱先生的易学哲学研究的精髓。① 郑先生治学严谨,对易学哲学史脉络的把握和阐述鞭辟入里,不偏不倚,既强调《周易》的经典地位,也重视易学的发展演变,更突出其中的哲理,值得吾侪仔细研读。

郑万耕先生的易学成果颇丰,其易学研究汉宋兼宗,兼顾占筮与哲理两方面,对以朱子易学为代表的宋代易学成就做出过充分肯定,并在自己的易学研究中颇为关注。郑先生曾撰文讨论朱熹的"《易》本卜筮之书"说的意义及影响,对朱子易学中关于卜筮与义理关系的论说给出了精到的哲学分析和中肯的历史评价。

朱熹作为宋学的集大成者,折中了易学史上卜筮与义理两派之间的矛盾。朱熹哲学以"理"为核心与基础,而此"理"与其易学形上学又有着重要的关系。朱熹哲学中的易学本体及宋儒以来易学研究所探讨的"太极"理论,与中国哲学的道德伦理研究是否存在必然关系?"太极"是否有先天的道德性?这些问题都是郑先生尤为关注的内容,且对推动当代易学研究很有必要。郑万耕先生的相关研究专著与专文,是当代易学的重要成果,本文试就此相关内容进行管窥与研讨。

一、用处之实:对"《易》本卜筮之书"说的重审

今本《周易》由《易经》《易传》两部分构成,而早于《易传》的《易经》成文之初的功用,决定了其成书性质。朱熹作《易学启蒙》与《周易本义》的目的在于恢复《易》书之原貌。而与之相关,朱子易学中的一重要学说便是"《易》本卜筮之书"。郑万耕先生指出此说在当时的经学界可谓惊世之言,对义理学派乃至象数学派的《周易》观均是一大冲击,在易学史上具有重要意义。② 余敦康先生言朱熹《周易本义》的"本义"就是指"《易》本卜筮之书",并恰切地指出"卜筮是与象数紧密相连的,象数乃作《易》根本,卜筮乃其用处之实"③。

---

① 参见郭君铭:《朱伯崑先生的学术成就应该得到社会更全面的认识——北京师范大学郑万耕教授访谈》,《中共石家庄市委党校学报》2008 年第 3 期,第 37 页。
② 郑万耕:《朱熹易学简论》,《江西社会科学》2002 年第 2 期,第 41 页。
③ 余敦康:《汉宋易学解读》,北京:中华书局,2017 年,第 468 页。

"《易》本卜筮之书"这一说法,集中体现在朱子的易学著作与讲论语录中。此说作为朱子易学的标志话语,确可引领整个朱子易学体系。著作方面,"《易》本卜筮之书"说近乎涉及全部的朱子易学著作。[①] 朱子早年的《易传》今已亡佚,钱穆以及晚近张克宾等学者视之为《周易本义》的雏形。白寿彝在其《周易本义考》中也曾认为,《周易本义》的两大基本观念,一是三圣不同《易》,二是《易》本卜筮书。[②] 而第一个观念又可以从第二个观念引发开来;《易学启蒙》共四篇,成书于淳熙十三年(1186),是朱子对《易》之象数层面的认识及深发,很大程度解释了《易》书的卜筮原理。除却朱子易学著作,其语录及书信更广泛地体现出,"《易》本卜筮之书"的说法几乎伴随了朱子的整个学术生涯。以《朱子语类》为例,自乾道庚寅年(1170)至庆元己未年(1199),朱子都曾对不同学生讲过"《易》本卜筮之书"的说法。

郑万耕先生亦分析过朱熹提出此说的依据和考证过程,并站在经文本身,突出朱熹对卦爻辞只为占筮而设的强调:

> 他(朱熹)反复强调,《易》未有许多说话,卦爻辞只是为占筮而设,即认为卦爻辞乃占筮之辞,尚未讲出深远的道理,而不以其为讲哲理的文字,可谓发前人所未发。[③]

郑先生注意到,朱熹《周易本义》中,注每卦每爻几乎都有这样的词句:"古者"如何如何,"其占"如何如何,"其象占如此"等等,这是朱熹为了论证"《易》本卜筮之书"而做出的历史还原,朱熹认为卦爻辞所讲事物,大都是古人所占之事,而非虚无缥缈或想象中的事物。朱熹有曰:

> 《易》中言"帝乙归妹","箕子明夷","高宗伐鬼方"之类,疑皆当时帝乙、高宗、箕子曾占得此爻,故后人因而记之,而圣人以入爻也。[④]
> 古人凡事必占,如"田获三禽",则田猎之事亦占也。[⑤]

郑先生还引用过朱熹的进一步论证:

---

① 参吕欣:《朱子"〈易〉本卜筮之书"说之经过考论》,《当代儒学研究》2018 年第 25 期。
② 白寿彝:《〈周易本义〉考》,原载于《史学集刊》1936 年第 1 期。
③ 郑万耕:《朱熹易学简论》,第 41 页。
④ 黎靖德编,王星贤点校:《朱子语类》卷六十六,北京:中华书局,1986 年,第 1638 页。
⑤ 同上书,第 1634 页。

何以见得《易》专为占筮之用？如"王用亨于岐山"，"于西山"，皆是"亨"字。古字多通用。若卜人君欲祭山川，占得此即吉。"公用亨于天子"，若诸侯占得此卦，则利近于天子耳。①

既然占筮是《易》之本来面貌，《易》书性质为卜筮之书，那么朱熹如何看待《易传》？而郑万耕先生对此又是作何态度？郑先生言朱熹通过《易传》论述证明了"《易》本卜筮之书"的说法。朱熹曾言：

《易》当来只是为占筮而作。《文言》《彖》《象》却是推说做义理上去，观《乾》《坤》二卦便可见。孔子曰："圣人设卦观象，系辞焉而明吉凶。"若不是占筮，如何说"明吉凶"？且如《需》九三："需于泥，致寇至。"以其逼近坎险，有致寇之象。《象》曰："需于泥，灾在外也。自我致寇，敬慎不败也。"孔子虽说推明义理，这般所在，又变例推明占筮之意。②

郑先生认同朱熹的这种观点，认为《系辞》的根本要义就是要说明《易》本为卜筮而作，原本是一部卜筮之书。同时，郑先生肯定了朱熹对"《易》本卜筮之书"说的考辨，在经学史上具有重要价值。作为卜筮书的《易》可以通过历史的检验而稳立于经学史，这的确是经学史上特殊且重要的一笔。郑先生言：

自汉代以来，无论是义理学派，还是象数学派，都是经传不分，以传解经，并将经文逐渐哲理化。到了宋代，易学家们更将《周易》视为讲宇宙和人生道理的教科书，使《周易》丧失了其本来面貌。而朱熹通过历史的考察，证明《易》本卜筮之书，这在经学史上是一大突破，值得大书特书的。③

"值得大书特书"，可见郑万耕先生对朱子易学所作贡献的高度评价和吸取。这种经学史上的意义，除了对《易》书性质有了明确立定，还可见朱熹亦并未完全跳脱宋代理学的视野，并没有不谈"道理"。而事实上，《易》之经文的哲理化，亦离不开人们的日常生活行事。这与卜筮的意义是相互交融的。《礼记》卷三中曾对卜筮的积极意义有过归纳，提出卜筮可以规范百姓行事：

---

① 《朱子语类》卷七十三，第1853页。
② 《朱子语类》卷六十六，第1628页。
③ 郑万耕：《朱熹易学简论》，第42页。

>龟为卜,筴为筮,卜筮者,先圣王之所以使民信时日,敬鬼神,畏法令也,所以使民决嫌疑,定犹与也。故曰:疑而筮之则弗非也,日而行事则必践之。①

《礼记》表达的这种观点,代表了卜筮活动在当时被纳入政治和历史体系中的倾向。朱子讨论卜筮之用的问题,也是承续了《礼记》中"使民决嫌疑",并一定程度上还原了卜筮在社会和谐方面的历史作用。

《晦庵先生朱文公文集》卷三十一《答张敬夫》中有言:

>近又读《易》,见一意思,圣人作《易》,本是使人卜筮,以决所行之可否,而因之以教人为善。②

据陈来《朱子书信编年考证》,该篇指鹅湖之会事,当作于淳熙二年乙未年,也即1175年。③ 信中朱子再次提到《易》书本是使人卜筮的字样,点出《易》本作卜筮用,用在决断所行可不可,圣人作《易》目的在教人为善。"教人为善",便为卜筮与义理之间搭建了桥梁。

二、哲学语言:对《易传》解经的探讨

朱熹建构了一个包容性极大的兼具象数义理两派的易学理论框架,不同于那些仅仅着眼于形式推演的毫无哲学意义的象数之学。但又因朱熹所关注的义理是寓于象数中的义理,不同于王弼、程颐只关心文义的义理,因此依然会引发后世坚守象数义理二分者的质疑。近人多有断然排斥象数说的论调,如高亨言"象数乃筮人用以欺世的巫术……《易传》原无象数说的地方,宜保存其朴素的面目,切勿援用《易传》象数说的义例,增涂象数说的色彩。"④然《易》既是筮书,卦爻的象数以判断人事吉凶便成了无法抹去的卜筮方式,定义为巫术亦为极端论断。早在庚寅年(1170),时年四十岁的朱熹就曾对其弟子杨方明确定义过《易》书的性质,并提出了孔子作《易传》的意义:

---

① 阮元校刻:《十三经注疏·礼记正义》,北京:中华书局,2009年,第2710—2711页。
② 朱熹撰,郭齐、尹波点校:《朱熹集》,成都:四川教育出版社,1996年,第1330页。
③ 陈来:《朱子书信编年考证》,北京:生活·读书·新知三联书店,2011年,第135页。
④ 高亨:《周易大传今注》,北京:清华大学出版社,2010年,第4页。

《易》本为卜筮作。古人质朴,作事须卜之鬼神。孔子恐义理一向没卜筮中,故明其义。①

郑万耕先生认同朱熹的观点,即《易传》的特征是将《易经》哲理化。郑先生在提及今人阅读《周易》应当注意的问题时,提到了"要区分《易传》解经的两套语言"②这一点。郑先生指出,《易传》对《周易》的解释有两套语言,即筮法语言和哲学语言。前者谈筮法问题,后者谈哲学问题,谈哲学问题往往又不能脱离筮法问题。③

朱熹强调还原《易》之原貌,郑万耕先生则强调还原《易传》的原始意义。要看清问题原貌,需要注意区分《易传》谈及问题的性质。郑万耕先生指出,《易传》所谈论的问题的性质可分为三种情况:一是谈筮法,如《系辞》"大衍之数"章,"阳卦多阴,阴卦多阳"章,"易有太极"章等;二是谈哲理,如《系辞》"易与天地准"章,"一阴一阳之谓道"章,三陈九卦章等;三是既讲筮法、又谈义理,二者兼而有之。这种情况较普遍,以《彖》《象》二传最为突出,充分体现了《易传》的解经特色。④ 郑先生总结道:

> 《易传》的两套语言,或言筮法,或言哲理,不同篇章各有偏重,但无论哪套语言,都不脱离筮法,或从筮法问题引出哲理,或予筮法以哲理的依据。因此,注意区分两套语言,同时,又看到二者的联系,对于阅读《易传》,认识其本来面目,是十分重要的。⑤

在这种阅读《易传》的方法和意义的讨论上,郑先生的重点在于直溯《易传》本来面貌,而没有将重点拘泥于《易传》是否为《易经》作者要表达的本意。而在孔子与文王本意是否相同这点上,朱熹于辛亥年(1191)的书信《答孙季和》中非常重视:

> 示及《易》说,意甚精密。但近世言《易》者,直弃卜筮而虚谈义理,致文义牵强无归宿,此弊久矣。要须先以卜筮占决之意,求经文本意,而复以传释之,则其命词之意,与其所自来之故,皆可渐次而见矣。旧读此

---

① 黎靖德:《朱子语类》卷六十六,第1627页。
② 郑万耕:《易学与哲学》,上海:上海科学技术文献出版社,2013年,第17页。
③ 同上书,第17页。
④ 同上。
⑤ 同上。

书,尝有私记,未定而为人传出摹印。近虽收毁,而传布已多,不知曾见之否?……《乾》卦《彖传》、《文言》乃孔子推说,非文王本意也。又尝作《启蒙》一书,亦已板行,不知曾见之否?今往一通,试看如何?①

郑万耕先生并未对文王、周公、孔子"三圣不同《易》"的问题如朱熹般着重强调,但在《易传》本身的性质与内容上下了很大工夫。郑先生在占筮之法上,分析了《系辞》传和《说卦》传对以蓍求卦和画卦的方法过程,并吸取朱熹《周易本义》关于"大衍之数"的相关解释,详细解读了《易传》提供的"揲蓍求卦"之法,指出《易传》中没有提供如何判断所求得之卦的吉凶,而认为朱熹《易学启蒙》中拟定的七条体例可供参考。② 可见郑先生对《周易》占筮之法的重视,及对朱子易学的多方面吸收。

极端的象数派或义理派,都会使其易学研究有所偏失,乃至误入歧途。辨证看待象数、义理二者之间关系,注重强调《易传》化筮法语言为哲学语言的重要性,成了当代易学研究者尤当清醒的认知。这会直接投射到专业易学研究对"民哲"、江湖骗子的批评意识上。郑万耕先生曾对当今社会出现的数字崇拜不良风气进行批判,诸如"拍卖某些汽车牌照,抢购某些电话号码,……还有人给以理论上的论证,将此种现象与河图、洛书,以至于《周易》联系起来,以术数冒充易学中的象数之学,混淆视听。这种数字神秘化倾向的泛滥,在社会上造成了很坏的影响"③。对象数易不应采取神秘主义倾向,怪力乱神之说。对象与数的讨论,是为人类探讨世界万物的本质及其变化规律提供思维方式的指导。

三、"太极"何为:对易学形上学与本体问题的论说

郑万耕先生指出,周敦颐《太极图说》中,以"太极"为元气,朱熹却以其为理。④ 郑先生还指出朱熹曾指责张载不懂形而上,追求形而上之理而认为气为形而下的世界。⑤ 那么,朱熹是怎样将太极释为理?

---

① 《别集》卷三,《朱熹集》,第5398—5399页。
② 郑万耕:《易学与哲学》,第10—11页。
③ 郑万耕:《宋明易学论象与数》,《北京社会科学》2002年第2期,第118页。
④ 郑万耕:《朱熹易学简论》,第44页。
⑤ 郑万耕:《试论宋明易学的太极动静观》,《周易研究》2002年第5期,第18页。

1.《易》之义理与太极之理

如果《易》的卜筮性可以在占得卦爻辞的应用中得以体现,那么卦爻辞乃至更早的圣人观象设卦时,"义理"在扮演什么角色?朱子在与张敬夫的书信中言:

"是故蓍之德"止"不杀者夫",此言圣人所以作《易》之本也。蓍动卦静而爻之变易无穷,未画之前,此理已具于圣人之心矣。然物之未感,则寂然不动而无朕兆之可名;及其出而应物,则忧以天下,而所谓圆神方智者,各见于功用之实矣。"聪明睿智,神武不杀",言其体用之妙也。①

圣人未画卦之前,就有"此理"于心,类似一种先在性的存在。蓍占卜筮则是明于天之道的途径,这便是《易》事。

汉代《易纬乾凿度》中曾有言"太易始著,太极成;太极成,乾坤行"②。淳熙七年,知天命之年的朱子在给程可久的一封信中,将太极之义定为"理之极致",并结合《易》做了相关说明:

太极之义,正谓理之极致耳。有是理即有是物,无先后次序之可言。故曰"易有太极",则是太极乃在阴阳之中,而非在阴阳之外也……③

朱熹用"理"解释"太极",并谓"太极"是"理之极致"。而这种强调表明,"太极"这一易学本体,是谓朱熹哲学思想根基之"理"的"极致"。

对于弟子辅广提出为何孔子不传授太极的疑问,朱子回应:"焉知其不曾说?"④绍熙二年(1191)以后,朱熹曾有言:

这个太极,是个大底物事。"四方上下曰'宇',古往今来曰'宙'。"无一个物似宇样大:四方去无极,上下去无极,是多少大?无一个物似宙样长远:亘古亘今,往来不穷!自家心下须常认得这意思。问:此是谁语?曰:此是古人语。象山常要说此语,但他说便只是这个,又不用里面许多节拍,却只守得个空荡荡底。⑤

---

① 《朱熹集》,第 1381—1382 页。
② 《易纬乾凿度》卷上,《易纬是类谋及其他四种》,王云五主编:《丛书集成初编》第 1 集,长沙:商务印书馆,1937 年,第 2 页。
③ 《朱熹集》,第 1660—1661 页。
④ 《朱子语类》卷九十四,第 2387 页。
⑤ 同上书,第 2370 页。

在朱子视角中，如用"四方上下"和"往古来今"的"宇宙"来说太极，则需要"理"来解释。不然就会如象山所言的宇宙论一样空无意义。秦家懿《朱熹的宗教思想》中亦谓朱子"与程颐不同，朱熹明确地承认《易经》是有哲学思想的占卜书"，此句正是针对朱子的太极思维而提及，并说朱子认为在所有变动中，"太极是变动本身的原动力"。[1] 然而这原动力之源在朱子眼里，便是天体万物之理，统体于太极成"理之极致"。

郑万耕先生熟稔朱子对太极的重视，从无极与太极的关系、太极与阴阳的关系、太极与五行和万物的关系，层层递进分析朱子的太极观的内在理路，让后世学者更清晰地知晓了朱熹认为太极乃"理之极致"的层次逻辑。郑万耕先生指出，宋儒所讲的"太极"，其最为重大的理论问题之一则是"太极动静"问题，其"所要解决的，是关于物质世界怎样产生，又何以流转不已、变化无穷的问题"[2]。郑先生亦关注周敦颐《太极图说》的重要价值，强调其说中的"动而生阳""静而生阴"的"阴阳动静观"，"提出并解决了太极如何生出两仪的问题，包含有深刻的辩证思维"[3]。

对于易学形上学问题，郑万耕先生从朱熹说到了王夫之，是对易学哲学史充分掌握的体现。他关注到朱熹在赞赏张载"一故神，两故化"之说的同时，也指责张载不懂得什么是"形而上"。郑先生征引了如下一条《朱子语类》中的对话：

> 或问："横渠先生'清虚一大'之说如何？"曰："他是拣那大底说话来该摄那小底，却不知道才是恁说，便偏了；便是形而下者，不是形而上者。须是兼清浊、虚实、一二、小大来看，方见得形而上者行乎其间。"[4]

> 横渠"清虚一大"却是偏。他后来又要兼清浊虚实言，然皆是形而下。盖有此理，则清浊、虚实皆在其中。[5]

郑万耕先生总结说："朱熹不赞成张载的气论哲学，他是要追求形而上的一路，以其理本论的观点探讨太极动静问题。朱熹追求形而上之理，认为气

---

[1] 秦家懿著：《朱熹的宗教思想》，曹剑波译，厦门：厦门大学出版社，2010年，第42—43页。
[2] 郑万耕：《试论宋明易学的太极动静观》，第16页。
[3] 同上书，第17页。
[4] 《朱子语类》卷九十九，第2538页。
[5] 同上书，第2539页。

为形而下的世界,其存在和变化有其背后的形而上的根源,这就是'理'。"① 正是这一形而上根源问题,成了当代易学极为关键的研究重心。郑先生进一步分析至朱熹不赞同"太极便是动静"的说法,是因为这种说法"混淆了形而上和形而下的界限。也就是说,太极动静之理属于形而上的世界,阴阳动静之事属于形而下的世界,而形而上的世界,无所谓运动和静止的问题"②。郑万耕先生敏锐地发现了此理论存在的一个问题,即"一个绝对静止、自身不能运动变化的本体,何以能使其现象世界流转而不已?本体世界和现象世界的这一矛盾,又如何解决?"③郑先生进而指出王夫之发明朱熹所未发,"以本体与功能(或性能)相统一的观点,解决现象世界何以流转不已、生生不息的问题"④。关于太极本体具有能动本性特质的解释,是宋明哲学关于"本体"的代表性问题,也是易学哲学及中国哲学的特色内容。

2. 易学哲学传统中的形而上学和本体

郑万耕先生曾指出,朱伯崑先生易学哲学研究的一大重要贡献是"明确提出并充分论证了儒家传统哲学中的形而上学和本体论来源于其易学体系,不是基于道德生活的要求"⑤。

对于宋代的解易学风,朱伯崑先生指出,"用现代的说法,就是强调研究《周易》经传中的哲理。由于宋易各派都追求《周易》中的哲理,从而形成了古代易学哲学高度繁荣时期。……宋易的特点之一,是将《周易》的原理高度哲理化。其易学哲学标志着古代易学哲学发展的高峰,而且成为宋明哲学的主要内容"⑥。这被郑万耕先生进一步转述为宋明道学,"其形而上学和本体论是通过对《周易》经传的解释和阐发建立起来的,其中的许多重要问题,如理事、道器、理气、天人之辨,阴阳变易学说等等都是从其易学命题中引申和推衍出来的","这是朱伯崑先生通过长期的中国哲学研究,尤其是易学哲学研究所得出的一个重要结论"⑦。朱伯崑先生在《易学哲学史》的序言中,对

---

① 郑万耕:《试论宋明易学的太极动静观》,第 18 页。
② 同上书,第 19 页。
③ 同上。
④ 同上。
⑤ 郑万耕:《试论朱伯崑易学哲学研究的贡献》,《清华大学学报》2005 年第 2 期,第 102—103 页。
⑥ 朱伯崑:《易学哲学史》第二卷,北京:昆仑出版社,2005 年,第 5—9 页。
⑦ 郑万耕:《试论朱伯崑易学哲学研究的贡献》,第 103 页。

分析历代易学哲学问题时借用的欧洲哲学史中的一些范畴和术语,做出了一定的解释,如:

"形而上学"(metaphysical thinking),指以静止的,孤立的和片面的观点观察事物的思维方式;"形上学"(metaphysics),则指研究事物内在本质的学说。

"宇宙论"(cosmology),指关于宇宙形成和结构的理论;"本体论"(ontology),指关于存在特别是关于本体和现象的理论,又称"存在论"。①

朱伯崑先生虽借用了西方哲学概念,但也强调其所论的"历代易学中的哲学问题,以宇宙论和本体论为中心,旁及其他有关问题,目的在于证明中国传统哲学,特别是儒家系统的哲学,有自己的宇宙观和形上学的传统,有自己的逻辑思维和科学思维,从而为人类的文明做出了自己的贡献,并非只是谈人生,谈伦理"②。朱先生使用欧洲哲学史上的范畴与术语,意在与西方中心论者通过对话的方式进行驳难,他说:"有些欧洲文化中心论者和受此论影响的人士,认为中华文化和中国人的思维方式缺乏甚至没有逻辑思维的传统,从而将其归之为直觉主义和经验主义的类型。本书(指《易学哲学史》)百万余言,也是对这种论点的驳难。"③朱先生在序言中也言及"郑万耕同志阅读了全书原稿,对书中所引原文做了核实"④。也可见郑先生对朱先生"百万余言"的真意,当是熟稔于心的。

因此,郑万耕先生进一步指出,"程朱理学中许多问题的辩论是来源于对《周易》卦爻象和卦爻辞的解释",包括后来"王夫之提出的'天下惟气'说以及依据此命题而展开的道器之辨",都并非基于其道德生活的要求,而是发展形成了一套"理本论的形上学体系",而这绝非"内心体验式的直觉主义"。⑤

占筮是形式载体,而本体之理是先在的。朱子弟子叶贺孙专门记录了朱子在绍熙二年所言之语,其中有言如下:

问《易》。曰:"圣人作《易》之初,盖是仰观俯察,见得盈乎天地之

---

① 朱伯崑:《易学哲学史》第一卷,第51页,台湾版序言。
② 同上书,第50页。
③ 同上。
④ 同上书,第51页。
⑤ 郑万耕:《试论朱伯崑易学哲学研究的贡献》,第103页。

间,无非一阴一阳之理;有是理,则有是象;有是象,则其数便自在这里,非特《河图》《洛书》为然。……圣人作《易》教民占筮,而以开天下之愚,以定天下之志,以成天下之事者如此。……自伏羲而文王周公,虽自略而详,所谓占筮之用则一。盖即那占筮之中,而所以处置是事之理,便在那里了。"①

袭盖卿所录南宋绍熙五年甲寅年(1194)一条朱子话语:"《易》最难看。其为书也,广大悉备,包涵万理,无所不有"②;又万人杰所录淳熙七年(1180)之后朱子云"《易传》难看,其用意精密,道理平正,更无抑扬。若能看得有味,则其人亦大段知义理矣。盖《易》中说理,是豫先说下未曾有底事,故乍看甚难。不若《大学》《中庸》有个准则,读着便令人识蹊径。《诗》又能兴起人意思,皆易看。如谢显道《论语》却有启发人处。虽其说或失之过,识得理后,却细密商量令平正也"③。

难易程度上,朱熹认为《易》是最难看懂的书。这是由于《易》书内容至广至大无所不包,用意精密。初学者与其费许多时光用心力去求《易》道之形而上本体,不若先去学习《论语》的道德生活要求。这是朱熹对自然秩序与人文道德之间存在张力的隐述。自然主义与人文主义的双峰对峙、两水分流,又交叉渗透、相互缠绕的特征,始终伴随着中国哲学史进程。《易》的形而上,在朱熹看来之所以不易懂,因其关联着理学的根本线索,即在天人关系结构张力的作用下"不断寻求自然主义与人文主义的互补,并且最后落实到人性的本质与心性的修养层面上来"④。这也是中国哲学心性论特质与意义的深刻体现。

郑万耕先生引过朱伯崑先生于1989年在新加坡东亚哲学研究所作过的一次演讲,题目是"论《易经》中形式逻辑思维对中国传统哲学的影响",郑先生评价其结论鲜明中肯,充分表达了朱伯崑先生关于中国传统哲学的重要思想。朱伯崑先生在演讲中指出:"儒学中研究道德和人生问题的传统,主要来于对四书的阐发。但儒学的传统,并不限于四书,亦不限于孔孟,更不限于孟

---

① 《朱子语类》卷六十七,第1646—1647页。
② 同上书,第1661页。
③ 同上书,第1650页。
④ 余敦康:《汉宋易学解读》,第520—521页。

子一家提出的心性之学。……中国传统哲学中的宇宙论和本体论亦非出于道德问题。如太极这一概念,……朱熹曾以太极为仁义礼智之理,或以太极为心性的本体,是为其伦理学说提供形上学的依据,但不能说其形上学出于伦理学问题。因此,将儒家的形上学,归之为道德形上学,是值得商榷的。"①

郑先生和朱先生均提倡《周易》理论思维的内容,特别是《周易》所倡导的思维方式。而在这一点上,即便朱熹并未跳出为伦理学说提供形上学依据的框架,也不能说朱熹认为《易》之形上学等同于伦理学问题。朱熹曾与弟子们讨论了"《易》为什么灵"这一看似玄虚神秘的问题:

> 焘录云:"未画以前,便是寂然不动,喜怒哀乐未发之中,只是个至虚至静而已。忽然在这至虚至静之中有个象,方说出许多象数吉凶道理,所以《礼记》曰:'洁静精微,《易》教也。'盖《易》之为书,是悬空做出来底。……未有爻画之先,在《易》则浑然一理,在人则浑然一心。既有爻画,方见得这爻是如何,这爻又是如何。然而皆是就这至虚至静中做许多象数道理出来,此其所以灵。"②

朱子将已发未发说运用在《易》之太极生阴阳吉凶的过程中,并说"事事都有在里面",此是《易》所教给人们的"洁静精微"。《易》之灵,是术家迷信类的产物？陈来在《古代宗教与伦理》中指出,《易》为卜筮之事,其目的在于"获得对欲了解问题的答案或决定,而并非像巫术谋求以行为影响事物的进程"③。此说与朱子之意极为相近。也正是因此,朱子找到了卜筮与义理鸿沟的跨越办法。

故以朱熹为代表的宋易发展到高峰时的特征,便是对自然之理的强调显然不是要和伦理结合,而是突显先验之理,无极而太极之理的纯粹形上学哲学性质,这正是与朱伯崑与郑万耕先生对儒家形上学与本体论之讨论目的所殊途同归之处。

---

① 朱伯崑:《朱伯崑论著》,沈阳:沈阳出版社,1998 年,第 744 页。转引自郑万耕:《试论朱伯崑易学哲学研究的贡献》,第 103—104 页。
② 《朱子语类》卷六十七,第 1660 页。
③ 陈来:《古代宗教与伦理:儒家思想的根源》,北京:生活·读书·新知三联书店,1996 年,第 65 页。

四、余论:当代易学的反思与展望

朱伯崑先生曾提出过《周易》是一种文明的创造,而朱先生正是从朱熹"《易》本卜筮之书"的论断出发,肯定朱熹认为《易》乃周朝人算命用的典籍,本不是讲哲理的著作,赋予其哲理解释是孔子《易传》的任务,认定朱熹此说"颇有眼力""难以反驳",进而基于此,尊重《易》书原初之性质,肯定其为先民理性思维发展的产物。

郑万耕先生继承朱伯崑先生的看法,更加重视卜筮与义理之间的讨论,吸收了朱子易学体系的精华,重新反观儒家形上学思想特征。推崇将易学思维"区分为四个层次,即直观思维、形象思维、逻辑思维、辩证思维,而以辩证思维最为丰富,有自己的民族特色;有意识地培养历史主义与逻辑分析相结合的学风"①,这种追溯源流、辨证得失、实事求是的易学研究值得当代易学研究者学习。

现如今,基于对中国古代哲学史的深入理解及当下时代的人文使命,学者们纷纷强调中国哲学研究的继往开来、返本开新。第一步则须回到古代中国哲学文献的语境上,与西方哲学的传统路数加以区分。有学者开始重新反思中国哲学语境中的"本体论"与"形而上学"等语词,有意识地强调"源自古希腊哲学的'本体'和'存在',并不符合中国哲学语境中的'本体'","同样地,中国哲学中的形而上学独具特色,迥异于古希腊哲学以来的 metaphysics(形而上学)"。② 西方哲学史传统上的形而上学和本体论是着眼于西方思想史的神学背景的,然而,"中国传统哲学则独辟蹊径地发展出了以心性论、实践哲学、精神哲学和境界形而上学为核心的形而上学"。③《易经》与《易传》综合成《周易》,尤为彰显了中国哲学的性格,无疑"具有更大的普遍性,其中所蕴含的思想精髓与价值理想更能代表中国文化的根本精神"④。当代易学研究更应摆脱当今社会以术数神秘学思路、民间迷信说等乱用《周易》现象的

---

① 郑万耕:《试论朱伯崑易学哲学研究的贡献》,第 101 页。
② 郑开:《中国哲学语境中的本体论与形而上学》,《哲学研究》2018 年第 1 期,第 77 页。
③ 同上书,第 85 页。
④ 余敦康:《〈周易〉的思想精髓与价值理想》,《中国哲学论集》,沈阳:辽宁大学出版社,1998 年,第 432 页。

纷扰,辨证看待卜筮、义理之关系,将易学本体明确区别于西方哲学史传统上的"本体论"和"形而上学",厘清中国哲学传统上的易学本体与形上学的逻辑思维特征,并将之运用于实践智慧当中,与世界哲学对话,这正是当代易学继往开来的使命与方向。

Contemporary Yi-logy for Carring On the Past Heritage and Opening Up the Future
——Relating and Analyzing From Zheng Wangeng's Discussions of Zhu Xi's Yi-logy

Lü Xin

Abstract: Prof. Zheng Wangeng's thoughts on Yi-logy inherited the system of Prof. Zhu Bokun's Yi-logy, focusing on the combination of the study of the history of Classics and the history of philosophy, and he also has a clear and dialectical discussion on the origin and function of Yi-logy. When discussing the characteristics and nature of *the Book of Changes*, based on the perspective of Zhu Xi's view that "*the Book of Changes* is originally the book for divination". Prof. Zheng took into account the form of his divination and the connotation of justice, and explained the scriptures in *Yi Zhuan* to illustrate the complementary relationship between divination and philosophy. At the same time, Prof. Zheng absorbed and brought into play the discussion on whether the ontology of Yi was moral in the Song Dynasty represented by Zhu Xi's Yi-logy, and invented the important role of Yi-logy in metaphysics. He also emphasized that the philosophy of Yi-logy possesses the dialectical thinking characteristics inherent in Chinese philosophy, which has a significant influence on contemporary Yi-logy research.

Keywords: *The Book of Changes*, Divination, Yi-logy, Zhu Xi, Zhu Bokun, Zheng Wangeng

重建实践哲学的统一性
——评刘玮《公益与私利:亚里士多德实践哲学研究》

北京:北京大学出版社,2019 年

对于古希腊哲学家亚里士多德,人们通常有三个误解:第一种观点将他仅仅看作哲学史的研究对象,对其思想和著作仅怀有历史层面的研究兴趣,但是拒绝承认(或者从未想过)他的哲学思想与我们今天的实际生活有任何关系。与此相对,第二种观点(比如"美德伦理学")承认亚里士多德的伦理思想在今天依然具有价值,但这种价值主要在于,与强调规则的义务论和强调行动后果的后果主义相比,亚里士多德伦理学特别强调个体的德性并由此更加关注那些为其他伦理理论所忽略的、个体层面的基本价值,例如实践智慧、内在完整性以及对于个体完善的追求,等等。相比之下,第三种误解更为普遍或者说更加流行:很多人对亚里士多德的印象仅限于那句著名的"吾爱吾师,吾更爱真理",并根据这种"漫画式"的印象将他看作一个挑战主流哲学思想(尤其是其老师柏拉图)的反叛者。而实际上,亚里士多德对其前辈哲学家,尤其是柏拉图的哲学持有一种十分复杂的态度,这种复杂性也直接影响了他自己对于那些根本重要的哲学问题的理解与论述。

正是由于以上误解,当我们今天尝试去理解并评价亚里士多德哲学,尤其是他的道德哲学时,难免会陷入一些陷阱或困境,难以对其思想整体做出一个全面的、综合性的理解和评价(更别提如今的研究者越来越聚焦于技术性的论证细节,不愿意"冒险"去构建甚至谈论某种"统一的""思想整体")。考虑到这一点,刘玮的新著《公益与私利:亚里士多德实践哲学研究》[①]可以

[①] 刘玮:《公益与私利:亚里士多德实践哲学研究》,北京:北京大学出版社,2019 年。以下简称《公益与私利》。

说是一次有力的矫正和有益的尝试:该书从公私之间的张力问题入手,清晰地阐发了亚里士多德"德性"概念本身所具有的公共性内涵,以一种整体性的眼光重构了亚里士多德的实践哲学,揭示了亚里士多德以"德性"为核心的伦理学是如何通过批判地继承和运用柏拉图与其他古代思想家的思想资源,力图在个体与共同体、修辞与法律以及伦理与政治等方面建立起一个动态的理论系统,从而缓解了公益与私利之间的张力,因而对于当代的道德哲学具有重要的参考价值。而在笔者看来,与今天大多数的亚里士多德研究相比,本书最令人印象深刻的地方就在于作者重建实践哲学统一性的努力。而为了实现这个目标,作者至少可以说成功地做到了以下两点:第一,将亚里士多德的伦理—政治思想重新放入一个阔大的理论视野之下加以考察。第二,对于亚里士多德的相关著作和思想采取一种统一的、整体性的解读。

"浮雕"背景:理论格局的重构

正如作者本人在书中指出的,个体的善(所谓"私利")与共同体的善(所谓"公益")之间存在张力,这是一切政治哲学(无论古代还是现代)共同面对的问题,因为它存在于一切共同体之中,对于每一个在伦理和政治层面同时具有自我意识和普遍关切的人来说,更是尤为迫切的难题。这不仅是因为私利和公益时常在具体的生活情境当中发生冲突,同时也是因为,当一个人试图认识人性本身并设想什么是对人而言的最高善时,这两种善会在最根本和最终极的层面上产生竞争。在这二者之间如何取舍,构成了古代和现代政治哲学的大致分野,而如何论证这种取舍,则造成了各个具体思想家之间的重要区别。对于这一点,作者在导言部分明确指出,现代和当代政治哲学家的首要关注是如何保存个人权利,而古代思想家的焦点则在于如何保障公益。更进一步,在古代思想内部,伯里克利、柏拉图和亚里士多德怀有一致的基本诉求,即"要让公益和私利形成更加和谐的关系,以此更大限度地实现公益。但是他们试图实现这个目的的方法却大不相同"[①]。

如果这个判断是准确的,那么《公益与私利》实际上是选择了一个更为宏观的视野,拓宽了伦理学的边界,为亚里士多德的实践思想重构了一个更为

---

① 刘玮:《公益与私利》,第2页。

阔大的思想格局。在这样一个格局当中，伦理学所处理的不只是"什么样的行动更值得选择""什么样的道德原则是毫无例外必须遵守的"这种当代理论的核心问题，也不仅仅是有些人（比如美德伦理学）通常以为的、古代伦理学重点关注的问题，例如"什么是善""如何获得德性""什么是幸福"等，相反，本书所讨论的亚里士多德实践哲学涉及人类的一切实践事务和实际行动——包括修辞、立法、公共教育、政治活动，当然还包括理论的探索、知识的追求，尤其是哲学方面的研究。因此，这本书选择了修辞与立法、说服与强制这两组关键概念来展开论述，并用整整四章的篇幅（这部分长达70页，占全书的三分之一），考察了从高尔吉亚、伯里克利和阿尔西比亚德这样的修辞学家和政治家，到哲学家柏拉图所提出的不同的解决方案，以此来为亚里士多德的解决方案提供思想背景。

这种写作方法无疑是独特的，但是对于作者力图揭示的要点来说，这样做不仅是必要的，而且有其优势——正是这一阔大的理论视野和扎实的背景考察帮助我们准确地把握到了亚里士多德思想的核心。或者可以说，理论框架的建立决定了问题的走向，而本书通过构建一个修辞—立法的整体框架并将公-私问题置于这个框架之下，极其清晰而自然地呈现出亚里士多德实践哲学的独特性和优越之处。与前人相比（无论是智者还是柏拉图），亚里士多德的实践哲学所关注的，是每一个同时具备理性慎思能力和自然欲望的人类个体，在进入共同体当中、面对连续浮现的具体情境时，所怀有的对人性的理解和对未来的理想，在此基础上所做出的选择和行动，以及这种选择和行动背后的理由乃至面对他人时对于这种理由的陈述、分享与说服。基于这一视野，"公益"与"私利"就不再只是一对相互竞争的选项或彼此对立的概念，而是人类活动的两个基本面向，是从根本上规定人之本性的两个维度，即"人是公私兼顾的双向度动物"[①]。正是这一点将亚里士多德与其前辈思想家区分开来，也正是这个判断构成了其思想的深刻之处。而《公益与私利》一书采用这样一种浮雕式的手法，确切而生动地呈现出这一点，无疑是该书的独特与成功之处。

---

① 刘玮：《公益与私利》，第6页。

公与私：重新理解亚里士多德的"德性"概念

作为一部亚里士多德研究专著，《公益与私利》的主体部分（第 5—10 章）聚焦于亚里士多德的实践哲学，并按照以下论证路线，逐步考察了亚里士多德对公私问题给出的综合性方案（同时也是最终的解决方案）：第 5 章讨论了亚里士多德式的哲学研究方法（即辩证法），在澄清其中疑难的基础上对其伦理学研究的始点做了恰当的定位和阐释，由此为后续各章的讨论奠定了方法论的基础。接下来的第 6 章到第 10 章分别从道德心理学、修辞学、伦理学、政治学以及法学的层面，逐层剖析了公—私问题，并对亚里士多德在不同著作中提出的相关论述进行了整体性的把握和重构，由此梳理出一个统一的、完整的解决方案。

在上述论证过程中，《公益与私利》有两点突出之处，尤为值得一提。第一点较为宏观，涉及如何处理亚里士多德与柏拉图的思想联系：自第 6 章道德心理学的研究开始，到第 10 章亚里士多德关于法律的论述为止，作者每一步的考察与重构都始终在比较柏拉图与亚里士多德的思想立场和论证方案，并且相当精细地呈现了二者在关键问题上的相似与差异——例如"德性是否可教""财产是应该共有公用还是私有公用""人性的根本是同质的还是异质的""修辞学的局限性在哪里""法律有没有局限性"以及"哲人王究竟是一个什么样的人"，等等。这样令我们更清楚地看到亚里士多德思想的独特性及其在公私问题上所做出的卓越贡献，更重要的是，本书由此避免了我们前面所说的、人们对于亚里士多德和柏拉图经常持有的误解，较好地保留和呈现了这两位哲学家之间思想联系的复杂性。对于一部以亚里士多德哲学为主要研究对象的著作来说，恰当地处理这二人之间的关系是相当困难也是极为重要的课题。

该书的第二点突出之处则涉及具体的论证，尤其是第 7 章对亚里士多德"德性"概念所作的分析。在某种意义上，这一章可以说是全书论证中最为关键的部分。因为正如我们前面提到的，有些对于亚里士多德"德性"概念所作的当代阐释，因其过于强调个体层面的自我完善，忽略了共同体的方面，从而在某种程度上误解了亚里士多德的"德性"概念，错失了其中所蕴含的公共性。这就导致亚里士多德的伦理学似乎也像其他的当代理论(例如义务论与后果主义)一样,不得不面对公与私之间的矛盾与张力。然而,《公益与私利》在解读亚里士多德的"德性"概念时,特别强调德性本身同时兼具利己与利他的维度,并指出"正是德性的这种两面性,提供了连接公益与私利的桥梁"①。

为了说明这一点,作者重点考察了德性概念内部的两个关键要素,即"值得赞美"(*to epaineton*)和"高贵"(*to kalon*),而这二者自身都具备很强的公共意涵,显然是他人导向的或者说至少是和他人相关的。按照这样一种解释,当一个人追求自身的完善和幸福、努力获得德性的时候,他并不是在一个完全私人的空间里、仅仅为了个人的利益而这么做。恰恰相反,当他做出合乎德性的行动时,他的行为、理由和动机都是同时向共同体中的其他人开放的——不仅他实际做出的行动的性质和后果都需要由他人来予以评价,而且在他决定做出什么行动、如何行动的过程中,也必定要考虑到该行动对他人的影响以及可能获得的评价。就此而言,亚里士多德式的德性是由个体和他人共同完成的,幸福也是一样:正如《公益与私利》所指出的,在亚里士多德看来,"我们每个人的幸福(也就是我们行动的最终动机)都是在一个公共的空间里得到界定的……因此当我们从'我的幸福'这个动机出发,做出了有德性的行动,这个行动也就同时促进了他人的幸福和共同体的公益"②。因此,"个人利益与他人的利益、城邦的公益是完全统一的,因为一个人追求的最高的个人利益就是他自己的德性,而他的德性同时完全展示了对他人和公益的贡献,这种贡献最好地体现在这些德性行动的高贵性之中"③。因此,仅就"德性"自身而言,"值得赞美"和"高贵"这两个具有公共性的要素共同构成了一个包容性的基本结构,理论上足以容纳个体的利益与他人的利益、个人的幸福与共同体的最高善,由此为亚里士多德最终论证公益与私利的统一奠定了概念基础。

在此基础上,《公益与私利》进而向我们表明,亚里士多德是如何在伦理学著作中论证,无论是一般而言的伦理德性和理智德性,还是最为特殊的两

---

① 刘玮:《公益与私利》,第 139 页。
② 同上书,第 141 页。
③ 同上书,第 144 页。

种具体德性(例如勇敢和智慧)都体现了公益与私利的统一,由此构成了亚里士多德最终解决公私问题的基础。而根据作者对于亚里士多德修辞学、政治学乃至法学论著的梳理,我们逐步看到,对于这个问题的终极解决方案来自于亚里士多德的政治学论述,即具有"超凡德性"的"完全的王"[1]——这样的人"深谙人类不可或缺的政治本性,与其他公民共同生活在政治社会之中,并且将哲学理念与经验事实、将理论智慧与实践智慧最好地结合起来"[2]。作者认为,在亚里士多德所设想的这样一个堪称"人中之神"的哲学家身上,理性与法律、人治与法治以及公益与私利都实现了统一。而这个神圣的哲学家就是亚里士多德为解决公私问题而提出的终极解决方案。

至此,《公益与私利》最终构建起一个完整的、亚里士多德实践哲学的思想体系,其中涵盖了他在辩证法、道德心理学、伦理学、修辞学、政治学以及法学等各个层面的论述,而这些不同的层面围绕着公益与私利的关系问题,共同构成了一个统一的、以培养真正的哲学家为目的的实践哲学整体。就此而言,亚里士多德的实践哲学自身也是一个具备内在联系的、逻辑上一贯的统一整体。而如果我们再次考虑到人们通常对于亚里士多德的种种误解,考虑到长期以来人们在解读亚里士多德伦理—政治思想文本时遭遇的种种困难,尤其是考虑到伦理理论家时常面对的理论与实践、个体与共同体之间的两难,我们就会承认,作为一次极为可贵的理论阐释的尝试,《公益与私利》向我们呈现了一个统一的、内在一贯的亚里士多德实践哲学,并由此重新唤起了我们在理论和实践这两个领域中寻求统一性的勇气与信心。

(陈玮,浙江大学人文学院副教授)

---

[1] 刘玮:《公益与私利》,第201页。
[2] 同上书,第203页。

人伦之理的退却与重建
——《彝伦攸斁——中西古今张力中的儒家思想》读后

北京：中国社会科学出版社，2019 年

引 言

面对不同伦理规范之间的张力与磨合，可能是当代中国人生活的常态。这其中最主要的两种力量，分别是传统中国的伦理习俗与现代社会的秩序。伴随着现代化进程的高速发展，法制社会、市场经济、公民权利等现代秩序逐步确立和稳固下来。与此同时，民族文化传统的复兴需求也深入人心，中国人父慈子孝、敬老恤幼等传统伦理观念，也得到了一定的复归。

就前者而言，它是现代社会的骨架，有效维系着当代世界的运转，却偶尔在某些事件、处境中不合于中国人的人情事理。后者则深植于中国人的文化心理结构，真切体现在我们祖父辈的行为、品格中，又不乏在现代社会规则面前无所适从的困窘。概言之，前者是"现代"的，却不够"中国"，后者是"中国"自身的，又不够"现代"。可见真正属于现代中国自身的，能够塑造中国式的现代社会的伦理体系，仍是有待完成的事业。

其实，现代与中国并非相对的范畴，其完整的问题架构是现代与传统、中国与西方两对张力的交织。不难想到，当代中国的伦理境况仍很大程度上是百余年前古今中西之争的遗产。但对于百余年来中国如何从传统的礼俗社会一步步演变至当今的样貌，其中的大事因缘，我们仍蒙然未明。而这对于未来的伦理规范建构，又是至关重要的前提性工作。

近日获读唐文明教授的《彝伦攸斁》，书名语出《尚书·洪范》，与"彝伦攸叙"相对——那是传统中国的教化理想之一。书还有一个颇长的副标题，八个字的定语"中西古今张力中的"凝聚了全书的宏阔关怀,在跋文中作者表示其中包括三个方面:中西问题、古今问题、中西古今张力中的现代中国。①将中西问题与古今问题分别思考,解开以中西为古今的纽结,是近三十余年人文学界持续努力的重要方向。这一共同努力下的最大收获是恢复了文明意义的中国观念,并从文明的高度理解中西之别、古今之变。而比较中西、古今的文明形态,一个重大的差异体现在人伦关系的问题上,故如要重新审视中西古今交冲下的现代中国史和现代儒学史,以人伦问题为切口无疑也是恰当的。

可贵的是,这本书不是一首哀古伤情的挽歌,作者本着智性的真诚,带我们回到历史深处的各个场景,客观精审地评价其中的是非曲直,并坦诚表露自己的思考径路。在笔者看来,该书着重刻画了两条线索:一是百余年来传统的人伦教化步步退却的历程与原因,二是这股洪流中儒者重建人伦的努力。作者对人伦之理的独到思考,也就透过此种历史的勾勒表露出来。是故,我们的阅读与评论也将沿着这两条线索展开。

一、儒家伦理退却的历程与原因

(一)现代转型下儒家伦理的退却

通常的近代史叙述着意展示中国"脱胎换骨"的过程。从器物变革、制度变革到文化变革,这种简明的三段论很容易让人们忽略了,中国的现代转型必然是一段痛苦求索和剧烈震荡的历程。这方面,只有从文明传统的自身视角出发,抓住它的某些核心价值在近代史上的浮沉命运,在文明价值的挑战、冲突和消长中,才能准确刻画现代中国的成长肌理。

为此,作者抓住了人伦问题。在他看来,教化是塑造文明生活的重要机制,由此中西可判分成儒教文明与基督教文明,如何对待人伦关系是区分二者的一个核心要素。那么,如果说传统中国为儒家伦理教化所浸润,它的现代转型进程,则是儒家伦理遭遇挑战、备受冲击后,从政治、经济、社会、家庭、个人道德等领域全面退却的历程。这段历程的开端被作者标定在太平天国事件上,因为它是中西两种教化形态的第一次正面碰撞,激起了儒教文明的

---

① 唐文明:《彝伦攸斁——中西古今张力中的儒家思想》(以下简称《彝伦攸斁》),北京:中国社会科学出版社,2019年,第250页。

危机意识。曾国藩《讨粤匪檄》中"岂独我大清之变,乃开辟以来名教之奇变"一语忧深思远地警示着,这场"三千年未有之大变局"实质是文明教化的挑战和冲突。①

此后随着世运消长之势更加严峻,晚清士大夫大都承认需向西方学习,进行改革。但仿效西方的哪些要素? 尺度何在? 是萦绕在他们心中的大问题,需要一种理论的概括。于是各种版本的中体西用论应运而出,又以张之洞《劝学篇》的概括最具代表性。② 其将人伦之教规定为中国文明的本质和传统(中体),既是面对西方文明压力下的自我确认,也是为改革设下最后的底线:无论西艺西政如何为用,文明传统的内核不应移易。不过,中体西用论终究只是一种保守性的立场,而非能够应对诸多现实挑战、指引中国现代转型的方案。③

这并不意味着,儒家思想与现代性完全格格不入。其实,也有一种出自儒家的现代筹划,但它同时也从儒家内部攻破了人伦的传统,这就是康有为的方案。作者指出,康有为从多个层面改造了儒学,消解了人伦的意义。一方面,他构造的大同主义的历史进化论,使得儒学义理尤其是人伦之理被历史主义化了。在大同理想面前,人伦礼教只是小康法,仅有历史性的意义。另一方面,他张大一种同情他者的纯然善意,使儒学表现为一种去伦理化的道德主义。与此两种思想改造相关的,是康有为现实中政治制度和教化制度的改革。君主立宪制无疑有违传统的君臣之义,并且他还将儒教与政治制度剥离开,以宗教形式承接儒家的教化功能。④

作者认为,康氏在现实改革中的去政治化方向,和思想改造上的历史主义化、去伦理化方向,深刻影响了此后的历史走向。首先,辛亥革命推翻了经他动摇过的君主制和等级秩序,建立了基于民权、平等的共和国,后续的革命运动也不断清除各类尊卑等差关系。这些标志着儒家伦理从政治领域的退却。⑤ 然而第一共和的颓弱混乱,引发理论的批判进入更深的层次。它要求

---

① 唐文明:《彝伦攸斁》,第3—4页。
② 同上书,第129页。
③ "处于守势的'中体西用'说作为当时众多开明士大夫的共识,还完全不足以承担塑造现代中国文明理想的重任。"吴飞:《大同抑或人伦——现代中国文明理想的探索》,载唐文明:《彝伦攸斁》,第3页。
④ 同上书,第20—23页。
⑤ 同上书,第23页。

思想文化的继续启蒙,以达到伦理的最后觉悟。于是,大同主义"冲决网罗"的先声,进一步激荡成"家为万恶之源"的猛烈批判。作为儒家在伦理领域失守的标志性事件,新文化运动却也是此后不同文化立场所公认的现代中国的起点。这充分展示了现代中国与传统中国的紧绷关系。①

此后,经历了君臣一伦崩解、父子之亲疏离、夫妇之义重构的儒家,失去了制度与社会生活的依托,成为了"游魂"。它或者作为民族文化的遗存,为各种思潮收编,出现了自由主义儒学、社会主义儒学等版本,或者继续在去伦理化的道德主义中寻求安顿,港台新儒家是其典型。② 与此同时,现代中国则继续在大同主义的方向上前进,持续加强"公"的力量,贯彻平等理念,没有给人伦生活留出多少重新生长的空间。③

当然,作者并不满足于历史的巡视,他着意探究现代中国转型进程之下,是哪些因素冲击、瓦解了儒家伦理的意义。只有对历史背后的机制进行恰当的理论反思,认清现代中国与儒家伦理的处境——它包括必须直面的外部挑战(中西问题),和自身必要的转型调整(古今问题),才能为今后伦理生活的重建,清理出一块坚实的地基。

(二)冲击人伦的因素

有些因素是很明显的,它们是回荡在近代史上的口号,如平等、民权、民主、科学等现代西方的主流价值。作者的抉原之处在于,他始终从整个西方文明传统的高度认识它们。他指出,基督教的教化与现代科学是现代西方的两个主宰性的力量。④ 个体性存在有着深刻的基督教背景,清教更是现代性的直接推动力量。这是他将西方概括为基督教文明,将中国的现代性刻画为儒教文明遭遇基督教文明挑战的重要原因。至于现代科学,其实证主义和个体主义的性质,极为有力地瓦解了传统的伦理原则和道德习俗。新文化运动时期,科学获得了空前的权威,是民主启蒙的重要武器。⑤ 质言之,儒家伦理面对的是西方文明的整体挑战,它挟基督教文明的历史惯性,并带着现代科学的锐利锋芒,于中国措手不及间轰然而来。

---

① 唐文明:《彝伦攸斁》,第 23—249、9、196 页。
② 同上书,第 25—34 页。
③ 同上书,第 27、135—136、215—216 页。
④ 同上书,第 3 页。
⑤ 同上书,第 12、195 页。

此外，作者在书中着重讨论的，是两种冲击人伦的重要因素，一为民族主义，一为大同主义。笔者则认为，二者出于同一个思想根源和历史进程。我们先来看民族主义的问题。

传统中国有一项重要的价值原则是夷夏之辨，它也是长久以来华夏文明生存格局的一种概括。作者分梳了夷夏之辨的三层意涵：以文教意义为首要，配合以种族和地理的意义，文教意义上夷夏之辨的关键就在人伦问题。① 但随着天下格局的崩解，华夏文明下降为万国之一，西方占据世界的主导力量，此一时势浮沉、世运升降，使夷夏之辨的文教意义已然落空。② 此后民族主义者所秉持着的夷夏之辨的旗帜，其实质已不复传统的意义结构，文教意义渐灭，种族意义上升为第一要义，使之成为唤醒民族意识、推动民族革命的宣传武器。

晚清民国时期，民族主义宣传有两个任务，一为排满，一为反帝。而二者共同的解决方案则是建国，建立一个民族国家的实体，以捍卫族权和民权。③ 另一方面，民族的概念建立在民权概念之上，它"被认为是同一种族的个体出于自由意志而联合起来的一个共同体"，而"个人主义与民族主义正是源自西方现代政治思想的一对孪生兄弟"。④ 可见，民族主义实际上是现代历史进程的一项表征。它的理论基础是个体权利，最终诉求是建立国家。个体与国家，这一西方现代政治哲学的主体框架，是西方进入现代的重要推动机制，也是现代中国民族主义背后的推动力。当然，这是古今中西交冲下一种不得不然的处境。建立一个现代民族国家，是中国现代转型必须完成的任务。但现代国家的实体属性，对传统的伦理纽带——首当其冲是君臣之义，后续波及父子之伦——有前所未有的冲击。

相比于民族主义，康有为开启的大同主义，对人伦关系的冲击更直接和猛烈，甚至可说它自始就是针对以人伦为核心的传统秩序而设。大同主义对人伦的消解，同样从两方面进行。一方面是个体存在的解放。康有为并非无视人伦的意义。尽管他的承认在三世进化的视野下也是稀薄的，只是他看到了传统伦理不够尊重个体所带来的苦难和弊病。但他的解决方案极为激进，

---

① 唐文明：《彝伦攸斁》，第 115—124、165 页。
② 同上书，第 128—129、141 页。
③ 同上书，第 137 页。
④ 同上书，第 137、161 页。

在存在论上以"人为天生"说为根底,在道德上以"仁"论——普遍地同情他人之苦难——为感召,将人作为"人"本身的存在,这同时也是个体化的存在无限张大,取消了伦理生活的意义。虽然他对作为"人"的存在抱有很高的期许,造成的后果却往往是摆脱伦常的个体更恣意妄为。

另一方面是从公的高度,将家与私关联在一起进行批判。康有为看到,家是有限的伦理空间,其外还有处理人与人关系的公共空间。他的批评是,如果人人心中只有家——他对"天下为家"的一种特殊理解——文明就始终是滞后与不均齐的。他设想,只有人人皆为公——同样是"天下为公"的一种激进想象——文明才能进化到更高的、均平的阶段。"人为天生"说和"仁"论发挥的另一效用,就是感召人博爱、公正的品德,以贡献给公共生活。所以,公对家与私的批判,实质上是他特殊理解下的"天下为公"对"天下为家"的批判,一种文明类型对另一种文明类型的巨大压力。实现的方案同样激进,他设想人人都从家中脱离,归属于公,梁启超"毁灭家族"①一说即此义,由公承担人的生老病死,以换取人对公共生活全心全力的贡献。显然,"公"的实际承担者就是政治,在近代史语境下便是现代国家。

这一"公"的层面的压力,影响更深远。在思想脉络中,从梁启超、杨度到新文化运动及其思想后裔,持续批判中国传统是家族主义时,都带着对国家的向往,期待它用公的力量整合一盘散沙的民众。现实政治脉络中,从三民主义的最终目标"民生主义",到社会主义思潮迅速广泛被接受,再到共产主义革命的开展,都与大同主义有着千丝万缕的联系。沟口雄三形容中国经历了一个"大同式的近代"②,它的结果便是大同式的国家。

康有为值得充分的重视和检讨,尤其大同与人伦的关系,是我们必须直面的现代性张力。但无论如何,教育优先、福利国家、实质平等、分配正义等价值已经进入了现代中国的骨架与肌理。③ 因此对这对张力的理论反思,既需避免对中国的现代转型历程做简单的化约,也不应停留在对康有为一人的

---

① 梁启超:《清代学术概论》,上海:上海古籍出版社,1998年,第82页。参范广欣:《康有为〈大同书〉论家与孝:对"毁灭家族"说的重估》,《中国哲学史》2019年第1期。
② 沟口雄三:《中国的冲击》,王瑞根译,孙歌校,北京:生活·读书·新知三联书店,2011年,第89页。
③ 唐文明:《彝伦攸斁》,第89、154—155页。吴飞:《大同抑或人伦——现代中国文明理想的探索》,载《彝伦攸斁》,第3—4页。

批判上,而不深察其背后的时势因缘。

沟口雄三的研究提示出,在面对巨大的文明变局时,中国的应对方案仍带着自身的文明记忆,从而走出了一条不同于西方的现代性之路。① 只是他仅追溯到宋明,未延展至更深远的文明渊源。例如,战国至两汉间儒家对人的存在论、家国公私关系等问题的认识,在晚清民国被重新激活。康有为大同思想的枢纽"人为天生"说,就汲取自《礼记》、《春秋》学、董仲舒、《白虎通》这条经学的脉络。然而,传统中国并无大同主义,现代中国却一直追寻大同式国家,这一反差提示我们,造成大同主义的固然是康有为,但将问题全"归罪"于他的品性或经历都无意义,更重要的可能是近代中国的文明变局本身。是什么压力或机制使现代中国始终追随着大同主义的方案?

事实上,大同主义一面张大个体存在的空间,一面张大公共空间,人伦的意义被二者压缩。如前曾述,"公"的角色由现代国家所扮演。可见和民族主义的历史机制一样,大同主义仍内含着个体与国家的框架,带着建立一个富强的现代国家的心愿,甚或就是期盼一种强大的公共力量解决所有问题。

其实只需参照西方早先 16—18 世纪进入现代的历程,就能看到现代国家这个巨大的"实体"在升起的过程中,重构了多少种原本"自然"的人类伦理关系。② 现代政治哲学的奠基人霍布斯,为论证国家主权的必要性,重构了一种新的人性基础——"自然状态"理论。将这一理论创构置于现代国家兴起的背景下理解,也未尝不可以说,利维坦的升起自始就是以平等、自主的个体权利为诱惑的,虚名其为人的"自然",而那与人惯常浸润其中的伦理生活相比,实际上很不自然。并且,利维坦自始就承诺一种拯救的角色,为此还不断宣扬"比希莫斯"的时刻威胁。③ 而根据沃格林博通古今的洞察,现代政治思想史内含着的拯救色彩——它最终发展为种种历史哲学和意识形态——是灵知主义的现代变种。④ 回顾古典文明传统,无论西方与中国,从未有一劳永逸地终结人类事务的幻想。

---

① 沟口雄三:《中国的冲击》,第 100 页。
② 李猛:《自然社会——自然法与现代道德世界的形成》,北京:生活·读书·新知三联书店,2015 年,第 142—178 页。
③ 施米特:《霍布斯国家学说中的利维坦》,应星、朱雁冰译,上海:华东师范大学出版社,2008 年,第 41—66 页。
④ 沃格林:《科学、政治与灵知主义》,载《没有约束的现代性》,张新樟、刘景联译,上海:华东师范大学出版社,2007 年,第 20 页。

近代中国必须适应西方主导的世界,以保全文明和民族的存续,故不得不为自己套上这一新的实体形式。国家与个人的两极框架解纽传统伦理的现代性机制,在这片土地上重演了一番。[1] 更何况,它还与中国的思想传统、历史惯性相激荡,催生出了大同主义,这一中国特有的现代性症候。回顾自身的文明传统,我们有修身、齐家、治国、平天下的价值序列,其中所谓"治国"以礼乐政刑为要旨。但百余年的现代转型历程,于其间打入了一根异质的楔子。它的力量之强,既压制了礼乐政刑之治,也消解了人伦关系,重构了个体道德[2],还遮蔽了"天下"的理想。近年来,在人伦问题的讨论之外,儒家另一重要议题是"天下"的重彰,二者一从家庭入手,一从"天下"向下照临,都可视作复兴自身传统,以克服这根楔子的努力。故作者认为,欲"切实有效的使文教传统在实际生活世界中得到真正的复兴,还须首先对于由个人、国家以及在个人与国家的概念框架中产生出来的社会这个三极体系中所构成的西方政治思想图景展开全面的反思"[3],笔者愿三复斯言。

二、重建人伦的努力

综观中国的现代转型之路,人伦关系也许有不得不调整的必然,但全面解纽的过程还是过于轻率和剧烈了。检视历史的过程中,作者时时表露出今后重建伦理生活,复兴文明传统的必要。就这一目的而言,作者并不孤独。在历史深处,他还是发现了许多前行者,于时代的洪流中以卓毅的思想力量捍卫和重构儒家伦理的意义。这些身影构成了现代儒学史的另一条线索,尽管在时代的声浪中他们的声音显得微弱且低沉。通过绍述这些"执拗的低音",作者延伸出人伦重建的一些理论方向。笔者概括为立场、方法和方案三个层次。

(一) 人伦的普遍主义申说

近世时势浮沉之下,西方占据了文明的主导地位和普遍主义面向,以中

---

[1] 唐文明:《彝伦攸斁》,第 195—197 页。
[2] "孙中山是将中国古代属于家、国、天下等多重伦理空间的道德观念改造为现代世界中属于民族—国家或者说国族这个单一伦理空间的道德观念。在我看来,这一改造在中国现代伦理学史上具有相当的典型性,使中国古代文教传统中属于美好生活之多重空间的诸多美德在现代不断地被按照各种版本的民族主义加以重述。"同上书,第 160—161 页。
[3] 同上书,第 162 页。

西为古今的纽结渐渐系紧后，中国人伦礼教的传统困处下流，众毁归之。故欲使伦理生活复归稳定有序，首先需正视自身的文明传统，重申人伦的必要价值。作者看到，文明传统遭遇挑战之初，士大夫多抱有文明的自觉，坚定捍卫人伦的普遍意义。例如，《劝学篇》的核心部分是《明纲》，其开篇就申明："五伦之要，百行之原，相传数千年更无异义，圣人所以为圣人，中国所以为中国。"尽管"中体西用"论整体上是一保守的姿态，但他们将人伦作为"中国所以为中国"的内核时，还有一种普遍主义的基础支撑着：人伦是"圣人所以为圣人"，也即文明所以为文明的原因。

在张之洞学人群体中，曹元弼对人伦问题的申述最为透辟彻底。他以《孝经》、礼学为主干，构建了人伦为核心的经学体系。①《原道》是他一生的思想纲领，《述孝》是对《孝经》义理的提炼、发挥，二文可能是现代儒学史上对人伦何以为"天经地义"最饱满的表述。此外，王国维的《殷周制度论》也值得深味。它以史学形式表述经学问题，"亲亲、尊尊、贤贤、男女有别"不只是历史中周王朝的制度原则，更是在文明史源头处就奠定的文明精神。历览前哲的申述，无不根柢于经学，作者也多次指出，恢复经典对我们的指引作用，是重振人伦教化的必然选择。②

不过在现代世界面前，人伦始终要面对个体权利的质询。张之洞当时就已将中西的文明张力，概括为三纲与民权的紧张。是故，申述人伦的意义，更紧要的问题是如何理解人伦中的支配性因素，特别是它往往被误解为绝对服从的义务。③ 通过梳理刘咸炘、柳诒徵、李源澄、陈寅恪、贺麟等人的回应脉络，作者提炼出一些基本的理解。他指出，正是基于生活中客观存在的共事关系和主佐之实，儒家才在人伦关系中区别出支配与服从的不同位分；主佐双方都有相应的义务和责任，尤其主导一方的伦理责任更重，更需要保障另一方的权益，于德行上先做表率，来成就共同的伦理生活。④ 这呈现给我们的，是一种以相互成全为目的，强调位分与德行相符的伦理秩序。恰如梁漱溟所言，这是中国人特有的"理性"。⑤

---

① 参见陈壁生：《追寻六经之本——曹元弼的〈孝经〉学》，《云南大学学报》2017年第4期。
② 唐文明：《彝伦攸斁》，第109、204页。
③ 同上书，第38、42页。
④ 同上书，第39—44页。
⑤ 参见干春松：《梁漱溟的"理性"概念与其政治社会理论》，《文史哲》2018年第1期。

进而作者还提示,义务、责任由相应的美德保障其实现,如传统中将父的义务用"慈"字概括,子的责任由"孝"字概括,"慈"与"孝"就成为父子之伦内相互对应的美德。美德与权利的一个重要区别是,美德需要德性的养成,而权利不是,因此理解儒家伦理也需要一种恰当的方式。这就延伸到作者思考的方法层次——美德伦理学的径路。

(二)美德伦理学的理解径路

美德伦理学关心人的德性养成,植根于古典的人性结构,它包括未受教化的人性、伦理学的教诫和人性成全的目标三重因素。作者认为,这能与中国古典传统,尤其经宋明理学发挥尽致的人性论相接榫。"天命之性"是人性成全的目标,"气质之性"是每个人偶然所是、未受教化的人性,儒家义理是教化的方法和道路。① 并且,美德伦理学的另一重要内容,就是它所理解的个体与自我,始终浸润于客观的共同生活中,由各种具体的伦理关系所充实。这在理学中同样有所呼应。儒家义理,宋学以"天理"总括之,既包括内在自我的心性之理,也包括处身于家国天下中的人伦之理。宋学强调"天命之性"与"天理"的同一,就意味着个人成德的工夫,既有内心的修养,也必须于人伦生活中践履。② 人性养成与厚实自我这两个美德伦理学的要点,在很大程度上是对现代性和现代伦理学的"反动"。

在现代科学的冲击下,自然目的论的退隐,使人性的目的论也无处依凭。与此同时,一个从伦理纽带中脱嵌,拥有对自身绝对主权的"情感主义"自我成为现代的人性基础。现代性瓦解西方与中国的传统伦理的过程及结果,前已略述。而现代伦理学与儒家伦理的扞格,作者主要指出了两个方面。因为权利主体不关心品格养成的问题,所以现代伦理学只聚焦于人的行为,讨论普遍的实践原则为何。在此面前,儒家伦理或委身屈从,或不断被错位地质疑。前者指现代儒学承去伦理化之余波,被改造为纯然道德心性的样貌,迎合康德式的义务论,也就将人伦中的自我转化成一种自律的自我,再希求它坎陷成权利个体,以适应现代民主社会。③ 作者的上一部著作集中检讨了现代新儒学的这一思路。④

---

① 唐文明:《彝伦攸斁》,第 191—192 页。
② 同上书,第 193 页。
③ 同上书,第 196 页。
④ 唐文明:《隐秘的颠覆:牟宗三、康德与原始儒家》,北京:生活·读书·新知三联书店,2012 年。

后者指儒家伦理在现代社会始终被批评不具有普遍性。尤其 21 世纪以来的"亲亲相隐"之争,批评者或多或少都参照了康德哲学,甚至辩护者亦资采于是,故双方的质疑或辩护皆有所错位。作者介入这一论题时首先就反思了,儒家经典的语录对话被"抽象为一个一般性的实践原则",实质上是"以义务论的方法和立场扭曲地"理解儒家的诠释暴力。① 其实,儒家对美德的讲说随机立教、不泥一义,侧面表现出美德不同于行为准则之处,"凭借美德,人能够在时机化的特殊处境中找到最恰当的选择,做出恰当的行为";并且,只有从美德的这一特质,才能理解儒家的普遍主义,它落实在伦常关系的普遍存在上,人们需要时时修习和运用美德,以应对不同的伦理情境。②

总之,美德伦理学是作者刻画儒家伦理教化的重要路径。至于现代世界中目的论的退隐,他肯定了麦金太尔建构社会目的论的思路。若具体到儒家伦理的复兴方案,作者认为,首先需在经典的引领下,恢复对人伦中的自我与生活共同体的体会,以克服原子式的自我和竞逐的自然状态等现代认识。③在此基础上,考虑到美德关系着义务和责任,二者的基本要求是保障对方的生活权益,那么"以美德涵纳权利"就是一种可行的方案——作者称之为"人伦的规范性重构"。

(三)"人伦的规范性重构"方案

在澄清人伦的普遍意义时,作者也客观地承认,儒家伦理有其历史性因素和历史性积弊。后者指家庭、社会和政治等制度都存在缺乏平等承认、不尊重人格尊严的弊病,同样需要批判。④ 由此他认为,五伦关系基于人类客观的社会生活的要求,它在现代世界不会失效,但也需面对现代社会的要求进行重构。⑤ 事实上,现代儒学史上已有一些先行者探索了这一思路。例如梁启超在《新民说》中,前半部分以国家之公德批判传统五伦为私德,末尾又强调五伦之私德对成就国家之公德的重要意义,是一种回归了儒家立场的道德反思与调适。⑥ 此后还有梁漱溟、张君劢、贺麟等文化保守主义者,都致力于

---

① 唐文明:《彝伦攸斁》,第 209—210、213 页。
② 同上书,第 210、214 页。
③ 同上书,第 204 页。
④ 同上书,第 204 页。
⑤ 同上书,第 44 页。
⑥ 参陈来:《梁启超的"私德"论及其儒学特质》,《清华大学学报》2013 年第 1 期。

化解人伦与自由平等的紧张,试图摸索出一条中西古今和解的道路———一种黑格尔式的方案。① 作者指出,黑格尔正是要在自由平等的现代社会,复现伦理生活的价值,他在《法哲学原理》中提出的方案仍具启示意义。②

黑格尔之前,现代政治哲学有两种"自由"观念及发展出的正义理论,一是权利主体的消极自由,一是反思主体的积极自由。这些理论原则"大多是在于现存实践和机制的道德行为相隔绝的状态中被构思出来",故只具备一种外在的规范性,而没有将规范性与社会生活的条件、机制结合起来,阐明自由实现的可能条件。③ 黑格尔完成了这一环节的建构。《法哲学原理》讨论了家庭、市民社会和国家三种普遍的伦理生活,如何能够成为实现自由的客观生活制度。这一思考过程,实质上是以自由的价值重构三种伦理生活的意义。而他用以撬动这三种伦理关系的核心观念,就是基于人格尊严的平等的相互承认。也就是说,因为伦理以承认双方的自由、平等为前提,使伦理成为实现自由的客观方式,伦理生活也就能够对个体提出正当的规范性要求。黑格尔这一使古今和解的第三种自由观念,被当代继承发展他的承认理论的霍耐特称为"社会自由",他的理论方法被称为"规范性重构"。④

那么,对于现代中国人伦关系的重建而言,作者也主张进行一种基于人格尊严的平等的相互承认,而重构儒家五伦关系的方案,使伦理与美德能够涵纳权利和自由,成为实现后者的方式,也对后者再度具有规范和润泽的力量。为此,作者提供了一些示范性的解释。例如,王国维自沉事件,陈寅恪的《挽词并序》言殉文化、殉人伦,《纪念碑铭》又有"独立之思想,自由之精神"的定位。作者认为,这看似是两种说法,实质有着内在的一致性,关键在于如何理解儒家人伦思想中的自由观念。他认为,黑格尔创造的第三种自由观念——作者更愿意称之为"伦理自由"——用以理解陈寅恪解释的一致性,最为恰切。⑤ 作为在人伦教化的文化中浸润极深的儒者,却经历着人伦解体、文教衰微的畸变,王国维只有"与之共命而同尽"⑥,才算真正成全了自己,彻底

---

① 唐文明:《彝伦攸斁》,第 14—19 页。
② 同上书,第 64 页。
③ 阿克塞尔·霍耐特:《自由的权利》,王旭译,北京:社会科学文献出版社,2013 年,第 9、15 页。
④ 唐文明:《彝伦攸斁》,第 60—63 页。
⑤ 同上书,第 63 页。
⑥ 陈寅恪:《王观堂先生挽辞并序》,《寒柳堂集》,上海:上海古籍出版社,1980 年,第 6—7 页。

实践了自由。这无疑是悲凉的,但可能也是亲历其间的儒者尽性知命的选择。而且作者也提示,参考宋学贯通心性与天理的命意,更能显明践履人伦是实现自由的方式。①

近来,作者还以梁启超《新民说》为例做进一步的阐释,文章虽未收入该书,思路实为一贯。《新民说》以国家思想和公德论开篇,落脚在确立个体的权利。梁启超对此方面的论述,大体取自耶林的《为权利而斗争》一书。耶林的权利论,核心是人格尊严的平等承认,其由个体捍卫自身人格尊严的意识出发,为争取客观形式的法权平等而斗争。作者还指出,梁启超多次运用孟子"良知良能""天民"等观念,来解说人格尊严的平等,为儒家思想打开了引入权利观念的窗口。以此为基础,梁启超于《新民说》末尾重申私德的重要性,在作者看来正是完成了一次"人伦的规范性重构",他将忠的美德重新刻画为爱国的忠诚,又重构了家庭伦理在个体私德与国家公德之间的位置。②

黑格尔在现代社会重新安顿伦理生活的努力,在西方现代政治哲学史上显得弥足珍贵,值得充分的尊重与借鉴。③ 不过,他面对的仍是西方自身的古今裂隙,对中国来说,其上还叠加着中西的文明差异。因此,人伦在现代中国的安顿,可能还需要更多环节的理论努力。例如,人格尊严与平等承认,是"人伦的规范性重构"的前提,以权利、自由等观念理解这一前提,足够现代却可能不够中国。是否能够从儒家自身的思想传统出发,说明人有着平等的道德重量和道德尊严?如作者所提示的,梁启超曾从"天民""天爵"等观念入手。对这一思路的全面把握,还需要回到它的源头康有为。

伦理到个体的古今之变,背后是存在论与人性论的颠转。在西方,是"人是政治的动物""家庭的动物"到自然状态学说的转变。在中国,这个转变发生在康有为身上。传统认为五伦无所逃于天地之间,固然是本真性的把握,但在历史过程中也渐趋严苛,近乎以伦理为人唯一的存在方式,产生了许多违逆人性、贬低人格的弊病。近世的人伦批判的一个主要出发点,就是正视

---

① 唐文明:《彝伦攸斁》,第63页。
② 唐文明:《现代儒学与人伦的规范性重构——以梁启超的〈新民说〉为中心》,《云梦学刊》2019年第6期。
③ 孙向晨对在现代世界如何重建"家"的意义的讨论,同样参考了黑格尔的方案。参孙向晨:《论家:个体与亲亲》第五章《现代社会中的"家庭"及其所代表的伦理性原则——黑格尔〈法哲学原理〉中"家庭"问题解读》,上海:华东师范大学出版社,2019年,第148—183页。

传统人伦关系的弊病。而康有为的对治方案,是发掘传统的"人为天生"学说,建构起人作为"人"本身存在的意义。他认为,人在伦理性的存在之外,还作为"人"本身而存在,在同为"人""天民"的意义上,每个人的幸福、尊严有着同等的道德重量。这种存在论的建构,实质上是为伦理生活设下一底线,使之必须尊重个体的幸福和尊严。在此意义上,尽管康有为的推进方案是大同主义的,而今日的人伦重建也必须反思和克服他的影响,但人伦意义的重构可能仍须充分聆听他的思考,进而找到人伦与个体之间的界限和平衡。一种也许不恰当的比喻是,康有为创造了一种《理想国》式的方案,而人伦的重构需要亚里士多德式的工作。

结语　祈盼礼义生活的回归

百余年来,人伦的观念始终带着一种乡愁的意味,尴尬地存在于我们的生活之中。一方面,它曾经是我们重要的文化传统,浸透在我们的生活习惯中;另一方面,它又被认为无法帮助或根本上阻碍中国的现代转型,而须不断被剔除或克服。时至今日,我们的生活不止是现代的,甚或是太现代的,伦理生活由政治法律、个体情感、资本经济甚或传媒舆论等现代因素共同左右着,却唯独缺少一种出于伦理本身的规定,故始终是迷惘而游移的。

因此,人伦的焦虑成为中国独有的一种现代性焦虑,它自本世纪始以学术议题的方式表达出来。唐文明教授自承,人伦问题是他进入学术事业的重要入口。他近年围绕着"儒家与现代性"的紧张展开的各项研究,人伦问题是贯穿其间的重要线索。而据笔者有限的识见所及,《彝伦攸斁》这部积思有年的文集,第一次全面检视了儒家伦理的退却历程,并探讨了重建人伦的理论方向。是故,尽管在具体的历史判断和理论延伸处,我们可以有不同的见解,但鉴于作者真诚严肃地在这条学术道路上励行多年,已经呈现出这些系统、宏阔的思考,我们更多的是感佩,并有理由期待他未来的工作。我们也祈盼着,有更多接续文明传统、回归礼义生活的努力,为现代性的漂浮生活落下一根安稳的锚。

(宫志翀,中国人民大学哲学院讲师)

系统研究朱子礼学的力作
——殷慧教授《礼理双彰:朱熹礼学思想探微》述评

自余英时《朱熹的历史世界》(2003)与包弼德(Peter K. Bol)《历史上的理学》(2010)刊布以来,两书在中文学界所引发的广泛讨论,逐渐促成近年学界重新理解、书写宋明理学或新儒学的契机。两书分别强调从政治文化和社会史角度切入理学研究,强调从"思想世界"回到"历史世界",不仅拓宽了理学研究的方法与领域,还尤因对理学为学旨归的揭示,启发学人省思:既往偏于"道体"种种辨析的哲学研究范式,究竟多大程度揭示宋明理学的取旨?作为宋代理学之集大成者的朱熹,学界对其多从理学角度展开论析,然朱子不仅是理学的代表,还是研礼、议礼的大家,朱子学问本身的多重面向与为学取旨,则常因哲学式的"道体"辨析而被遮蔽起来。那么,到底如何进入其思想世界以把握其为学之旨,则成为一个重要的课题。殷慧教授《礼理双彰:朱熹礼学思想探微》(以下简称《礼理双彰》)一书正是接续这一课题而展开。此著在结构上由绪论和六个章节组成,绪论交代研究现状与问题意识,第一章为时代环境与历史背景的介绍,属于探讨"历史世界"的内容;第二章至第四章分别以朱子三《礼》学为研究对象,第五、六章为进入生活的礼学实践与朱子礼学的特点总结,第二章至第六章总体属于"思想世界"的内容。全书问题意识鲜明,结构整严,是一部研究朱子礼学的力作。以下就作者研究方法的推进、问题意识的把握和主要问题的解决等内容展开述评。

一、进一步的"哥白尼式回转":从历史世界重回思想世界

探寻理学思想之旨为近年学界研究前沿。余英时强调理学研究从"思想世界"回到"历史世界"来探究这一课题,即"哥白尼式的回转",从而将既往

哲学式的"道体"讨论,转入对"内圣外王连续体"这一儒学"大传统"之取旨上。问题是,若只停留于历史世界所呈现的政治境遇与权力角逐,而不回到儒者如何因应时代课题的思想世界,则难真正理解宋儒"回到三代"所要表达的秩序诉求和理论建设。因此,在摆脱学界对"道体"辩难之弊而进行的"哥白尼式回转"之后,即从思想世界回到历史世界之后,还需要进一步的"哥白尼式回转"——从历史世界重回思想世界。

在《礼理双彰》一书中,殷慧教授坦言对余英时"哥白尼式的回转"的注意①,但作者更强调自"历史世界"回到"思想世界",以朱子思想世界对礼、理的探讨,回应历史世界中秩序重振的现实问题。作者在第一章由朱子所处时代环境、学术背景和个人经历,把握朱子礼学与秩序重振之关系。概括起来,宋代土地的私有化与社会经济商业化,既是社会秩序问题产生的因素,也是促成宋代文人增加、社会结构、思想观念等诸多变化的要因。而知识人群体的增加,反过来促成他们以"学"求"治"。在历史世界方面,五代至宋初之"礼制隳废",是刺激儒家知识人寻求"治道"出发点,从而表现为对思想世界中礼乐之治的重建,此为宋儒寻求秩序的整体动向。

基于从历史世界回到思想世界的基调,此著结构上首先是叙述历史时局、学术背景以及传主经历等,进而在宋代社会史与学术史的背景中,细致展开朱子三《礼》的诠释、礼与社会政治之间的互动关系、礼与理交涉互诠等方面的阐释,将历史世界与思想世界恰如其分地接榫,并注意从历史世界回转入思想世界,展开对朱子礼学的阐释,完成进一步的"哥白尼式的转向"。这一转向的目的,是作者对前辈学人讨论历史世界的进一步推进,亦是对宋儒重建社会秩序的"思想世界"在某种程度上的被忽视或内容所涉不多情境下的进一步讨论。

概言之,作者对朱子礼学的研究,立足宋代的政治、社会、思想、文化状况,在探寻秩序的儒学大传统下,将思想研究置于历史背景之中,又从历史、社会之经验世界,回到朱子的思想世界。在思想与历史的交融中,理解朱子礼学的秩序关怀,这使得作者的礼学研究论说有据,具有说服力和针对性。

---

① 殷慧:《礼理双彰:朱熹礼学思想探微》,北京:中华书局,2019年,绪论,第1页。

二、礼学与理学的接榫：治术、治体、道体合一的秩序诉求

针对朱子礼学的研究，还面临如何处置它与朱子理学的接榫问题。这是一个长期遗留未解的问题，同时也关乎如何整体理解朱子的思想。历来做法是：研究朱子理学者，多对其礼学、礼教避之不及；而经学研究者，在讨论朱子礼学时，则将理学目为空泛不实，对之视而不见。如何理解朱子礼学与理学之关系，是研究朱子学的重要议题。

殷慧教授近十年来潜心于宋代礼学与理学之关系研究，《礼理双彰》一书就是其中的成果呈现。在阐述朱子礼学的过程中，作者将朱子以礼求治的秩序诉求贯彻在对三《礼》的阐发中，正如殷慧教授指出的："三《礼》问题的思考，正可以解决《礼记》中《大学》《中庸》凸显的历史背景及特色问题，也是理清汉宋、礼理关系的关键点。"①在礼、理融会的研究之中，既全面体现朱子的礼学成就，也细致地将礼学与理学融会，同时也是朱子对秩序关怀的重要依据。

第一，作者认为以三《礼》展开对朱子礼学的考察，或虽有老套之嫌，然正是基于对三《礼》以及朱子祭祀思想与实践的探讨，才能建立朱子以"礼"言"治"的为学取旨。三《礼》中《周礼》侧重政治制度的记录，是对圣王贤君"治术"与"治迹"的记载，《仪礼》主要是对修养规矩之"制"的阐述，是培养行为主体道德意识和道德自觉的文本，《礼记》虽亦有《曲礼》《内则》《冠义》《昏义》等阐述制度之"术"的篇什，但大体还是偏向阐释礼节仪式之内涵和义理。

正是对三部礼书各有侧重，殷慧教授将朱子的三《礼》加以恰如其分的排列和细致的分析，准确体现以礼求治的儒学之旨。作者在朱子对《周礼》态度的研究后，顺势展开朱子区别于王安石以"治术"为"先王之道"的表达，将《周礼》所侧重的政治治理之"术"，即"《周官》法度"，加以仁义道德为"体"的统摄。换言之，在"内圣外王连续体"中，作者指出朱子强调的外王之"治术"必须以仁义道德之"内圣"作为基础，也就是道学家所言的"治术"必须以道德性的"治体"为统摄。而士大夫内圣之学的建立，不在作为制度之书的

---

① 殷慧：《礼理双彰：朱熹礼学思想探微》，第15页。

《周礼》,而在雍培德性的《仪礼》,由此作者展开对朱子《仪礼》学的论析。事实上,作者正是依据朱子以《仪礼》为"本"为"经"的事实,基于治术向治体演进的内在逻辑,故将涵括"治术"的《周礼》和治之"本"或说"治体"的《仪礼》先后讨论。

第二,《周礼》《仪礼》两书,总体是对圣君之制的记录,大致是偏向治之"术"的内容。作为经验性的治理之"术",如何回应佛、道对儒家名教纲常的消解,是重建儒家礼乐之治所需解决的重要课题。殷慧教授分析了朱子之《周礼》《仪礼》以后,进一步将前两书体现的治之"术"、治之"制",上升至治之"理"。这即作者在阐释朱子礼学时,将礼与理融合,或者说将礼文与礼义融合,尤其是朱子理学对秩序的关怀,是作者着意解决的内容,此即作者对朱子《礼记》学的阐释。

分析完朱子之《礼记》态度之后,殷教授展开对《礼记》所体现的"礼义"之探析。作者从宋代以"天理"论"礼"切入,将形而上的"理"与形而下的"礼"联系起来,并从"天即理""性即理""礼即理"三个维度之论证,将制度性的经验之"礼"上达于超越性之"天",完成了社会经验之"礼文"的道德立法,也即完成治理之学从治术至道体的阐释。

第三,朱子对《礼记》的义理阐释,是其建构伦理政治理论中道德立法的重要一环。道德立法是儒家内圣之学得以成立的基石,若内圣这一基石奠立不牢,则外王亦难完成。因此,如果没有朱子《礼记》学对"天理"的阐释,就无法完成形下之礼的形而上化,也就无法赋予礼文、礼制的普遍性与正当性,从而见之于经验生活的治理之"术"均成为治迹,就很难真正发挥持久的功用。而道德的形上性并不能脱离经验的礼文、礼制,作者指出,"天即理""性即理"代表朱子在哲学层面对人伦道德与自然秩序沟通的"虚"的一面,而"礼即理"则是在社会层面的提升,表现的是"实"的一面,只有"虚实的结合",才能够"使社会秩序再一次在理论上得以重建"①。也即是说,只有彰显"理"的至上性之同时,才能彰显"礼"的经验性,只有至上性之"理"才能赋予秩序关怀之"礼"以普遍性与正当性,也只有形而下的经验之"礼"才能真正成为呈现"天理"的载体。在礼、理的互通互释中完成儒家伦理政治普适性,这正是作者"礼理双彰"所要表达的内容。

---

① 殷慧:《礼理双彰:朱熹礼学思想探微》,第237页。

第四,朱子的礼学阐释,不仅是纯思想性的学术建构,亦是将其阐发的礼之"学"行于寻求现实秩序的"治"之"用"。这涉及作为治之"术"的礼制与治之"道"的礼义在现实实践层面的结合。从结构上而言,该书第五章显然是第二、三、四章的推进。作者在第五章透过具体的礼学实践将第二、三、四章所述朱子三《礼》学接入现实之治,由理论层面的"学"拓展至现实礼学实践层面的"治"。在祭祀实践中,朱子发现祭祀行为不仅常常借用佛、道庙宇宫观,还多掺杂道教仪轨。故检修儒家礼书和规范儒家礼制成为建立礼制秩序社会的前提。然礼制的推行,面临佛道、神鬼等"神奸"的阻扰,故朱子明确指出,行礼需"明义理以绝神奸者",强调以儒学义理攘斥佛、老及民间的鬼神信仰,为儒家的礼制仪轨的推行奠立基础。① 因此,在现实的礼学实践层面,朱子强调礼治是基于礼义与礼制的结合。

换言之,礼制社会的秩序实现,乃是基于治之术、治之体和治之道的结合,从而展现礼学在现实面的功用。那么,朱子礼学的特点,其实就是以"学"阐发"理",以"理"与"学"之结合见之于现实秩序实现之"用",这是作者第六章的安排。透过第五、六章,作者进一步将朱子礼之"学"与现实中的礼学实践之"用"联接,从而使全书构成一个逻辑自洽的整体。

结　语

总之,《礼理双彰:朱熹礼学思想探微》一书对朱子礼学作了系统性梳理,将礼制、礼文、礼义、礼治统合起来,完成以治术、治体、道体为演进过程的宋代道学治理理论之阐释。作者立足宋明儒学研究的前沿问题,在研究方法上做了进一步的推进,从"历史世界"回转于"思想世界",在两个"世界"的交融中,展开朱子礼学与理学的阐释。同时,作者也创造性地将三《礼》纳入一个层级逐渐提升、深化的学术体系之中,以此展现朱子思想的礼学与理学对秩序的关切。诚如作者曾指出的,一项成功的研究,不仅可以让读者看到研究者解决问题的方式及其观点,还能使之从中获取指引此后研究的方向。而作者此著正是这样一部启迪性的成果,一方面,关于宋代理学(道学)的经世之旨既明,然此一学说如何实现对现实秩序的关怀,作者虽在第五章有个案探

---

① 殷慧:《礼理双彰:朱熹礼学思想探微》,第 322—328 页。

讨,但礼学如何在近世中国发生规范秩序的作用,仍旧是一个尚待深入探究的问题;另一方面,从横向的视角看,宋代儒者的治理之学,不仅仅是儒家的礼乐之教,实质还包括刑法律令等内容,在宋初"颇用重典"的氛围中,"士初试官,皆习律令"(《宋史·刑法志》)。因此,宋代的道学家们如何处理治术层面的礼与法?更进一步,如何将法条律令纳入儒学进而被道学义理转化、吸收?甚至说,在审视历史视野中的中国国家治理之学以后,又如何从中找寻当前的国家治理的历史资源,这些都是值得进一步思考的课题。

(张子峻,中南大学马克思主义学院讲师)

《哲学门》稿约

为了不断提高我国哲学研究的水准、完善我国的哲学学科建设、促进海内外哲学同行的交流，北京大学哲学系创办立足全国、面向世界的哲学学术刊物《哲学门》，每年出版一卷二册（每册约 30 万字）。自 2000 年以来，本刊深受国内外哲学界瞩目，颇受读者好评。

《哲学门》的宗旨，是倡导对哲学问题的原创性研究，注重对当代中国哲学的"批评性"评论。发表范围包括哲学的各个门类，马克思主义哲学、中国哲学、西方哲学、东方哲学、宗教哲学、美学、伦理学、科学哲学、逻辑学等领域，追求学科之间的交叉整合，还原论文写作务求创见的本意。目前，《哲学门》下设三个主要栏目：论文，字数不限，通常为 1—2 万字；评论，主要就某一思潮、哲学问题或观点、某类著作展开深入的批评与探讨，允许有较长的篇幅；书评，主要是介绍某部重要的哲学著作，并有相当分量的扼要评价（决不允许有过度的溢美之词）。

为保证学术水平，《哲学门》实行国际通行的双盲审稿制度。在您惠赐大作之时，务必了解以下有关技术规定：

1. 本刊原则上只接受电子投稿，投稿者请通过电子信箱发来稿件的电子版。个别无法电子化的汉字、符号、图表，请同时投寄纸本。
2. 电子版请采用 Word 格式，正文 5 号字，注释引文一律脚注。如有特殊字符，请另附 PDF 文档以供参考。
3. 正文之前务请附上文章的英文标题、关键词、摘要、英文摘要和作者简介。
4. 通过电邮的投稿，收到后即回电邮确认，3 个月内通报初审情况。其他形式的投稿，3 个月内未接回信者可自行处理。

在您的大作发表以后，我们即付稿酬；同时，版权归属北京大学出版社所有。我们欢迎其他出版物转载，但是必须得到我们的书面授权，否则视为侵权。

《哲学门》参考文献的格式规范

第1条 正文中引用参考文献,一律用页脚注。对正文的注释性文字说明,也一律用页脚注,但请尽量简短,过长的注文会给排版带来麻烦。为了查考的需要,外文文献不要译成中文。

第2条 参考文献的书写格式分**完全格式**和**简略格式**两种。

第3条 **完全格式**的构成,举例如下(方括号[ ]中的项为可替换项):

著作:作者、著作名、出版地、出版者及出版年、页码

吴国盛:《科学的历程》,长沙:湖南科学技术出版社,1995年,第100页[第1—10页]。

R. Poidevin, *The Philosophy of Time*, Oxford University Press, 1985, p. 100 [pp. 1-10].

译作:作者、著作名、译者、出版地、出版者及出版年、页码

柯林武德:《自然的观念》,吴国盛等译,北京:华夏出版社,1990年,第100页。

Martin Heidegger, *Being and Time*, trans. by John Macquarrie & Edward Robinson, Harper & Row, 1962, p. 100 [pp. 1-10].

载于期刊的论文(译文参照译作格式在译文题目后加译者):

吴国盛:《希腊人的空间概念》,《哲学研究》,1992年第11期。

A. H. Maslow, "The Fusion of Facts and Value", *American Journal of Psychoanalysis*, 23(1963).

载于书籍的论文(译文参照译作格式在译文题目后加译者):

吴国盛:《自然哲学的复兴》,载《自然哲学》(第1辑),吴国盛主编,北京:中国社会科学出版社,1994年。

T. Kuhn, "The History of Science", in *International Encyclopedia of the Social Sciences*, ed. by D. L. Sills, Macmillan, 1968.

说明与注意事项:

1. 无论中外文注释,结尾必须有句号。中文是圆圈,西文是圆点。

2. 外文页码标符用小写p.,页码起止用小写pp.。

3. 外文的句点有两种用途:一种用作句号,一种用做单词或人名等的简写(如tr.和ed.),在后一种用途时,句点后可以接任何其他必需的标点符号。

4. 书名和期刊名，中文用书名号，外文则用斜体（手写时用加底线表示）；论文名无论中外一律用正体加引号。

5. 引文出自著（译）作的必须标页码，出自论（译）文的则不标页码。

6. 中文文献作者名后用冒号（：），外文文献作者名后用逗号（，）。

7. 中文文献的版本或期号的写法从中文习惯，与外文略有不同。

第 4 条 简略格式有如下三种：

第一种 只写作者、书（文）名、页码（文章无此项），这几项的写法同完全格式，如：

吴国盛：《科学的历程》，第 100 页。

Martin Heidegger, *Being and Time*, p. 100.

吴国盛：《自然哲学的复兴》。

T. Kuhn, "The History of Science".

第二种 用"前引文献"（英文用 op. cit.）字样代替第一种简略格式中的书名或文章名（此时中文作者名后不再用冒号而改用逗号），如：

吴国盛，前引文献，第 100 页。

吴国盛，前引文献。

Martin Heidegger, op. cit., p. 100.

T. Kuhn, op. cit..

第三种 中文只写"同上。"字样，西文只写"ibid."字样。

第 5 条 完全格式与简略格式的使用规定：

说明与注意事项：

1. 参考文献在文章中第一次出现时必须用完全格式。

2. 只有在同一页紧挨着两次完全一样的征引的情况下，其中的第二次可以用第三种简略格式，这意味着第三种简略格式不可能出现在每页的第一个注中。

3. 在同一页对同一作者同一文献（同一版本）的多次引用（不必是紧挨着）的情况下，第一次出现时用第一种简略格式，以后出现时用第二种简略格式。下面是假想的某一页的脚注：

① 吴国盛：《科学的历程》，第 100 页。

② M. Heidegger, *Being and Time*, p. 100.

③ 吴国盛,前引文献,第 200 页。

④ 同上。

⑤ M. Heidegger, op. cit., p. 200.

⑥ T. Kuhn, "The History of Science".

⑦ Ibid.

4. 在同一页出现对同一作者不同文献(或同一文献的不同版本)的多次引用时,禁止对该文献使用第二种简略格式。

编辑部联系方式:
电子信箱:pkuphilosophy@gmail.com
通信地址:100871　北京大学哲学系《哲学门》编辑部
传真:010-62751671

北京大学哲学系
北京大学出版社